SAMMLUNG GEOGRAPHISCHER FÜHRER Band 15

SAMMLUNG
GEOGRAPHISCHER FÜHRER

Herausgegeben von

Prof. Dr. A. Leidlmair, Prof. Dr. H. Leser,
Prof. Dr. E. Meynen und Prof. Dr. C. Schott

Band 15

1987

GEBRÜDER BORNTRAEGER

BERLIN · STUTTGART

Schleswig-Holstein

herausgegeben von

Jürgen Bähr und Gerhard Kortum

Mit Beiträgen von

Hermann Achenbach, Jürgen Bähr, Siegfried Busch, Eckart Dege,
Peter Fischer, Otto Fränzle, Paul Gans und Axel Priebs,
Gerhard Kortum, Horst Sterr und Heinz Klug, Karl Weigand,
Dietrich Wiebe, Reinhard Zölitz

Mit 34 Abbildungen und 7 Tabellen im Text

1987

GEBRÜDER BORNTRAEGER

BERLIN · STUTTGART

© 1987 by Gebrüder Borntraeger, D-1000 Berlin — D-7000 Stuttgart

Satz: Nikolaus Tobias, 7070 Schwäbisch Gmünd
Druck: Strauss Offsetdruck GmbH, 6945 Hirschberg 2
Umschlaggestaltung: Wolfgang Karrasch
ISBN 3 443 160115 / ISSN 0344 6565

Vorwort

Der letzte landeskundlich-geographische Exkursionsführer des nördlichsten Bundeslandes Schleswig-Holstein erschien vor nunmehr 17 Jahren anläßlich des 37. Deutschen Geographentages in Kiel (Schlenger et al. 1969) und wurde angesichts des zunehmenden Interesses an Fragen der Heimatkunde auch in der Öffentlichkeit viel beachtet. Zwei Auflagen waren schnell vergriffen; überdies ist der Führer mittlerweile in vielen Teilen veraltet. Im Zusammenhang mit den während des 32. Deutschen Kartographentages in Kiel 1983 durchgeführten Exkursionen entstand der Wunsch, in Ergänzung zu den von Degn und Muuß bearbeiteten Atlanten (Topographischer Atlas und Luftbildatlanten Schleswig-Holstein) eine handlichere Zusammenstellung von wissenschaftlichen Exkursionsbeschreibungen vorzulegen, die auch interessierten Nicht-Fachleuten ein problemorientiertes Reisen durch das Land ermöglichen und insbesondere die große Zahl von Urlaubsgästen zwischen Nord- und Ostsee zu Tagesausflügen in die Umgebung anregen sollen. Dabei wurde versucht, nicht nur Einblicke in das ökologische Gefüge der vielfältigen Einzellandschaften zu geben und ihre Umgestaltung durch den wirtschaftenden Menschen deutlich zu machen, sondern auch kultur- und baugeschichtliche Aspekte einzubeziehen.

Die vorliegende Sammlung landeskundlicher Exkursionen ist eine Gemeinschaftsarbeit von Mitarbeitern des Geographischen Instituts der Universität Kiel. Insgesamt werden auf 12 Routen mit rund 100 ausgewählten Haltepunkten die wichtigsten Teilräume Schleswig-Holsteins zwischen der Grenze zu Dänemark und der Elbe behandelt. Hingegen bleibt die Hansestadt Hamburg mit ihren ehemals zu Holstein gehörenden Stadtteilen Altona und Wandsbek unberücksichtigt. Die landeskundliche Einführung dient vor allem zur Einordnung der auf den Routen erörterten spezielleren Fragen.

Den Exkursionsbeschreibungen liegt ein einheitliches Gliederungsprinzip zugrunde. Routenführung und Haltepunkte orientieren sich jeweils an einem zentralen Problemkreis, der in einem einleitenden Abschnitt aufgearbeitet wird. Daraus ergibt sich notwendigerweise eine Beschränkung der angesprochenen Sachverhalte im Sinne der Leitfragestellung, jedoch fügen sich die auf den verschiedenen Exkursionen behandelten Themenbereiche zum Grundgerüst einer geographischen und historischen Landeskunde zusammen.

Die Beschreibung der einzelnen Routen und Standorte ist so angelegt, daß Angaben zur Streckenführung in kursiver Schrift erscheinen, während ergänzende Informationen und Erweiterungsvorschläge eng gedruckt sind. Soweit nicht anders angegeben, beziehen sich alle im Text genannten Zahlenwerte auf das Jahr 1985.

Die wesentliche auf das Exkursionsthema bezogene Literatur befindet sich am Ende jeder Routenbeschreibung. Zur weiteren Vertiefung sei auf die nach Inhaltsbereichen strukturierte Schrifttumszusammenstellung im Anschluß an die landeskundliche Einführung verwiesen, die neben älteren und neueren Gesamtdarstellungen des Raumes und Überblicken über Einzelregionen vor allem auch Literatur zu denjenigen Fragen enthält, die für Schleswig-Holstein besonders wichtig sind, wie Meeres- und Küstenforschung, Landwirtschaft und Fremdenverkehr.

Alle Exkursionen sind als Tages- bzw. Halbtagesfahrten konzipiert, teilweise lassen sie sich jedoch zu größeren Rundfahrten kombinieren.

Die Herausgeber danken allen Kollegen für ihre Bereitschaft zur Mitarbeit, die auch die Bedeutung der Landeskunde für die geographische Forschung und Lehre an der Universität Kiel dokumentiert. Ein besonderer Dank gebührt Frau Dipl.-Ing. P. Scheu für die sorgfältige kartographische Gestaltung der Abbildungen, die fast alle für diesen Führer neu entworfen wurden, sowie Frau R. Meurer und den wissenschaftlichen Hilfskräften Herrn P. Pez und Herrn T. Reimers für ihre Mithilfe bei der redaktionellen Bearbeitung. Herzlich gedankt sei ferner Herrn Prof. Dr. A. Leidlmair, Innsbruck, für die Betreuung des Bandes sowie dem Verlag für die Aufnahme in die Reihe „Sammlung Geographischer Führer".

Kiel, im Sommer 1986   JÜRGEN BÄHR und GERHARD KORTUM

Inhaltsverzeichnis

11. Die geographische Eigenständigkeit des Kreises Herzogtum Lauenburg

12. Dithmarschen und Steinburg — Landschaft und Wirtschaft an der Unterelbe

1. Schleswig-Holstein — Eine landeskundliche Einführung

von JÜRGEN BÄHR und GERHARD KORTUM, Kiel

Es ist sicher eine schwierige Aufgabe, auf nur wenigen ausgewählten Exkursionsrouten die gesamte Vielfalt der allgemeinen und regionalen Wesenszüge Schleswig-Holsteins vorzustellen. Ebenso erfordert die landeskundliche Einführung in das Exkursionsgebiet eine Beschränkung auf die wichtigsten Raumstrukturen und Leitlinien der Entwicklung. Um die räumlichen Unterschiede des Landes in natur- und kulturgeographischer Hinsicht deutlich zu machen, werden zunächst die Teillandschaften in ihrer Naturausstattung und einige Grundzüge ihrer kulturellen Identität unter dem Gesichtspunkt des „Geographischen Formenwandels" charakterisiert, bevor in einem folgenden Abschnitt die wichtigsten Phasen der Landesgeschichte und ihre Auswirkungen auf die Entstehung und Ausformung des Siedlungs- und Wirtschaftsraumes herausgearbeitet werden. Abschließend erlaubt eine landesplanerische Betrachtung die Kennzeichnung der wesentlichen sozioökonomischen Strukturprobleme und einen Ausblick auf die Zukunftsaussichten des Raumes. Diese drei Beschreibungs- und Erklärungsansätze ergänzen sich zu einem zusammenfassenden Rahmen für die vielen regionalen Einzelaspekte, die in den nachfolgenden Exkursionsbeschreibungen angesprochen werden.

1.1 Land zwischen den Meeren und Brücke zum Norden

1.1.1 Lagebeziehungen und Raumfunktionen

Schleswig-Holstein ist zusammen mit dem sich nördlich ohne klare natürliche Abgrenzung anschließenden Jütland Teil der erstmals im Altertum beschriebenen „Cimbrischen Halbinsel". Aus dieser **Lage** lassen sich be-

reits die beiden wichtigsten **Raumfunktionen** ableiten: einmal die erdge-
schichtlich, aber auch historisch immer wieder hervortretende enge Verbindung zu Skandinavien und zum anderen die Vermittlung zwischen
Nord- und Ostsee.

Die aus Skandinavien nach S vordringenden Eismassen haben die naturräumlichen Grundlagen des heutigen Lebensraumes wesentlich gestaltet.
Auch in historischer Betrachtung waren die **Verbindungen nach N** zeitweise sehr eng, so daß die Frage, ob die Landbrücke zwischen den Meeren
eher Mitteleuropa oder „dem Norden" zugeordnet werden sollte, für die
einzelnen Epochen unterschiedlich zu beantworten ist. Charakteristisch
war jedoch stets das räumlich Verbindende und kulturell Vermittelnde, das
heute im Ausbau moderner Verkehrsleitlinien, wie der Nordland-
Autobahn oder der Vogelfluglinie, einen neuen Ausdruck findet.

Schleswig-Holstein gehört als Teilraum der Norddeutschen Tiefebene
zum atlantisch geprägten Küstensaum Europas. Die hierdurch bedingte
Meeresbezogenheit bestimmt nicht nur Klima und Wetter, sondern auch
die wirtschaftlichen Aktivitäten und hat das Wesen der hier siedelnden Bewohner geprägt. Dabei blickt Schleswig-Holstein, „meerumschlungen,
deutscher Sitte hohe Wacht", wie es in der Landeshymne heißt, sowohl
nach W in den Nordseeraum als auch nach O. Diese Polarität zwischen den
beiden so verschiedenen Meeres- und Küstenräumen hat das maritime Den-
ken und Handeln der Bevölkerung bis heute tief beeinflußt. Die den gesamten Ostseeraum wirtschaftlich und kulturell durchdringenden Verbindungen der alten Hansestadt Lübeck lassen sich diesem Leitthema ebenso
zuordnen wie die jahrhundertelangen Bemühungen, die Landbrücke durch
Kanäle zu überwinden. Es ist daher anzunehmen, daß trotz der gegenwärtigen Probleme in Fischerei und Schiffbau die Meeresbezogenheit weiterhin
ein wichtiger Faktor für die Wirtschaft und das Leben der Bevölkerung sein
wird.

1.1.2 Territorium und Grenzen

Die älteren Darstellungen des Landes beginnen meist mit einer ausführli-
chen Beschreibung der Grenzen. Gerade im Falle Schleswig-Holsteins er-

gibt sich aus diesem Ansatz auch heute noch ein erster Zugang zum Verständnis und zur Bewertung wesentlicher Raumprobleme.

Schleswig-Holstein ist erst seit 1948 ein selbständiges Staatsgebilde innerhalb der Bundesrepublik Deutschland und umfaßt eine Fläche von 15 727 km^2. Bei näherem Hinsehen wird offenbar, daß es aus mehreren größeren Landesteilen und einer Vielzahl von kleinräumigen Natur- und Kulturlandschaften besteht. Keineswegs sind es nur Schleswig und Holstein als im amtlichen Namen des Landes aufgeführte und im Landeswappen vereinigte Regionen. Wenn im folgenden von „Land" gesprochen wird, bezieht sich dies nur auf das Gebiet des heutigen Bundeslandes, also ohne Nordschleswig und die 1937 an Hamburg abgetretenen Gebiete, aber einschließlich des Herzogtums Lauenburg, der Hansestadt Lübeck und des ebenfalls erst 1937 zur preußischen Provinz gekommenen „Landesteiles Lübeck" um Eutin. Für ältere Phasen ist im allgemeinen das Territorium der beiden als historische Raumeinheiten gewachsenen Herzogtümer Schleswig und Holstein gemeint.

Wendet man sich zunächst den **Seegrenzen** zu, so steht — ohne die Nordseeinseln und Fehmarn gerechnet — der 184 km langen, mit hohen Schutzdeichen vor dem Marschengürtel versehenen Westküste die landschaftlich vielseitigere 313 km lange Ostseeküste gegenüber. Einschließlich der südlichen Elbgrenze zu Niedersachsen, die noch heute eine erhebliche Trennlinie darstellt, wird das Bundesland zu zwei Dritteln von den Meeresgebieten der westlichen Ostsee, der Deutschen Bucht und der bis Hamburg durch Seeschiffe befahrbaren Elbe umgeben. Seerechtlich gehören auch die Hälfte der Kieler und Mecklenburger Bucht sowie ein bedeutender Anteil des deutschen Nordseesektors mit dem Buntsandsteinfelsen von Helgoland zu Schleswig-Holstein.

Nur 300 km entfallen auf **Landgrenzen**, die sich auf drei Abschnitte verteilen. Ihnen sind breite Grenzregionen angelagert, die zu den besonderen Problemräumen des Landes zählen. In dieser Hinsicht ist die seit 1920 bestehende nur 67 km lange, von der Nordsee bis zur Flensburger Förde über alle Naturlandschaften hinweg verlaufende Grenze gegenüber Dänemark durchaus mit der 1945 gezogenen, allerdings sehr viel weniger durchlässigen 129 km langen innerdeutschen Grenze zu vergleichen. In beiden Fällen schließen sich — wenn auch unterschiedlich strukturierte — Periräume an, das Schleswiger Grenzland auf der einen und das Zonengebiet auf der anderen Seite. Gleichermaßen wurden durch die neueren

Grenzziehungen auch die unmittelbar an den Grenzen liegenden Städte Lübeck und Flensburg in ihren historisch gewachsenen Umlandverflechtungen beschnitten. In beiden Gebietsstreifen versuchen öffentliche Förderungsmaßnahmen, diese Nachteile zu lindern. Anders stellt sich die Situation an der 121 km langen Grenze zur Freien und Hansestadt Hamburg dar. Aber auch diese Abgrenzung ist wegen der zunehmenden sozioökonomischen Verflechtungen des Hamburger Verdichtungsraumes mit seinem nördlichen Umland geographisch äußerst problematisch und wirft viele Fragen auf, die eine noch engere Zusammenarbeit der beiden Länder erfordern würden. Die Verflechtungen Hamburgs (1,59 Mio. E.) mit Schleswig-Holstein (2,61 Mio. E.) lassen sich nicht — wie 1937 — mit Gebietsabtretungen durch Eingemeindungen lösen, denn die Dominanz Hamburgs beeinflußt die Bevölkerungs- und Wirtschaftsentwicklung des ganzen Landes. Dazu hat nicht zuletzt beigetragen, daß nahezu der gesamte N-S-Verkehr von Skandinavien und Schleswig-Holstein in das übrige Bundesgebiet über die Hamburger Elbverbindungen geleitet wird (neuer Elbtunnel seit 1975). Dies fördert den Sog, aber auch die Anziehungskraft der Hansestadt.

Für den kulturellen und wirtschaftlichen Übergangs- und Vermittlungsraum Schleswig-Holstein war und ist die Beziehung über die Nordgrenze hinweg von entscheidender Bedeutung. Die Landenge von Schleswig bildete immer einen Überschneidungsraum von sächsischer, friesischer und jütisch-dänischer Volks- und Kulturzugehörigkeit. Dies gilt heute ebenso wie vor gut 1000 Jahren, als das Danewerk erbaut wurde. Veränderungen der politischen Machtverhältnisse in Deutschland und im skandinavischen Norden führten mehrfach zur Verschiebung der territorialen und kulturellen Grenze. Dänemark bis zur Eider und Deutschland bis an die Königsau und den Kleinen Belt waren Extrempositionen, aus denen sich 1920 die heutige staatsrechtliche Trennlinie an Wiedau und Scheidebek als unvollkommener Kompromiß herausbildete. Für beide Länder und Kulturkreise bedeutet diese Grenze eine Herausforderung für die Zukunft in einem größeren Europa jenseits aller Nationalitätenkonflikte.

1.2 Einheit und Vielfalt im Geographischen Formenwandel

Jede geographische Landesbeschreibung steht vor dem Problem, sowohl dem Gesamtcharakter des Raumes als auch der Vielfalt der Einzelerscheinungen gerecht zu werden. Schleswig-Holstein ist ein überschaubarer Natur- und Lebensraum mit maximalen Entfernungen von rund 150 km in nordsüdlicher und ostwestlicher Erstreckung und einer relativ klaren landschaftlichen Zonierung. Die verschiedenen Einzellandschaften, aus denen sich die beiden großen Landesteile von Schleswig im N und Holstein im S zusammensetzen, sind überwiegend naturbestimmt, einige erhalten ihr besonderes Gepräge jedoch auch durch ihr eigenständiges geschichtliches Werden, und häufig greifen beide Momente in charakteristischer Weise ineinander. Die Halbinsel Eiderstedt, Stapelholm zwischen Eider und Treene-Niederung, die Landschaften Hütten, Schwansen oder Angeln, die Probstei oder der Dänische Wohld gewinnen ihre regionale Identität sowohl durch spezifische physische Merkmale als auch durch eine oft weit zurückreichende historische, kulturelle und sozioökonomische Eigenart. In besonderer Weise gilt dies für Fehmarn und die Nordfriesischen Inseln.

Bei der **landschaftlichen Gliederung** Schleswig-Holsteins geht man mit Recht meist von den großen, klar gegeneinander abgrenzbaren Naturräumen aus, die das Land von Jütland bis in den Mecklenburger Raum durchziehen, und unterscheidet das „Östliche Hügelland" an der Ostseeküste, den westlich anschließenden Mittelrücken aus „Niederer Geest" und „Hoher Geest" sowie den Marschengürtel an der Westküste. Diese ostwestliche Zonierung läßt sich durch die Einbeziehung der umgrenzenden Meere und Küstensäume und insbesondere des Wattenmeeres noch erweitern.

Die in der amtlichen naturräumlichen Gliederung (Abb. 1) ausgewiesenen 22 Teilräume spiegeln diese Grundstruktur wider. Zugleich werden aber auch die Gegensätze und Unterschiede innerhalb dieser Zonen deutlich. Das zeigt sich besonders bei einem Vergleich der Marschen in Nordfriesland und Dithmarschen oder von Angeln und Nordoldenburg, dem historischen Wagrien.

Versucht man, die wesentlichen Leitlinien der geographischen und historischen Landeskunde Schleswig-Holsteins zusammenfassend zu charakterisieren, so erlaubt die 1952 von H. Lautensach entwickelte Methode des **Geographischen Formenwandels** eine sinnvolle und übersichtliche Einordnung der mosaikartigen landschaftlichen Teilbausteine in einen größeren Gebietsrahmen. Der Grundgedanke dieser Landschaftssystematik geht davon aus, daß die „Geographische Substanz" als Gesamtheit aller Raumerscheinungen in einem größeren oder kleineren Bereich der Erdoberfläche einer regelhaften Veränderung in vier Richtungstypen unterliegt. Diese Raumkategorien bestehen aus zwei Paaren, zum einen dem des ostwestlichen und des nordsüdlichen (planetarischen), zum anderen dem des hypsometrischen und des zentral-peripheren Formenwandels. In Schleswig-Holstein kommt insbesondere dem erstgenannten Paar eine große Bedeutung zu. Die Anwendung dieses Konzeptes führt zu einer Raumgliederung in Streifen, Gürtel, Höhenstufen und Ringe, und jeder Teilraum läßt sich in seinen regelhaften Zügen als Interferenzbild der vier Kategorien verstehen.

Die Betrachtungsweise des Formenwandels und das sich daraus ableitende Gliederungsschema bezieht sich nicht nur auf naturgeographische Elemente, wie Klima, Relief, Böden und Vegetation, sondern auch auf Geofaktoren der Kulturlandschaft, wie das Verkehrsnetz, die Agrarstruktur, ländliche und städtische Siedlungen sowie die verschiedenen Wirtschaftsbereiche.

1.2.1 Landschaftszonen zwischen den Meeren: zum ostwestlichen Formenwandel

Am augenfälligsten dokumentiert sich der Formenwandel in seiner ostwestlichen, geomorphologisch bestimmten Ausprägung mit der von der Ostsee zur Nordsee fortschreitenden Abfolge von flacher und kuppiger Grundmoräne, den hügeligen Endmoränen und ihren zahlreichen Binnenseen, der unterschiedlich breiten, flachen Sanderzone und ihren teilweise vermoorten Niederungen, den flachgewellten Altmoränen und schließlich dem Marschenstreifen zwischen Geest und Nordseeküste. Alle **naturräumlichen Einheiten** erhielten ihre Ausformung direkt oder indirekt durch die Gletschervorstöße während des Eiszeitalters.

In Nordeuropa unterscheidet man in groben Zügen stratigraphisch drei nach Flüssen benannte Vereisungsphasen, wobei nur die vorletzte Saale-(Riß-)Eiszeit, die ganz Norddeutschland bis zum Mittelgebirgsrand be-

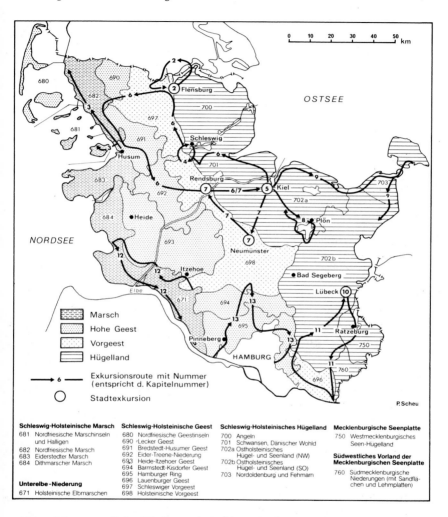

Abb. 1. Naturräumliche Gliederung (mit Übersicht der Exkursionsrouten). Quelle:
Stat. Jb. Schleswig-Holstein; ergänzt

deckte, und besonders die erst vor ca. 15 000—20 000 Jahren abgeklungene Weichsel-(Würm-)Vereisung die Morphologie unseres Raumes gestalteten.

Diese Weichselvereisung drang mit überwiegend westwärts gerichteten Vorstößen lediglich bis zur Mitte der Cimbrischen Halbinsel vor. Ihre oft gestauchten hohen Endmoränenzüge bilden als Westgrenze des östlichen Hügellandes die markanteste Naturlandschaftsgrenze in Schleswig-Holstein. Die größten Bodenerhebungen des Landes (Bungsberg 168 m, Hüttener Berge 106 m) sowie die meisten der zahlreichen Seen liegen in diesem Bereich.

Die **eiszeitlichen Ablagerungen** in Schleswig-Holstein lassen sich in ihrer räumlichen Anordnung einer genetischen Folge zuordnen, die als „glaziale Serie" bezeichnet wird. Sie tritt im Querprofil von den Steilküsten der Eckernförder Bucht über die Hüttener Berge, die Kropper Geest bis zum Husumer Geestrand besonders eindrucksvoll in Erscheinung: Die Abfolge beginnt mit der flachen Grundmoräne (z. B. auf Fehmarn), setzt sich fort mit der kuppigen Grundmoräne und anderen typischen Formen einer „Niedertaulandschaft" mit zahlreichen, meist runden Seen, die aus Toteislöchern entstanden. Lange Tunneltäler streben als ehemalige subglaziale Abflußrinnen sternförmig dem Gletscherrand zu. Vor dem oft gestauchten wallartigen Endmoränenwall dehnen sich die eintönigen, landwirtschaftlich meist minderwertigen und vermoorten Vorschüttsande der Gletscherschmelzwässer aus, die nach W und zur Elbe hin in Urstromtäler übergehen. Bisweilen ragen einzelne ältere Moränenkuppen aus dieser Niederungszone heraus, wie in Stapelholm oder um Erfde. Schließlich tauchen die flachgewellten, durch die Flußsysteme der Soholmer Au, Arlau, Eider/Treene und Stör in einzelne Geestinseln zerteilten Altmoränengebiete unter die jüngeren Sedimente der Marschen und Watten ab. Nur auf Sylt, Amrum und Föhr finden sich noch isolierte Geestkerne, die dank ihrer höheren Lage ebenso wie die Geestinseln am festländischen Marschrand bevorzugte Siedlungsplätze wurden. Lediglich südlich von Emmerlev tritt die Hohe Geest in der Schobüller Platte bei Husum direkt ans Wattenmeer, ohne allerdings ein aktives Kliff zu bilden.

Daraus ergeben sich drei zonal von N nach S verlaufende, klar abgrenzbare naturräumliche Hauptlandschaftszonen (Abb. 1):

1. Das **Östliche Hügelland** (43 % der Landesfläche) umfaßt die Naturräume Angeln, Schwansen, Dänischer Wohld sowie das ostholsteinische Hügel- und Seenland, ferner Nordoldenburg mit Fehmarn sowie um Ratze-

burg einen Zipfel der Mecklenburgischen Seenplatte. Für diese 40—60 km breite Zone mit ihren kalkreichen Geschiebemergeln ist auf teilweise gebleichten braunen Waldböden ein artenreicher Buchenwald die natürliche Vegetation. Auf sandigeren Bereichen fand sich auch ein weniger anspruchsvoller und artenärmerer Eichen-Buchenwald, und im kontinentaleren Ostholstein herrschte ein schwarzerdeartiger Boden vor, der ehemals Eichen-Hainbuchenwaldbestände aufwies. Heute ist das gesamte Gebiet durch bis in das späte Mittelalter andauernde Rodungen sehr waldarm. Neben den Seemarschen werden hier die höchsten Bodenbemessungszahlen des Landes erreicht.

2. Der sandige Mittelrücken (**Niedere Geest**) wird in der naturräumlichen Gliederung in die Bereiche der schleswigschen und der holsteinischen Vorgeest aufgeteilt. Zusammengenommen machen diese Sandergebiete 16 % der Landesfläche aus. Der Altmoränenanteil (**Hohe Geest**) ist mit 28 % Flächenanteil erheblich ausgedehnter und zerfällt naturräumlich in acht Einzellandschaften (einschließlich der Nordfriesischen Geestinseln).

Auf den grob- bis feinsandigen Vorgeestböden haben sich unter dem ozeanischen Klimaeinfluß ausgedehnte Moore und nährstoffarme Heidepodsole ausgebildet, die sehr geringe Ackerzahlen aufweisen. Die natürliche Vegetation dieser stark degradierten Sanderböden war ein Eichen-Birkenwald. Durch Entwaldung, Beweidung und Ackerbau seit frühgeschichtlicher Zeit hat sich in diesem Ökosystem die nordisch-atlantische Zwergstrauchheide großflächig ausgebreitet, die ursprünglich ihren natürlichen Standort nur in einigen besonders exponierten Teilen der Geest und auf alten Dünen hatte. Sie erreichte ihre maximale Ausdehnung vor Beginn der Kultivierungs- und Aufforstungsprogramme, die Ende des 18. Jh. einsetzten.

Auf der Hohen Geest ergeben die lehmigen, wenn auch entkalkten Sande und Lehme günstigere Voraussetzungen für die Landwirtschaft. Ursprünglich wuchs hier ein bodensaurer Eichenwald, teilweise mit Beimischungen von Buchen und Hainbuchen. Er ist nur noch in degradierten Resten („Kratts") vorhanden, die zumeist unter Naturschutz stehen.

3. Der **Marschengürtel** (13 % Flächenanteil) wird gewöhnlich in die Nordfriesische, Eiderstedter, Dithmarscher Marsch (Seemarschen) und die

Elbmarschen gegliedert. Hinzu kommen die Marscheninseln und Halligen als besondere naturräumliche Einheit im Wattenmeer. Die Böden der Marschen sind je nach Eindeichungsdatum, Höhe des Grundwasserspiegels und den lokalen Entwässerungsverhältnissen unterschiedlich zu bewerten. Auf der einen Seite stehen die älteren, oft tiefliegenden und schlecht entwässerten geestnahen Areale („Sietland"), auf der anderen die jüngeren, seewärtigen Bereiche („Hochland"), deren Böden in der Regel lockerer und feinsandiger sind und bei guter Durchlüftung und Entwässerung einen ausgezeichneten Ackerboden ergeben. Die pedologischen Differenzierungen spiegeln sich auch in der Landnutzung der seit dem Spätmittelalter eingedeichten Köge wider. Während in den älteren Marschen die Grünlandwirtschaft vorherrscht, werden die jüngeren Marschen überwiegend vom Ackerbau bestimmt.

Zu dem glazialmorphologisch bedingten ostwestlichen Formenwandel der Oberflächentopographie tritt der **klimatische Gegensatz** zwischen dem stärker ozeanisch geprägten Westschleswig und dem kontinentaleren Einflüssen ausgesetzten SO des Landes. Insgesamt weist das nördlichste Bundesland ein gemäßigtes, feucht ozeanisches Klima mit vorherrschenden windreichen Westwetterlagen auf.

Länger andauernde Schönwetterperioden bauen sich bei Ausdehnung des osteuropäischen Hochdruckgebietes besonders im Frühjahr und Spätsommer („Altweibersommer") auf. Ab Mitte Juli greifen verstärkt in schneller Folge durchziehende nordatlantische Tiefs („europäischer Sommermonsun") auf den Ostseeraum über und bewirken ein unbeständiges Wetter. Strenge Winter treten im Mittel nur alle fünf Jahre auf; sie führen zur Vereisung der Ostsee und der Küstengewässer im Nordseebereich. Der wärmste Monat ist im langjährigen Mittel an der Nordsee der August (List 16,6°), im Holsteinischen und Lauenburgischen aber bereits der Juli (Neumünster 17°, Lübeck 17,7°). Die Nähe zu den Meeren verringert auch die Zahl der Frosttage. Auf der anderen Seite ist in der Landesmitte die Zahl der Sommertage (mehr als 25°) höher als an den Küsten.

Der vorwiegend aus westlichen Richtungen wehende **Wind** ist zu allen Jahreszeiten ein beherrschendes Klimaelement im Küstenland Schleswig-Holstein. Im äußersten Küstenbereich (Sylt) kann an durchschnittlich 150 Tagen im Jahr mit Windstärken von 6 Beaufort und mehr gerechnet werden, im langjährigen Mittel beträgt die Windgeschwindigkeit 6,5 m/sec. Im

Landesinneren läßt die Windwirkung allerdings schnell nach. So treten in Mittelholstein nur an 10 Tagen Starkwinde auf, und die mittlere Windgeschwindigkeit sinkt auf etwa 2 m/sec.

Unter holländischem Einfluß kamen daher schon früh Windmühlen in Gebrauch, die ehedem die ländliche Kulturlandschaft prägten, von denen heute jedoch nur noch wenige als Kulturdenkmäler erhalten sind. Erste Erfahrungen mit einer modernen Nutzung dieser Energiequelle sammelte man in einem Versuchsprojekt auf der Marscheninsel Pellworm. Neuerdings ist an der Küste von Süderdithmarschen in der Nähe des Fischereihafens Friedrichskoog die Errichtung eines großen Energieparks mit zahlreichen mittelgroßen Rotoren vorgesehen.

Eine landeskundliche Betrachtung Schleswig-Holsteins hat die **hydrographischen Verhältnisse** der beiden umgrenzenden Meere mitzuberücksichtigen. Ein naheliegender Vergleich von Küstenformen, Tiefenverhältnissen und Strömungsgeschehen in der westlichen Ostsee und der Deutschen Bucht zeigt unter dem Gesichtspunkt des marinen westöstlichen Formenwandels in erster Linie die Abnahme nahezu vollozeanischer Bedingungen vom flachen Gezeitenmeer der Nordsee als Randmeer des Nordatlantischen Ozeans (Salzgehalt um 33‰) zum nur durch die schmalen dänischen Meerengen von Belten und Sunden zugänglichen und deshalb stark ausgesüßten Baltischen Meer (Salzgehalt um 10—15‰). An hohen Salzgehalt angepaßte Tiere und Pflanzen kommen daher nur vor der Westküste vor. Der von landschaftlich reizvollen Steilküstenabschnitten (z.B. das bis zu 40 m hohe Brodtener Ufer bei Travemünde) und für den Fremdenverkehr besonders geeigneten Strandwallfächern (Probstei, Heiligenhafen, Burgtiefe u.a.) geprägten **Ausgleichsküste** der Ostsee steht an der Westküste die deichgeschützte **Marschenküste** gegenüber, die nur an wenigen Stellen natürliche Sandstrände als Voraussetzung des Fremdenverkehrs aufweist (St. Peter-Ording auf Eiderstedt, Geestinseln Föhr, Amrum und Sylt). Ihr vorgelagert ist der bis zu 15 km breite Streifen des von Prielen durchzogenen **Wattenmeeres**, der bei Ebbe trockenfällt. Der Tidenhub von 2—3 m erzeugt hier im Rhythmus der Gezeiten starke Strömungen, die die schnellen Landschaftsveränderungen an der nordfriesischen und Dithmarscher Küste in historischer Zeit erklären.

Der dominierende Einfluß des westöstlichen Formenwandels in Schleswig-Holstein betrifft nicht nur die physischen Geofaktoren, sondern ebenso die **Kulturlandschaft**, wenn auch nicht in gleichem Maße. So kann man den gesamten Westküstenbereich als schwach strukturierten, noch überwiegend agrarisch geprägten Problemraum zusammenfassen, von dem sich die Landschaften entlang der Ostseeküste sowohl hinsichtlich ihrer Naturausstattung und Agrarstruktur als auch ihrer städtisch-industriellen Entwicklung abheben.

Auch **verkehrsgeographisch** ist der ostwestliche Formenwandel von großer Bedeutung. Der W-O-Verkehr bildet bis heute ein Problem. Den wenigen Eisenbahnquerverbindungen zwischen den nordsüdlich ausgerichteten Hauptlinien droht die Stillegung, und die noch vor einiger Zeit vorgesehene W-O-Autobahn von einer Elbquerung bei Brunsbüttelkoog über Neumünster zum ostholsteinischen Wagrien mit Anschluß an die Vogelfluglinie ist wieder in weite Ferne gerückt.

Während die Küstenräume an Nord- und Ostsee auf dem Landwege bis heute unzureichend verbunden sind, hat der überregionale Seeverkehr schon frühzeitig die Halbinsel durchstoßen. Von dem wikingerzeitlichen Schiffahrtsweg, der eideraufwärts bis 15 km vor den Wallring Haithabus am westlichen Ende der Schlei führte, bis zum Bau des Nord-Ostsee-Kanals (1895) läßt sich eine kontinuierliche Entwicklungslinie erkennen. Der westöstliche Seeverkehr blieb jedoch weitgehend auf den Transit beschränkt und hatte nur punktuelle Auswirkungen auf die Wirtschaft des Landes.

1.2.2 Zwischen Skandinavien und Mitteleuropa: zum nordsüdlichen Formenwandel

Die Raumfunktion Schleswig-Holsteins als Landbrücke zum Norden bedingt die besondere Bedeutung der nordsüdlichen Richtungskategorie des Geographischen Formenwandels. Wird die westöstliche Raumdifferenzierung überwiegend durch naturgeographische Faktoren bestimmt, so dominieren bei der nordsüdlichen Abfolge anthropogeographische Einflußgrößen.

Schon der Doppelname des Landes weist auf die N-S-Differenzierung hin. Die gesamte **Geschichte** der beiden Territorien in ihren seit dem Frühmittelalter unterschiedlich ausgerichteten Lehnsbindungen an die dänische Krone einerseits und ihrer Zugehörigkeit zum Heiligen Römischen Reich Deutscher Nation andererseits beinhaltet ein regionales Spannungsgefüge, das sich bis in die Gegenwart auswirkt. Dabei stellen sich die ursprünglich politischen Gegensätze heute allerdings eher als sozioökonomische Entwicklungsdisparitäten im Sinne eines S-N-Gefälles dar.

Der nordsüdliche Formenwandel läßt sich — historisch gesehen — nicht vereinfachend auf die Reichs- und Territorialgrenze der Eiderlinie reduzieren, vielmehr waren kulturelle Verschiebungen und Veränderungen der politischen Machtsphären in beide Richtungen für die Ausprägung der heutigen Kulturlandschaft und des modernen Wirtschaftsraumes kennzeichnend. Da die kulturhistorischen Aspekte und ihre Raumdynamik ausführlicher im folgenden Abschnitt behandelt werden, mögen hier einige ergänzende Erläuterungen ausreichen.

Insgesamt gesehen kann man den nordsüdlich verlaufenden **Landschaftszonen** fünf westöstlich angeordnete Streifen gegenüberstellen: 1. Nordschleswig und das unmittelbare deutsche Grenzland südlich der heutigen Staatsgrenze mit Flensburg, 2. der übrige Landesteil Schleswig bis zur Eider und Levensau, 3. die Halbinsel Eiderstedt und das Niederungsgebiet der Eider, Treene und Sorge als Übergangsraum in natur- und kulturgeographischer Hinsicht, 4. ein von Dithmarschen, Altholstein und dem ostholsteinischen Kolonisationsraum gebildeter Gebietsstreifen, 5. die Flußmarschen an der Elbe, das nördliche Hamburger Umland sowie — als alter historischer Gebietsteil — das Herzogtum Lauenburg.

Dabei fällt die **Variabilität der glazialen Serie** besonders auf. Im N ist sie dicht zusammengedrängt, während nach S hin zunehmend breite, teilweise vermoorte Niederungszonen auftreten (Treene, Eider, Stör). Bereits nördlich von Neumünster schwingt der äußere Endmoränenkranz erstmals in östliche Richtung, um dann südlich der Trave bei Bad Oldesloe generell diese Ausrichtung des Baltischen Landrückens einzunehmen. Hier schwindet stellenweise die Niedere Geest gänzlich aus der Typenabfolge, so daß das Jungmoränengebiet unvermittelt in die saaleeiszeitlichen Ablagerungen der hohen Geest übergeht. Im SO hat der Wandel der Oberflächenformen somit eher eine nordsüdliche Richtung, und anstelle der Marschen tritt das breite Elbstromtal mit seinen Hochufern.

Die großräumige N-S-Differenzierung der **Westküstenregion** in Nordfriesland, Eiderstedt und Dithmarschen sowie die Elbmarschen ergibt nur
ein grobes Raster. Der augenfällige Gegensatz zwischen dem topographisch
stärker gegliederten nordfriesischen Bereich und Dithmarschen ist eine
Folge der in den beiden Küstenabschnitten sehr unterschiedlichen marinen
Anlandung während der letzten 10000 Jahre.

Satellitenbilder der schleswig-holsteinischen Westküste zeigen, daß damit Unterschiede in der Landnutzung einhergehen, wobei nicht nur die
Gegensätze von Sietland und Hochland deutlich werden, sondern auch
kleinräumige Differenzierungen von Koog zu Koog erkennbar sind, die
durch das Datum der Eindeichung und durch die Entwässerungsverhält-
nisse erklärt werden können.

Auch die sprachliche und stammesmäßige Differenzierung der
schleswig-holsteinischen See- und Flußmarschen ist Ausdruck des nordsüdlichen Formenwandels. Im N zeigten die friesischen Harden als alte
Gerichtsbezirke bis ins 19. Jh. größere Dialektunterschiede (Wiedingharde,
Norder- und Südergooshard). Die Halbinsel Eiderstedt ging schon im 17. Jh.
von der friesischen zur plattdeutschen Sprache über und weist auch in den
ländlichen Bauformen dank einer alten, bis 1850 währenden Umorientierung auf Kornwirtschaft („Haubarg"-Bauernhaus mit großem zentralen
Stapelplatz) ein eigenes Gepräge auf. Das südlich der Eider anschließende
Dithmarschen zerfällt wiederum in die Norder- und Süderhamme, alte
Stammesgaue, die wahrscheinlich noch auf die Zeit vor Bildung der Kirchspiele zurückgehen. Erst 1970 wurden die Kreise Norder- und Süderdithmarschen im Zuge der Gebietsreform zusammengefaßt.

In den Elbmarschen war der holländische Einfluß in der Kremper und
Wilster Marsch wegen der dortigen besonderen Entwässerungsprobleme
sehr viel stärker ausgebildet als in der Seestermüher und Haseldorfer Marsch
weiter stromauf. Die Landnutzung zeigt in diesen Bereichen deutliche
Intensivierungstendenzen (Garten- und Obstbau, ausgedehnte Baumschulen), die durch die Nähe des Hamburger Marktes bedingt sind.

Ein nordsüdliches Ordnungsmuster findet sich auch auf der **Geest**. Die
sandigen, teilweise vermoorten Teile der schleswigschen Geest sind schon in
naturgeographischer Hinsicht ein Ungunstraum, der erst im Verlaufe des
19. Jh. durch Brechung der Ortsteinschicht unter Kultur genommen und

besiedelt wurde. Es hat eine längere Diskussion darüber gegeben, ob die atlantischen Heiden des Schleswiger Raumes primärer oder sekundärer Natur sind. Nach langjährigen Klimamessungen und botanischen Befunden steht fest, daß die Geest im nördlichen Landesteil erheblich ozeanischer ist als im holsteinischen Bereich. Der sog. Atlantische Klimakeil reicht von Nordfriesland bis an die Endmoränen der Hüttener Berge und zeichnet sich durch ein feuchteres, windigeres und kühlgemäßigteres Klima aus, so daß hier zahlreiche in anderen Gebieten des Landes nicht verbreitete Florenelemente auftreten und auch die Voraussetzungen für die großflächige, anthropogen ausgelöste Heideausbreitung günstiger waren.

Die thermische Differenzierung des Raumes von S nach N läßt sich besonders gut durch phänologische Daten belegen. Während des langen und kühlen Frühjahrs ist eine Verzögerung der Apfelblüte, des Austreibens der Birken und Kastanien sowie der Blüte der Sumpfdotterblume um mehr als 14 Tage in nordwestlicher Richtung festzustellen. Der Frühling zieht mit einer „Geschwindigkeit" von etwa 10 km/Tag von SO her ein. Viehauftrieb und Winterroggenernte beginnen deshalb in Nordfriesland entsprechend später als im Lauenburgischen.

Kulturgeographisch bildete das Ungunstgebiet der schleswigschen Geest nördlich des Danewerks lange Zeit einen Rückzugsraum des nordischen Volkstums und der (platt-)dänischen Sprache, während der dichter und seit längerer Zeit besiedelte holsteinische Geestbereich zwischen Rendsburg, Neumünster und Itzehoe eher ein Vorzugsraum war.

Schon bald nach Gründung des Landes Schleswig-Holstein begannen die Bemühungen um eine stärkere Förderung der grenznahen Peripherräume in Marsch und Geest. Mit dem 1953 ins Leben gerufenen, breit angelegten Landeskulturprojekt „Programm Nord" sollte vor allem der damals noch recht krasse Gegensatz zwischen den Gebieten nördlich und südlich der Grenze ausgeglichen werden. Durch umfassende Strukturverbesserungen in den Bereichen Wasserwirtschaft, Landwirtschaft, Verkehr und Siedlungswesen gelang es, die Lebensverhältnisse in diesem benachteiligten Raum entscheidend zu verbessern. 1961 wurde das Arbeitsgebiet des Programm Nord auf den gesamten Westküstenbereich und die Geestgebiete der Landesmitte ausgedehnt. Zu den wichtigsten Maßnahmen zählte hier die Lösung der Entwässerungsprobleme.

Im Östlichen Hügelland fällt der Gegensatz der schleswigschen und holsteinischen Ostseeküste besonders auf. Die typische Fördenküste ist nur nördlich Kiels ausgebildet, während Ostholstein in erster Linie durch die Ausgleichsküste mit ihrer Abfolge von Kliffs und Strandwällen gekennzeichnet ist. Darüber hinaus nimmt der Jungmoränengürtel von N nach S an Breite zu und wird im N durch die Flensburger Förde, die Schleirinne, die Eckernförder Bucht sowie die Kieler Förde in halbinselartige Teillandschaften gegliedert, die auch einen eigenen kulturgeographischen Charakter haben. Während Angeln mit seiner ehemals jütischen Besiedlung überwiegend Bauernland blieb, wurden Schwansen, der Dänische Wohld sowie große Teile Ostholsteins im Hochmittelalter durch adligen Großgrundbesitz und Gutswirtschaft überformt.

1.2.3 Geringe Höhenunterschiede mit großer Bedeutung: zum hypsometrischen Formenwandel

Die **Höhenunterschiede** in Schleswig-Holstein sind naturgemäß nicht so erheblich, daß vertikale Stufungen der Vegetation oder sogar Siedlungsgrenzen wie in Gebirgsräumen auftreten: Die höchsten Aufstauchungen in den Endmoränenwällen an der Landschaftsgrenze des Jungmoränenlandes zur Vorgeest überschreiten nur selten 100 m, und die Hohe Geest erreicht ihre maximalen Höhen schon bei 80 m. Insgesamt liegt die Variationsbreite des hypsometrischen Wandels lediglich bei 200 m, wenn man die Erhebung des Bungsberges (168 m) der tiefsten Einsenkung des Meeresbodens in einer Rinne der Eckernförder Bucht (−30 m) gegenüberstellt. So sind es nicht so sehr die absoluten Höhenunterschiede, die der ostholsteinischen Hügel- und Seenlandschaft ihr besonderes Gepräge verleihen und sie für den Fremdenverkehr attraktiv machen, sondern das kleinräumige Ineinandergreifen von Moränenhügeln mit steilen Hängen und teilweise von Seen erfüllten Hohlformen.

In **klimatischer Hinsicht** wirkt sich diese geringe Höhendifferenzierung aber durchaus in Luv- und Lee-Effekten aus. Die nach W exponierten Lagen der Hohen Geest bei Bredstedt und in Dithmarschen zeichnen sich

ebenso durch höhere Jahresniederschläge (über 800 mm) aus wie die Endmoränenzüge vor allem im Landesteil Schleswig. Auf der anderen Seite
weist die gesamte Ostseeküste, insbesondere Fehmarn und die innere Lübecker Bucht, im langjährigen Mittel geringere Niederschläge und zudem
eine höhere Sonnenscheindauer auf.

Eine noch größere Bedeutung gewinnt die vertikale Komponente an der
Westküste. Hier können Höhenunterschiede von wenigen Dezimetern bereits eine Differenzierung in **landschaftsökologischer Hinsicht,** aber auch
in bezug auf die landwirtschaftliche Nutzung bewirken. Die Verteilung von
Acker- und Grünland in den zu unterschiedlichen Zeiten eingedeichten, teilweise nicht genügend aufgeschlickten Marschkögen ist ganz wesentlich darauf zurückzuführen. Hinzu kommt das geringe Gefälle der zur Nordsee ent-
wässernden Flüsse von der Lecker Au über die Eider-Treene-Sorge-Niederung
— als natur- und kulturgeographisch die beiden Landesteile Schleswig und
Holstein trennender Ungunstraum — bis zum weit in den holsteinischen
Kernraum ausgreifenden Niederungssystem der Stör, an deren Mündung in
den Elbeästuar sich in der Kremper und Wilster Marsch mit −1,8 m NN die
tiefsten Bereiche der gesamten deutschen Nordseeküste befinden. Sturmfluten würden ohne schützende Deiche und die neuen Sperrwerke die Fluß- und
Seemarschen bis zur 5 m-Isohypse überfluten.

Der phasenhafte **Anstieg des Meeresspiegels** seit vorgeschichtlicher
und historischer Zeit (Flandrische Transgression, Dünkirchen-
Transgression) erforderte von den Westküstenbewohnern eine ständige Aufhöhung ihrer Wohnstandorte. Viele der Warften in den alten Marschkögen
und im Bereich der erst im Frühmittelalter von den Fluten zerstörten nordfriesischen „Uthlande" sind archäologisch untersucht worden und zeigen in
besonders eindrucksvoller Weise die durch die Höhenlage bedingten
Hemmnisse des Siedlungs- und Wirtschaftsraumes an der Nordsee. In den
Marschen kann man geradezu von einer anthropogenen Morphologie sprechen, denn auch die bis zu 7 m über MThw (Mittleres Tidehochwasser) auf-
getragenen Erdwälle der Deiche deuten auf die gemeinschaftlichen Bemühungen zum Schutz des künstlich geschaffenen und dem Meer abgerungen-
genen Lebensraumes hin.

Nicht zuletzt aufgrund dieser ständigen Auseinandersetzung mit dem Meer haben sich in Nordfriesland, Eiderstedt und Dithmarschen ein stärkeres landschafts-

gebundenes Bewußtsein, politische Selbstverwaltung und andere Freiheiten sowie Eigenständigkeit in Sprache, Brauchtum und Kultur herausgebildet und bis in die Gegenwart erhalten können.

Die hier lebenden Menschen sind in besonderem Maße gegenüber Gefährdungen der natürlichen Umwelt durch wasserbautechnische Großprojekte und industrielle Überformung sensibilisiert. Dies zeigen die heftigen Diskussionen um die großflächigen Vordeichungen in der Nordstrander und Meldorfer Bucht, um die Einrichtung des „Nationalparks Schleswig-Holsteinisches Wattenmeer" und um die Industrie- und Kernkraftanlagen im Unterelberaum.

Das bis zu 20 km breite, von Prielsystemen gegliederte **Wattenmeer** im Gezeitensaum der Nordsee ist ein morphologisch und biologisch äußerst labiles und gegenüber Umweltverschmutzungen sehr anfälliges Ökosystem. Gleichzeitig stellt es den letzten durch die Wirtschafts- und Erholungsansprüche des Menschen nur wenig beeinflußten Landschaftsraum mit einer nur ihm eigenen Schönheit dar, in dem Belange des Landschafts- und Naturschutzes mit denen der Wirtschaft und insbesondere des Fremdenverkehrs in Einklang gebracht werden müssen. Auch das Wattenmeer weist eine feine Höhendifferenzierung auf, die Morphologie verändert sich ständig im Hin und Her der Gezeiten. Untersuchungen der Sandbewegungen in der Deutschen Bucht ergaben, daß schon geringfügig erscheinende Verlagerungen und Tiefenveränderungen eine große Bedeutung für Strömungsgeschehen und Sedimentumlagerungen haben können.

1.2.4 Die Landesmitte als Problemraum: zum zentral-peripheren Formenwandel

Zentral-periphere Strukturen gewinnen schließlich als vierte Kategorie des Geographischen Formenwandels in mehrfacher Hinsicht eine Bedeutung für die Strukturierung des schleswig-holsteinischen Raumes. Zunächst bedingt die Landbrückensituation zwischen zwei Meeren einen zentralen Streifen mit gleichen Küstenentfernungen. Oft wird vereinfachend gesagt, daß Schleswig-Holstein aus zwei Küsten mit ihrem jeweiligen Hinterland besteht. Hierin liegt ein wahrer Kern, denn kein Punkt des Landes ist weiter als 60 km von der See oder dem Elbstrom entfernt.

Dieser **zentrale Bereich** fällt weitgehend mit dem Mittelrücken der Hohen Geest zusammen. Nicht immer ist dieser Raum, wie die Bedeutung des Wortes Geest (niederdeutsch: „unfruchtbares Land") anzudeuten scheint, eine Passivzone gewesen, in der sich wegen geringer Bodengüte nahe des Grenzertragswertes keine Eigendynamik entwickeln konnte. In vor- und frühgeschichtlicher Zeit war die Geest sogar dichter besiedelt als das Östliche Hügelland mit seinen schweren Böden, und auch in der Gegenwart hat die symmetrische Anordnung der landwirtschaftlichen Vorzugsgebiete um das „magere Rückgrat" der Geest an Bedeutung eingebüßt, weil Düngung und Feldberegnung hier beachtliche Ertragssteigerungen ermöglichten. Verkehrsmäßig ist die Vorgeest immer ein Gunstraum gewesen. Die N-S-Autobahn als neue Ausprägung der „Cimbrischen Achse" hat dieser Zone deutliche Standortvorteile in einer Zeit der Massenmotorisierung gebracht und die Küsten zu Randbereichen werden lassen. Ihr Verlauf folgt im wesentlichen den alten Ochsen- bzw. Heerwegen von Jütland zum Hamburger Abschnitt des Urstromtals der Elbe, wo sich schon immer der Übergang nach Mitteleuropa vollzog.

Bezeichnenderweise konnten sich für die Teilräume des Mittelabschnittes fast keine eigenen Landschaftsnamen durchsetzen. Im Bewußtsein der Bevölkerung standen die Küstengebiete stets im Vordergrund. Auch größere Städte haben sich in dieser Zone nur an der Nahtstelle der alten Herzogtümer Schleswig und Holstein, dem Eiderübergang des Heerweges, und an dem alten Verkehrsknotenpunkt in Mittelholstein entwickelt. Sowohl Rendsburg als auch Neumünster spielten als Gewerbestandorte mit zunächst heimischer Rohstoffbasis eine große Rolle beim Eintritt des Landes in das Industriezeitalter.

In topographischer Hinsicht bildet der Raum um Bornhöved die Mitte des Landes. Dies ergibt sich aus den etwa gleichen Entfernungen bis Dithmarschen im W und Wagrien im O sowie bis Kiel und Hamburg als Hauptbezugspunkte des oberzentralen Städtesystems. Gleichzeitig befindet sich bei Bornhöved — der Name (= „Quellenhaupt") deutet es bereits an — das hydrographische Zentrum Schleswig-Holsteins, von dem die (alte) Schwentine und Trave zur Ostsee und die Eider und Stör zur Nordsee entwässern. Auch zwei landeskundlich wichtige Grenzlinien überlagern sich in diesem Raum: Südlich der aus mehreren Rinnen und Kesseln gebildeten Seenplatte am weichseleiszeitlichen Moränenrand liegt die Wurzel des Bornhöveder Sanders, also die Landschaftsgrenze zwischen Hügelland und Vorgeest. Zudem verlief hier der Grenzsaum des „Limes Saxoniae" zwischen dem sächsischen Altsiedelland und den slawisch-wendischen Gebieten Ostholsteins. Diese sich von der

Kieler Förde über die ehemalige Grenzburg Segeberg und weiter entlang der oberen
Trave bis ins Lauenburger Land erstreckende Grenzzone aus dem 12. Jh. paust sich
in der Kulturlandschaft noch heute deutlich als Westgrenze der vorwiegend von
landwirtschaftlichen Großbetrieben bestimmten holsteinischen Gutslandschaft
durch. Ebenfalls im Raum von Bornhöved, d. h. in der Mitte des Landes, wurden
zwei Schlachten ausgetragen, die überregional die Geschicke des westlichen Ostseeraumes wesentlich beeinflußten, zunächst 798 zwischen Franken und Sachsen und
später 1227 zwischen den Dänen und den Schauenburgern.

Wendet man sich nach diesen historischen Anmerkungen wieder der Gegenwart zu, so lassen sich zentral-periphere Strukturen auch für andere Sach-
bereiche und Maßstäbe erkennen. Die **siedlungshierarchische Ordnung**
wird durch die Dominanz der Elbmetropole südlich der Landesgrenze gekennzeichnet. Es folgen die Oberzentren Kiel, Lübeck, Flensburg sowie teilweise Neumünster und Mittelzentren, wie Husum oder Schleswig, deren
Einzugsbereiche oft mehrere historische Landschaften umfassen. Ein besonderes Problem der Raumordnungspolitik stellt die unzureichende Zahl leistungsfähiger Unterzentren in einigen ländlichen Gebieten dar. Vor allem
im nördlichen Landesteil Schleswig und an der Westküste bestehen nach wie
vor Lücken, wenn sich auch durch punkthafte Förderungsmaßnahmen eine
gewisse Verbesserung ergeben hat. Von einer Gleichwertigkeit der Lebensbedingungen kann trotzdem noch nicht gesprochen werden. Zu groß ist
nach wie vor das Strukturgefälle von S nach N und von O nach W. Die regionalen Arbeitslosenziffern sprechen hier eine deutliche Sprache und weisen
auch den ostholsteinischen Bereich als „peripher" im Landesmaßstab aus.
Auf Hamburg bezogen ist schließlich ganz Schleswig-Holstein Peripherie. Obwohl eine gewisse landesplanerische Abstimmung im Bereich der
Hamburger Randkreise Pinneberg, Segeberg, Stormarn und Lauenburg besteht, kann von einem harmonischen Interessenausgleich nur bedingt gesprochen werden. Dies wird u. a. an der Planung des Zentralflughafens Kaltenkirchen deutlich, die 1984 endgültig aufgegeben wurde, so daß die davon
erwarteten neuen Impulse für den südholsteinischen Raum ausbleiben
werden.
Ebenfalls eine **randliche Lage** nimmt Schleswig-Holstein in bezug auf
die großen Wirtschaftszentren der Bundesrepublik und der EG ein. Diese
Situation wirkt sich jedoch nicht nur nachteilig aus, sondern bietet auch

besondere Chancen vor allem für die Fremdenverkehrswirtschaft. Überdies könnten sich aus der speziellen Raumlage des Landes als geographische, kulturelle und wirtschaftliche Brücke zwischen Mitteleuropa und dem Norden neue Möglichkeiten für eine gesunde Zukunftsentwicklung ergeben.

1.3   Entstehung und Entwicklung des Siedlungs- und Wirtschaftsraumes

Die heutige Kulturlandschaft ist das Ergebnis einer Jahrhunderte währenden Raumgestaltung und Flächennutzung durch den Menschen. Kirchen, Dome, Schlösser, Bürger- und Herrenhäuser, aber auch archäologische Kulturdenkmäler und Verkehrsbauten sowie alte Bauernhäuser sind Ausdruck dieses geschichtlichen Werdens. Erst der modernen Industriegesellschaft blieb es vorbehalten, das ursprüngliche Landschaftsbild durch Zersiedlung der Stadtränder, Trassen für moderne Verkehrslinien, Inanspruchnahme von Flächen für das produzierende Gewerbe oder die Fremdenverkehrswirtschaft nachhaltig zu verändern. Ein Blick auf die wichtigsten Phasen der Landesgeschichte in ihrer Raumabhängigkeit und -wirksamkeit läßt die besonderen Beziehungen zwischen Raum und Geschichte auf der südlichen Cimbrischen Halbinsel deutlich werden.

1.3.1   Die Besiedlung bis zum frühen Mittelalter

Geschriebene Geschichte setzt in Schleswig-Holstein erst vor knapp 1000 J. ein. Das Land ist aber reich an **vor- und frühgeschichtlichen Zeugnissen.** Bis heute sind durch das Landesamt für Vor- und Frühgeschichte nahezu 5000 Grabhügel aus der Stein- und Bronzezeit erfaßt worden. Über die damals hier ansässigen Völker und ihre Kultur weiß man allerdings recht wenig und noch weniger über die damaligen Umweltbedingungen. Nachweislich bevölkerten schon kurz nach dem Abschmelzen der weichselzeitlichen Inlandvereisung vor etwa 15000 J. Rentierjäger Teile des Landes. In der Mittleren Steinzeit (um 3000 v. Chr.) begannen seßhafte Bauern nach

Rodung einzelner Siedlungskammern im Eichenmischwald auf der Geest mit der Feldwirtschaft.

Die bis heute spürbare Vierteilung Schleswig-Holsteins in stammesgeschichtlicher und kulturgeographischer Hinsicht geht auf die Zeit der Völkerwanderung zurück, als große Teile der zuvor hier siedelnden Angeln und Sachsen aus noch ungeklärten Gründen nach Britannien abwanderten und andere Völkerschaften nachrückten. Um das Jahr 1000 n. Chr. waren der mittlere und östliche Landesteil Schleswigs bis ungefähr zur Schlei-Linie von dänischen und jütischen Bauern und die damals noch weitgehend zusammenhängenden Westküstenbereiche und Uthlande bis zum Geestrand von eingewanderten Friesen bewohnt. Südlich der Eider lag das Siedlungsgebiet der drei Sachsenstämme, der Holsten (Holsaten), Stormaren und Dithmarsen, während sich östlich einer von der alten Schwentine bis zur oberen Trave und Delvenau reichenden Linie die westslawischen Wagrier und Polaben festgesetzt hatten. Die **vier Stammesbereiche** waren naturräumlich durch die unwegsame Eiderniederung, die abweisenden Waldgebiete des Dänischen Wohldes und entlang des Limes Saxoniae sowie durch die öden Heiden der Schleswiger Geest geschieden.

In den Orts-, Gewässer- und Flurnamen ist diese Gliederung noch gegenwärtig, und auch der Verlauf der wichtigsten Verkehrswege geht auf jene frühe Zeit zurück. Ebenso haben sich die Haufendörfer des altsächsischen Siedlungsraumes Nordelbingens teilweise bis heute erhalten wie auch die Geestrandsiedlungen im friesischen Bereich und die Fortadörfer auf Fehmarn mit ihren um einen meist rechteckigen Platz gruppierten Höfen, die dänischen Ursprungs sind.

Einige frühe historische Daten belegen, wie dieser Raum aufgrund seiner überregionalen Bedeutung für den Skandinavien- und Ostseeverkehr schon bald den Gang der europäischen Geschichte mitbestimmte. Karl der Große wollte nach Unterwerfung der Sachsen seine Machtsphäre im N absichern. Er überschritt deshalb die Elbe und scheute sich dabei nicht, ein Bündnis mit den Westslawen Wagriens einzugehen. Ein fränkischer Heerführer besiegte im Jahre 798 bei Bornhöved die vereinte Streitmacht der Sachsen und gliederte ihre Siedlungsgebiete unter dem Schutz der 811 als Brückenkopf an der Störmündung bei Itzehoe errichteten Burg Esesfelth dem **Frankenreich** ein. Etwa zur gleichen Zeit begann Ansgar, der Apostel des Nordens, mit der Missionierung des Raumes nördlich der Elbe. In Schenefeld, Heiligenstedten und Meldorf entstanden die ersten Kirchen des neuen Bistums Hamburg. Allerdings mußte der Bischofssitz später — aufgrund wiederholter Zerstörungen Hamburgs durch Wenden und Wikinger — nach Bremen verlegt werden.

Im jütisch-dänischen Machtbereich hatte sich nach Zerstörung des slawischen Handelsmittelpunktes Reric das im innersten Schleiwinkel des Haddebyer Noors gelegene, zu Beginn des 9. Jh. vom Dänenkönig Göttrik gegründete **Haithabu** zu einem der bedeutendsten Umschlagplätze des damaligen Welthandels entwickelt. Haithabu spielte im fränkisch-friesischen W-O-Verkehr eine herausragende Rolle und muß als erste stadtähnliche Siedlung des Nordens bezeichnet werden. Zum Schutze seines Reiches ließ Göttrik das **Danewerk** zwischen der Schlei und dem nur etwa 15 km entfernten Stapelplatz Hollingstedt an der schiffbaren Treene anlegen.

Diese Grenzbefestigung wurde später mehrmals verstärkt und veranschaulicht noch heute als eindrucksvollstes frühgeschichtliches Kulturdenkmal des gesamten nordeuropäischen Raumes die besondere Brückenlage Schleswig-Holsteins. Das Danewerk steht wie die sich kurze Zeit später durchsetzende Eidergrenze für eine naturräumlich vorgezeichnete Kultur- und Völkerscheide ersten Ranges und ist früher Ausdruck des jahrhundertelang anhaltenden Konfliktes zwischen Dänemark und Deutschland.

Zunächst waren es aber die wendischen Wagrier, die sowohl für den sächsischen als auch den dänischen Machtbereich eine große Gefahr bedeuteten. Deshalb richteten die Dänen an ihrer Südgrenze ein eigenes politisches Territorium, **Schleswig**, als Südmark ein. Als erster Herzog wurde Anfang des 12. Jh. Knud Laward eingesetzt. Sein Urenkel Abel vermählte sich ziemlich genau ein Jahrhundert später mit der Tochter des Holsteiner Grafen Adolf IV. und stellte hiermit eine erste dynastische Verbindung zu Holstein und Stormarn her, wo im Jahre 1111 das bis 1460 regierende Geschlecht der Schauenburger in das Grafenamt berufen worden war. Dies war der erste Schritt eines langwierigen und wechselvollen Einigungsprozesses zum heutigen Staatsgebilde Schleswig-Holstein.

Nach dem letztlich erfolglosen Versuch Heinrichs I. und Ottos II. (974), die Reichsgrenze durch Bildung einer Nordmark zwischen Eider und Schlei nach N vorzuschieben, mußte — zur Zeit des mächtigen Dänenkönigs Knuds des Großen (1018—1035) — Konrad II. endgültig auf dieses nur dünn besiedelte Grenzgebiet verzichten. Fortan blieb die **Eider** bis 1806 als historischer Grenzfluß die Nordgrenze des Heiligen Römischen Reiches Deutscher Nation.

1.3.2 Die Ostkolonisation in Wagrien

Bevor auf die komplizierten Vorgänge um die schleswig-holsteinische Staatsbildung im Verhältnis zum Königreich Dänemark eingegangen wird, muß ein Blick auf die „Ostfront" der Grafschaft Holstein und Stormarn zu früherer Zeit geworfen werden: Hier stellte seit dem 9. Jh. der „Limes Saxoniae" einen zunächst von beiden Seiten respektierten unbesiedelten und waldreichen Grenzstreifen gegenüber den Wenden dar.

Der Begriff **Holstein,** wie er heute gebraucht wird, schließt somit Gebietsteile ein, die erst im hohen Mittelalter für das Deutschtum gewonnen wurden. Ursprünglich war es nur ein Gauname neben Stormarn und Dithmarschen. Die drei später auch territorialrechtlich eigenständigen Landesteile Herzogtum Lauenburg (bis 1876), Fürstbistum Lübeck (bis 1937) und das Gebiet der Freien Hansestadt Lübeck (ebenfalls bis 1937) sind junge Kolonisationsräume, in denen sich, abgesehen von den Ortsnamen und einigen archäologischen Zeugnissen, sehr wenig von der ursprünglichen Bevölkerung und ihrer Kultur erhalten hat.

Die Erschließung Ostholsteins setzte Mitte des 12. Jh. unter dem Schauenburger Grafen Adolf II. in vollem Umfang ein. Mit den Rittern und bäuerlichen Siedlern aus Holstein und Dithmarschen sowie aus Holland und Westfalen kam auch das von den Wagriern zunächst nur zögernd angenommene Christentum nach Ostholstein. Vizelin gilt als Apostel der Wenden und gründete von Neumünster aus mehrere Klöster und Kirchen, so in Segeberg, Bosau und Bornhöved. Zwar gewann der Adel im Kolonisationsgebiet schon bald größere politische Bedeutung, die Bildung des landwirtschaftlichen Großgrundbesitzes durch Niederlegen von Dörfern mit Leibeigenschaft (bis 1805) und Gerichtsbarkeit der Ritter vollzog sich jedoch erst im 16. Jh.

Die Großbetriebe der ostholsteinischen Gutslandschaft sind kulturlandschaftlich ebenso ein Ergebnis der nunmehr 750 J. zurückliegenden Ostkolonisation wie die zahlreichen Stadtgründungen der Schauenburger Zeit. Einerseits entstanden diese auf älteren Burgplätzen der Slawen, wie Plön, Lütjenburg, Oldenburg oder Eutin, andererseits handelt es sich um Neugründungen wie z. b. Lübeck, Kiel oder Neustadt. Zwei dieser Städte, nämlich Lübeck (Neugründung aus slawischem Vorläufer an der Schwartau 1143) und Kiel (1240) entwickelten sich zu modernen Großstädten mit heute 212 000 bzw. 246 000 E.

1.3.3 Schleswig und Holstein im Hochmittelalter

Die Gründung der „Holstenstadt tom Kyle" an der Förde als Haupthandelsplatz für Holstein im Jahre 1240 erfolgte nur wenige Jahre nach dem vergeblichen Versuch des mächtigen Dänenkönigs Waldemar II., durch Vertreibung der Schauenburger und Einsetzung eines eigenen Grafen die Gebiete nördlich der Elbe seinem Machtbereich anzugliedern (Schlacht von Bornhöved 1227). Erst danach festigten sich die politischen Verhältnisse; hieran hatte die wirtschaftlich erstarkte und mit bedeutenden Privilegien ausgestattete Ritterschaft des Landes maßgeblichen Anteil.

Auch die Situation der Kirche stabilisierte sich um 1300. Hatten die frühen Bistümer von Schleswig, Ripen, Aarhus und Stargard (Oldenburg) zunächst noch zum Erzbistum Hamburg-Bremen gehört, so kam es 1104 zur Gründung des nordischen Erzbistums von Lund in Südschweden (seinerzeit noch dänisch), dem das Herzogtum Schleswig angegliedert wurde. Dadurch verstärkte sich die Trennfunktion der Eidergrenze.

Eine besondere Bedeutung in der Landesgeschichte hatten die um 1200 gegründeten Klöster nicht nur durch die von ihnen durchgeführten Kultivierungsmaßnahmen, sondern auch aufgrund ihres umfangreichen Landeigentums. Man kann davon ausgehen, daß vor der 1542 in den Herzogtümern eingeführten Reformation etwa ein Drittel des Landes (ohne Nordfriesland und Dithmarschen) im Besitz von Kirchen und Klöstern war.

Lübeck nahm von Anfang an eine Sonderentwicklung. 1226 erreichte die aufstrebende Kaufmannssiedlung von Kaiser Barbarossa die erst 1937 im Zuge des Groß-Hamburg-Gesetzes aufgehobene Reichsunmittelbarkeit. Als Führerin des Hanse-Bundes beherrschte die Stadt in der Nachfolge Haithabus alsbald den Handel in Norddeutschland und darüber hinaus in den Anrainerstaaten von Nord- und Ostsee.

Das ehemalige Polabien, zwischen Elbe, Trave und Delvenau sowie Mecklenburg gelegen, wurde nicht von den Schauenburgern, sondern vom sächsischen Geschlecht der Bodwiden (Grafschaft Ratzeburg) kolonisiert. Nach kurzer dänischer Herrschaft fiel der heutige Landesteil **Herzogtum Lauenburg** an Sachsen zurück und erhielt ab 1296 mit den Askaniern ein eigenes Herzogsgeschlecht (bis 1689). Danach kam das Herzogtum an die Welfen, wurde 1814 wieder dänisch und 1865 preußisch. Erst 1876 verlor Lauenburg als Kreis der Provinz Schleswig-Holstein seine jahrhundertelange Selbständigkeit.

Auch **Hamburg** spielte sehr früh eine Sonderrolle. Der Hafenplatz an der Elbe löste sich immer mehr von Stormarn, erlangte aber erst 1510 die volle Reichsunmittelbarkeit. Im Gottorfer Vertrag von 1768 bestätigte der Herzog von Schleswig und Holstein als Gegenleistung für den Erlaß von umfangreichen Schulden die Stellung Hamburgs als Kaiserliche Freie Reichsstadt, die — nach Umlenkung der Handelsströme aus dem Ostseeraum in den Nordatlantik — Lübeck alsbald in ihren Schatten stellte.

An der Westküste konnten die sog. **freien Landschaften** ebenfalls lange Zeit gewisse Sonderrechte bewahren. Die Dithmarscher führten unter dem losen Band einer Lehnshoheit des Erzbistums Bremen ein Eigendasein mit vollständiger Selbstverwaltung. Diese verteidigten sie erbittert gegen wiederholte Eingliederungsversuche der Holsteiner Grafen und Herzöge. Erst 1559 wurden sie in einer „letzten Fehde" unterworfen, nachdem die Schlacht bei Hemmingstedt im Jahre 1500 zunächst den Fortbestand ihrer freien Bauernrepublik gesichert hatte.

Nordfriesland war und ist zwar kulturell ein eigenständiger Raum; bis zur Kreisreform des Jahres 1970, die die Bereiche Südtondern, Husum und Eiderstedt zum Kreis Nordfriesland zusammenfügte, hatte sich hier jedoch keine besondere staatliche oder regionale Einheit herausgebildet. Trotzdem haben die dänischen Könige und Gottorfer Herzöge immer die eigene Rechtsprechung und die Steuerfreiheiten der Friesen respektiert. Die Insel Amrum, das Listland auf Sylt und die Westerharde von Föhr gehörten zudem nie zum Herzogtum Schleswig, sondern waren bis 1865 dänisches Königsland (Abb. 2).

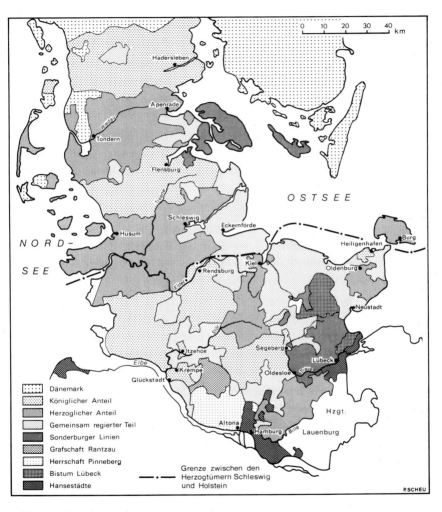

Abb. 2. Politisch-territoriale Gliederung im 17. Jh. Quelle: Koch (1977)

1.3.4 Erste Einheit und Landesteilungen

Als entscheidender Wendepunkt in der neueren Geschichte Schleswig-
Holsteins wird der **Vertrag von Ripen** im Jahre 1460 betrachtet, so jeden-
falls aus deutscher Sicht und vor dem Hintergrund der nationalen
„Schleswig-Holsteinischen Bewegung" von 1848. Auch das neuere, auf die
Einheit der beiden Landesteile abzielende Geschichtsbewußtsein findet hier
seinen Ursprung.

Mit dem Vertrag von Ripen, jener alten Domstadt an der dänischen Westküste, ging die Epoche des für Holstein so bedeutenden Grafengeschlechts
der Schauenburger zu Ende. Der letzte Vertreter dieser Linie, Adolf VIII.,
starb kinderlos und hatte seinen Neffen Christian I., seit 1448 erster Oldenburger auf dem dänischen Königsthron, als Erben eingesetzt. Die in Ripen
versammelten Landesstände, d. h. der Adel, die Geistlichkeit und die Städte,
huldigten diesem zwar nach längeren Verhandlungen als Herzog von Schleswig und Graf von Holstein und Stormarn, nicht jedoch als König von Dänemark und stellten ihm und seinen Erben zusätzlich weitere Bedingungen.
Außer einer Bestärkung ihrer ohnehin schon erheblichen Rechte und Privilegien wurde u. a. festgelegt, daß die beiden Herzogtümer fortan „bliven
ewich tosamende ungedelt". Das bedeutete, daß der gesamte nordelbische
Bereich zwar nominell unter der Oberherrschaft des dänischen Königs
stand, daß das 1474 aus Holstein, Dithmarschen, Wagrien und Stormarn
gebildete Herzogtum Holstein jedoch weiterhin zum Deutschen Reich
gehörte.

Die Bestimmungen des Vertrages von Ripen erwiesen sich zur Sicherung und
Ausweitung des Deutschtums im Norden als sehr wichtig. Schon als Gerhard II.
1376 mit dem Herzogtum Schleswig belehnt worden war, haben sich dort in großer
Zahl deutsche Kaufleute, Bauern und Adlige niedergelassen. Damit breitete sich auch
die niederdeutsche Sprache rasch aus. In Angeln, auf Schwansen und im Dänischen
Wohld entstand ähnlich wie in Ostholstein ein adeliger Großgrundbesitz, der sich
bis heute erhalten hat.

Die weitere Geschichte des Landes ist staatsrechtlich und verfassungs-
geschichtlich wegen der unterschiedlichen Lehnsbindungen, der Personal-
union mit Dänemark und verschiedenen Aufteilungen besonders schwierig
(Abb. 2). Die erste Phase der von 1460—1867 während Verbindung mit

Dänemark war durch mehrere **Landesteilungen** gekennzeichnet, die aus erbrechtlichen Gründen notwendig wurden. Sie machen deutlich, daß von einer wirklichen „einheitlichen Verbundenheit" damals noch keine Rede sein konnte. Zwischen 1420 und 1773 gab es in Schleswig und Holstein sogar zwei regierende Landesherren, die sich teilweise bekämpften und eifersüchtig darauf bedacht waren, ihre Rechte auszudehnen, denn 1490 waren die Herzogtümer je in ein königliches (Segeberger) und herzogliches (Gottorfer) Gebiet geteilt worden. Diese verliefen — in ihrer Größe nach den Einnahmen der Ämter und Kirchspiele bzw. Harden bemessen — als W-O-Streifen quer durch beide Länder. Dabei lag der königliche Anteil jeweils im Süden der Herzogtümer. Zudem gab es noch einen gemeinschaftlich verwalteten Landesteil, der die Güterdistrikte der Ritterschaft sowie die Klöster umfaßte.

Beide Landesherren versuchten, durch Moorkultivierung und Eindeichungen („Oktroyierte Köge") sowie durch Förderung von Handel und Gewerbe ihre Steuereinnahmen zu heben. Der herzoglichen Handelsniederlassung Friedrichstadt an der Mündung der Treene in die Eider begegnete der dänische König mit der Gründung von Glücksstadt an der Rhinmündung in die Elbe (Stadtrecht 1620 bzw. 1617). Grund- und Aufriß beider Neugründungen verraten den barocken Geist jener Epoche; in beiden Fällen wurden jedoch die weitergehenden merkantilistischen Handelsziele nicht erreicht, da die starke Stellung Hamburgs das Aufblühen eines größeren Hafens an der Westküste verhinderte.

Der herzogliche Hof im prächtigen, auf einer Insel im innersten Schleiwinkel gelegenen **Schloß Gottorf** war im 16. und 17. Jh. unbestrittener kultureller und geistiger Mittelpunkt des Landes und zog zahlreiche Gelehrte und Künstler an. Dennoch wurde die erste und bis heute einzige **Landesuniversität** von Herzog Christian Albrecht 1685 nahe seiner Nebenresidenz in Kiel gegründet. Dies erwies sich insofern als weitsichtig, als die Gottorfer nach dem Nordischen Krieg (1700—1721) ihre gesamten Gebietsanteile im Herzogtum Schleswig und somit auch ihr heute als Landesmuseum und Landesarchiv genutztes Schloß verloren und deshalb genötigt waren, in die holsteinische Fördestadt auszuweichen. Dadurch erhielt Kiel, bis Mitte des 18. Jh. ein eher unbedeutender Hafenort, einen unerwarteten Bedeutungszuwachs.

1.3.5 Das „Gesamtstaatliche Jahrhundert"

Nunmehr war nur noch das Herzogtum Holstein geteilt. Die „Gottorfer Frage" wurde in dem Moment zu einem europäischen Problem, als Karl Peter Ulrich, Sohn des Gottorfer Herzogs Karl Friedrich, 1762 durch Heirat als Zar Peter III. den Thron in St. Petersburg bestieg. Seitdem wurde der Holsteiner Anteil als Großfürstentum von Rußland aus regiert. Dies bedeutete für Dänemark eine nicht geringe politische Gefahr. Nach langwierigen diplomatischen Verhandlungen kam es 1767 zunächst zur provisorischen und 1773 zur endgültigen Abtretung aller Gottorfer Ansprüche in Holstein an Dänemark — mit Ausnahme des fürstbischöflichen Gebietes von Lübeck — im Tausch gegen Oldenburg und Delmenhorst.

Nach diesem Vertrag waren Schleswig und Holstein zwar nicht verfassungsrechtlich vereint, hatten aber immerhin wieder den gleichen Landesherren. Das **Gesamtstaatliche Jahrhundert** (1767—1867) unter dänischer Oberhoheit war insgesamt gesehen eine Periode politischer Ruhe und wirtschaftlicher Blüte. Der dänische Wirtschaftsraum reichte damals vom Nordkap bis Altona vor den Toren Hamburgs. Da die Landesrechte zunächst jedenfalls voll gewahrt blieben, wurde die Administration vom fernen Kopenhagen aus nicht als Fremdherrschaft empfunden. Überdies hatte der deutsche Adel seinen schon immer großen Einfluß am dänischen Hof noch verstärken können, was manchen Unmut in Dänemark verursachte. Die Geschicke des Reiches wurden weitgehend von den Grafen Johann Hartwig Ernst Bernstorff und seinem Nachfolger Andreas Peter Bernstorff gelenkt, die auch der „Deutschen Kanzlei" in Kopenhagen vorstanden.

Die **Wirtschaft** in den Herzogtümern erhielt in vielerlei Hinsicht bedeutende Entwicklungsimpulse. Dies gilt nicht nur für die Modernisierung der Verkehrsinfrastruktur (erste Chaussee Altona—Kiel 1832, erste Eisenbahn 1844, schon 1777—1784 Bau des Eiderkanals), die Förderung von Gewerbe und Industrie, besonders in Flensburg, Neumünster und Altona, sondern vor allem für die Landwirtschaft. Wie zuvor im dänischen Bereich wurde seit 1770 die Verkoppelung in den bäuerlichen Ämtern der Herzogtümer durchgeführt. Die nach Auflösung der Gemengelage geschaffenen und den Vollbauern („Hufnern") übereigneten Koppeln waren nach behördlicher Vorschrift mit Wallhecken einzuhegen. Diese für die schleswig-holsteinische Kulturlandschaft so charakteristischen „Knicks" sind somit erst ein recht modernes Landschaftselement. Heute erschweren sie zwar den Einsatz von Ernte- und Bodenbearbeitungsmaschinen, bilden aber gerade im waldarmen Schleswig-Holstein für viele Pflanzen und Tiere einen ökologisch äußerst wichtigen Lebensraum. Neuerdings sind deshalb strenge Bestimmungen zur Erhaltung der Knicklandschaft erlassen worden. Mit der Verkoppelung ging eine Produktionssteigerung durch verbesserte Drainage- und Düngungsmaßnahmen (u. a. mit kalkreichem Geschiebemergel) einher. Die adligen Güter intensivierten ebenfalls ihre landwirtschaftliche Erzeugung, vor allem durch den Ausbau der Milchwirtschaft, die meist an „Holländereien" verpachtet wurde.

1.3.6 Nationalismus und Eingliederung in den deutschen Staat

Mitte des 19. Jh. geriet die politische Entwicklung des Landes in den Strudel des überall in Europa aufkeimenden **Nationalismus.** Dies führte schließlich zu kriegerischen Auseinandersetzungen zwischen den vom Deutschen Bund unterstützten Schleswig-Holsteinern und Dänemark, das mehrfach versuchte, zumindest Schleswig verfassungsmäßig in das Königreich einzugliedern. Nach der Erhebung von 1848 residierte in Kiel bis zur verlorenen Schlacht von Idstedt 1850 eine provisorische Regierung für Schleswig-Holstein. Anschließend schalteten sich die europäischen Großmächte ein und bestätigten im Londoner Protokoll von 1852 im wesentlichen den Status quo unter der Bedingung, daß Dänemark seinerseits keine „Inkorporation" der deutschen Herzogtümer (seit 1814 mit Lauenburg drei) betreiben werde. Gerade dies geschah aber in den Augen Bismarcks 1863, als in Schleswig eine neue Verfassung mit eiderdänisch-nationalliberaler Tendenz eingeführt wurde. Ein Jahr später kam es nach einem Ultimatum Preußens und Österreichs zum Krieg. Die Düppeler Schanzen und Alsen wurden von Preußen erobert und ganz Jütland durch österreichische Truppen besetzt. Im Wiener Frieden mußte Dänemark seine drei deutschen Gebietsteile abtreten, die seit der Niederlage Österreichs im Krieg mit Preußen (1866) sämtlich zu Preußen gehörten. Allerdings sollten bei der **Grenzziehung** im nördlichen Schleswig die Wünsche der dortigen Bevölkerung nach nationaler Zugehörigkeit berücksichtigt werden, was Preußen jedoch nicht tat. Erst im Vertrag von Versailles kam die Nordschleswig-Klausel zur Anwendung, und 1920 wurde das heutige Nordschleswig an Dänemark abgetreten; der Raum um Flensburg blieb hingegen bei Preußen. Schleswig-Holstein büßte durch den neuen Grenzverlauf, der zu beiden Seiten Minderheiten von etwa 30 000 Personen hinterließ, etwa ein Fünftel seines Gebietes ein.

Nach der Eingliederung der beiden historisch gewachsenen Herzogtümer in den preußischen Staat begannen auch hier die **Gründerjahre** in Landwirtschaft und Industrie, deren Folgen im Städtebau und in der Gestaltung der ländlichen Siedlungen noch heute allenthalben nachwirken. Die Umstellung auf die wachsenden Märkte des Deutschen Reiches erforderte eine tiefgreifende Anpassung der schleswig-holsteinischen Wirtschaft.

Letztmalig brachte das **Groß-Hamburg-Gesetz** 1937 einschneidende Gebietsverluste. Altona, Wandsbek und 13 Gemeinden in Stormarn kamen damals zu Hamburg, dafür erhielt Schleswig-Holstein allerdings die Hansestadt Lübeck und den Landesteil Lübeck um Eutin.

Von den Zerstörungen des 2. Weltkrieges war besonders die eng mit Marine und Schiffbau verbundene Stadt Kiel betroffen. Zu den mittelbaren **Kriegsfolgen** zählt jedoch auch die tiefgreifende bevölkerungsgeographische Umstrukturierung des ganzen Landes: Im Jahre 1950 waren von den 2,7 Mio. E. (Zunahme gegenüber 1939 um 61%) 1,2 Mio. Flüchtlinge, Heimatvertriebene und Evakuierte, und Schleswig-Holstein sah sich am Anfang seiner lang ersehnten Eigenständigkeit besonders schwerwiegenden sozialen und wirtschaftlichen Problemen ausgesetzt.

1.4 Schleswig-Holstein heute und morgen — Strukturwandel und Zukunftsaussichten

1.4.1 Regionale Gegensätze und Bevölkerungsentwicklung

Wenn auch der Mitte des 19. Jh. wiederbelebte Leitspruch „up ewich ungedelt" durch den Zusammenschluß der vier großen Landesteile Schleswig, Holstein, Lauenburg und Eutin zum Bundesland Schleswig-Holstein seine Verwirklichung in verfassungsrechtlich-politischer Hinsicht fand, so kann von gleichwertigen Lebensbedingungen und Entwicklungschancen heute weniger denn je die Rede sein. In der Landespolitik spricht man immer häufiger von einem S-N-Gefälle, aber auch einem O-W-Gegensatz der sozialen und wirtschaftlichen Entwicklung. Diese **räumlichen Disparitäten** werden

.a. in der regionalen Aufschlüsselung des Bruttoinlandsproduktes, der rbeitslosenquote, der Bevölkerungsentwicklung und dem Infrastruktungebot deutlich. Vor allem im nördlichen Landesteil und im Westküstenereich befürchtet man sogar eine weitere Entleerung der ländlichen äume durch Abwanderung besonders jüngerer und höher qualifizierter rbeitskräfte in die Großstädte des Landes sowie den Hamburger Verdichngsraum. Um dieser Entwicklung entgegenzuwirken, wird es darauf anommen, die Attraktivität der Peripherräume durch eine Verbesserung rer Wirtschafts- und Sozialstruktur zu steigern.

Schleswig-Holstein ist heute Lebensraum und Heimat für 2,6 Mio. Menhen. Dabei entfallen 41 % der Bevölkerung auf die 19 **Städte** des Landes it mehr als 20 000 E. In den ländlichen Gemeinden mit weniger als 5000 leben nur noch rund 830 000 Personen; hingegen konzentrieren sich jeeils mehr als 300 000 Bewohner auf die drei großen Verdichtungsgebiete n Kiel, Lübeck und das Hamburger Umland. Die vier Oberzentren des ndes wachsen allerdings nicht mehr, sondern verzeichnen seit einigen hren einen Bevölkerungsrückgang. Kiel hat nur noch 246 000 E. gegener 272 000 im Jahre 1970, die Hansestadt Lübeck nur noch 212 000 genüber 239 000; mit deutlichem Abstand folgen dann Flensburg mit ´000 (1970: 97 000) und Neumünster mit 79 000 (1970: 86 000).

Die **Gesamtbevölkerung** Schleswig-Holsteins stieg zwar im Zeitraum n 1970—1984 durch hohe Wanderungsgewinne gegenüber Hamburg um 0 000 Personen, inzwischen reichen die Wanderungsüberschüsse aber um noch zum Ausgleich des natürlichen Bevölkerungsrückgangs aus. ognosen gehen davon aus, daß die Landesbevölkerung bis zum Jahre 95 auf 2,5 Mio. zurückgehen und dann ein Drittel im Hamburger Nachrschaftsraum leben wird. Für den Landesteil Schleswig rechnet man sor mit einer sehr viel einschneidenderen Bevölkerungsabnahme von 0 000 (1977) auf nur 395 000 E. im Jahre 1995.

4.2 Landwirtschaft und Wandel der Agrarstruktur

enn auch die Landwirtschaft nach wie vor einen wichtigen Zweig der heischen Wirtschaft darstellt, so ist Schleswig-Holstein doch längst nicht mehr als Agrarland einzustufen. Der Anteil der **Land- und Forstwirt-schaft** am Bruttoinlandsprodukt macht heute nur noch 5,5 % aus, und von den 1,14 Mio. Beschäftigten sind lediglich 72 000 Personen (6,3 %) in den Bereichen Landwirtschaft und Forsten tätig (Bundesrepublik: 5,2 %), hingegen 30,1 % im produzierenden Gewerbe und 63,6 % im Dienstleistungsbereich. Die Zahl der landwirtschaftlichen Betriebe ($\geq$ 1 ha) ist allein im letzten Jahrzehnt um ca. 4000 auf weniger als 31 000 zurückgegangen. Die vielfach beim Generationswechsel frei gewordenen Nutzflächen dienten meist zur Aufstockung anderer Betriebe. Dadurch hat sich die ohnehin günstige Größenstruktur (23 % $\geq$ 50 ha; Bundesgebiet 5 %) weiter verbessert. Umfangreiche Flurbereinigungsmaßnahmen, die landesweit nur auf einem Viertel der Nutzfläche wegen großbäuerlicher bzw. gutswirtschaftlicher Struktur nicht erforderlich waren, haben ebenfalls zum Strukturwandel der Landwirtschaft beigetragen.

Die 1,1 Mio. ha umfassende **landwirtschaftliche Nutzfläche**, die ca. 75 % der Landesfläche ausmacht, entfällt zu 16 % auf den Naturraum Marsch, zu 27 % auf die Hohe Geest, zu 16 % auf die Vorgeest und zu rund 41 % auf das Östliche Hügelland. Im Verhältnis von Ackerland zu Grünland zeigen sich zwischen den einzelnen Landschaftszonen größere Unterschiede. Während auf der Hohen Geest das Grünland mit nahezu 40 % dominiert, überwiegen im Hügelland die Ackerflächen mit 57 %. Im Feldbau treten besonders Winterweizen und -gerste mit zusammen 280 000 ha hervor, gefolgt von Roggen, Sommergerste und Hafer. Neben dem Zuckerrübenanbau für die beiden Fabriken in Schleswig und St. Michaelisdonn spielen neuerdings Raps und Silomais eine verstärkte Rolle im Nutzungsspektrum. Insgesamt hält die Tendenz zur betrieblichen und regionalen Spezialisierung und die Abkehr vom Mischbetrieb unvermindert an. In Ostholstein wurde die Viehwirtschaft auf den Großbetrieben schon vor längerer Zeit vollständig aufgegeben, während im Geest- und teilweise auch im Marschbereich eine Ausdehnung des Grünlandes festzustellen ist. Eine große Bedeutung haben die Betriebe der landwirtschaftlichen Veredlungsindustrie, insbesondere die Meiereien, die einen sehr hohen Leistungsstand erreicht und sich mit einer breiter gewordenen Angebotspalette den veränderten Nachfragebedingungen angepaßt haben.

Angesichts der Überproduktion und stagnierender bzw. zurückgehender Preise für Agrarprodukte denkt man neuerdings über eine gewisse **Flächenextensivierung** nach. Das würde den Forderungen vieler ökologischer Gruppen entgegenkommen und ist letztlich auch volkswirtschaftlich sinnvoll. Allerdings müßte dann den Bauern für landschaftspflegerische Maßnahmen eine angemessene Vergütung bezahlt werden. Nur so ließe sich in den strukturschwachen Räumen, wie auf der Schleswigschen Geest, im Eiderraum oder entlang der Grenze zur DDR, eine Mindestbesiedlung aufrechterhalten.

1.4.3 Industrialisierungsprobleme

Seit dem Kriege sind bedeutende Anstrengungen zur Verbesserung der Industriestruktur in Schleswig-Holstein unternommen worden. Nach ersten Ansätzen der Frühindustrialisierung noch unter dänischer Oberherrschaft bildete sich vor allem in den Hafenstädten der Ostküste, wie Kiel, Flensburg und Lübeck, eine leistungsfähige **Schiffsbauindustrie** heraus, die heute allerdings in eine schwere Krise geraten ist. Die Kapazität der Werften wurde in den 80er Jahren ständig verringert, und die Beschäftigtenzahl nahm seit 1977 von 17 000 auf nur noch 12 000 ab. Viele Schiffsbaubetriebe konnten gegenüber der ostasiatischen Konkurrenz nicht bestehen; eine Umorientierung auf Maschinenbau oder den zukunftsträchtigen Bereich der Meerestechnologie gelang meist nicht rechtzeitig. Auch andere traditionelle Branchen (Fischanlandung und -verarbeitung, Textil- und Lederindustrie) gerieten neuerdings in Schwierigkeiten oder kamen ganz zum Erliegen.

Schleswig-Holstein bietet außer Agrarprodukten, der bei Itzehoe anstehenden Kreide sowie Steinen und Erden wenig **heimische Rohstoffe** für den Industrieausbau. Von einiger Bedeutung sind lediglich die Erdöllagerstätten, die sich an Salzhorstantiklinalen des Untergrundes anlehnen. Seit kurzem hat die Förderung auch auf den off-shore-Bereich (Feld Schwedeneck) übergegriffen. Insgesamt reicht sie aber nicht zum Aufbau einer chemischen Industrie. Das Erdölverarbeitungszentrum liegt in der Raffinerie von Hemmingstedt bei Heide, die durch eine Pipeline mit dem Erdölhafen von Brunsbüttel verbunden ist. Sollten sich die Erwartungen auf Reserven von ca. 75 Mio. t Erdöl im off-shore-Feld auf der Mittelplate vor der Westküste

erfüllen, wird der Süderdithmarscher Raum sicher neue Entwicklungsimpulse erhalten, wenn auch zu Lasten der Umwelt und des Naturschutzes
im Südabschnitt des 1985 eingerichteten Nationalparks „Schleswig-
Holsteinisches Wattenmeer".

Noch in den ersten Raumordnungsprogrammen der Landesregierung
Mitte der 60er Jahre wurde dem **Industrieausbau** eindeutige Priorität ein-
geräumt. Heute sieht man die Entwicklungsmöglichkeiten des produzierenden Gewerbes nüchterner. Neue Technologien haben die Bedeutung des
Faktors Beschäftigung in seiner regionalpolitischen Auswirkung verringert,
und es ist davon auszugehen, daß durch weitere Umstrukturierungen und
Rationalisierungen auch im sekundären Sektor alsbald Arbeitskräfte in größerer Zahl freigesetzt werden. Dies betrifft nicht nur die 21 registrierten
Großbetriebe mit mehr als 10 000 Beschäftigten, sondern zunehmend auch
mittelständische Gewerbebetriebe. Relativ gesehen hat sich die Bedeutung
der industriellen Arbeitsplätze schon seit Mitte der 60er Jahre deutlich ver-
mindert, und zwar von 39 % auf 30 %.

In den 60er und 70er Jahren sind in vielen mittleren und größeren Städten beachtliche **Ansiedlungserfolge** erzielt worden. Jede größere Gemeinde
wies unter attraktiven Bedingungen Industrie- und Gewerbeflächen aus, die
allerdings z. T. bis heute nicht vollständig belegt sind. Der Zustrom von
Flüchtlingen bot nicht nur ein großes Arbeitskräftereservoir, sondern auf
diese Weise kamen auch tatkräftige Unternehmer nach Schleswig-Holstein,
die besonders in ländlichen Gebieten aktiv wurden (z. B. Trappenkamp,
Mölln) und zur Diversifizierung der industriellen Produktion beitrugen.
Auch Betriebsverlagerungen aus dem Hamburger Raum in das Umland
spielten zeitweise eine größere Rolle. So zeigte der Industrialisierungsgrad
bereits vor 20 Jahren die stärkere gewerbliche Durchdringung der Hamburger Randkreise Pinneberg, Segeberg und Stormarn sowie des Rendsburger
Wirtschaftsraumes.

Im Bereich der **Schwer- und Grundstoffindustrie** ist weltweit eine Ten-
denz zur Standortverlagerung an die Küste mit Anschluß an den billigen
Wasserweg und günstigem Zugang zu Rohstoffen und Märkten zu beobach-
ten. Mit Hilfe umfangreicher finanzieller Förderung versuchte auch das
Land Schleswig-Holstein diesen Standortfaktor zu nutzen und im Bereich
Brunsbüttel am Elbeeingang des Nord-Ostsee-Kanals ein großräumiges

industrielles Verbundsystem aufzubauen, das bisherige Industrieansätze im Wirtschaftsbereich Heide, Itzehoe und Glückstadt einbeziehen sollte. Bei Brunsbüttel entstand ein großer neuer Elbehafen in Verbindung mit einem in seiner Dimension für den norddeutschen Raum einmaligen Industrieansiedlungsprojekt. Zwar gelang es, einige namhafte Industrieunternehmen des Chemiesektors anzusiedeln, da mit den — in der Öffentlichkeit allerdings umstrittenen — Kernkraftwerken von Brunsbüttel und Brokdorf eine billige Energieversorgung gewährleistet war. Die ursprünglich sehr optimistischen Erwartungen in bezug auf das Interesse von Großbetrieben sowie insbesondere die Schaffung neuer Arbeitsplätze erfüllten sich bislang jedoch nur in sehr begrenztem Umfang, und auch die vorausgesagten regionalen Sekundäreffekte für das zuliefernde Gewerbe erwiesen sich als gering.

Die weitere industrielle Entwicklung des Landes wird nicht zuletzt durch die weiten Entfernungen zu den großen Wirtschaftszentren der Bundesrepublik und der EG bestimmt. Diesem Nachteil steht die Nähe zu einem der größten Verdichtungsräume der Bundesrepublik, Hamburg, sowie der Zugang zum Meer gegenüber, der durch den langen Elbstrom und den das Land durchziehenden Nord-Ostsee-Kanal als international wichtige Schiffahrtsstraße noch erweitert wird. Auch die großräumige Lage innerhalb Europas bietet gewisse Chancen. So hat der großzügige Ausbau der Vogelfluglinie über Fehmarn nach Lolland und weiter nach Kopenhagen und in die südschwedischen Industriezentren sowie der Nordlandautobahn von Hamburg über Lübeck nach Skandinavien die seit alter Zeit charakteristische Brückenfunktion Schleswig-Holsteins neu belebt. Es wird darauf ankommen, diese Standortvorteile in Zukunft stärker als bisher in Wert zu setzen.

1.4.4 Fremdenverkehr und andere Dienstleistungen

Im Zuge der gesamtwirtschaftlichen Entwicklung zur postindustriellen Dienstleistungsgesellschaft könnte es für Schleswig-Holstein auf längere Sicht von Vorteil sein, daß es den Sprung von der preußischen Agrarprovinz zum modernen Industrieland entsprechend den Leitbildern der 60er Jahre nicht vollständig vollzogen hat. Man weiß augenblicklich noch wenig über die sozialen und ökonomischen Auswirkungen der überall schnell vordringenden neuen Technologien, die industrielle Arbeitskräfte bald in einem

noch größeren Stile durch Automation des Produktionsvorganges freiset-
zen werden und gerade peripheren Regionen neue Entwicklungsimpulse
verleihen könnten.

Schon heute ist Schleswig-Holstein ein typisches **Dienstleistungsland:**
22 % der Beschäftigten sind in Handel und Verkehr und weitere 42 % in anderen Dienstleistungsbereichen tätig. Darunter hat die Fremdenverkehrswirtschaft besonders große kulturlandschaftliche Auswirkungen. Nach
Bayern ist Schleswig-Holstein zum wichtigsten Ferienland der Bundesrepublik geworden. Heute werden pro Jahr ca. 2 Mio. Feriengäste und mehr als
13 Mio. Fremdenübernachtungen gezählt.
Der **Fremdenverkehr** kann auf alten Grundlagen aufbauen. Die Erkenntnisse der Meeresheilkunde führten bereits Anfang des 19. Jh. zur Einrichtung der ersten Seebäder in Travemünde und Wyk auf Föhr. Auch die
Holsteinische Schweiz im landschaftlich reizvollen Hügelland zwischen
Plön und dem alten Kneippbad Malente wurde schon um die Jahrhundertwende viel besucht. Der Ausbau einer leistungsfähigen Fremdenverkehrswirtschaft begann aber erst vor ungefähr 20 Jahren. Vor allem die 384 km
lange Ostseeküste zwischen Flensburg und Travemünde ist dadurch erheblich überformt worden, und die natürliche Schönheit dieser Küstenlandschaft mit dem Wechsel von Steilufern und feinsandigen Strandwallabschnit-
ten ging in einigen Bereichen verloren.

Dazu haben insbesondere die großen Ferienzentren von Damp 2000 an der
Eckernförder Bucht, Wendtorf und Holm an der östlichen Kieler Außenförde, Heiligenhafen, Burgtiefe auf Fehmarn sowie Sierksdorf an der Lübecker Bucht beigetragen, die — als Abschreibungsgesellschaften im Rahmen einer Förderung des Zonen-
randgebietes entstanden — architektonisch meist schlecht in die Landschaft
eingebunden sind. Die schon befürchtete vollständige Zersiedlung der Küste durch
Ferienhäuser, Kur- und Erholungseinrichtungen konnte allerdings seit ca. 10 Jahren
durch einschneidende, auch die Belange des Naturschutzes berücksichtigende ord-
nungspolitische Maßnahmen aufgehalten werden.

Die Fremdenübernachtungen als Maßzahl des Urlaubsverkehrs (ohne die
knapp 300 Campingplätze) verteilen sich fast gleichrangig auf die Nordfriesischen Inseln Sylt, Föhr und Amrum sowie die „Bäderstraße" an der Lübecker Bucht. Wesentliche Hemmnisse der weiteren Entwicklung sind die
Konkurrenz der nahen dänischen Badeorte, die saisonverkürzenden

kühlen Sommer in Norddeutschland und schließlich die begrenzte Aufnahmekapazität der Strände. Große Probleme entstehen auch durch die Überlagerung des Ferienverkehrs mit der Nah- und Wochenenderholung. Dies führt besonders an schönen Sommertagen zu einer völligen Überlastung der Bäder an der Lübecker Bucht.

Als man vor etwa 20 Jahren als Leitziel 30 Mio. Fremdenübernachtungen im Auge hatte, spielten ökologische Gesichtspunkte eine sehr geringe Rolle. Heute weiß man, daß eine weitere Expansion des Fremdenverkehrs zu weitreichenden Schäden für Landschaft und Natur führen würde und daher nicht mehr zu vertreten ist. Im Interesse einer langfristigen Daseinsvorsorge sind Erhaltung und Schutz der natürlichen Umwelt für die Bevölkerung und Wirtschaft Schleswig-Holsteins von größter Wichtigkeit. Auftretende Konflikte zwischen ökologischen und ökonomischen Belangen, wie sie gerade im Bereich der Küsten deutlich werden, müssen sinnvoll gelöst werden. Daß dies im konkreten Fall schwierig ist, zeigen die heftigen Auseinandersetzungen um die Einrichtung des „Nationalparks Wattenmeer" ebenso wie die Konflikte um den Bau und die Inbetriebnahme des Kernreaktors Brokdorf im Unterelbegebiet.

1.4.5 Zusammenfassende wirtschaftsräumliche Gliederung

Angesichts der naturgeographischen Zonierung in Östliches Hügelland, Geest und Marsch, der historischen Eigenentwicklung der verschiedenen Landschaftsräume und der gegenwärtigen Entwicklungsdisparitäten kann man in bezug auf Schleswig-Holstein nur bedingt von einem einheitlichen Wirtschafts- und Lebensraum sprechen. Das spiegelt sich auch in der wirtschaftsräumlichen und funktionalen Gliederung des Landes wider, die der raumordnerischen Konzeption der Landesplanung zugrunde liegt (Abb. 3). Der **Planungsraum I** (nördliches Hamburger Umland) umfaßt die vier Nachbarschaftskreise der Freien und Hansestadt Hamburg nördlich der Elbe. Es gibt seit langem vielfältige Verflechtungen Hamburgs mit den Kreisen Pinneberg, Segeberg und Herzogtum Lauenburg. Um die Siedlungs- und Wirtschaftsentwicklung dieses Raumes in eine sinnvolle Ordnung zu lenken, soll sich die anhaltende Dynamik der Metropole Hamburg hauptsächlich entlang ausgewiesener Entwicklungsachsen vollziehen. Deshalb werden die Achsenendpunkte Elmshorn, Kaltenkirchen, Bad Oldesloe, Schwarzenbek und Geesthacht besonders gefördert.

Der Ausbau der Verkehrsleitlinien hat wesentlich dazu beigetragen, daß sich der Sog der Hansestadt auf ganz Schleswig-Holstein auswirkt. Um diesen abzuschwächen, wurde versucht, im holsteinischen Kernraum ein wirtschaftliches Gegengewicht aufzubauen. Das als **Planungsraum III** (weiteres Kieler Umland) ausgewiesene Gebiet mit rund 300 000 E. schließt neben der Landeshauptstadt Kiel und ihrem Umland die Stadt Neumünster sowie die Landkreise Rendsburg-Eckernförde und Plön ein. In dieser naturräumlich und historisch sehr heterogenen Wirtschaftsregion hat der Nord-Ostsee-Kanal als industrieller Standortfaktor eine gewisse Bedeutung, die aber bislang nur in Rendsburg, weniger in Kiel genutzt wird. Der hohe Freizeitwert der Region könnte in Zukunft zu einer Attraktivitätssteigerung beitragen.

In engem Verbund zum Wirtschaftsraum Hamburg steht auch der die Landschaft Dithmarschen an der südlichen Westküste und die Elbmarschen umfassende **Planungsraum IV** (Unterelbe) mit dem Zentrum Brunsbüttel. Auf die Schwierigkeiten bei der industriell-gewerblichen Förderung dieses Raumes wurde bereits hingewiesen. Tragender Wirtschaftsfaktor wird vorerst die Landwirtschaft bleiben, zumal die Möglichkeiten des Fremdenverkehrs hauptsächlich wegen des Fehlens von Sandstränden begrenzt sind.

Zum **Planungsraum II** (Ostholstein und Lübeck) gehört das Gebiet der Hansestadt Lübeck einschließlich Travemünde sowie der aus den ehemaligen Kreisen Eutin und Oldenburg 1970 entstandene Landkreis Ostholstein. Lübeck hat sich nach dem Verlust seines Mecklenburger Hinterlandes und dem Abbruch vieler traditionsreicher Handelsverbindungen mit Erfolg neu orientieren können. Abgesehen von der Verkehrsfunktion und einer punkthaften Industrieentwicklung an der Untertrave wird der Raum in besonderem Maße vom Fremdenverkehr bestimmt. Die Reihe der Seebäder reicht vom alten Kurort Travemünde bis nach Fehmarn. Im Binnenland wie auf Fehmarn bildet jedoch auch die Landwirtschaft nach wie vor einen wesentlichen Wirtschaftsfaktor.

Der verbleibende **Planungsraum V** (Landesteil Schleswig) weist in verschiedener Hinsicht besondere wirtschaftliche und strukturelle Probleme

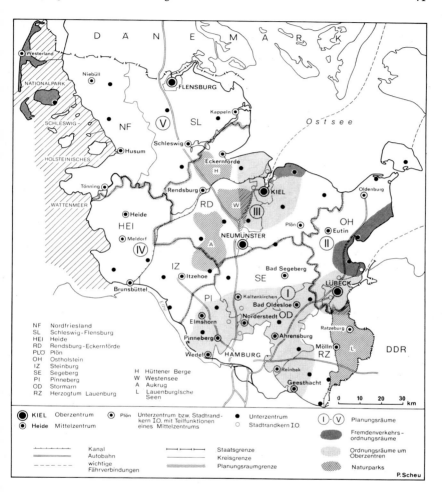

Abb. 3. Landesplanung und wirtschaftsräumliche Gliederung. Quelle: Landesraumordnungsplan Schleswig-Holstein 1979

auf. Er verläuft als einziger Planungsraum von Küste zu Küste durch alle
großen Naturräume und umfaßt neben den Landschaften Schwansen, Dänischer Wohld und der alten Harde Hütten die Stadt Flensburg sowie die
heutigen Landkreise Nordfriesland und Schleswig-Flensburg und damit
den südlich der dänischen Grenze liegenden Anteil des alten Herzogtums
Schleswig. Die Strukturschwäche zeigt sich in der mangelhaften zentralörtlichen Hierarchie, der Verkehrsferne und dem geringen Anteil des produzierenden Gewerbes, so daß auch das Bundesraumordnungsprogramm von
einem abwanderungsgefährdeten Problemraum spricht. Die Industrie konzentriert sich im wesentlichen auf die 1920 bei Deutschland verbliebene
Grenzstadt Flensburg mit ihrer starken dänischen Minderheit. Flensburg
konnte seine Standortnachteile nach Verlust des wirtschaftlichen Ergän-
zungsraumes in Nordschleswig bisher kaum ausgleichen. Seine Umlandbe-
ziehungen verzahnen sich mit denen von Husum als Zentrum der Westküstenregion. Der Fremdenverkehr als Ausgleichs- und Ergänzungsfunktion
spielt nur auf den Nordfriesischen Inseln eine größere Rolle. Zwar konnten
die ehemals bestehenden krassen Entwicklungsunterschiede südlich und
nördlich der Grenze inzwischen beseitigt werden (u. a. Programm Nord),
die Bestrebungen, das Schleswiger Grenzland zum Modellfall der Zusammenarbeit in Europa zu gestalten, verliefen aber bisher ohne sichtbare Erfolge. In einem zusammenwachsenden Europa dürfte jedoch den Grenzregionen in Zukunft eine größere Bedeutung zukommen. Damit würde auch
die historische Funktion Schleswig-Holsteins als Landbrücke zum Norden
eine neue Qualität erhalten.

1.5   Wegweiser zum landeskundlichen Schrifttum
(nur Monographien und Sammelbände)

1. Zeitschriften, Reihen, Jahrbücher, Bibliographien
2. Exkursionsführer und Reisehandbücher
3. Kartenwerke, Kartenerläuterungen, Atlanten
4. Historische Kartographie und topographische Landesbeschreibungen
   (vor 1867)

1. Zeitschriften, Reihen, Jahrbücher, Bibliographien

Berichte aus dem Schleswig-Holsteinischen Freilichtmuseum, Kiel (seit 1963).

Bibliographie zur schleswig-holsteinischen Geschichte und Landeskunde, hg. v. V. Pauls und O. Klose, Kiel (seit 1936).

Die Heimat. Monatshefte des Vereins zur Pflege der Natur- und Landeskunde in Schleswig-Holstein und Hamburg, Neumünster (seit 1891).

Kieler Geographische Schriften (vormals: Schriften des Geographischen Instituts der Universität Kiel), Kiel (seit 1932).

Die Küste. Archiv für Forschung und Technik an Nord- und Ostsee (vormals: Westküste), Heide (seit 1938).

Landesplanung in Schleswig-Holstein, hg. v. Ministerpräsidenten des Landes Schleswig-Holstein, Kiel (seit 1961).

Meyniana. Veröffentlichungen des Geologischen Instituts der Universität Kiel, Kiel (seit 1952).

Mitteilungen der Geographischen Gesellschaft zu Lübeck, Lübeck (seit 1882).

Nordfriesisches Jahrbuch. Neue Folge, hg. v. Nordfriisk Institut, Bredstedt (seit 1965).

Offa. Berichte und Mitteilungen aus dem Schleswig-Holsteinischen Landesmuseum für Vor- und Frühgeschichte in Schleswig und dem Institut für Ur- und Frühgeschichte an der Universität Kiel, Neumünster (seit 1936).

Quellen und Forschungen zur Geschichte Schleswig-Holsteins, Neumünster (seit 1914).

Schriften des Naturwissenschaftlichen Vereins in Schleswig-Holstein, Kiel (seit 1873).

Schriftenreihe der Landesregierung Schleswig-Holstein, Kiel (seit 1972).

Schleswig-Holstein, hg. vom Schleswig-Holsteinischen Heimatbund, Kiel (seit 1949).

Studien zur Wirtschafts- und Sozialgeschichte Schleswig-Holsteins, Neumünster (seit 1979).

Zeitschrift der Gesellschaft für Schleswig-Holsteinische Geschichte, Neumünster (seit 1871).

2. Exkursionsführer und Reisehandbücher

Baedeker, K. (1963): Schleswig-Holstein und Hamburg. Reisehandbuch. Hamburg.

Habich, J. (Hg.) (1971): Hamburg/Schleswig-Holstein. — Dehio-Handbuch der deutschen Kunstdenkmäler, Stuttgart.

Klose, O. (Hg.) (1976): Schleswig-Holstein und Hamburg. — Handbuch der historischen Stätten Deutschlands, 1, Stuttgart.

Möller, H.-H. v. (Hg.) (1976): Niedersachsen, Hansestädte, Schleswig-Holstein. — Reclams Kunstführer Deutschland, 5, Ditzingen.

Mehling, M. (Hg.) (1983): Schleswig-Holstein. — Knaurs Kunstführer in Farbe, München.

Römisch-Germanisches Zentralmuseum Mainz (Hg.) (1968): Führer zu vor- und frühgeschichtlichen Denkmälern, 9: Schleswig, Haithabu, Sylt; 10: Hansestadt Lübeck, Ostholstein, Kiel. Mainz.

Schlenger, H. et al. (Hg.) (1969): Schleswig-Holstein. Ein geographisch-landeskundlicher Exkursionsführer. Festschrift zum 37. Deutschen Geographentag in Kiel. — Schr. Geogr. Inst. Univ. Kiel, 30, Kiel (auch im Hirt-Verlag, Kiel 1969, 2. Aufl. 1970).

Taubmann, W. (Hg.) (1980): Exkursionen in Norddeutschland und angrenzenden Gebieten. Kiel.

3. Kartenwerke, Kartenerläuterungen, Atlanten

Bähr, J. (Hg.) (1983): Kiel 1879—1979. Entwicklung von Stadt und Umland im Bild der Topographischen Karte 1:25 000. Zum 32. Deutschen Kartographentag vom 11.—14. Mai 1983 in Kiel. — Kieler Geogr. Schr., **58**, Kiel.

Barsch, D. (1978): Erläuterungen zur Geomorphologischen Karte 1:25 000 der Bundesrepublik Deutschland. GMK 25-1, 1927 Bornhöved. Berlin.

Borchert, G. (1965): L 2122 Itzehoe. — Geographisch-landeskundliche Erläuterungen zur Topographischen Karte 1:50 000. Eine Beispielsammlung für Unterrichtszwecke landeskundlich und didaktisch erläutert; hg. v. Inst. f. Landeskunde in Zus. mit den Landesvermessungsämtern und dem Zentralausschuß f. deutsche Landeskunde, 2. Lfg., Bad Godesberg.

Fränzle, O. (1981): Erläuterungen zur Geomorphologischen Karte 1:25 000 der Bundesrepublik Deutschland. GMK 25-8, 1826 Bordesholm. Berlin.

Landesvermessungsamt Schleswig-Holstein (Hg.) (1979): Topographischer Atlas Schleswig-Holstein und Hamburg. 95 Kartenausschnitte, ausgewählt und erläutert von Chr. Degn & U. Muuß unter Mitarbeit von H.-P. Jorzick. 4. Aufl., Neumünster.

Der Ministerpräsident des Landes Schleswig-Holstein, Abt. Landesplanung/Akademie f. Raumforschung u. Landesplanung Hannover (Hg.) (1960): Planungsatlas Schleswig-Holstein. Gesamtbearbeitung: H. Witt. — Deutscher Planungsatlas, **3**, Bremen-Horn.

4. Historische Kartographie und topographische Landesbeschreibungen (vor 1867)

Danckwerth, C. (1652): Newe Landesbeschreibung der zwey Herzogtümer Schleswig und Holstein. Faksimileausgabe der Meyer'schen Karten mit einer Einleitung von Chr. Degn. Hamburg-Bergedorf 1963.

Kahlfuss, H.-J. (1969): Landesaufnahme und Flurvermessung in den Herzogtümern Schleswig, Holstein und Lauenburg vor 1864. Beiträge zur Geschichte der Kartographie Nordelbingens. Neumünster.

Landesvermessungsamt Schleswig-Holstein (Hg.) (1983): Karte des Herzogtums Schleswig in 14 Blättern, im Jahre 1804 und 1805 von [...] H. du Plat zusammengetragen. Neuauflage im Maßstab 1:100 000, Kiel.

Landesvermessungsamt Schleswig-Holstein (Hg.) (1984): Topographisch-Militärische Charte des Herzogtums Holstein (1789—1796) von G. A. v. Varendorf. Neuauflage im Maßstab 1:25000, Kiel.

Oldekop, H. (1906): Topographie des Herzogtums Schleswig. Kiel.

— (1908): Topographie des Herzogtums Holstein. 2 Bde., Kiel.

Schröder, J. v. (1854): Topographie des Herzogthums Schleswig. Oldenburg. (Reprint Kiel 1982).

Schröder, J. v. & Biernatzki, H. (1855/56): Topographie der Herzogthümer Holstein und Lauenburg, des Fürstenthums Lübeck und des Gebiets der freien und Hanse-Städte Hamburg und Lübeck. 2 Bde., Oldenburg i. H. (Reprint Münster 1983).

5. Landeskunden, Gesamtdarstellungen, Sammelbände

Barschel, U. (1986): Schleswig-Holstein. Land mit Vergangenheit — Land mit Zukunft. Neumünster.

Doormann, O. (1910): Landeskunde der Provinz Schleswig-Holstein und der Freien und Hansestadt Lübeck mit ihrem Gebiete. — F. Hirts Sammlung von deutschen Landeskunden, Breslau.

Degn, Chr. & Muuß, U. (1965): Luftbildatlas Schleswig-Holstein (1). Eine Landeskunde in 80 farbigen Luftaufnahmen. Neumünster.

— unter Mitarbeit v. Hingst, K. (1968): Luftbildatlas Schleswig-Holstein (2). Eine Landeskunde in 72 farbigen Luftaufnahmen. Neumünster.

Hingst, K. & Muuß, U. (1978): Landschaftswandel in Schleswig-Holstein. Neumünster.

Kamphausen, A. (1968): Schleswig-Holstein. Landschaft, Geschichte, Kultur, Kunst. Nürnberg.

Koch, J. H. (1977): Schleswig-Holstein. Zwischen Nordsee und Ostsee: Kultur — Geschichte — Landschaft. — DuMont Kunst-Reiseführer, Köln.

Schmarje, J. (1901): Die Provinz Schleswig-Holstein. — Landkunde Preußens, 5, Berlin/Stuttgart.

Schott, C. (Hg.) (1953): Beiträge zur Landeskunde von Schleswig-Holstein. — Schr. Geogr. Inst. Univ. Kiel, Sonderband: Oskar Schmieder zum 60. Geburtstag, Kiel.

Statistisches Landesamt Schleswig-Holstein (Hg.) (1986): Statistisches Jahrbuch Schleswig-Holstein 1985. Kiel.

Stewig, R. (Hg.) (1971): Beiträge zur geographischen Landeskunde und Regionalforschung in Schleswig-Holstein. — Schr. Geogr. Inst. Univ. Kiel, 37, Kiel.

— (1982): Landeskunde von Schleswig-Holstein. — Geocolleg, 5, Berlin/Stuttgart.

Thiede, K. (Hg.) (1962): Schleswig-Holstein. Landschaft und wirkende Kräfte. — Deutsche Landschaft, **12**, Essen.

6. Physische Geographie, Ökologie und Naturschutz

Christiansen, W. (1955): Pflanzenkunde von Schleswig-Holstein. Neumünster.

Eriksen, W. (1964): Beiträge zum Stadtklima von Kiel. Witterungsklimatische Untersuchungen im Raum Kiel und Hinweise auf eine mögliche Anwendung in der Stadtplanung. — Schr. Geogr. Inst. Univ. Kiel, **22** (1), Kiel.

Gripp, K. (1964): Erdgeschichte von Schleswig-Holstein. Neumünster.

Hassenpflug, W. (1971): Studien zur rezenten Hangüberformung der Knicklandschaft Schleswig-Holsteins. — Forsch. z. dt. Landeskunde, **198**, Bad Godesberg.

Heydemann, B. & Müller-Karch, J. (1980): Biologischer Atlas Schleswig-Holstein. Lebensgemeinschaften des Landes. Neumünster.

Minister f. Ernährung, Landwirtschaft u. Forsten d. Landes Schleswig-Holstein (Hg.) (1980): Handbuch des Naturschutzes für Schleswig-Holstein. — Schriftenreihe d. Landesregierung Schleswig-Holstein, **11**, Kiel.

Müller, H. E. (1981): Vergleichende Untersuchungen zur hydrochemischen Dynamik von Seen im schleswig-holsteinischen Jungmoränengebiet. — Kieler Geogr. Schr., **53**, Kiel.

Muuß, U. et al. (1973): Die Binnengewässer Schleswig-Holsteins. Neumünster.

Schmidtke, K.-D. (1985): Auf den Spuren der Eiszeit. Die glaziale Landschaftsgeschichte Schleswig-Holsteins. Husum.

Schott, C. (1956): Die Naturlandschaften Schleswig-Holsteins. Neumünster.

Treter, U. (1970): Untersuchungen zum Jahresgang der Bodenfeuchte in Abhängigkeit von Niederschlägen, topographischer Situation und Bodenbedeckung an ausgewählten Punkten in den Hüttener Bergen, Schleswig-Holstein. — Schr. Geogr. Inst. Univ. Kiel, **33**, Kiel.

— (1981): Zum Wasserhaushalt schleswig-holsteinischer Seengebiete. — Berliner Geogr. Abh., **33**, Berlin.

7. Angrenzende Meere und Küstenprobleme

Abrahamse, J. et al. (Hg.) (1977): Wattenmeer. Neumünster.

Bantelmann, A. (1967): Die Landschaftsentwicklung an der schleswig-holsteinischen Westküste, dargestellt am Beispiel Nordfrieslands. Neumünster.

Hassenpflug, W. et al. (1985): An Nord- und Ostsee. Schleswig-Holsteins Küsten. Husum.

Kannenberg, E.-G. (1951): Die Steilufer der schleswig-holsteinischen Ostseeküste. — Schr. Geogr. Inst. Univ. Kiel, **14** (1), Kiel.

Magaard, L. & Rheinheimer, G. (Hg.) (1974): Meereskunde der Ostsee. Berlin/Heidelberg.

Müller, F. & Fischer, O. (1917—1956): Das Wasserwesen an der schleswigholsteinischen Nordseeküste. 1. Teil: Die Halligen (2. Bde., 1917), 2. Teil: Die Inseln (7 Bde. 1936—37), 3. Teil: Das Festland (7 Bde. 1954—56). Berlin.

Muuß, U. & Petersen, M. (1971): Die Küsten Schleswig-Holsteins. Neumünster.

Newig, J. & Theede, H. (Hg.) (1985): Die Ostsee. Natur und Kulturraum. Husum.

Petersen, M. & Rohde, H. (1979): Sturmflut. Die großen Fluten an den Küsten Schleswig-Holsteins und in der Elbe. Neumünster.

Rat der Sachverständigen für Umweltfragen (Hg.) (1980): Umweltprobleme der Nordsee. Sondergutachten Juni 1980. Stuttgart/Mainz.

Schott, C. (1950): Die Westküste Schleswig-Holsteins. Probleme der Küstensenkung. — Schr. Geogr. Inst. Univ. Kiel, **13** (4), Kiel.

8. Historische Geographie, geschichtliche Landeskunde

Brandt, O. & Klüver, W. (1981): Geschichte Schleswig-Holsteins. Ein Grundriß. Kiel.

Eckert, G. (1984): Schleswig-Holsteins Geschichte — entdecken und erleben. Husum.

Fink, T. (1958): Geschichte des schleswigschen Grenzlandes. Kopenhagen.

Jankuhn, H. (1980): Haithabu, ein Handelsplatz der Winkingerzeit. Neumünster.

Kamphausen, A. (Hg.) (1968): Schleswig-Holstein und der Norden. Festschrift f. O. Klose zum 65. Geb. Neumünster.

Klose, O. et al. (Hg.) (ab 1955): Geschichte Schleswig-Holsteins. 10 Bde., Neumünster.

Scharff, A. & Jessen-Klingenberg, M. (1982): Schleswig-Holsteinische Geschichte. Territorien-Ploetz, Neuausgabe. Freiburg.

Schietzel, K. (1981): Stand der siedlungsarchäologischen Forschung in Haithabu. Ergebnisse und Probleme. — Neue Ausgrabungen in Haithabu, **16**, Neumünster.

9. Bevölkerung

Bohnsack, E. (1956): Flüchtlinge und Einheimische in Schleswig-Holstein. — Kieler Studien, **38**, Kiel.

Brockstedt, J. (Hg.) (1979): Regionale Mobilität in Schleswig-Holstein 1600—1900. — Stud. z. Wirtschafts- und Sozialgesch. Schleswig-Holsteins, **1**, Neumünster.

Momsen, I. E. (1969): Die Bevölkerung der Stadt Husum von 1769 bis 1860. Versuch einer historischen Sozialgeographie. — Schr. Geogr. Inst. Univ. Kiel, **31**, Kiel.

— (1974): Die allgemeinen Volkszählungen in Schleswig-Holstein in dänischer Zeit (1769—1860). — Quellen u. Forsch. z. Gesch. Schleswig-Holsteins, **66**, Neumünster.

Sievers, K.-D. (Hg.) (1981): Die deutsche und skandinavische Amerikaauswanderung im 19. und 20. Jahrhundert. — Stud. z. Wirtschafts- und Sozialgesch. Schleswig-Holsteins, **3**, Neumünster.

10. Agrarentwicklung, Landwirtschaft und ländlicher Raum

Bonsen, U. (1966): Die Entwicklung des Siedlungsbildes und der Agrarstruktur der Landschaft Schwansen vom Mittelalter bis zur Neuzeit. — Schr. Geogr. Inst. Univ. Kiel, **25** (3), Kiel.

Brüggemann, G. (1953): Die holsteinische Baumschulenlandschaft. — Schr. Geogr. Inst. Univ. Kiel, **14** (4), Kiel.

Framke, W. (1968): Die deutsch-dänische Grenze in ihrem Einfluß auf die Differenzierung der Kulturlandschaft. — Forsch. z. dt. Landeskunde, **172**, Bad Godesberg.

Hannesen, H. (1959): Die Agrarwirtschaft der schleswig-holsteinischen Geest und ihre neuzeitliche Entwicklung. — Schr. Geogr. Inst. Univ. Kiel, **17** (3), Kiel.

Kaufmann, G. (1967): Probleme des Strukturwandels in ländlichen Gebieten Schleswig-Holsteins, dargestellt an ausgewählten Beispielen aus Ostholstein und dem Programm-Nord-Gebiet. — Schr. Geogr. Inst. Univ. Kiel, **26** (2), Kiel.

Leister, I. (1952): Rittersitz und adliges Gut in Holstein und Schleswig. — Schr. Geogr. Inst. Univ. Kiel, **14** (2), Kiel.

Mager, F. (1930/37): Entwicklungsgeschichte der Kulturlandschaft im Herzogtum Schleswig. 2 Bde., Breslau.

Marquardt, G. (1950): Die schleswig-holsteinische Knicklandschaft. — Schr. Geogr. Inst. Univ. Kiel, **12** (3), Kiel.

Meyer, G.-U. (1980): Die Dynamik der Agrarformationen — dargestellt an ausgewählten Beispielen des östlichen Hügellandes, der Geest und der Marsch

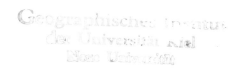

Schleswig-Holsteins. Von 1950 bis zur Gegenwart. — Göttinger Geogr. Abh., **75**, Göttingen.
Prange, W. (1971): Die Anfänge der großen Agrarreformen in Schleswig-Holstein um 1771. — Quellen u. Forsch. z. Gesch. Schleswig-Holsteins, **60**, Neumünster.
Thiede, K. (1982): Bauernhäuser in Schleswig-Holstein. — Kleine Schleswig-Holstein-Bücher, **5**, Heide.
Weigand, K. (1970): Programm Nord. Wandel der Landschaft in Schleswig-Holstein. — Wegweiser f. Lehrerfortbildung, Kiel.
Wiebe, D. (1979): Das Programm Nord. — Fragenkreise 23532, Paderborn.
Zentralstelle für Landeskunde im Schleswig-Holsteinischen Heimatbund (Hg.) (1986): Unser Dorf. Handbuch f. Dorferhaltung, Dorferneuerung u. Dorfentwicklung. Husum.

11. Gewerbeentwicklung und Industriestruktur

Brockstedt, J. (Hg.) (1983): Frühindustrialisierung in Schleswig-Holstein, anderen norddeutschen Ländern und Dänemark. — Stud. z. Wirtschafts- und Sozialgesch. Schleswig-Holsteins, **5**, Neumünster.
Lehbert, B. (1967): Die interindustrielle und interregionale Verflechtung der Wirtschaft des Landes Schleswig-Holstein. — Kieler Studien, **81**, Tübingen.
Minister f. Wirtschaft und Verkehr des Landes Schleswig-Holstein (Hg.) (1971): Schleswig-Holstein. Industrieland mit Zukunft. Berlin/Basel.
Wiebe, D. (1968): Industrieansiedlung in ländlichen Gebieten, dargestellt am Beispiel der Gemeinden Wahlstedt und Trappenkamp im Kreis Segeberg. — Schr. Geogr. Inst. Univ. Kiel, **28** (3), Kiel.
Wirtschaftsförderungsgesellschaft Schleswig-Holstein m.b.H., Kiel (Hg.) (1975): Industriestandortkatalog Schleswig-Holstein. Kiel.

12. Fremdenverkehr und Erholungsräume

Boekmann, B. (1975): Beiträge zur geographischen Erfassung des Kurfremden- und Freizeitverkehrs auf Eiderstedt unter besonderer Berücksichtigung St. Peter-Ordings. — Regensburger Geogr. Schr., **7**, Regensburg.
Besch, H.-W. & Kaminske, V. (1980): Die Ökologie einer Ferienregion. Beispiel Sylt. — Fragenkreise 23543, Paderborn.

Diekmann, S. (1963): Die Ferienhaussiedlungen Schleswig-Holsteins. Eine siedlungs- und sozialgeographische Studie. — Schr. Geogr. Inst. Univ. Kiel, 21 (3), Kiel.

Hartmann, K. D. (1971): Urlaub in Schleswig-Holstein. Eine motiv- und verhaltenspsychologische Untersuchung. — Studienkreis f. Tourismus e. V., Starnberg.

Hoffmann, H. (1970): Untersuchungen über Umfang, Struktur, Bedeutung und Entwicklung des Fremdenverkehrs in Schleswig-Holstein. — Schriftenreihe d. Dt. Wirtschaftswiss. Inst. f. Fremdenverkehr a. d. Univ. München, 19, München.

Kurz, R. (1979): Ferienzentren an der Ostsee. Geographische Untersuchungen zu einer neuen Angebotsform im Fremdenverkehrsraum. — Forsch. z. dt. Landeskunde, 212, Trier.

Ministerpräsident des Landes Schleswig-Holstein, Landesplanungsbehörde (Hg.) (1974): Fremdenverkehr — Erholung. — Landesplanung in Schleswig-Holstein, 9, Kiel.

Möller, H.-G. (1977): Sozialgeographische Untersuchungen zum Freizeitverkehr auf der Insel Fehmarn. — Jb. d. Geogr. Gesellsch. z. Hannover, Jb. f. 1974, Hannover.

Newig, J. (1974): Die Entwicklung von Fremdenverkehr und Freizeitwohnwesen in ihren Auswirkungen auf Bad und Stadt Westerland auf Sylt. — Schr. Geogr. Inst. Univ. Kiel, 42, Kiel.

Weigand, K. (1982): Grenzüberschreitende Reiseströme an der deutsch-dänischen Grenze, Kontinuität und Wandel von 1957—1980/1. — Inst. f. Region. Forsch. u. Information, Flensburg.

13. Verkehrsprobleme

Bundesminister f. Verkehr (Hg.) (1963): Die Vogelfluglinie. Planung und Bau der Verbindungen in der Bundesrepublik Deutschland. Neumünster.

Bachmann, H. (1968): Der Fährverkehr in Nordeuropa. Eine verkehrsgeographische Untersuchung. — Schr. Geogr. Inst. Univ. Kiel, 27 (3), Kiel.

Harms, H. (1983): Die Alte Salzstraße im Wandel der Zeit. Neumünster.

Jensen, W. (1970): Der Nord-Ostsee-Kanal. Eine Dokumentation zur 75jährigen Wiederkehr der Eröffnung. Neumünster.

Pieplow, J. (1983): Von Jütland an die Elbe. Reiseskizzen entlang alter Heer- und Ochsenwege. Neumünster.

Stolz, G. (1983): Der alte Eiderkanal — Schleswig-Holsteinischer Kanal. Heide.

14. Landesplanung, Raumordnung, regionale Strukturpolitik

Bartels, D. et al. (1984): Lebensraum Norddeutschland. — Kieler Geogr. Schr., 61, Kiel.

Carstensen, H. (1967): Raumordnung und Landesplanung in Schleswig-Holstein. — Themen z. Geographie u. Gemeinschaftskunde, Frankfurt/M., Berlin, Bonn, München.

Jochimsen, R. et al. (1969): Grundsätze der Landesplanung und der Gebietsreform in Schleswig-Holstein. — Schriftenreihe Gegenwartsfragen, 25, Kiel.

Ministerpräsident des Landes Schleswig-Holstein, Landesplanungsbehörde (Hg.): Raumordnungsberichte und Regionalpläne mit div. Fortschreibungen, ab 1965 in Schriftenreihe „Landesplanung in Schleswig-Holstein", Kiel.

Prognos AG (Hg.) (1966): Die Entwicklung von Wirtschaft und Bevölkerung des Landes Schleswig-Holstein 1950—1980. Kiel.

15. Städte

Endres, F. (1926): Geschichte der Freien und Hansestadt Lübeck. Frankfurt/M. (Reprint 1981).

Engling, I. (1985): Das Neumünster-Buch. Neumünster.

Habich, J. et al. (1976): Stadtkernatlas Schleswig-Holstein. Neumünster.

Killisch, W. F. (1975): Stadtsanierung Kiel-Gaarden. Vorbereitende Untersuchung zur Durchführung von Erneuerungsmaßnahmen. — Schr. Geogr. Inst. Univ. Kiel, 43, Kiel.

Nernheim, K. (1958): Der Eckernförder Wirtschaftsraum. Wirtschaftsgeographische Wandlungen einer Kleinstadt und ihres Umlandes unter besonderer Berücksichtigung der Gegenwart. — Schr. Geogr. Inst. Univ. Kiel, 17 (2), Kiel.

Schneider, J. (1934): Stadtgeographie von Schleswig. — Schr. Geogr. Inst. Univ. Kiel, 2 (1), Kiel. (Reprint Schleswig 1983).

Steiniger, H. (1962): Die Stadt Rendsburg und ihr Einzugsgebiet. — Schr. Geogr. Inst. Univ. Kiel, 21 (1), Kiel.

Stewig, R. (1971): Kiel. Einführung in die Stadtlandschaft. Kiel.

— (Hg.) (1983): Untersuchungen über die Großstadt in Schleswig-Holstein. — Kieler Geogr. Schr., 57, Kiel.

Weigand, K. (1966): I. Stadt-Umlandverflechtungen und Einzugsbereich der Grenzstadt Flensburg und anderer zentraler Orte im nördlichen Landesteil Schleswig.

— II. Flensburg als zentraler Ort im grenzüberschreitenden Reiseverkehr. — Schr. Geogr. Inst. Univ. Kiel, 25, Kiel.

16. Einzellandschaften

Carsten, R. H. (1979): Das alte Stormerland. Kultur- und Siedlungsgeschichte. — Stormarner Hefte, 6, Neumünster.

Detlefsen, N. (1979): Das Angelnbuch. Neumünster.

Engling, I. (Hg.) (1982): Das Kreis-Plön-Buch. Neumünster.

Fiedler, W. (1982): Eiderstedt. Breklum.

Göttsch, S. (1981): Stapelholmer Volkskultur. — Stud. z. Volkskunde u. Kulturgesch., 8, Neumünster.

Grube, F. v. & Richter, G. (1979): Fehmarn. Die grüne Ferieninsel. Hamburg.

Hennig, R. (1983): Der Sachsenwald. Neumünster.

Jenssen, Chr. et al. (1912): Volks- und Landeskunde der Landschaft Schwansen. Kiel. (Reprint 1975).

Kamphausen, A. & Philipp, H. (1981): Nordfriesland. Landschaft und Bauten von der Eider bis zur Wiedau. Heide.

Koehn, H. (1961): Die nordfriesischen Inseln. Die Entwicklung ihrer Landschaft und die Geschichte ihres Volkstums. Hamburg.

Petersen, M. (1981): Die Halligen. Neumünster.

Prange, W. (1960): Siedlungsgeschichte des Landes Lauenburg im Mittelalter. — Quellen u. Forsch. z. Geschichte Schleswig-Holsteins, 41, Neumünster.

Prühs, E.-G. (1977): Das Ostholstein-Buch. Eine Landeskunde in Text und Bild. Neumünster.

Schleswig-Holsteinischer Heimatbund (Hg.) (1963): Nordschleswig. Bild einer Grenzlandschaft. Eine politische Monographie. Neumünster.

17. Kunst und Kultur

Beseler, H. (Hg.) (1969): Kunst-Topographie Schleswig-Holstein. Die Kunstdenkmäler des Landes Schleswig-Holstein, bearb. im Landesamt f. Denkmalpflege Schleswig-Holstein und im Amt f. Denkmalpflege der Hansestadt Lübeck. Neumünster.

Eckert, G. (1982): Schleswig-Holsteins Kunst — entdecken und erleben. Husum.

— (1983): Schleswig-Holsteins Literatur — entdecken und erleben. Husum.

Hirschfeld, P. (1974): Herrenhäuser und Schlösser in Schleswig-Holstein. Stuttgart.

Jensen, Chr. (1971): Literarische Reise durch Schleswig-Holstein. Heide.

Kamphausen, A. (1973): Schleswig-Holstein als Kunstlandschaft. Neumünster.

Lohmeier, D. & Müller, W. J. (1984): Emkendorf und Knoop. Kultur und Kunst in schleswig-holsteinischen Herrenhäusern um 1800. Heide.

Lühning, A. v. (Hg.) (1981): Schleswig-Holsteinische Museen und Sammlungen. Neumünster.

Martins, L. (1978): Schleswig-Holsteinische Malerei im 19. Jahrhundert. Neumünster.

Rumohr, H. v. (1960): Schlösser und Herrensitze in Schleswig-Holstein und Hamburg. Frankfurt.

— (1962): Dome, Kirchen und Klöster in Schleswig-Holstein und Hamburg. Frankfurt.

Schlee, E. (1979): Das Schloß Gottorf in Schleswig. Neumünster.

Seebach, C.-H. (1985): 800 Jahre Burgen, Schlösser und Herrenhäuser in Schleswig-Holstein. Neumünster.

2. Flensburg und sein Umland — eine Grenzlandschaft

von KARL WEIGAND, Flensburg

Karten: Generalkarte 1 : 200 000 Bundesrepublik Deutschland Bl. 1 und Dänemark Bl. 3; Kreiskarten 1 : 100 000 Nordfriesland, Schleswig-Flensburg; Dänemark 1 : 100 000 Bl. 1211; TK 50 L 1120 Ladelund, L 1122 Flensburg Nord, L 1320 Drelsdorf, L 1322 Flensburg Süd.

2.1 Einführung

2.1.1 Grenzlandsituation — geprägt durch völkische Minderheiten

Flensburg und sein Umland sind Teil einer Grenzlandschaft, die heute oft als „Modellfall" für andere europäische Grenzregionen dargestellt wird. Dabei wird vor allem auf die vorbildliche Respektierung der völkischen Minderheiten beiderseits der Staatsgrenze verwiesen. Bester Indikator für ihre Präsenz sind die (Privat-)Schulen: 18 deutsche für 1294 Schüler im (dänischen) **Nordschleswig** und 54 für 5409 dänische Schüler im (deutschen) **Landesteil Schleswig** (Abb. 1). Insgesamt dürften zur deutschen Volksgruppe ca. 20 000 und zur dänischen ca. 50—60 000 Bewohner des jeweils anderen Landes zählen.

Bis in die Gegenwart zeigt die räumliche Verteilung dieser Minderheiten ein Nebeneinander deutscher und dänischer Einflüsse im Umkreis des alten Herzogtums Schleswig, das über Jahrhunderte eine besondere territoriale Verbindung mit dem dänischen Gesamtstaat hatte. 1867 annektierte Preußen das Gebiet bis zur Königsau (nördlich von Hadersleben), 1920 wurde die heutige Staatsgrenze gezogen, — beide Male stimmte sie nicht mit der sprachlichen überein. Zurück blieben Volksgruppen, die sich dem jeweils anderen Staat und seinem Kulturkreis verbunden fühlten. Auch heute noch ist die Feststellung gültig: die Grenze geht „mitten durch die Familien". Aktive Mitarbeit von Angehörigen einer Familie in deutschen und dänischen politischen oder kulturellen Institutionen ist keine Seltenheit.

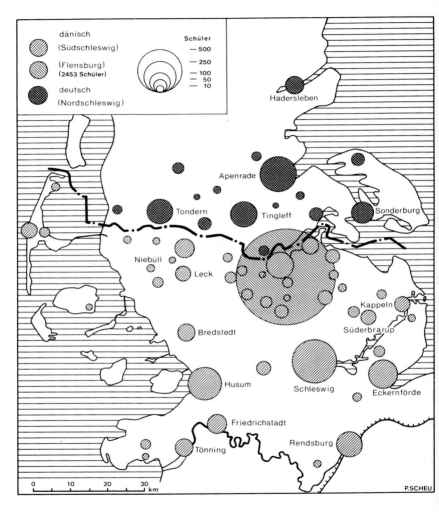

Abb. 1. Minderheitenschulen nördlich und südlich der deutsch-dänischen Grenze (Stand 1986). Quelle: eigene Zusammenstellung

Flensburg hat in dieser Minderheitenfrage eine herausragende Stellung, die allein schon durch den hohen Anteil dänischer Privatschulen mit 2453 Schülern (darunter das einzige dänische Gymnasium südlich der Grenze) dokumentiert wird (für die deutsche Volksgruppe gibt es ein Gymnasium in Apenrade). Bei den letzten Kommunalwahlen im März 1986 erhielt der Südschleswigsche Wählerverband (SSW = „dänische Partei") 20,6 % der abgegebenen Stimmen. Dieses Ergebnis glich ziemlich genau dem vorangegangener Kommunalwahlen seit 1970, d. h. die „Dänen" sind ein politisch (stabiler) Faktor im Stadtparlament, wie er in dieser Größenordnung in keiner anderen Stadt der Bundesrepublik neben den etablierten Parteien zu finden ist. Sowohl der gegenwärtige Oberbürgermeister wie seine Vorgänger wurden mit dem traditionellen Stimmenbündnis SPD/SSW gewählt; die Dänen sind mehr als das „Zünglein an der Waage".

Vorbei sind allerdings die Zeiten politischer „Grenzkämpfe"; man versucht stattdessen, in kulturellem Wettstreit die Vorteile deutscher und dänischer Lebensart sichtbar zu machen. So gibt es neben den Schulen zahlreiche dänische Kindergärten, um deren Ausstattung sie von manchen deutschen Einrichtungen beneidet werden. Gleiches gilt für dänische Altersheime und andere soziale Betreuungsdienste, für die eigene Kirchengemeinde und die zahlreichen Vereine, deren Mitglieder nicht nur rudern, segeln oder Theater spielen, sondern ganz bewußt auch ihre Zugehörigkeit zum dänischen (oder „skandinavischen") Volkstum betonen. Allein von den rd. 1500 Mitgliedern der 13 Wassersportvereine innerhalb des städtischen Flensburger Fördebereiches und am Wasserslebener Ufer gehören 350 zu Vereinen der dänischen Minderheit.

2.1.2 Historische Stadtentwicklung, wirtschaftliche Abseitslage, Bedeutung des Grenzverkehrs

Flensburg ist eine alte **Handels- und Kaufmannsstadt** (Ges. f. Flensburger Stadtgesch. 1966, Stadt Flensburg 1984). Im Zeitalter der Segelschiffahrt hatte sein geschützter Hafen (mit ausreichendem Tiefgang) am Ende der 43 km langen gleichnamigen Förde herausragende Bedeutung. Diese Förde schiebt sich — im inneren Teil südwärts gerichtet — wie ein Keil in die 40—60 m hohen Endmoränen des östlichen schleswigschen Hügellandes; westlich davon beginnt die vom Fördegletscher übersandete Geest (vgl. Exkursion 6).

Entscheidend für die erste wirtschaftliche Blüte Flensburgs zwischen 1450 und 1600 war der **Transithandel,** der vornehmlich von den Holländern unter Umgehung der großen Hansestädte quer über die jütische Halbinsel geleitet wurde. Dabei offenbarte sich die Gunst der Lage Flensburgs in der Mitte einer hier sehr schmalen Landbrücke und verlieh ihr eine Stellung, wie sie einst die Fernhandelsstadt Haithabu am Ende der Schlei unter den Wikingern besaß (vgl. Exkursion 4). Mit holländischer Hilfe gelang es Dänemark auf diese Weise, das Monopol des Hansehandels zwischen Ost- und Nordsee zu brechen; Flensburg erhielt königliche Privilegien, die es aus dem Kreis der Ostseeküstenstädte heraushoben.

In dieser Zeit erfolgte der Ausbau der langen Kaufmannshöfe am Westufer der Innenförde, deren Grundstruktur bis heute erhalten blieb und der Innenstadt ein unverwechselbares Gepräge verleiht (Abb. 2). Es ist gleichzeitig eine Periode des Zustroms neuer Bürger aus Niederdeutschland; die bis in die Gegenwart fortdauernde Zweisprachigkeit und der Sprachwechsel vom Dänischen zum Niederdeutschen hat damals seinen Anfang genommen.

Vor dem Hintergrund einer politisch herausragenden Epoche Dänemarks in der zweiten Hälfte des 18. Jh. erlebte Flensburg dann den Höhepunkt seiner wirtschaftlichen Entwicklung. Die Flensburger Handelsflotte — nach Kopenhagen die größte im dänischen Gesamtstaat — fuhr zu den neuen Kolonien des Mutterlandes in die Karibik. Norwegen wurde zum Exportland einheimischer Spirituosen, in der Stadt wurden 200 Kornbrennereien gezählt. Damals begann auch die heimische Raffinerie des eingeführten westindischen Rohrzuckers für die **Rumherstellung,** die alle späteren Wirtschaftskrisen überdauern sollte. Noch heute stammt jede zweite Flasche Rum in der Bundesrepublik aus Flensburg; die hiesigen Spirituosenfirmen haben Weltruf.

Von dem darauffolgenden Niedergang in der napoleonischen Zeit hat sich die Stadt nie mehr recht erholt. Die spätere **Umorientierung zum Deutschen Reich** brachte zwar neue Impulse (Ausbau der Werft, Gründung

der Marineschule), und Flensburg wurde zum unbestritten wirtschaftlichen Mittelpunkt der — jetzt preußischen — Provinz Schleswig, seine alte
überregionale Handelsfunktion konnte es jedoch nicht wiedererlangen. Im
Zeitalter neuer Schienen- und Schiffahrtswege und einer mächtigen Hamburger Konkurrenz verlor der Hafen an Bedeutung.

Nach der Abstimmung 1920 schließlich ging das gesamte nördliche Hinterland verloren. Flensburg geriet in eine Abseitslage, hohe Arbeitslosen-
quoten und ein Stagnieren der Bevölkerungszahl waren die Folgen (1945:
66 000 E.). Der 2. Weltkrieg verschonte zwar die Stadt, dafür kamen 30 000
Flüchtlinge, von denen nur ein kleiner Teil in den 50er Jahren wieder weg-
zog. Aus dieser Zeit datiert der großflächige Wohnungsneubau, vornehmlich in Mürwik und in den anderen, erst in diesem Jahrhundert eingemein-
deten östlichen Stadtvierteln.

In der peripher gelegenen Grenzstadt erfolgte die wirtschaftliche Konso-
lidierung zwangsläufig langsamer als in anderen bundesdeutschen Städten
vergleichbarer Größe. Außer der dänischen Tochterfirma Danfoss (Apparatebau) kamen keine neuen größeren Industriebetriebe nach Flensburg.
Die traditionsreiche Werft geriet 1986 in eine ernste Krise, deren Folgen
z. Zt. kaum abzuschätzen sind.

Diese wirtschaftlichen Defizite konnten gut gemeinte staatliche Förde-
rungen oder auch die Standortwahl für das Kraftfahrtbundesamt kaum ausgleichen, ganz abgesehen davon, daß es nicht gelang, eine größere neue
Hochschule zu etablieren. Einer der wichtigsten Wirtschaftsfaktoren ist daher die Bundeswehr mit 8000 Soldaten und 2000 zivilen Mitarbeitern im
Standortbereich, der sich auf die Stadt und einige Umlandgemeinden erstreckt. Flensburg gehört damit zu den bedeutendsten Garnisonsstädten in
der Bundesrepublik.

In seiner räumlichen Ausstrahlung auf das Umland hat Flensburg,
heute 86 873 E., ebenfalls Schwächen, am augenfälligsten gegenüber dem relativ nahen „Mittelzentrum" Husum, in dessen Einkauf-Einzugsgebiet
Flensburg kaum vordringen kann. Im Grunde zeigt das als Oberzentrum
eingestufte Flensburg noch ein ähnlich traditionell geprägtes „Kreisstadt-
verhalten" wie die westliche Nachbar-Kreisstadt (Weigand 1966 b u. 1978).

Dies gilt nicht für den grenzüberschreitenden Einkaufstourismus, bei
dem Flensburg — ebenso wie die gesamte deutsch-dänische Grenzregion —

aufgrund divergierender Zoll- und Steuerbestimmungen in beiden Ländern (trotz Mitgliedschaft in der EG) seit Jahrzehnten eine außergewöhnliche Attraktivität entwickelt (Weigand 1983). Zuerst fuhren die Deutschen nach Dänemark, um sich mit preiswerter Butter zu versorgen; heute kaufen sie dänische Möbel mit „skandinavischem Design" und (vor 1986) billigen Dieseltreibstoff. Die Dänen dagegen kommen in Scharen (z. T. per Bus) in die deutschen „Einkaufsparadiese" südlich der Grenze zum Einkauf von alkoholischen Getränken (die im eigenen Lande 2—3mal so viel kosten), Zigaretten, Zucker (der daheim extra versteuert wird) und Gebrauchsartikeln jeder Art; auch technische Geräte werden geschätzt. 3—4 Stunden An- und Rückfahrt nimmt man dabei in Kauf; einige Flensburger Supermärkte haben sich ausschließlich auf dänische Kunden eingestellt, an besonderen Einkaufstagen in der Vorweihnachtszeit hört und sieht man vorwiegend Dänen in den Geschäftsstraßen der Fördestadt.

76 % der 4,7 Mio. an der Nordgrenze eingereisten PKW kamen 1985 über die **Grenzübergänge bei Flensburg**; von den 360 000 eingereisten LKW waren es sogar 96 %. Demgegenüber haben die westlichen Grenzübergänge in Nordfriesland (einschl. der Westküstenstraße B 5) nur ein geringes Verkehrsaufkommen. Der Nord-Süd-Fernverkehr über die jütische Halbinsel folgt somit nach wie vor der östlichen Verkehrsachse, und für ihn brachte die 1978 fertiggestellte Autobahn eine spürbare Entlastung. Im grenzüberschreitenden Einkaufstourismus werden allerdings weitgehend noch die alten Straßen benutzt, die in das Stadtzentrum und zu den Supermärkten in den nördlichen Stadtrandgebieten führen. Mit 8,5 Mio. Einreisenden 1985 stand deshalb der Grenzübergang Kupfermühle an der alten E 3 nach wie vor an erster Stelle (= 44 % aller Einreisen an der Nordgrenze). Von den einreisenden Reisebussen fuhren nur 7 % über die Autobahn (die ja am Stadtgebiet „vorbeiführt"), dagegen kamen mehr als die Hälfte über Kupfermühle, und jeder dritte passierte den Grenzübergang Harrislee.

2.2   Exkursionsroute (Dauer ca. 9 Std., ca. 130 km)

Flensburg — Mürwik — Munkbrarup — Langballigau — Glücksburg — Graasten (Schiff) — Krusaa — Rens — Neupepersmark — Böxlund — Nordhackstedt — Flensburg.

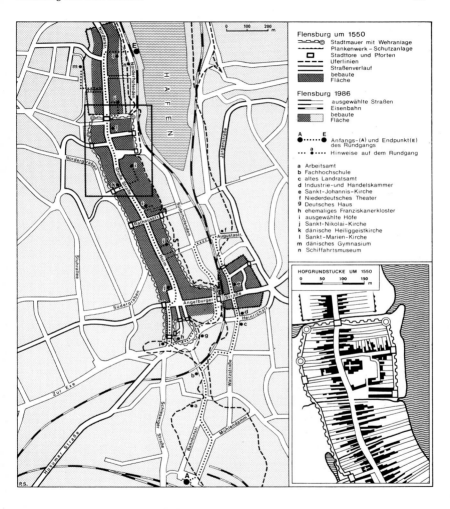

Abb. 2. Flensburg in der Mitte des 16. Jahrhunderts und heutiger Straßenverlauf
(mit Exkursionsroute). Quelle: Weigand 1978

Ausgangs- und Endpunkt der Gesamtexkursion ist der Parkplatz vor dem Flensburger „Bundesbahnhof". Von hier führt zuerst ein Gang durch die Innenstadt bis
zur Schiffbrücke. Dann folgt eine (Bus-)Fahrt längs des West- und Ostufers der Flensburger Innenförde nach Mürwik zur Marineschule. Die Weiterfahrt durch das östliche Umland der Stadt endet in Glücksburg. Von hier aus ist eine Schiffahrt nach
Graasten (Dänemark) vorgesehen. Die Rückkehr nach Flensburg erfolgt durch das
dänische Grenzland und die schleswigsche Geest.

2.3   Erläuterungen

2.3.1   Der Rand der Flensburger Innenstadt zwischen Bahnhof und ZOB

*Ausgangspunkt für den Fußweg durch die Flensburger Innenstadt (2.3.1 u.
2.3.2) ist der Parkplatz vor dem Bahnhof, Endpunkt sind die Parkplätze am
Fördeufer an der Schiffbrücke — dort wartet der Bus. Die Route folgt zunächst
den Grünanlagen vor dem Bahnhof bis zum Hallenbad, dann über Bahnhofstraße — Waitzstraße — Viktoriastraße zur Angelburger Straße.*

Der Flensburger **Bundesbahnhof** liegt am Ende der glazialen Hohlform
der Förde, wannenartig eingebettet in das umgebende Moränenplateau. Die
historische Karte (Abb. 2) zeigt in diesem Bereich größere Teiche, die zum
Teil noch Anfang des 20. Jh. bestanden und endgültig erst nach dem
1. Weltkrieg zugeschüttet wurden, bevor man 1927 den neuen (Durchgangs-)
Bahnhof in Betrieb nahm und die Gleisanlagen durch tiefe künstliche Ein-
schnitte in die Moränen heranführte. Die alte Bahntrasse folgte (seit 1854)
der natürlichen Talfurche des Mühlenstromes parallel der Husumer Straße
und leitete die Bahn direkt in die Innenstadt zu einem Sackbahnhof, dem
späteren ZOB (1931 erster deutscher „Zentraler Omnibusbahnhof"). Ihre
Gleisanlagen dienen heute der Hafenbahn, die zu den Industrieanlagen an
beiden Fördeufern weiterführt.

Der Siedlungsraum auf dem alten Talboden zwischen **Bahnhof** und
Friedrich-Ebert-Straße, die die von Westen (Niebüll) und Südwesten
(Husum) kommenden Verkehrswege aufnimmt und die Altstadt im Süden
begrenzt, liegt außerhalb der „City". Grünanlagen, öffentliche Gebäude-

komplexe (Post, Hallenbad, Feuerwehr, Arbeitsamt) und die großen Betriebs- und Lagerhallen der Brauerei bestimmen das Bild auf dem Weg über „Mühlendamm" und „Am Mühlenteich"; es sind Namen, die an frühere Gegebenheiten erinnern. Kaufhäuser fehlen in diesem Bereich.

In der **Bahnhofstraße** bezog die Post 1983 ein neues Gebäude, weil ihre frühere Lage in der Stadtmitte den Kunden keine Parkmöglichkeiten bot. Die Flensburger Brauerei (neben der Post) ist seit 100 Jahren in Familienbesitz und gehört zu den wenigen mittelständischen Unternehmen, die sich gegen große Brauereikonzerne behaupten und noch Marktanteile dazu gewinnen konnten. Die Fachhochschule hat ebenfalls hier ihren Standort; sie wurde 1888 als Königliche Seedampfmaschinistenschule gegründet. Aus dieser Zeit stammt ihre Verbindung zur Seefahrt im Studiengang Schiffsbetriebstechnik. Mit 1097 Studenten ist sie neben der Pädagogischen Hochschule (mit 624 Studenten im Stadtteil Mürwik) die größere der beiden Hochschulen in der Stadt (Stand Wintersemester 1986/87). Weiterreichende Pläne, eine Universität oder Technische Hochschule zu etablieren, sind mehrfach gescheitert, und der Ausbau der 1985 hier neu gegründeten privaten „Nordischen Universität" steht noch in den Anfängen.

In der **Waitzstraße** befinden sich die Landeszentralbank (seit 1987) und das alte Landratsamt für den Landkreis Flensburg, der bis 1974 von der Stadt Flensburg aus verwaltet wurde. Dann folgte die Zusammenlegung mit dem Kreis Schleswig — mit dem neuen Verwaltungssitz in Schleswig. Das alte Flensburger Landratsamtsgebäude beherbergt heute u. a. Dienststellen des Deutschen Grenzvereins, einer typischen „Grenzlandsituation", die neben mehreren Bildungsstätten das deutsche Büchereiwesen im Landesteil Schleswig betreut und auch die deutsche Minderheit in Nordschleswig mit einer „Fahrbücherei" versorgt. In einem großen Neubau wird 1988 die Landeszentralbibliothek eingerichtet.

An der Ecke **Heinrichstraße/Viktoriastraße** liegt die Industrie- und Handelskammer, deren Verwaltungsbereich nach dem Verlust des nordschleswigschen Hinterlandes 1920 auf Dithmarschen ausgedehnt wurde und damit — neben den Kreisen Schleswig und Flensburg — auch die gesamte Westküstenregion umfaßt. Man hoffte, auf diese Weise die administrative Funktion der jetzt ganz an die Peripherie gerückten Grenzstadt zu stärken.

Die Viktoriastraße stößt auf die **Angelburger Straße**, die von den Moränenhügeln in den Talboden der „Fördewanne" herunterführt, sie über eine Schwelle quert und damit den historischen Grundriß der Südstadt vorzeichnete (vgl. Abb. 2). Auch heute noch muß diese alte O-W-Verbindung — auf enger Fahrbahn und eingeengt zwischen jahrhundertealten Häusern — den

gesamten Verkehr aus den östlichen Stadtgebieten aufnehmen, weil eine seit
langem geplante östliche „Entlastungstangente" im Raum Mürwik stets am
Einspruch von Naturschützern scheiterte.

Nach dem Überqueren der Angelburger Straße führt die Route über Süder-
fischerstraße und Karlstraße zu den Parkplätzen auf der Ostseite des erhöhten
Bahndammes der Hafenbahn bis zur Augustastraße.

Nur auf schmalen Zugangsstraßen erreicht man die Kirche **St. Johannis**,
einen um 1250 auf einem Moränenhügel errichteten Feldsteinbau. Hier befand sich die erste (archäologisch belegte) Ansiedlung am Südende der
Förde: eine Fischersiedlung und ein alter Wikort außerhalb der späteren
Kaufmannsstadt. Die kleinräumige Bebauung kann man noch an der Ostseite des Kirchhügels erkennen. Die meisten Häuser sind allerdings in einem
desolaten Zustand. Stadtsanierung wurde hier bisher nur punktuell durchgeführt (neue Gebäude der Handwerkskammer und der Berufsförderungs-
anstalt).

In der **Augustastraße** nutzt das Niederdeutsche Theater die ehemaligen Lagerhallen des alten Rumhandelshauses Pott, das in den 60er Jahren seinen Produktions-
betrieb nach Minden verlagerte (Flensburgs Lage erschien zu „peripher").

Durch den Fußgängertunnel unter dem Hafenbahndamm erreicht man den
ZOB. Anschließend folgt die Route der Hauptverkehrsstraße Süderhofenden,
die in der Friedrich-Ebert-Straße ihre Fortsetzung findet, bis zum Neumarkt.

Süderhofenden bezeichnete den Endpunkt der alten Kaufmannshöfe an
der früheren Uferlinie der Förde, die von hier aus in kleinen Fahrrinnen
zum Verladen der Schiffsfrachten leicht erreichbar waren. Der gesamte N-S-
Verkehr fließt heute über diese „Hofenden-Straße", die (zusammen mit dem
hohen Bahndamm) die Innenstadt scharf abgrenzt. Viele der alten „Hof-
enden" werden als Parkplätze genutzt; ein Ärztehaus (gegenüber dem ZOB)
und das Gebäude für Stadtbücherei, Volkshochschule und Heimatmuseum
erschließen einen Teil der Höfe von „hinten".

An der Kreuzung **Heinrichstraße** liegt das Flensburger Studio des NDR, daneben das Deutsche Haus, ein Geschenk des Deutschen Reiches an die Stadt Flensburg
als „Reichsdank für deutsche Treue" (Inschrift über dem Hauptportal) für das Be-

kenntnis zum Deutschtum bei der Abstimmung 1920, bei der 70 % aller Bürger für den Verbleib in Deutschland ihre Stimme gaben. Der rötliche Backsteinmehrzweckbau (1930) zeigt die gleichen Stilelemente aus der Ära des „Heimatschutzes" wie das Bahnhofsgebäude. Auf der gegenüberliegenden Straßenseite befindet sich das ehemalige Kloster zum Heiligen Geist, ein Franziskanerkloster aus dem 13. Jh. und nachreformatorisches Hospital, das heute als Altenheim genutzt wird. An der Westseite des **Neumarktes** begrenzt der moderne Hochbau des neuen Rathauses seit 1964 die Altstadt.

2.3.2 Die Flensburger Altstadt

Der zweite Abschnitt des Stadtganges beginnt an der neu gestalteten Anlage neben dem alten Klostergebäude und folgt der Roten Straße zum Südermarkt, weiter durch den Fußgängerbereich Holm/Große Straße zum Nordermarkt und von dort über die Norderstraße bis zur Hofanlage Nr. 86, die man durchqueren kann, zum Bushalteplatz an der Schiffbrücke.

Die räumliche Entwicklung in diesem Bereich Flensburgs wurde von einer schmalen — hochwasserfreien — Talzone zwischen dem westlichen Steilhang der glazialen „Fördewanne" und dem Fördeufer vorgezeichnet. Zwischen den beiden Kirchen St. Marien im N und St. Nikolai im S entstand eine 1,5 km lange Straßensiedlung, deren Teilabschnitte **Holm, Große Straße** und **Norderstraße** auch heute noch den Flensburger Citybereich kennzeichnen. Die bereits erwähnten Hofgrundstücke sind fischgrätenartig zu beiden Seiten aufgereiht: auf dem engeren Raum unterhalb des Steilufers wohnten die Handwerker, auf der breiten Fördeseite die Kaufleute (Abb. 3). Dieser Grundstückszuschnitt blieb bis heute erhalten; er gibt Flensburg ein unverwechselbares Gepräge, ist gleichzeitig aber auch dafür verantwortlich, daß die für ihre heutige Funktion letztlich viel zu große Altstadt einer durchgreifenden Sanierung bedarf (Weigand 1978, Stadt Flensburg 1984/86). In der Roten Straße 22 — gleich zu Beginn des Ganges — ist der Krusehof (auf der Rathaus-Seite) ein erstes Beispiel für eine gelungene **private Hofsanierung.**

Weitere ausgewählte Höfe, die einen guten Einblick in die baulichen Sanierungs- und Renovierungsarbeiten (Abb. 3) ermöglichen, sind (in der Folge der Route):

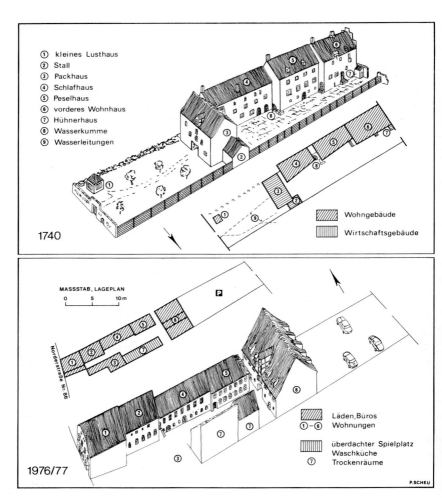

① kleines Lusthaus
② Stall
③ Packhaus
④ Schlafhaus
⑤ Peselhaus
⑥ vorderes Wohnhaus
⑦ Hühnerhaus
⑧ Wasserkumme
⑨ Wasserleitungen

1740

Wohngebäude

Wirtschaftsgebäude

MASSSTAB, LAGEPLAN
0   5   10 m

Ⓟ

Norderstraße Nr. 86

Läden, Büros
①-⑥ Wohnungen

überdachter Spielplatz
Waschküche
⑦   Trockenräume

1976/77

P.SCHEU

Abb. 3. Flensburger Kaufmannshof im Jahre 1740 und seine Neugestaltung im Rahmen der Altstadtsanierung 1976/77. Quelle: Weigand 1978

Holm 19/21 (mit der ältesten erhaltenen Hofanlage aus dem 16. Jh.), Große Straße 2/4 (Zusammenlegung von zwei Höfen), Große Straße 24 (mit 1789 auf dem Hofgelände errichtetem Westindienspeicher, bis nach dem 2. Weltkrieg Lager eines einheimischen Rumhandelshauses, seit 1985 Sitz der privaten „Nordischen Universität", von hier Durchgang zur neu gestalteten Speicherlinie), Norderstraße 20/22 (Hofanlage aus dem 16. Jh., 1979 mit einem Kostenaufwand von 2 Mio. DM restauriert, von hier Durchgang zur neu gestalteten Segelmacherstraße), Norderstraße 86 (Speichergebäude aus dem 18. Jh., erste Maßnahme im Rahmen der Stadtsanierung (1976) — mit 12 neuen Wohnungen und einem Laden).

Beispiele für einen **völligen Nutzungswandel** alter Hofanlagen sind die 1986 eröffnete „Holmpassage" mit zahlreichen Geschäften für den gehobenen Bedarf — auf dem Hofgelände der alteingesessenen Spirituosenfirma H. G. Dethleffsen (Bommerlunder), die ihren Betrieb in das neue Gewerbeviertel an der Schleswiger Straße (südl. der Bahn) verlagerte, und das Warenhaus Hertie (Holm 7) auf dem Gelände des 1964 abgebrochenen „Ständehauses" (für die Schleswigsche Ständeversammlung 1853—63; 1883—1964 Rathaus der Stadt).

Zwischen **Südermarkt** (mit der St. Nikolaikirche nach westfälischem Vorbild, 14. Jh.) und dem — älteren — **Nordermarkt** (mit der gotischen Hallenkirche St. Marien, 13. und 15. Jh.) erstreckt sich die erst 1976 zur Fußgängerzone umgestaltete **Hauptgeschäftsstraße**. Die nördliche Altstadt — vom Nordermarkt bis zum Nordertor — wird vorwiegend von kleineren Geschäften und Gewerbebetrieben bestimmt. Sie zeigen eine überalterte Bebauung und sind durchsetzt mit Wohnungen einer sozial schwachen Bevölkerung (auch Gastarbeiter). Hier begann 1976 die Altstadtsanierung.

Zwei herausragende Beispiele dieser Sanierung können auf dem Wege durch die Innenstadt aufgesucht werden: die **Speicherlinie**, eine völlig neue Straße im Gewirr der früher ringsum zugebauten Hofgrundstücke zwischen der Großen Straße und Norderhofenden (wo die alten Speicher endeten und die ehemaligen Hofgärten begannen) und die **Segelmacherstraße** zwischen Schiffbrücke und Norderstraße, mit der ebenfalls ein „abgesunkenes" Hinterhofgelände einer neuen Nutzung unter Wahrung historischer Gegebenheiten zugeführt wurde (neue Wohnungen, Jugend- und Seniorenheime, Spielplätze u.a.).

Bauliche Zeugnisse des **dänischen Bevölkerungsteils** (auf der beschriebenen Route durch die Innenstadt) sind: die restaurierte Hofanlage am

Holm 17, seit 1835 Eigentum des dänischen Bürgervereins (Borgerforenin-
gen); die Heiliggeistkirche in der Großen Straße, seit der Reformation Kirche für die dänisch sprechenden Bürger der Stadt; das alte Verlagsgebäude
der dänischen Tageszeitung „Flensburg Avis" am Nordermarkt und die
dänische Zentralbücherei, Norderstr. 59.

*Von hier kann man die Marientreppe zum Schloßwall hinaufsteigen und
erreicht die Duborg Skolen, das dänische Gymnasium. Dort hat man den besten
Rundblick über die alte Stadt und die Hafenanlagen.*

2.3.3 West- und Ostufer der Flensburger Innenförde

*Die Route führt zunächst von der Schiffbrücke, die zur Straße Norderhofenden
überleitet, längs des westlichen Uferbereiches bis zur Fördespitze.*

Im Bereich des Ausgangspunktes liegt das nördliche, etwas „verrufene"
Hafenviertel, das seit Ende der 70er Jahre eine durchgreifende Sanierung erlebte. Besondere Bedeutung erlangte dabei die (noch nicht abgeschlossene)
„Nutzungsänderung" im Oluf-Samsons-Gang (mit einem „Red-Light-
Distrikt"), dessen kleine — aber leicht verwahrloste — Mietshäuser aus dem
18. Jh. ein herausragendes, in sich geschlossenes historisches Straßenbild
vermitteln. In diesem Bereich liegt auch das rechtzeitig zum 700jährigen
Stadtjubiläum (1984) eröffnete Schiffahrtsmuseum in einem alten Zollpack-
haus. Die Uferzone nördlich dieses Museums wurde ebenfalls neu gestaltet;
hier ankern seit einigen Jahren die Oldtimer-Segelschiffe, und es ist der Platz
für volkstümliche Hafenfeste.

Bei der Weiterfahrt längs des Uferbereiches erkennt man die bauliche Neu-
gestaltung vieler alter Häuserfronten am Hafen. An der Einmündung der
Neuen Straße steht das älteste Flensburger Rumhandelshaus (Fa. Sonnberg).
An der Uferseite — an den „Fördebrücken" — ist die Zollstelle für die vielen
Personenschiffe, die im „grenzüberschreitenden Einkaufsverkehr" eingesetzt
sind (u. a. auf der kürzesten deutsch-dänischen Seeroute nach Kollund).

*An der Hauptverkehrskreuzung nördlich des ZOB biegt man zum Hafen-
damm ab, d. h. die Fördespitze wird umfahren, und der Weg führt längs der östlichen Uferzone in nördlicher Richtung in die Oststadt.*

Nahezu das gesamte östlich der Innenförde gelegene Stadtgebiet wurde zu Beginn dieses Jahrhunderts eingemeindet, zum Teil in Zusammenarbeit mit der neu gegründeten Marineschule in Mürwik. Zu einer flächenhaften Bebauung kam es allerdings erst nach dem 2. Weltkrieg mit dem Zustrom vieler Heimatvertriebener. Oberhalb des Steilufers, an dem die Uferstraße entlangführt, erstreckt sich ein 75 ha großes Landschaftsschutzgebiet (mit Parkanlagen, Stadion und Schrebergärten). Ein Taleinschnitt (Lautrupsbach) bildet die Südgrenze dieses „Volksparkes". Ihm folgt die Nordstraße (B 199) auf der Trasse der ehemaligen Kleinbahn nach Kappeln. Auf der Höhe dieser Abzweigung liegt der alte **Fischereihafen** mit zwei kleinen Anlegebrücken, die 1984 nur noch von 6 Vollerwerbs- und 9 Nebenerwerbsfischern genutzt wurden. Der Standort der dort neu eingerichteten Fischverarbeitungs- und -verkaufshalle ist wohl traditionell, aber kaum noch funktional begründet. Der „Flensburger Fischmarkt" wird täglich auch von außerhalb beliefert.

Die Hafendamm(-Straße) findet ihre Fortsetzung im Harnis und Kielseng, die die Hafenanlagen am östlichen Fördeufer begrenzen.

Der gesamte **Flensburger Hafen** wird heute als „Regionalhafen ohne überregionale Verkehrsbeziehungen" eingestuft, nur 3 % (0,8 Mio. t) des schleswig-holsteinischen Güterumschlages werden hier abgewickelt (Kiel = 7 %, Lübeck = 28 %). Rd. 95 % dieses Umschlages entfallen dabei auf den Güterempfang — und davon wieder ein volles Drittel auf die Futtermittelanlieferung. In den großen Silos im Raum Ballastbrücke/Harnis werden diese Futtermittel gelagert und verarbeitet — zum Weitertransport in eine ländliche Grenzregion, wo die Tierhaltung eine erhebliche Steigerung erfuhr.

Das **neue Industriehafengelände** erhielt seine Gestalt durch den Ausbau eines „Zoll-Freihafens", mit dem man sich nach 1920 — leider vergeblich — eine Belebung der einheimischen Wirtschaft versprach. Der „Freihafen" kam nie zustande, das Gelände wird von Bau- und Holzfirmen mit großen Lagern genutzt, im „Freihafenbecken" selbst ankern Sportboote, und am nördlichen Harniskai liegt ein großes Tanklager.

2.3.4 Mürwik

Über die Ziegeleistraße führt die Route bergan zur Mürwiker Straße, weiter Richtung Norden und über die Abzweigung Kelmstraße wieder zurück zum Steilufer, zu dem großen Gebäudekomplex der Marineschule (Betreten des Geländes nur mit vorheriger Genehmigung der Kommandantur, zu erreichen über Bundeswehrverwaltung Flensburg).

Man umfährt damit einen ausgedehnten Militärbereich: den Marine-stützpunkt mit seinen Anlegebrücken und die Fernmeldeschule. Die **Marineschule** wurde 1910 von Kaiser Wilhelm II. eingeweiht und ist seit dieser Zeit Ausbildungsstätte deutscher Marineoffiziere (Matthei 1985). Der Name **Mürwik** wurde damit in ganz Deutschland bekannt, die herrliche Lage des im Baustil der Marienburg errichteten Gebäudes verleiht dem militärisch geprägten Mürwiker Uferbereich einen besonderen Akzent. Zur Ausbildungsstätte gehören ausgedehnte Grün- und Sportanlagen oberhalb des Steilufers; hier befindet sich auch das Gebäude der letzten „Reichsregierung" unter Großadmiral Dönitz vor der Kapitulation 1945.

Vom Standort der Marineschule (ebenso wie vorher bereits von der Ziegeleistraße aus) hat man einen guten Überblick auf das gegenüberliegende **alte Industriehafengelände** am nördlichen Westufer der Stadt. Hier befinden sich seit 1872 die Werftanlagen der Flensburger Schiffbaugesellschaft mit rd. 950 Beschäftigten, nach der Apparatebaufirma Danfoss an der nördlichen Stadtgrenze (rd. 1700 Beschäftigte) der zweitgrößte Industriebetrieb in Flensburg (Stand Dez. 1986). Eine 1982 gebaute 50 m hohe Wetterschutzhalle über einer flutbaren Helling ist sichtbares Zeichen einer Neuorganisation und Eingliederung des Betriebes in die Harmstorf-Gesellschaft. Keine Hafengebundenheit mehr haben die alten Werftanlagen mit Fahrzeugbau- und Reparaturwerkstätten. Daneben liegen die Halden der von der Ruhr und aus Polen auf dem Seeweg herangebrachten Kohle für die Stadtwerke. Besonders erwähnenswert wegen ihres in der Bundesrepublik beispielhaft durchgeführten Energiekonzeptes ist die Tatsache, daß 95 % aller Flensburger Haushalte sowie Glücksburg und sogar die dänische Nachbargemeinde Padborg von hier ihre Fernwärme erhalten.

Die weitere Route führt zurück über die Kelmstraße zur Einmündung Mürwiker Straße.

Hier sieht man das moderne Hochhaus des **Kraftfahrt-Bundesamtes,** dessen Standort bewußt in der abseits gelegenen Grenzstadt mit einer ständig hohen Arbeitslosenquote (1985/86: 16—17%) gewählt wurde. *Über die Osterallee erreicht man die Nordstraße (B 199), der man bis zum 13 km entfernten Munkbrarup folgt.*

2.3.5 Nordangeln und Flensburger Außenförde

Die Route führt durch eine typische Jungmoränenlandschaft mit kuppigen Hügeln und durch Toteislagen entstandenen Senken. Die weit in das schleswigsche Hügelland ausgreifende Wasserscheide zwischen Nord- und Ostsee reicht hier fast bis an die Nordstraße heran. Diese folgt der Trasse der aufgegebenen Kleinbahn Flensburg-Kappeln; mehrere „Bahnhofsgaststätten" geben noch davon Zeugnis. 1954 erfolgte der Ausbau dieser Haupterschließungsstraße (Erinnerungsstein dazu am Rastplatz Munkbrarup), die die alten Ortszentren umgeht. Die Wege in diesem sonst so reichen bäuerlichen Angeln waren nach dem Kriege hoffnungslos veraltet. Am meisten behinderten meterhohe Wallhecken (Knicks), die im Gegensatz zur ostholsteinischen Gutswirtschaft mit ihren großen Schlägen im kleinkammrigen **Bauernland Angeln** eine größere Dichte hatten. Inzwischen hat die in fast allen Gemeinden stattgefundene Flurbereinigung dieses Knicknetz auf ca. 40 m/ha reduziert; typisch ist heute der Fortbestand der Hecken (oder eine Neuanlage) nur auf einer Seite der Wirtschaftswege.

Großzügig ausgebaute Einfamilienhäuser in den Gemeinden beiderseits der B 199 lassen das **Wohnumfeld Flensburgs** erkennen. In den 60er und 70er Jahren zogen viele Städter in dieses — jetzt leicht erreichbare — Nordangeln, das dennoch seinen vorwiegend mittelbäuerlichen Siedlungscharakter erhalten hat. Das Heranreichen eines intensiv genutzten Agrarraumes bis unmittelbar an die östliche Stadtgrenze — ohne augenfällige Übergangszone — gehört zum Charakteristikum dieses Exkursionsabschnittes.

Das alte Nordangler Bauernhaus mit Wohn- und Wirtschaftsteil unter einem Dach ist kaum noch anzutreffen. Die meisten **Hofanlagen** mit ihrem

U-Grundriß sind Nachahmungen adeliger Hofstätten mit Trennung der Wirtschaftsgebäude vom Wohnhaus in einer Zeit besonderer Blüte im 19. Jh. Die mit besonderen Stilelementen (im Geschmack der Jahrhundertwende) verzierte Vorderfront der aus roten Backsteinen errichteten Bauern-Wohnhäuser läßt noch heute einen traditionellen Wohlstand erkennen. Die modernen hallenförmigen Wirtschaftsgebäude zeigen schon äußerlich, daß in jüngster Zeit eine durchgreifende Modernisierung stattgefunden hat. Gute Bodenwertzahlen (60—80) erlauben seit jeher einen gewinnbringenden Getreideanbau. Im „Naturraum Angeln" werden heute rd. 80% der landwirtschaftlichen Fläche als Ackerland genutzt. Im Zuge der „Westwanderung der Kühe" kam es zu einer bemerkenswerten Reduktion der Milchkuhhaltung (1964: 39901, 1984: 27772). Die traditionsreichen kleinen Dorfmeiereien wurden aufgelöst, die Milchanlieferung erfolgt zur Großmeierei Adelby in Flensburg.

Unmittelbar vor dem glazial überformten Taleinschnitt der Munkbraruper Au liegt links die neue Dörfergemeinschaftsschule, rechts erfolgt eine kurze Auffahrt zur Dorfmitte Munkbrarup.

In **Munkbrarup** (939 E.) fallen die Dorferneuerungsmaßnahmen besonders auf. Der Dorfkern wurde ebenso wie der angrenzende Kirchhofvorplatz neu gestaltet, und die alte Mühle — ein weithin sichtbares Wahrzeichen — erhielt eine gründliche Renovierung. Im Zuge der Flurbereinigung beim Bau der Nordstraße kam es zur Aussiedlung mehrerer in Ortsmitte gelegener Höfe, die alten Bauernhäuser wurden danach z. T. sehr stilvoll zu reinen Wohnzwecken umgestaltet. Die Kirche selbst (erbaut um 1200) ist ein Musterbeispiel mittelalterlicher Angeliter Feldsteinkirchen in romanischem Baustil mit mächtigen, rechteckig behauenen Granitquadern in den Außenmauern. Im Kircheninnern befindet sich ein Granit-Taufstein mit einer Löwen-Reliefdarstellung.

Die Weiterfahrt erfolgt über die Nordstraße bis Streichmühle, dort Abzweigung (3 km) nach Westerholz, wo man bei der weithin sichtbaren (und auf allen Seekarten eingetragenen) Mühle das Steilufer der Flensburger Außenförde erreicht (die Mühle beherbergt heute eine Gaststätte).

Von der Kliffkante hat man einen guten Überblick über ein **Höft** (Haff), das in einer Länge von ca. 2 km dem alten Kliff vorgelagert ist. Hinter dem Strandwall und am östlichen Kliffuß befinden sich ausgedehnte Campingplätze und dazu gehörende Gaststätten. Der breite Badestrand erlaubt gute Surfmöglichkeiten. Jenseits der Förde ist das dänische Gegenufer der Halbinsel Broager zu erkennen.

Nach der Abfahrt zum Kliffufer erreicht man den Hafen Langballigau.

Der idyllisch gelegene kleine Fischerhafen von **Langballigau**, in dem heute auch zahlreiche Sportboote ankern, war bereits Ende des 19. Jh. ein beliebter Ausflugsort für wohlhabende Flensburger Bürger, die im Sommer mit Kutsche und Wagen hierher kamen. Damals wurde auch eine Schiffsverbindung nach Flensburg eingerichtet; in der kleinen Hafenbucht entstand ein Ausflugslokal, auf der benachbarten Anhöhe wurde das „Hotel und Logierhaus" Hohenau gebaut. Nach dem 1. Weltkrieg errichteten Hamburger Kaufleute mehrere Sommervillen, der Pianist Eduard Erdmann und der Maler Hans Holtorf gehörten zu den prominenten Gästen.

Der strukturelle Wandel kam jedoch erst mit dem modernen Tourismus, der sich — mit einiger Verzögerung — seit den 60er Jahren auf die bis dahin noch recht unberührte Ostseeküste ausdehnte und zunehmend auch die Gemeinden im rückwärtigen ländlichen Angeler Raum erfaßte. In der Sommersaison 1985 wurden im Bereich des 1963 gegründeten Fremdenverkehrsverbandes Langballig/Westerholz 66 000 Übernachtungen in Privatquartieren, Ferienwohnungen und im Angebot „Ferien auf dem Bauernhof" registriert. Dazu kamen 95 000 (!) Übernachtungen auf den Campingplätzen. Fast die Hälfte der Gäste stammte aus Nordrhein-Westfalen, auch Berliner waren stark vertreten. Überlagert wird dieser Sommertourismus vom Naherholungsverkehr, der sich z. T. auch auf die Campingplätze erstreckt.

Seit Mitte der 60er Jahre wird der Hafenanleger in die grenzüberschreitenden Seeschiffahrtsrouten einbezogen, die durch die zollfreien Einkaufsmöglichkeiten von „Transitwaren" einen immensen Zuspruch erhielten. Seit 1980 zählt man hier jährlich mehr als 200 000 Fahrgäste bei der Ein- und Ausreise, rd. 80 % sind Dänen. Viele werden mit Bussen herangebracht oder wieder vom Schiff abgeholt; manche verweilen auch nur in den Gaststätten neben der kleinen Mole während eines „Landganges". Im Gegensatz zum erstgenannten Fremdenverkehr, der sich auf eine relativ kurze Periode im Sommer konzentriert, werden diese kombinierten Bus-Seereisen ganzjährig durchgeführt — und darin liegt ihre ökonomische Bedeutung auch für Langballigau, das bis in die jüngste Zeit kaum als „Fremdenverkehrsort an der Ostsee" bekannt war.

Von **Langballigau** ist eine zusätzliche Fußwanderung nach Bockholmwik möglich (ca. 3,5 km auf dem markierten „Küstenwanderweg", der Bus kann den Campingplatz von Bockholmwik auf der Landstraße erreichen). Während dieser Wanderung läßt sich die Morphologie des „aktiven Kliffs" in vielfältiger Weise studieren. Schollenabbrüche haben staffelförmig kleine Terrassen vor dem Steilufer geschaffen, auf denen mitunter noch ganze Baumbestände stehen geblieben sind. Andere Bäume sind mit Schlammuren abgerutscht und liegen quer über der Strandschorre im auflaufenden Wasser, das die herabgespülte Erde wieder fortschwemmt. Die meisten Abbrüche erfolgen im Frühjahr, wenn nach längerer Frostperiode das Grundwasser am Steilhang über den (vom Eiszungenbecken herausgepreßten) Cyprinen-Tonschollen austritt.

Die Weiterfahrt führt durch ein hügeliges Endmoränengebiet nach Rüde, dann z. T. parallel zur alten Kleinbahntrasse am Ufer des kleinen glazialen Rüder Rinnensees nach Glücksburg, dem nördlichsten Ostseebad der Bundesrepublik (großer Parkplatz vor dem Wasserschloß).

2.3.6 Glücksburg

Der Siedlungskern von Glücksburg lehnt sich an das 2 km landeinwärts gelegene, von einem aufgestauten See umgebene **Renaissanceschloß** an, das Herzog Hans der Jüngere 1587 an der Stelle eines abgebrochenen, säkularisierten Klosters erbauen ließ. Für die europäische Geschichte erlangte es Bedeutung, da von hier jene Fürstendynastie ausging, die mit dem dänischen König Christian IX. (1863—1906) den „Schwiegervater Europas" stellte, dessen Kinder und Kindeskinder als Fürsten und Fürstinnen auf mehreren europäischen Thronen saßen. Das Schloß selbst ist heute im Besitz des Herzoglichen Hauses Schleswig-Holstein. Es ist der Öffentlichkeit zugänglich und gehört zu den meistbesuchten Schloßbauwerken in Schleswig-Holstein (rd. 100 000 Besucher im Jahr; Besichtigung möglich). Die Anfänge des **Badebetriebes** in Glücksburg reichen zurück bis in die Mitte des 19. Jh.; 1900 erhielt der Kurort Stadtrechte. Heute umfaßt die Gemarkung die gesamte Halbinsel Holnis, das ländliche Gebiet Bockholm/Rüde und das Wald- und Seenareal Meierwik. Mit Recht wirbt der Fremdenverkehrsverband (40 000 Gäste, 260 000 Übernachtungen) mit dem Angebot „Meer und Wald für aktive Urlauber", denn 40% Waldanteil an der Gemarkung sind für das waldarme nördliche Bundesland eine Ausnahme.

Kur- und Freizeiteinrichtungen sind vielseitig. Sie reichen vom Kurhotel und Meereswellenbad bis zu den Wald-Trimmpfaden und einem großen Golfplatz — zusätzlich zum Badebetrieb an mehreren Strandbereichen. Darüber hinaus haben drei Segelclubs hier ihren Standort. Die Pensionen und Appartementhäuser blicken meist auf eine lange Tradition zurück, sie fügen sich ein in einen lockeren, gewachsenen Siedlungsbereich, dessen unschätzbarer Vorteil darin besteht, daß er nicht nur „strandorientiert" ist, sondern landeinwärts gelegene Seen- und Waldgebiete einschließt.

Glücksburg erhält seine Prägung ebenso durch seine **Nähe zu Flensburg.** Seit langem wohnen hier — meist wohlhabende — Flensburger Bürger, viele haben hier auch ihren Alterssitz; dazu kommen Sommerwohnungen von Hamburgern und anderen Städtern. 1985 zählte man 450 Zweitwohnungen in der Gemeinde (7555 E.). Mehrere Seniorenheime (eines davon sogar im Gebäude des großen Kurhotels) gehören mit zum Gesamtbild der Siedlungsstruktur. Ähnlich wie in Flensburg spielt auch das Militär eine bedeutende Rolle. Im Stadtteil **Meierwik** hat das Nato-Flottenkommando für den gesamten Ostseebereich seinen Sitz.

Vom Schloß-Parkplatz geht man zu Fuß um den See und dann durch einen Forst zum Kurstrand Sandwig (1,3 km) und erreicht hier die Schiffsanlegestelle.

Im Falle einer Busexkursion schließt jetzt eine Schiffsfahrt zur dänischen Stadt Graasten an, während der Bus leer dorthin fährt (4—6 Schiffsabfahrten täglich, im Winter außer So und Mo; Information: Tel. 0461/81120). Für PKW-Reisende empfiehlt es sich, die noch folgende Route „von hinten" zu befahren, also Glücksburg— Geest im W von Flensburg (vgl. Kap. 2.3.9) — dänisches Grenzgebiet (vgl. 2.3.8) — Flensburg.

2.3.7 Schiffsfahrt von Glücksburg nach Graasten (Dänemark)

Das Schiff, das ca. 40 Min. zum dänischen Graasten (= „grauer Stein", verballhornisiert auf Deutsch: Gravenstein) fährt, verkehrt ganzjährig auf dieser Route, da ein großer Teil der Fahrgäste zu den erwähnten „Einkaufstouristen" gehört. Viele Dänen steigen gar nicht erst in Glücksburg aus, sie genießen die Fahrt mit einem billigen Grog an Bord — mit Flensburger Rum, versteht sich.

Bei der Fahrt sieht man an der deutschen Küste den Leuchtturm am Holnis-Ufer und nördlich davon ein auffallendes Sandkliff. Zwischen dieser Landmarke und dem gegenüberliegenden dänischen Sandager ist die Förde nur 8,10 m tief, während in der Mitte der Innenförde bis zu 15 m gemessen werden. Diese **Holnis-Enge** begrenzt den Tiefgang der nach Flensburg einfahrenden Schiffe. Die 50 000 tdw-Neubauten der Flensburger Werft konnten hier nur mit einem Bugschlepper passieren. Eine Vertiefung wäre dringend geboten; damit könnte auch ein verbesserter Wasseraustausch zur Außenförde erreicht werden.

Man passiert unmerklich die Staatsgrenze in der Mitte der Förde und fährt dann durch den schmalen Egernsund, den eine moderne Klappbrücke überspannt, in das **Nyböl Nor** (Nübel Noor), das seine Entstehung einem 8 km² großen Eisstausee verdankt. Seine steinfreien Lehmablagerungen bilden die Grundlage für die größte Konzentration von **Ziegeleien** in ganz Dänemark.

Die Ziegelbrennerei kann hier bis ins Mittelalter verfolgt werden. 1890 gab es 37 Ziegeleibetriebe an den Ufern des Noores und am westlichen Broager Fördeufer, die eine Jahreskapazität von 100 Mio. Ziegeln erreichten — vorwiegend für Lieferungen zum Bau des Kaiser-Wilhelm-Kanals. Infolge moderner Rationalisierungen ist die Zahl der Betriebe 1986 auf 8 zurückgegangen, die jährliche Leistung betrug jedoch noch immer 105 Mio. Einheiten; das sind 20 % der gesamten dänischen Ziegel-Produktion. Deutsche Baufirmen sind gute Abnehmer, und vor einigen Jahren wurden viele Produkte ins schleswig-holsteinische Programm-Nord-Gebiet für Meliorisationsmaßnahmen geliefert. Am Ufer des Sundes erkennt man große Ziegelstapel; die kleinen Anlegebrücken allerdings verfallen, der Abtransport erfolgt heute fast ausschließlich per LKW.

Geht man von der Anlegestelle im Hafen von **Graasten** noch bis zum Schloßgarten (Parkplatz), so führt der Weg durch die engen Straßen eines typischen kleinen dänischen Landstädtchens, das mit seinen roten Backsteinhäusern, kleinen Kaufläden und behäbig wirkenden Gaststätten das Siedlungsbild der Jahrhundertwende bewahrt hat. Die Stadt selbst hat 3000 E., die ein weites Umland umfassende Großgemeinde (einschließlich aller Ortsteile von Rinkenaes) zählt doppelt so viel, — auch dies ist eine typisch dänische Situation und Folge der 1970 durchgeführten Kommunalreform. Bekannter noch als das Städtchen ist das **Schloß Graasten**, seit 1925 Sommersitz des dänischen Königshauses, in herrlicher Lage an einem See mit 20 ha großem Park- und Waldgelände — frei zugänglich, wenn die königliche Familie nicht hier weilt. Das alte barocke Schloß wurde durch einen Brand zerstört, die heutigen Gebäude stammen aus dem 18. Jh.

Die ausgedehnten Wald- und Parkareale und vielseitigen Uferbereiche am Noor und an der Förde sind das Kapital des Städtchens, das deshalb gern von Touristen aufgesucht wird.

2.3.8 Das dänische Grenzland

Zur Weiterfahrt wählt man die alte Sonderburger Landstraße, die nach 4 km bei Alnor in die A 8 einmündet, die jetzt das nördliche Nübel Noor (und die Ortsdurchfahrt Graasten) auf verkürzter Strecke über die Egernsund-Brücke umgeht.

An der südlichen Ortsumgehung von **Alnor** liegt der stattliche Neubau der deutschen „Förde-Schule Gravenstein", Nachfolgerin mehrerer aufgelöster Zwergschulen in der Umgebung und in der Stadt selbst. 1986 besuchten 57 Kinder diese Schule (einschl. Kindergarten). Sie gilt als Musterbeispiel für den Ausbau deutscher Privatschulen für die deutsche Minderheit in Nordschleswig.

Die Fahrtroute folgt jetzt der „Fördestraße" am dänischen Nordufer der Innenförde. Bei Sønderhav passiert man die zwei kleinen „Ochseninseln"; von hier kann man die deutsche Gegenküste mit der Kurzone Sandwig in Glücksburg gut erkennen. Bei der Abzweigung zur Anlegestelle Kollund hat man

*einen guten Rückblick zur gegenüberliegenden imposanten Uferfassade der Ma-
rineschule Mürwik. Nach weiteren 3 km erreicht man Krusaa, einen Ortsteil
der Großgemeinde Bov.*

In diesem Gebiet wird die Nähe der deutsch-dänischen Staatsgrenze
spürbar. Zahlreiche Selbstbedienungsläden, „Sexshops", Diesel-Tankstellen,
Gaststätten und Geldwechselstellen säumen die alte E 3 vom Grenzübergang bis zur Kreuzung mit der A 8. Die herausragende Bedeutung dieses
Grenzüberganges für den grenzüberschreitenden Einkauf wurde einleitend
schon mit Zahlen belegt, die Siedlung **Krusaa** ist sichtbares Zeugnis dafür
(ebenso wie für die Dänen die Supermärkte unmittelbar südlich der
Grenze).

*Die weitere Route führt über die schmale „Niehuser Tunneltalung", die die
A 8 in O-W-Richtung quert. Nach 3 km fährt man über die neue Autobahn,
unmittelbar dahinter biegt die Straße nach rechts ab (Richtung Helle-
vad/Toftlund) und erreicht nach 4 km die Gejl-Au. Dieser Straßenabschnitt
folgt dem alten Ochsenweg. An mehreren Halteplätzen ist sein Verlauf ausgeschildert; auf dem letzten Stück südlich der Gejl-Au kann man zu Fuß gehen
(ca. 400 m) — vorbei am „Bommerlund-Gedenkstein" bis zur steinernen
Brücke.*

Die Trasse des historischen **Ochsenweges** (vgl. Exkursion 4) ist hier
einige Kilometer im ursprünglichen Zustand erhalten und steht unter
Schutz. Auffallend ist ihre „Überbreite"; die alten Wagen und Karren
benutzten „Sommer- und Winterspuren". Die alte Steinbrücke über die
Gejl-Au mit ihrem eisernen Geländer wurde zu einem Wahrzeichen für den
Grenzraum, sie diente als Vorbild für viele Bilder und Wappen. Der
Bommerlund-Gedenkstein erinnert an eine alte Gastwirtschaft, in der
angeblich im 18. Jh. das Rezept für die Zusammenstellung des später so
bekannten Flensburger „Bommerlunder" erstmals aufgetaucht sein soll.
Die gesamte Wegführung durch die Bommerlund-Plantage (d. h. „Forst")
gehört zu den zahlreichen Aufforstungsarealen der Dänen auf der sandigen
Geest (im Abschnitt dieser Route noch: die Frøslev-Plantage auf Binnen-
dünen südlich der A 8 bis zur Grenze und die Eggebaek- und Jyndevad-
Plantage.)

Nach der Rückfahrt zur Hauptstraße folgt die Route der alten Linienführung der A 8 — parallel zur Grenze bis Rens. Dabei kreuzt man — nach Autobahn und Ochsenweg — die dritte N-S-Verbindung am östlichen Geestrand: die Eisenbahnlinie Flensburg—Kolding.

Zu beiden Seiten der Straße prägen viele in N-S-Richtung angepflanzte Nadelbaum-**Windschutzstreifen** am Rande großflächiger Parzellen das Landschaftsbild. Ebenso wie bei den Plantagen reichen die Anfänge dieser Anpflanzungen zurück bis ins 19. Jh., als man im Rahmen großer „Heidekultivierungen" die sandigen Geestböden vor Windverwehungen schützen wollte (die nach O geneigten Bäume lassen die vorherrschende Westwindrichtung gut erkennen). Die meisten Aufforstungen und Windschutzhecken stammen jedoch aus der Zeit nach 1920, als der dänische Staat nach der Angliederung Nordschleswigs versuchte, diesen von der Natur benachteiligten Agrarraum durch großzügige Landeskulturmaßnahmen besonders zu fördern.

Sichtbares Beispiel dafür ist u. a. die staatliche **Agrar-Versuchsstation Jyndevad**, an der wir 3 km vor Rens (südlich der Straße) vorbeifahren. Hier werden auch Windschutzheckenanpflanzungen erprobt. Dabei stellte man u. a. fest, daß „Nadelholz-Reihen" wenig geeignet sind, da sie nach einiger Zeit im unteren Teil „ausfransen" und der Wind hier eine förmliche Düsenwirkung erzielt. Die neuen Hecken bestehen aus mehreren Gehölz- und Buschreihen unterschiedlicher Höhe. (Bei der Fahrt kann man den Unterschied zwischen alten und neuen Anpflanzungen gut erkennen.)

Ein großer Teil der stattlichen Bauernhöfe gehört zur deutschen Volksgruppe, die hier auf der nordschleswigschen Geest (im sog. „schiefen Viereck" zwischen Tondern/Lügumkloster und Tingleff) zahlenmäßig am stärksten ist. In der Großgemeinde **Bylderup**, deren Gemarkung nördlich Jyndevad/Rens beginnt, zählte 1965 ein Sechstel der Bevölkerung zur deutschen Minderheit, ihr Landbesitz erstreckte sich jedoch auf rd. ein Drittel der landwirtschaftlichen Nutzfläche (Weigand 1966a, Sievers 1975). Leider gibt es keine neueren Untersuchungen zu dieser Situation, doch hat sich an der grundlegenden Tatsache wenig geändert, daß die deutsche Minderheit in Nordschleswig entscheidend durch die bäuerliche Berufsgruppe geprägt wird.

In Rens folgt die Route der nach S verlaufenden Straße (3 km) zum kleinen Grenzübergang Neupepersmark. Von hier ist die deutsche Grenzstraße bereits in Sichtweite, die von Flensburg bis Süderlügum nur wenige hundert Meter parallel zur deutsch-dänischen Grenze verläuft.

2.3.9 Die schleswigsche Geest im Westen Flensburgs

Die Route führt vom Grenzübergang Neupepersmark 8 km über die Grenzstraße in östliche Richtung, dann Abzweigung nach S — 3 km bis Böxlund und zum Haltepunkt am Stolzberg.

Der Übergang **Neupepersmark** verzeichnet seit Jahrzehnten den geringsten Grenzverkehr an der gesamten Nordgrenze, weil hier der Einkaufstourismus fehlt. Nur in den Sommermonaten hat er eine gewisse Entlastungsfunktion für die benachbarten Hauptübergänge im Raum Flensburg.

Die **Grenzstraße**, der wir ein Stück folgen, wurde vor dem Kriege aus strategischen Gründen gebaut. Sie war bis Ende der 50er Jahre die einzige asphaltierte Straße (außer der B 199 von Flensburg nach Niebüll) im gesamten nördlichen Grenzgebiet der schleswigschen Geest, das sich bis zu diesem Zeitpunkt schon allein dadurch deutlich vom dänischen Nachbarraum mit seinem — nach 1920 — gut ausgebauten Straßennetz unterschied (Framke 1968, Weigand 1970).

Das große **Landeskulturprogramm Nord** nahm deshalb 1954 im Bereich dieses Exkursionsabschnittes seinen Anfang mit einer „integralen Landerschließung": Wegebau, Aufforstung, Flußregulierung, Drainage, Ortsteinumbruch, Flurbereinigung, Um- und Aussiedlung, Dorfsanierung und viele andere Einzelmaßnahmen. Der Erfolg wird bei der Fahrt augenfällig: ein Unterschied zur dänischen Nachbarregion ist heute nicht mehr zu erkennen. In den Gemarkungen sieht man nur neue (Aussiedlungs-)Höfe, und in den Dörfern wurde eine Infrastruktur erreicht, die den Vergleich mit jeder anderen ländlichen Region nicht mehr zu scheuen braucht.

In einem alten (Kiesgruben-)Aufschluß am **Stolzberg** bei Böxlund treten schräg geschichtete Schmelzwassersande und Kiese zutage. Von der

Kuppe der ca. 50 m hohen, inselförmig aus den umgebenden Sandergebieten herausragenden Altmoräne, die hier nach W umbiegt und die Leitlinie einer rißeiszeitlichen Gletscherzunge erkennen läßt, hat man einen weiten Blick über die fast tischebene Geestlandschaft beiderseits der Grenze. Auf der Höhe sind Reste eines „Kratts", eines verkrüppelten Eichenwaldes, zu erkennen. Große (verdeckte) Munitionsdepots geben zugleich einen Hinweis auf die Präsenz der Bundeswehr in diesem Gebiet (u. a. Nato-Flugzeugstützpunkt bei Leck, ca. 15 km westlich, sowie Panzer- und Raketeneinheiten in Flensburg-Weiche).

Der folgende Routenabschnitt bis Nordhackstedt verläuft über Medelby und Schafflund.

In **Medelby** (748 E.), einem alten Geestdorf, dessen Bürgermeister zu den ersten gehörte, die für das „Programm Nord" eintraten, sind mehrere alte Wohn- und Wirtschaftsgebäude von Aussiedlern zu sehen, die heute als reine Wohnstätten, Garagen, Läden oder Reparaturwerkstätten genutzt werden. Neue Silotürme der Genossenschaft überragen den Kirchturm und bilden das sichtbare Wahrzeichen des Dorfes. **Schafflund** (1183 E.) ist ein gutes Beispiel für die Entwicklung eines „ländlichen Zentralortes": die Gemeinde erhielt die Verwaltung des neu gebildeten Amtes, zu dem jetzt 14 Gemeinden (von Böxlund an der Nordgrenze bis Lindewitt und Großenwiehe im Süden) mit fast 10 000 E zählen. Sie ist ebenfalls Standort einer größeren Schule mit Realschulklassen. Dazu kommen andere Versorgungseinrichtungen und Dienstleistungsbetriebe.

Bei der Weiterfahrt überquert man erst die Bahnlinie Flensburg—Niebüll, die für den Personenverkehr aufgegeben wurde, dann die B 199, die heute den Verkehr nach W vermittelt. Nach 4 km erreicht man Nordhackstedt (Halteplatz an der Zentralmeierei und Käserei).

Bei der Fahrt durch Angeln wurde bereits auf die Verlagerung der **Milchviehhaltung** zur Geest hingewiesen; der Naturraum „Schleswiger Vorgeest" gehört zum Kerngebiet dieser Entwicklung einer standortgerechten Landwirtschaft (Tab. 1).
Nordhackstedt (444 E.) liegt im Mittelpunkt der Schleswiger Vorgeest; die genossenschaftliche Milchverwertung begann hier bereits 1875 mit einer Meierei, die damals zu den drei ersten nördlich der Eider gehörte.

Tabelle 1: Die Naturräume Schleswig-Holsteins mit der größten Steigerung der Milchkuhhaltung

Naturraum	Milchkühe			Veränderungen in %		
	1964	1974	1984	1964–1974	1974–1984	1964–1984
Lecker Geest	8 113	11 756	16 135	+ 45	+ 37	+ 99
Eider-Treene-Niederung	15 241	21 042	28 441	+ 38	+ 35	+ 87
Schleswiger Vorgeest	43 113	57 728	79 327	+ 34	+ 37	+ 84
im Vergleich:						
S-H Geest	224 144	274 572	339 105	+ 22	+ 24	+ 51
S-H Hügelland	200 495	157 802	143 273	− 21	− 9	− 28
S-H Marsch	54 606	62 261	62 597	+ 14	+0,5	+ 15
S-H zusammen	479 245	494 635	544 975	+ 3	+ 10	+ 14

Quelle: Eigene Zusammenstellung nach amtlichen Daten des Stat. Landesamtes Schleswig-
Holstein.

1965/67 erfolgte der Neubau einer Zentralmeierei, die 5 kleinere Molkereigenos-
senschaften in der Umgebung übernahm, in deren Einzugsgebiet — als Folge der hier
begonnenen Programm-Nord-Maßnahmen — die Milchanlieferung sich innerhalb
eines Jahrzehnts verdoppelte (1967: 25 Mio. kg Milch, angeliefert von 450 Bauern).
Butterproduktion war fortan der Schwerpunkt des Großbetriebes. Bis 1982 kamen
6 weitere Genossenschaften hinzu, wobei die Fusion mit der Meiereigenossenschaft
Bredtstedt besondere Bedeutung erlangte. Mit einer zusätzlichen Milchtrocknungs-
anlage paßte man sich der laufend gestiegenen Anlieferung an. Sie erreichte mit 155
Mio. kg von 800 Mitgliedsbauern 1983 einen Höhepunkt (Gesamtproduktion:
6500 t Butter, 7000 t Milchpulver).
    Eine dritte Schwerpunktbildung schien ratsam, zumal die Butterproduktion auf
Exportschwierigkeiten stieß und gedrosselt werden mußte. 1984 wurde mit der Käse-
herstellung begonnen, ein Jahr später ein Käsereineubau (Kosten 25 Mio. DM) in
Betrieb genommen. Die großtechnische Anlage kann 70 Mio. kg Milch zu 7000 t
Käse im Jahr verarbeiten, die Vermarktung erfolgt in Kooperation mit der Meierei-
zentrale Nordmark in Hamburg.
    Mit dieser Neuorientierung wird die „Nordfriesland Milch e.G.“, wie sie sich
jetzt nennt, nicht nur einen wichtigen Beitrag leisten zur Abschöpfung einer Milch-
Überproduktion, die hier hergestellten Käsesorten (unter der Dachmarke „Gut von
Holstein“) werden auch die Palette jener landwirtschaftlichen Erzeugnisse berei-
chern, die bisher in Schleswig-Holstein nur in begrenztem Umfang erzeugt wurden.

Die Bedeutung der neuen Anlage besteht nicht zuletzt auch darin, daß trotz des zwangsläufigen Rückganges der Milchanlieferung infolge der 1984 ausgesprochenen EG-Quotenregelung die bestehenden 70 Arbeitsplätze gesichert und 25 neue geschaffen werden konnten (in einer Region ohne nennenswerte Industrie).

Die Rückfahrt nach Flensburg erfolgt über Rodau/Wallsbüll zur B 199, von dort über Gottrupel, vorbei am Flugplatz „Schäferhaus" (nur für Sportflugzeuge) zur westlichen Stadtgrenze.

2.4 Literaturauswahl

Framke, W. (1968): Die deutsch-dänische Grenze in ihrem Einfluß auf die Differenzierung der Kulturlandschaft. — Forsch. z. dt. Landeskunde, 172, Bad Godesberg.

Gesellschaft für Flensburger Stadtgeschichte (Hg.) (1966): Flensburg, Geschichte einer Grenzstadt. Flensburg.

Matthei, D. (1985): Marineschule Mürwik (1910—1985). Herford.

Sievers, K. D. (Hg.) (1975): Beiträge zur ethnischen Identifikation des Bundes Deutscher Nordschleswiger. — Schriftenreihe d. Akademie Sankelmark, Sonderheft, Flensburg.

Stadt Flensburg (Hg.) (1984): Flensburg 700 Jahre Stadt. Eine Festschrift. 2 Bde., Flensburg.

— (Hg.) (1984/86): 2 Sanierungsrundgänge durch die nördliche und östliche Altstadt. Flensburg.

Weigand, K. (1966 a): Die Sozialstruktur der deutschen und dänischen Minderheit im Jahre 1965. — Grenzfriedenshefte, 4: 237—247, Flensburg.

— (1966 b): Stadt-Umlandverflechtungen und Einzugsbereiche der Grenzstadt Flensburg und anderer zentraler Orte im nördlichen Landesteil Schleswig. — Schr. Geogr. Inst. Univ. Kiel, 25, Kiel.

— (1970): Programm Nord. Wandel der Landschaft in Schleswig-Holstein. 2. erg. Aufl., Kiel.

— (1978): Flensburg-Atlas. Die Stadt Flensburg in der deutsch-dänischen Grenzregion in Geschichte und Gegenwart. Flensburg.

— (1983): Tourismus und Grenzhandel an der deutsch-dänischen Land- und Seegrenze. Flensburg.

3. Nordfrieslands Küste im Wandel

von JÜRGEN BÄHR, Kiel

Karten: Kreiskarte 1 : 100 000 Nordfriesland; TK 50 L 1116 Kampen (Sylt), L 1318
Niebüll, L 1518 Nordstrand, L 1520 Husum.

3.1 Einführung

Wie kaum eine andere Landschaft spiegelt der nordfriesische Küstensaum
(Abb. 1) die jahrhundertelange Auseinandersetzung des Menschen mit seiner Umwelt wider. Großräumige Landverluste durch das vorrückende Meer
haben das heutige Bild ebenso geprägt wie Deichbauten und Landgewinnungsmaßnahmen. Die Umgestaltungen dieses einzigartigen Natur- und
Kulturraumes dauern bis in die Gegenwart an. Auf der einen Seite entstehen
aufgrund der natürlichen Anlandung umfangreiche neue Vorländer, auf der
anderen Seite setzt das Meer auf einigen Inseln und Halligen sein Zerstö-
rungswerk fort. Menschliche Eingriffe sind heute umstrittener denn je, ist
doch dabei abzuwägen zwischen den Sicherheitsbedürfnissen der Bewohner
und einer größtmöglichen Schonung der Natur.

Auf dieser Exkursion soll das Werden der Landschaft im Kampf des Menschen
gegen das Meer verdeutlicht werden. Das beinhaltet sowohl eine Behandlung der
natürlichen Faktoren, die Aufbau und Zerstörung des Landes bestimmen, als auch
der menschlichen Einwirkungen, die vom Bau erster Warften und einfacher Deiche
bis hin zu systematischer Neulandgewinnung und Großprojekten der Gegenwart
reichen. Die Abfolge der Haltepunkte entspricht nicht immer der chronologischen
Entwicklung; zur genaueren Einordnung dient der einführende Überblick. Hinweise auf Erweiterungsmöglichkeiten werden bei der Erläuterung der einzelnen
Routenabschnitte und Haltepunkte gegeben.

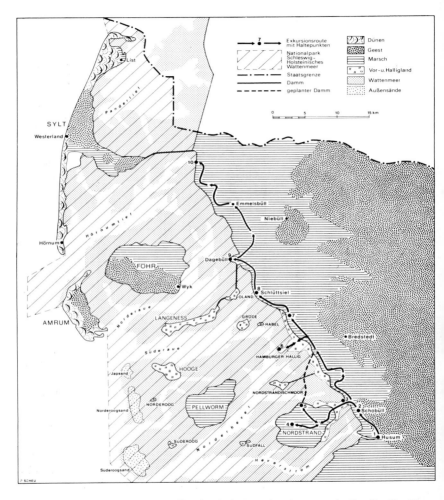

Abb. 1. Die Naturräume Nordfrieslands (mit Exkursionsroute). Quelle: Dt. Forschungsgemeinschaft 1984, Minister f. Ernährung, Landwirtschaft u. Forsten 1985; ergänzt

3.1.1 Küstenentwicklung

Die Watten und Marschen an der Küste Nordfrieslands sind ein „junges Land", das erst nach der letzten Eiszeit entstanden ist und noch im Mittelalter durch die großen Sturmfluten tiefgreifende Veränderungen erlebte (Schott 1950, Bantelmann 1967, Dt. Forschungsgemeinschaft 1984). Bis ins Spätquartär war der größte Teil der heutigen Nordsee landfest; die Küstenlinie entsprach ungefähr der 60 m-Isobathe, die von der Nordspitze Jütlands über die Doggerbank nach England verläuft. Mit dem weltweiten Abschmelzen des Eises rückte das Meer zunächst sehr rasch vor und bewirkte das Zurückweichen der Küstenlinie nach O. In Senken und Rinnen bildeten sich Niedermoore, deren Ablagerungen als „Basistorfe" den Beginn des Meeresspiegelanstiegs markieren. Gegen Ende der bis ca. 2500 v. Chr. andauernden „Flandrischen (Calais-) Transgression" erreichte das Meer in Schleswig-Holstein erstmals den heutigen Geestrand („innere Küste") und überformte ihn im Raum von Dithmarschen durch Kliffbildung. Das bis zu 20 m hohe tote Kliff („Klev") ist bis heute im Landschaftsbild zu erkennen, ebenso wie die Haken und Nehrungen („Donns") der anschließend gebildeten Ausgleichsküste (z. B. bei St. Michaelisdonn; vgl. Exkursion 12).

Aufgrund einer anderen topographischen Situation konnte in Nordfriesland die Sedimentation im wesentlichen mit dem Meeresspiegelanstieg Schritt halten. Am Rande des flach nach W abfallenden, von horstartigen Altmoränenresten überragten und einzelnen Rinnen zerschnittenen weichselzeitlichen Flensburger Sanders bildete sich ein **Wattenmeer**. Vor allem in den Buchten hinter den weit nach W vorgeschobenen Geestkernen und den daran angelagerten Nehrungshaken kam es zu einer starken Aufschlickung; es entstand die **alte Marsch**. Ihre genaue Ausdehnung ist wegen des späteren Abbruchs nicht mehr zu rekonstruieren. Fest steht jedenfalls, daß sie so schnell nach W wuchs, daß mit dem Ausklingen der Flandrischen Transgression nur noch das küstennahe Marschgebiet („Hochland") weiter aufgehöht wurde und die Entwässerung der inneren Teile („Sietland") stark behindert war. Als das Vorrücken des Meeres ab 2500 v. Chr. von einer Stillstands- und Regressionsphase (bronze- und eisenzeitliche Regression) abgelöst wurde, hörte die Weiterbildung der Marsch gänzlich auf, und im Schutze nehrungsartiger Wälle an der Westseite des heutigen Wattenmeeres nahm die Vermoorung weiter zu, verstärkt noch durch natürliche Sackungen. Reste von Baumstämmen und -stubben, die man im Watt nördlich Pellworms sowie zwischen Amrum und Föhr gefunden hat, sind Zeugen der damals gebildeten Moore und Bruchwälder. Der darauf folgende erneute Meeresspiegelanstieg, der seit etwa 100 n. Chr. allgemein als „Dünkirchen-Transgression" bezeichnet wird, führte zu einer regelmäßigen Überflutung und umfangreichen Zerstörung dieser Moorgebiete. Dadurch reicherten sich einerseits Salze in den Torfschichten an, andererseits wurde die alte Marsch in unterschiedlicher Mächtigkeit von der **jungen Marsch** überlagert.

3.1.2 Besiedlungsgang

Aufgrund seiner Versumpfung und Vermoorung hat der Mensch den Küstenraum lange Zeit gemieden. Erst wesentlich später als in Dithmarschen finden sich hier erste Siedlungsspuren. Nach neueren Forschungsergebnissen (Higelke et al. 1982) ist davon auszugehen, daß zunächst die äußeren Seemarschen mit ihrer geringen Torfmächtigkeit, die sog. Uthlande, durch von SW einwandernde Friesen besiedelt wurden. Im W der ehemaligen Großinsel Strand sind **Flachsiedlungen** aus der Wikingerzeit (8.—11. Jh.) nachgewiesen, weiter im O auf den Hochmooren erst aus dem 12.—14. Jh. Pflugfurchen im Rungholt-Watt bei der heutigen Hallig Südfall belegen die recht intensive Landnutzung zur Zeit der frühen Besiedlung.

Zum Schutze gegen die Fluten mußten die Wohnplätze schon bald — zunächst im W (11./12. Jh.), 100 bis 200 J. später auch im O — durch Klei-, Torf- oder Mistauftrag künstlich zu **Warften** aufgehöht werden, und etwa zur gleichen Zeit baute man auch die ersten **Deiche.** Trotzdem behielten die Warften noch lange ihre Funktion, da die einfachen und nicht sehr hohen Deiche verhältnismäßig häufig brachen (vgl. Kap. 3.3.7).

Das Austrocknen der Torflager führte zusammen mit dem Druck der streckenweise darüber lagernden jungen Marsch zu beträchtlichen Sackungen. Torfabbau und Salzsiederei, die zwischen 1000 und 1500 eine wichtige Lebensgrundlage der einheimischen Bevölkerung bildeten, haben diesen

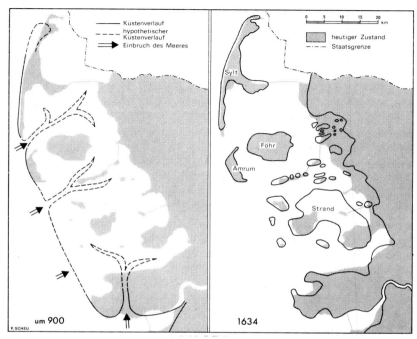

Abb. 2. Landschaftsentwicklung Nordfrieslands, Quelle: Muuß & Petersen 1978

Prozeß noch verstärkt. Daher hatten die **mittelalterlichen Sturmfluten** in Nordfriesland besonders katastrophale Auswirkungen. Zwar stiegen die Fluten damals nicht höher als heute an (vgl. die Anzeige der Hochwasserstände auf der Hamburger Hallig (Kap. 3.3.6) mit 4,70 m im Jahre 1362 und 5,66 m im Jahre 1976), die Deichbauten begünstigten jedoch die Staubildung, ohne schon einen ausreichenden Schutz zu bieten, und die Torfgruben waren Ansatzpunkte für Rinnenbildung und Erosion. Man schätzt, daß durch die Überflutungen des Mittelalters ungefähr 100 000 ha Land

verlorengingen; oft dauerte es Jahrzehnte, bis der Mensch wenigstens einen Teil der Verluste durch neue Eindeichungen wettmachen konnte (vgl. Kap. 3.3.4).
Besonders verheerende Folgen hatten die Sturmfluten der Jahre 1362 und 1634. In der „Groten Mandränke" von 1362 ist Rungholt, der bedeutendste mittelalterliche Handelsort Nordfrieslands (Salz, Agrarprodukte) untergegangen — Spuren findet man noch im Watt bei der Hallig Südfall. Im Bereich der gesamten Nordseeküste sollen bis zu 200 000 Menschen umgekommen sein (vgl. Kap. 3.3.1 u. 3.3.4).

Über das Landschaftsbild vor der zweiten großen Mandränke von 1634 sind wir verhältnismäßig gut unterrichtet, selbst wenn die von dem Husumer Kartographen Meyer entworfene Darstellung nicht in allen Einzelheiten Gültigkeit beanspruchen kann (Abb. 2). Kernstück der „Uthlande" bildete zu dieser Zeit die Marscheninsel Strand (auch Alt-Nordstrand genannt) mit ihrer charakteristischen Hufeisenform. In der Katastrophe von 1634 zerbrach diese Großinsel in zwei Teile, die Inseln Pellworm und Nordstrand, die ihre heutige Gestalt allerdings erst durch die Eindeichungsarbeiten der folgenden Jahrhunderte erhielten (vgl. Kap. 3.3.4 u. 3.3.5).

Nur die drei **Geestinseln** (wegen ihrer Geestkerne so bezeichnet) Sylt, Amrum und Föhr haben die großen Sturmfluten des Mittelalters überstanden (vgl. Kap. 3.3.9 u. 3.3.10), alle anderen Inseln sind keine oder doch nur zu einem geringen Teil Reste alten Kulturlandes, sie sind vielmehr sehr junge, durch menschliche Eingriffe unterstützte Neubildungen. Die uneingedeichten, allenfalls durch Steinkanten oder einen Sommerdeich geschützten Inseln werden dabei als **Halligen** (vgl. Kap. 3.3.6 u. 3.3.8), die eingedeichten als **Marscheninseln** (vgl. Kap. 3.3.4 u. 3.3.5) bezeichnet (Abb. 1).

Auch im Küstenbereich hat der Mensch durch planmäßige Landgewinnung (vgl. Kap. 3.3.3) einen Teil der Landverluste wieder ausgleichen können. Eine erste geschlossene Seedeichlinie ist für das 12. Jh. nachweisbar. Besonders nach den Fluten von 1362 und 1634 intensivierten die Bewohner ihre Eindeichungsbemühungen. Auf Abb. 3 ist das „Wandern" der Deichlinie nach W gut zu erkennen. Durch den Bau neuer Seedeiche wurden die zuvor bestehenden zu „Schlafdeichen", denen nur noch in Notfällen eine Schutzfunktion zukommt. **Alte und neue Köge** unterscheiden sich nicht nur in der Art ihrer Anlage, sondern auch im Hinblick auf ihre Landnutzung (vgl. Kap. 3.3.7 u. 3.3.10). In der verhältnismäßig früh eingedeichten Marsch hat man bis heute mit Entwässerungsproblemen zu kämpfen, und das Grünland überwiegt, während in den neuen Kögen die Ackernutzung vorherrscht. Bei allen Maßnahmen, die der Mensch heute im nordfriesischen Küstenbereich durchführt, steht weniger die Neulandgewinnung im Vordergrund, sondern eine Verbesserung der Entwässerung (vgl. Kap. 3.3.8), vor allem aber ein wirksamer Küstenschutz durch Erhöhung der Deiche oder Verkürzung der Deichlinie (vgl. Kap. 3.3.5).

3.2 Exkursionsroute (Dauer ca. 8 Std., ohne Abstecher ca. 120 km)

Husum — Schobüll — Nordstrand — Hamburger Hallig — Schlüttsiel — Dagebüll — Emmelsbüll — Friedrich-Wilhelm-Lübke-Koog.

3.3 Erläuterungen

3.3.1 Husum

Standort: Am Binnenhafen

Die Geschichte der durch Theodor Storm berühmt gewordenen „grauen Stadt am Meer" ist eng mit dem jungen Landschaftswandel im nordfriesischen Raum verknüpft. Zwar ist **Husum**, eine typische Geestrandsiedlung, als „Husenbro" (Brücke bei den Häusern) erstmals schon 1252 urkundlich erwähnt worden, eine größere Bedeutung hatte der damals noch weit vom Meer entfernt gelegene Ort aber nicht. Erst die „Grote Mandränke" von 1362 schuf die Voraussetzung für die spätere Blüte der Stadt. Das Meer drang bis zum Geestrand vor, und so konnte an der Mündung der Husumer Au ein Hafen entstehen, der den Verkehr zwischen dem Festland und der reichen Insel Strand übernahm. Später weiteten sich die Handelsbeziehungen bis zum Rheinmündungsgebiet und England sowie zum skandinavischen Raum hin aus. 1582 erhielt Husum das Markt- und 1603 das Stadtrecht. Zur gleichen Zeit bauten die Gottorfer Herzöge hier ein Schloß, das als Witwensitz diente (Besichtigung möglich).

Wieder war es das Meer, das die weitere Entwicklung Husums entscheidend bestimmte. Die große Flut des Jahres 1634 bedeutete das abrupte Ende des wirtschaftlichen Wohlstandes. Durch den Untergang der Insel Strand erlitt der über Husum ablaufende Handel schwere Einbußen, zudem erwuchs der Stadt in der Gründung von Friedrichstadt eine vorübergehende Konkurrenz.

Ein neuer Aufschwung setzte erst im 19. Jh. ein, als immer mehr Magervieh von der Geest zur Fettgräsung auf die Marschen geschickt wurde und der Husumer Viehmarkt durch Exporte bis nach England eine überregionale Bedeutung erhielt. Noch bis zum 1. Weltkrieg sind hier in jedem Herbst ungefähr 80 000 St. Fettvieh gehandelt worden (heute erfolgt die Vermarktung unmittelbar zwischen Produzent und Aufkäufer). Mitte des vorigen Jh. bestanden daher große Pläne zum Ausbau des Hafens, und ein erster Schritt wurde mit der Fertigstellung des Dockkooges (1848) auch gemacht (heute Strand und Schwimmbad). Nach der Abtrennung Schleswig-Holsteins von Dänemark verfolgte man das Projekt jedoch nicht weiter, und das spätere Vorhaben, in Husum einen Flottenstützpunkt des Deutschen Bundes einzurichten, kam wegen des ungünstigen Fahrwassers ebenfalls nicht zur Ausführung.

Für die Landwirtschaft des Umlandes erfüllt der Husumer Hafen (Binnenhafen 1 ha, Außenhafen 12 ha Wasserfläche) nach wie vor eine wichtige Funktion. Umgeschlagen werden vor allem Futter- und Düngemittel sowie Getreide (Umschlag: 378 685 t). Darüber hinaus ist er Heimathafen für 24 Krabben- und Muschelkutter (Anlandungen 841 t Krabben, 399 t Muscheln), und eine von Schiffen bis 10 000 BRT erreichbare Werft hat hier ihren Standort.

Heute ist Husum Kreisstadt und Mittelzentrum für ein weites ländliches Hinterland mit ca. 100 000 Bewohnern. Die Einwohnerzahl zu Beginn des Jahres 1985 entspricht mit 24 317 ungefähr derjenigen aus der Zeit kurz nach dem 2. Weltkrieg, als der Zustrom von Flüchtlingen zu einem sprunghaften Bevölkerungsanstieg führte und die Stadt erstmals die 20 000 E.-Schwelle überschritt (1939: 14 235). Die Beschäftigungsstruktur wird durch die eindeutige Dominanz des tertiären Sektors (mehr als 70 % der Beschäftigten) bestimmt. Vor allem ist Husum Standort zahlreicher öffentlicher Einrichtungen (Kreisverwaltung, Amt für Land- und Wasserwirtschaft,

Amtsgericht, Garnison), als „Tor zu den Halligen" spielt auch der Fremdenverkehr eine gewisse Rolle.

Zahlreiche repräsentative Bauten aus der Blütezeit Husums im 16. und 17. Jh. sind bis heute erhalten. Auf einem kurzen Stadtrundgang erhält man davon einen guten Eindruck. Besuchenswert ist insbesondere der Marktbereich (Rathaus aus dem Jahre 1601 mit zuletzt 1892 veränderter Fassade; Großstraße 18: zweigeschossiges Backsteinhaus mit Stufengiebel aus dem späten 16. Jh.; Markt 1—3: Backstein-Doppelhaus, ebenfalls spätes 16. Jh.) und das vom Markt über einen Durchgang erreichbare Schloß (1577—82, Umbau 1752, Torhaus aus 1612 unverändert). An Theodor Storm (1817—88) erinnert neben seinem Geburtshaus (Markt 9) vor allem das Haus, in dem der Dichter 1866—80 wohnte (Wasserreihe 31); hier befindet sich seit 1972 der Sitz der Storm-Gesellschaft und ein Storm-Museum.

Empfehlenswert ist ein kurzer Abstecher zum 15 km entfernten **Friedrichstadt**, einer planmäßigen Stadtanlage mit rechteckigem Grundriß aus dem beginnenden 17. Jh. Mit Hilfe von Glaubensflüchtlingen aus den Niederlanden wollte Herzog Friedrich III. von Holstein-Gottorf an der Mündung der Treene in die Eider einen Handelsplatz aufbauen, der Hamburg an Bedeutung übertreffen sollte. Die hochfliegenden Pläne konnten jedoch nicht verwirklicht werden, und schon bald nach der Gründung wurde Friedrichstadt zu einem stillen Landstädtchen, das es bis heute geblieben ist (2576 E.); jedoch verleihen „Grachten" und Bürgerhäuser im Stil der niederländischen Renaissance der Stadt einen unverwechselbaren „holländischen Charakter".

3.3.2 Schobüll

Standort: Am Fuße des „Schobüller Berges" (31 m)

Die Schobüller Altmoränenplatte ist der einzige Punkt an der Westküste Schleswig-Holsteins, an dem die Geest bis ans Meer reicht. Auf einer Strecke von 3 km zwischen dem Nordstrander Damm und dem Porrenkoog fehlt der Seedeich. Der Standort (z. B. an der alten „Kirche am Meer", erbaut im 13. Jh.) mit freiem Blick auf die Nordsee ist gut für eine großräumige Übersicht (Geest, Marsch, Inseln) geeignet: Im NW erkennt man den Nordstrander Damm, im W die Insel Nordstrand, im SW die Nordküste Eiderstedts und im S die Stadt Husum.

Der Name **Schobüll** deutet auf eine ursprüngliche jütische Besiedlung hin. Von hier gab es vor 1634 eine Fährverbindung zum alten „Strand". In neuerer Zeit hat sich der Geestrand durch Wohnbebauung — vor allem Husumer Bürger — und Freizeiteinrichtungen stark verändert (1721 E.; 530 Gästebetten).

3.3.3 Nordstrander Damm

Standort: Parken am Dammansatz bei Wobbenbüll (auf dem Damm nur eine Haltebucht), zu Fuß den Damm entlang und ins Vorland

Am 1935 erbauten, 2,8 km langen **Nordstrander Damm** läßt sich besonders gut die natürliche Anlandung und ihre Unterstützung durch bautechnische Maßnahmen studieren. Im Wechsel der Gezeiten fallen große Teile des nordfriesischen Wattenmeeres vorübergehend trocken und werden anschließend wieder überflutet (Tidenhub hier ca. 2,70 m). Dank der reichlich vorhandenen Sinkstoffe kommt es insbesondere beim Übergang vom Flut- zum Ebbestrom („Kentern") zur Ablagerung von Schlick (Sand mit unterschiedlichem Ton- und Kalkanteil). Die durch Schleim verkitteten Ausscheidungen von Muscheln und Krebsen tragen zur Verfestigung der Oberfläche bei. Der normale Gezeitenwechsel führt zur Aufhöhung des Wattes bis 85—120 cm unter dem Mittleren Tidehochwasser (MThw), eine weitere Sedimentation erfolgt vor allem bei Sturmfluten, deren Sinkstoffgehalt bis zum 70fachen einer normalen Flut betragen kann. Sobald eine Höhe von ca. 30 cm unter MThw erreicht ist, wird die Aufschlickung durch die Vegetation unterstützt. In Abhängigkeit von der Salzverträglichkeit ergibt sich in allen Vorländern eine deutliche **Vegetationszonierung,** die von der Queller-Schlickgras-Zone (bis zu 2 Std. Überflutung) über die Andelzone (kurzfristige Überflutung) bis zur Rotschwingelzone am Deichfuß reicht. Das landfest gewordene und durch Niederschläge entsalzte Watt bezeichnet man als Marsch.

Schon seit dem 18. Jh. hat der Mensch — zunächst durch einfache Buschzäune — die natürliche Schlickanlandung unterstützt; seit dem 19. Jh. ist der Staat Träger aller **Landgewinnungsarbeiten.** Auf beiden Seiten des

Nordstrander Dammes sieht man weit ins Watt hinausreichende Lahnungen, bestehend aus zwei parallelen Pfostenreihen mit Faschinenflechtwerk, die sich zu großen Feldern mit nur schmalen Öffnungen zusammenfügen. Dadurch entstehen Stillwasserbereiche, und die Sedimentation wird gefördert. Durch mehrfach wiederholtes „Begrüppen" kann dieser Vorgang weiter beschleunigt werden. Im Abstand von etwa 10 m zieht man Gräben („Grüppen") und erhöht durch den ausgeworfenen Schlick die dazwischenliegenden Bänke. In den Grüppen steht das Wasser besonders lange, und deshalb setzen sich auch feinste Schwebstoffe ab. Weite Teile der so entstandenen Vorländer können heute schon als Weide genutzt werden.

Jenseits des Dammes führt der Weg zunächst durch junge (Pohnshalligkoog 1925, Morsumkoog 1867), später durch ältere Köge (Osterkoog 1657, Alter Koog 1654). Hier liegen die Wohnplätze teilweise noch auf künstlich aufgehöhten Erdhügeln, den Warften, teilweise auch auf älteren Deichen. Die St. Vinzens-Kirche von Odenbüll steht ebenfalls auf einer Warft.

3.3.4 Insel Nordstrand

Standort: St. Vinzens-Kirche im Alten Koog mit kurzem Spaziergang zur altkatholischen Kirche St. Theresia auf dem Herrendeich

In Teilen ist **Nordstrand** ein Rest der ehemaligen Großinsel Strand, von der in einer alten Urkunde, dem Erdbuch König Waldemars II., berichtet wird, daß es hier über 50 Kirchen und Kapellen gegeben hat. Bedeutendster Hafen und Handelsplatz war das in der Flut von 1362 untergegangene Rungholt (Quedens 1980). Die Katastrophe von 1634 führte schließlich zur endgültigen Zerstörung der Insel: 6400 Menschen ertranken, 1300 Häuser wurden vernichtet und 50 000 Tiere gingen verloren. Von den zuvor bestehenden 22 Kirchen blieben nur 3 erhalten: neben der Alten und Neuen Kirche auf Pellworm, auch die Kirche von Odenbüll (ursprünglich 13. Jh. mit spätgotischem Schnitzaltar, mehrfach verändert, insbesondere durch Backsteinverblendung 1899 und Renovierung 1966). Auf weiten Strecken waren die Deiche völlig weggespült, so daß sich die Bewohner nicht in der Lage sahen, eine sofortige Neueindeichung der Inselreste vorzunehmen. Zwei Jahr-

zehnte blieb Nordstrand daher ungeschützt den Fluten ausgesetzt. Erst mit
Hilfe niederländischer und brabanter, überwiegend katholischer Deichbau-
meister, den „Partizipanten" (Teilhaber), denen umfangreiche Rechte und
Freiheiten zugesichert wurden, konnte die Wiederbedeichung eingeleitet
werden: Zwischen 1654 und 1656 entstand mit dem Alten Koog ein erster
„oktroyierter", d. h. aufgrund eines landesherrschaftlichen Oktroys (Verlei-
hung des Bedeichungsrechtes) gewonnener Koog in einer Größe von 600 ha;
es folgten 1657 der Oster-, 1663 der Trendermarsch- und 1691 der Neukoog.
Die Verbindung nach Pellworm wiederherzustellen, erwies sich jedoch als
unmöglich. Alle Landreste waren hier verlorengegangen, und der zwischen
den Inseln verlaufende Wattenstrom der Norderhever hatte sich immer
mehr verbreitet. Auch der alte Lahnungsdamm zwischen Nordstrand und
dem „Moor" (der heutigen Hallig Nordstrandischmoor) wurde ein Opfer
der Fluten, und ein Tief, die Holmer Fähre, brach durch.

An die Zeit der niederländischen Partizipanten erinnert die **altkatholische Kirche** auf dem Herrendeich (ursprünglich 1662 erbaut, 1887 weitgehend umgestaltet,
vor dem Altar Grabplatten der Hauptpartizipanten; reetgedecktes Pastorat mit wertvoller Bibliothek aus dem Jahre 1680). Die ersten Seelsorger der eingewanderten
katholischen Bevölkerung waren belgische Oratorianer, die dem Erzbischof von
Utrecht unterstanden. Die Abspaltung Utrechts von Rom (1723, Streit um den Jan-
senismus) hatte daher auch auf Nordstrand eine Teilung der katholischen Bevölkerung in Jansenisten, denen vom Landesherrn die Theresienkirche zugesprochen
wurde, und Römisch-Katholische zur Folge. Aus den Jansenisten ist 1870 die altkatholische Gemeinde hervorgegangen, die — mit ungefähr einem Dutzend Mitgliedern — auch heute noch besteht und von einem eigenen Pfarrer betreut wird, der
allerdings für sämtliche altkatholischen Gemeinden in Schleswig-Holstein, Hamburg und Bremen zuständig ist.

3.3.5 Vordeichung Nordstrander Bucht

*Standort: Außendeich von Nordstrand am Elisabeth-Sophien-Koog (hier Infor-
mationsstelle zur Vordeichung der Nordstrander Bucht)*

Der **Elisabeth-Sophien-Koog** ist der erste Nordstrander Koog, der nicht
mehr von den niederländischen Partizipanten eingedeicht wurde. Nach der

Bedeichung von 1691 (vgl. Kap. 3.3.4) verhinderten die Sturmfluten des 18. Jh. zunächst jede weitere Neulandgewinnung, ein zwischenzeitlich dem Meer abgerungener Koog mußte sogar wieder aufgegeben werden. Daher zogen sich die Partizipanten größtenteils zurück und überließen das Land den einheimischen Pächtern, die so auch zahlenmäßig wieder die Oberhand gewannen. 1835 waren von 1779 E. nur noch 273 Katholiken, und es wurde kaum noch Flämisch gesprochen.

Einen Teil des verlorengegangenen Kooges kaufte 1768 Graf Jean Henry Desmercieres, Direktor der Königlichen Bank in Kopenhagen, ließ ihn 1770/71 neu bedeichen und benannte ihn nach seiner Frau. Wie zuvor schon im Falle von zwei Kögen bei Bredstedt finanzierte er die Eindeichung aus eigenen Mitteln und vergab die neugeschaffenen Bauernstellen zu günstigen Bedingungen an einheimische Bewerber.

Jedoch erst durch die Deichbaumaßnahme des 19. und 20. Jh. erhielt Nordstrand seine endgültige Gestalt: 1867 entstand der Morsumkoog und 1925 wurde die Pohnshallig — jetzt erstmals unter staatlicher Regie — mit der Insel verbunden. Insgesamt verfügt Nordstrand heute über eine landwirtschaftliche Nutzfläche von 4300 ha, von der das Ackerland mit 2700 ha den größten Raum einnimmt. Ebenso wie auf Pellworm, der anderen „grünen Marscheninsel", hat neben der Landwirtschaft der Fremdenverkehr zunehmend an Bedeutung gewonnen. Am 28 km langen Außendeich sind zahlreiche Badestellen eingerichtet worden, und am Norderhafen gibt es seit 1973 ein Kurzentrum mit Hallenbad und Kurmittelhaus. Bei 2425 E. werden heute knapp 1900 Fremdenbetten angeboten, und fast 20 000 Feriengäste besuchen jährlich die Insel (138 000 Übernachtungen).

Hatte Nordstrand schon durch den Bau des Straßendammes (1935) weitgehend seinen Inselcharakter verloren, so wird es vollends zur Halbinsel werden, wenn das größte, aber auch umstrittenste Deichprojekt an der nordfriesischen Küste vollendet sein wird, die **Vordeichung der Nordstrander Bucht.** Das Vorhaben ist bereits in den 60er Jahren kontrovers diskutiert worden, 1978 gab die Landesregierung umfangreiche Gutachten in Auftrag (Minister f. Ernährung, Landwirtschaft u. Forsten 1981) und entschied sich schließlich 1982 für die „kleine Lösung", die den Bau eines Deiches von der Nordspitze Nordstrands bis zum Sönke-Nissen-Koog (8,9 km) und nicht bis zum Hauke-Haien-Koog („große Lösung") vorsieht (Deichschluß für 1987

geplant; Abb. 3). Mit diesem Großprojekt soll — zusammen mit einem
überflutbaren Sicherungsdamm nach Pellworm — vor allem die weitere
Abtragung des festländischen und Pellwormer Wattsockels verhindert werden. Zusätzliche Vorteile liegen in einer Verkürzung der Deichlinie, einer
Verminderung der Staugefahr sowie einer Verbesserung der Entwässerung
(zwei Speicherbecken von 40 bzw. 430 ha im neugewonnenen Bereich für
das 29 000 ha große Einzugsgebiet der Arlau). Zudem bedeutet die zweite
Deichlinie einen zusätzlichen Schutz für die besonders gefährdeten Bereiche der Hattstedtermarsch. Die Gegner des Vorhabens weisen vor allem auf
den erheblichen Eingriff in das „Ökosystem Watt" hin. Durch die Verminderung der Vorland- und Wattflächen (um ca. 3400 ha) wird der Lebensraum von Vögeln (Brut- und Rastplätze), Fischen (Nahrungs- und Laich-
plätze) sowie unzähligen Kleinlebewesen eingeschränkt. Allein die
Bodenfauna wird auf 1400 bis 1500 Arten geschätzt. Damit kann das Watt
als einer der von Tieren am dichtesten besiedelten Räume der Erde gelten.
Um den Verlust an Wattzonen wenigstens teilweise aufzufangen, sind verschiedene Ausgleichsmaßnahmen vorgesehen, wie z. B. der Bau neuer Lahnungen im Vorland und die Anlage von Salzwasser- und Süßwasserbiotopen
im eingedeichten Gebiet. Abgesehen von einer Beweidung im Vorland des
heutigen Seedeiches soll auf eine landwirtschaftliche Nutzung der neugewonnenen Flächen ganz verzichtet werden.

Auf der Rückfahrt zum Nordstrander Damm kann man am Norderhafen mit
dem neuen Kurhaus und am 1958 fertiggestellten Hafen **Strucklahnungshörn** vorbeifahren. Von hier aus ist ein Abstecher nach Pellworm möglich. Die Fahrtdauer
mit der Autofähre beträgt 45 Min., im Sommer gibt es bis zu 6, im Winter 2—3
Verbindungen pro Tag (Information: Tel. 04844/222). Auch Sonderfahrten zu den
Halligen (Nordstrandischmoor, Hooge, Gröde) werden angeboten.

   Pellworm (1206 E.; ca. 2000 Betten, 13 000 Gäste, 147 000 Übernachtungen) ist
wie Nordstrand eine Marscheninsel. Als Wahrzeichen gilt die Turmruine der Alten
Kirche im Alten Koog (Teile aus dem 12. Jh., 1611 Einsturz der Osthälfte des Tur-
mes). Nach der Flut von 1634 gelang es den Bewohnern Pellworms, wenigstens einige Deiche wieder instand zu setzen. Einzelne Köge — so auch der Alte Koog
(1637) — sind daher älter als auf Nordstrand. Seit 1980 besteht 1 km westlich des
Hafens Tammensiel ein Versuchsfeld mit verschiedenen Windkraftanlagen. Auf
Wattwanderungen kann man von Pellworm aus die kleine Hallig Süderoog (1 Warft,

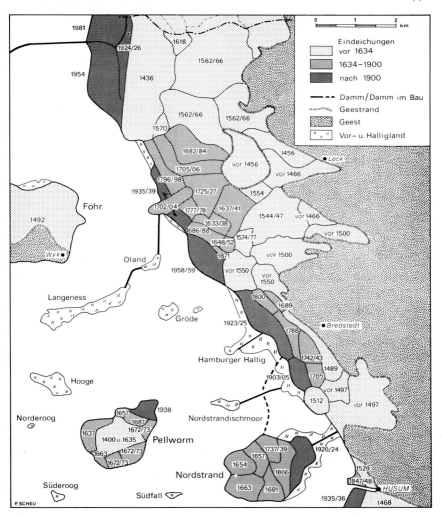

Abb. 3. Landgewinnung in Nordfriesland. Quelle: Topographischer Atlas
Schleswig-Holstein; verändert

54 ha), von Nordstrand aus — auch mit Pferdewagen — die Hallig Südfall
(1 Warft, 40 ha) erreichen.

Von Nordstrand fährt man durch die frühbedeichte Hattstedtermarsch (ab
1479) mit der Arlau-Schleuse, den Desmerciereskoog (1765) und den Cecilien-
koog (1905), von dem der 1933 errichtete 5,4 km lange Lorendamm zur Hallig
Nordstrandischmoor (4 Warften, 179 ha) abzweigt, zum Sönke-Nissen-Koog
(1926) und weiter auf einer Plattenspur zur Hamburger Hallig (keine Busse).

3.3.6 Hamburger Hallig

Zwar ist die seit 1930 unter Naturschutz stehende **Hamburger Hallig**
(1 Warft, 110 ha) durch Dammbau (1859, verstärkt 1874) und Anlandungen
weitgehend mit dem Festland verbunden und — ausgenommen bei sehr hohen Fluten — mit dem Auto erreichbar, trotzdem sind wesentliche Merkmale
einer Hallig erhalten geblieben, und ein Besuch lohnt vor allem dann, wenn
die Zeit für eine Schiffsfahrt zu einer der anderen Halligen nicht ausreicht.

Am Beispiel der **Halligen** läßt sich das Werden und Vergehen im nordfriesischen Küstengebiet am besten veranschaulichen (Petersen 1981). Die
Halligen sind weitestgehend keine Reste des früher weit nach W reichenden
alten Kulturlandes, sondern sehr junge Neuauflandungen, die sich über den
versunkenen Marschen und Mooren der Uthlande bildeten. Bis heute sind
Überflutung und Zerstörung einerseits und Landzuwachs andererseits paral-
lele Vorgänge. Während z. B. die Halligen Oland, Gröde und die Hamburger
Hallig im letzten Jahrhundert ihre Fläche ungefähr erhalten konnten oder
sogar einen Zuwachs verzeichneten, mußten alle anderen erhebliche Verluste hinnehmen, die bei der kleinsten Hallig Habel mit über 80 % besonders
hoch waren. Insgesamt ergibt sich für diesen Zeitabschnitt eine Schrump-
fung des Halliglandes von fast 3000 auf 2300 ha. Seit dem Mittelalter wird
der Flächenverlust sogar auf 50 % geschätzt; einige Halligen verschwanden
ganz, andere sind heute Teile des Festlandes oder einer Insel (z. B. Dagebüll,
Pohnshallig).

Die Halligen unterscheiden sich von den ganz ähnlich gebildeten Marscheninseln durch ihre fehlenden Deiche. Damit haben hier die Warften
ihren ursprünglichen Zweck bewahrt, und bei Sturmfluten heißt es nach

wie vor „Land unter" (bis zu 15 mal im Jahr); nur die Warft ragt dann aus dem Meer empor. Das gilt auch für die Hamburger Hallig, deren einzige Warft zwischen 1634 und 1825 fünfmal durch die Fluten zerstört und anschließend wieder aufgebaut wurde.

Als „Wellenbrecher" kommt den Halligen eine besondere Schutzfunktion für den gesamten Küstenbereich zu. Deshalb versucht man, ihren Bestand möglichst zu erhalten. Seit der Jahrhundertwende begann man damit, die gefährdetsten Uferstrecken durch Steinkanten — so auf der Hamburger Hallig 1883 — zu schützen. Heute sind von 63 km Uferlänge 51 km befestigt; Hooge hat sogar einen Sommerdeich.

Nach der Sturmflut des Jahres 1962 wurden auf allen Halligen im Rahmen des „Programms Nord" (vgl. Exkursion 2) die Warften erhöht, teilweise mit einem Ringdeich versehen und die Häuser saniert bzw. durch moderne Zweckbauten ersetzt. Im Dachgeschoß erhielten sie einen besonderen Schutzraum auf Stahlbetonpfählen. Mag der Besucher auch bedauern, daß durch die baulichen Veränderungen ein wenig von der „Halligromantik" verlorengegangen ist, so stellen diese und andere Verbesserungen (z. B. Elektrizität seit Mitte der 50er Jahre) für die Bewohner doch einen großen Fortschritt dar. Selbst das Problem der Wasserversorgung ist auf den größeren Halligen durch den Bau von Leitungen zum Festland (seit 1964) gelöst. Früher war man ganz von gesammeltem Regenwasser abhängig, da das Grundwasser einen für Mensch und Vieh zu hohen Salzgehalt aufweist. Auf vielen Halligwarften ist bis heute ein künstlich angelegter, offener Süßwasserteich, der „Fething" zu sehen, in dem das Wasser zum Tränken der Rinder und Schafe gespeichert wurde.

Wegen der Überflutungsgefahr und des recht hohen Salzgehaltes der Böden ist eine ackerbauliche Nutzung des Halliglandes nicht möglich. Da sich die äußere Form der Halligen jahrhundertelang ständig veränderte, haben sich auch besondere, daran angepaßte Formen der Landaufteilung herausgebildet und teilweise bis in die Gegenwart erhalten. Nur das Hausgrundstück und der kleine Garten auf der Warft waren Eigentum der einzelnen Familien, darüber hinaus verfügten sie nur über bestimmte Nutzungsrechte an dem zu einer Warft gehörenden Weide- („Fenne") und Heuland („Meede"). Dieser Anspruch bezog sich zum einen auf die Zahl der Tiere, die gehalten werden durften, und wurde in „Notgras" (friesisch „nuot" =

Rind) ausgedrückt, zum anderen auf ein jährlich wechselndes Stück am Meedeland. Diese „Rotation" war notwendig, um einen Ausgleich zwischen guten und weniger guten Grasflächen zu schaffen und den unterschiedlichen Abbruch der Uferkanten zu berücksichtigen. Mit der weitgehenden Sicherung der Halligen durch Uferbefestigungen hatte sich diese Form der Landnutzung überlebt. Zuerst auf Hooge (1937 — 41), später auch auf den anderen Halligen wurde das Land privatisiert, nur auf Gröde verblieben die Fennen bis heute im Eigentum der Warftgenossenschaft („Bohl").

Seit jeher konnten die Halligbewohner nur schlecht von der Landwirtschaft leben. Bildeten im 17./18. Jh. der Walfang und im 19. Jh. die Fahrt auf Handelsschiffen zusätzliche Verdienstquellen, so ist heute der Fremdenverkehr an ihre Stelle getreten. Alle Halligen zusammen verfügen über ca. 650 Betten in Gästezimmern (davon ungefähr die Hälfte auf Hooge; vgl. Kap. 3.3.8); hinzu kommt ein nicht unbeträchtlicher Ausflugsverkehr. Das gilt in besonderem Maße für die leicht erreichbare Hamburger Hallig, deren Badestelle an der Steinkante an heißen Sommertagen gern aufgesucht wird.

3.3.7 Sönke-Nissen-Koog

Standort: Deich zwischen dem Sönke-Nissen- und Ockholmer-Koog mit kurzem Gang zum Seedeich

Steigt man unmittelbar am Durchlaß („Stöpe") zwischen dem Sönke-Nissen- und dem Ockholmer-Koog auf den Deich, so gewinnt man einen guten Eindruck von den Unterschieden zwischen alten und neuen Kögen. Der **Ockholmer-Koog** ist aus einer alten Hallig hervorgegangen und wurde schon zu Beginn des 16. Jh. eingedeicht. Der Verlauf der Entwässerungsgräben und auch der Straßen lehnt sich teilweise an alte Priele an und ist sehr viel unregelmäßiger als im südlich anschließenden Sönke-Nissen-Koog. Wie in vielen alten Kögen, ist der Grundwasserstand — bedingt durch zu frühe Eindeichung und nachträgliche Sackungen — recht hoch, und eine Grünlandnutzung herrscht bis heute vor. Die auf Warften liegenden Gehöfte lassen erkennen, daß der Koog besiedelt wurde, als die Deiche noch keinen vollständigen Schutz boten.

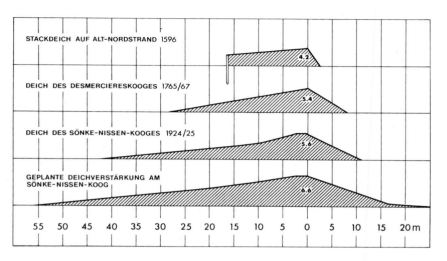

STACKDEICH AUF ALT-NORDSTRAND 1596
4,2

DEICH DES DESMERCIERESKOOGES 1765/67
5,4

DEICH DES SÖNKE-NISSEN-KOOGES 1924/25
5,6

GEPLANTE DEICHVERSTÄRKUNG AM
SÖNKE-NISSEN-KOOG
6,6

55 50 45 40 35 30 25 20 15 10 5 0 5 10 15 20m

Abb. 4. Entwicklung des Deichbaus in Nordfriesland. Quelle: Unterlagen des Amtes für Land- und Wasserwirtschaft in Husum

Ein ganz anderes Bild bietet der 1924—26 eingedeichte **Sönke-Nissen-Koog** mit seinen regelmäßig angeordneten Höfen und einheitlich grünen Dächern. Benannt ist der Koog nach dem Husumer Bauingenieur Sönke Nissen (1870—1923), der am Eisenbahnbau zunächst in Ost-, später in Südwestafrika beteiligt (die einzelnen Höfe tragen bis heute die Namen von Bahnstationen in SWA) und durch Diamantenfunde (1908) zu einem reichen Mann geworden war. Er investierte bedeutende Mittel in den Deichbau; die endgültige Fertigstellung übernahm jedoch der Staat, nachdem die private Deichbaugenossenschaft bankrott gegangen war. Vom Standort ist der Niveauunterschied von ca. 2 m zwischen beiden Kögen gut zu erkennen. Der höhere Grundwasserspiegel hat zur Folge, daß der Sönke-Nissen-Koog vorwiegend von Ackerflächen eingenommen wird.

Geht man auf dem Deich entlang in Richtung Wattenmeer, so bietet es sich an, den **Wandel im Deichbau** zu erläutern. Unmittelbar an der Stöpe zwischen beiden Kögen sieht man eine alte Deichbruchstelle („Wehle"), um die der Deich seewärts herumgeführt wurde. Das kann als Hinweis dafür gelten, daß die alten Deiche den Bewohnern nur eine beschränkte Sicherheit boten. Bis ins 17. Jh. baute man sog. Stackdeiche (Abb. 4). Dabei wurde eine mit Pfählen abgesicherte Bretterwand mehr als 2 m tief ins Watt gerammt und dahinter der eigentliche Deich aufgeschüttet. Derartige Anlagen erforderten einen hohen Holzbedarf und waren trotzdem für einen wirksamen Küstenschutz wenig geeignet, da sie durch den starken Druck der Fluten auf die Stirnseite leicht brachen. Erst später ging man dazu über, die Deiche sehr viel mehr abzuflachen und die Erdböschung mit Grassoden abzudecken. Von Beginn an ist der Deichbau eine Gemeinschaftsaufgabe gewesen. Im alten Leitspruch „De nich will diken — mutt wiken" kommt zum Ausdruck, daß derjenige, der seiner Deichpflicht nicht nachkommen konnte oder wollte, den Spaten in seinen Deichabschnitt stecken und das Land verlassen mußte. Erst im 19. Jh. hat der Staat die Aufgaben des Küstenschutzes übernommen.

Der Seedeich des Sönke-Nissen-Kooges, von dem man einen weiten Blick auf die Halligwelt hat, kann bereits als Beispiel eines „modernen" Deiches dienen (ursprünglich 5,6 m Höhe, Sohlenbreite 52,5 m). Im Rahmen des Programms „Küstenschutz Nordstrander Bucht" ist ab 1989 eine weitere Verstärkung und Erhöhung vorgesehen (8 m bzw. 115 m; Abb. 4); vor dem Ockholmer-Koog wird sogar eine völlig neue, 3,3 km lange Deichlinie entstehen.

3.3.8 Schlüttsiel

Richtet man vom Seedeich bei Schlüttsiel zunächst den Blick landeinwärts, so schaut man auf den zweiten nach dem Krieg neu gewonnenen Koog, den **Hauke-Haien-Koog** mit seinen beiden Speicherbecken (Vogelschutzgebiet, Führungen möglich). Diese sind sichtbarer Ausdruck des Wandels in der Zielsetzung bei den Deichbaumaßnahmen. Nicht mehr die Landgewinnung steht dabei im Vordergrund, sondern neben dem verbesserten Küstenschutz die Lösung des Entwässerungsproblems (ganz ähnlich beim Bau des Eidersperrwerkes und der Vordeichung der Meldorfer Bucht; vgl. Exkursion 12). Mit dem Schlagwort von der „Wasserhypothek" werden die

Schwierigkeiten umschrieben, die Entwässerung der Marsch auch bei hohen Flutständen sicherzustellen und das von der Geest kommende Wasser dem Meer zuzuführen. Mehr als die Hälfte der Fläche des nach dem Helden des „Schimmelreiters" benannten Hauke-Haien-Kooges (615 von 1200 ha) diente als Speicherbecken (Fassungsvermögen 7 Mio. m³ Wasser, Einzugsgebiet 72 000 ha). Dadurch können die Sieltore bis zu drei Tage lang geschlossen gehalten werden, ohne daß es zu den früher so gefürchteten Überschwemmungen kommt. Im Normalfall sind die Sieltore, an denen der Hauptentwässerungskanal („Siel") ins Meer mündet, nur bei Flut geschlossen, bei Ebbe jedoch offen, um das Ablaufen des Wassers zu ermöglichen.

Durch den Bau des neuen Deiches (8,4 m, Sohlenbreite bis 136 m) mit der Anlegestelle und Schleuse von **Schlüttsiel** (1959) verlor der alte Sielort Bongsiel seine Funktion. Die Lage des neuen Sieltores wurde so gewählt, daß der Entwässerungskanal Anschluß an den Schlüttsielpriel erhielt, und der Hafen so von kleinen Schiffen auch bei Ebbe angelaufen werden kann.

Die Erweiterung der landwirtschaftlichen Nutzfläche war bei der Eindeichung nur ein „Nebenprodukt". Auf ca. 500 ha entstanden insgesamt 21 landwirtschaftliche Betriebe zwischen 20 und 26 ha (Programm-Nord-GmbH 1979). Etwa zur Hälfte wurden sie an Landwirte aus den angrenzenden Gemeinden vergeben, um hier Flächen zur Verbesserung der Agrarstruktur zu gewinnen. Die ackerbauliche Nutzung überwiegt bei weitem (ca. 80 %). Nach Überwindung der Anfangsschwierigkeiten konnten beträchtliche Ertragssteigerungen erzielt werden, so bei Weizen von 38 (1960) auf 70 dt/ha (1977). Die meisten Betriebe haben ihre ursprüngliche Fläche durch Kauf oder Zupacht (meist außerhalb des Kooges) vergrößert. Dadurch stieg die Durchschnittsgröße von 23 (1964) auf 40 ha (1978).

Von Schlüttsiel aus unterhält die Wyker-Dampfschiffs-Reederei (WDR) einen regelmäßigen Schiffsverkehr über die Halligen Hooge und Langeneß zur Insel Amrum (Information: Tel. 04681/800). Auf Sonderfahrten kann man von hier aus auch auf andere Halligen (Gröde, Oland) gelangen. Da die meisten Ausflüge nach Hooge führen, werden zu dieser Hallig einige zusätzliche Informationen gegeben.

Durch den 1911—14 erbauten Sommerdeich ist **Hooge** weit besser als andere Halligen gegen Überflutungen geschützt. Im Durchschnitt wird nur noch zwei- bis dreimal jährlich „Land unter" gemeldet. In langfristiger Betrachtungsweise sind jedoch auch hier große Landverluste zu beklagen, und die Zahl der Bewohner ging drastisch zurück. 1758 umfaßte die Hallig noch über 1000 ha mit 16 Warften und 700 E., bis 1900 war sie auf weniger als 600 ha und nur noch 9 Warften mit 150 Bewohnern geschrumpft. Dieser Stand hat sich seitdem nicht mehr wesentlich verändert (1985: 577 ha, 125 E.). Einen Besuch lohnt vor allem der Königspesel (Pesel = „gute Stube" des friesischen Hauses) auf der Hanswarft, der so genannt wird, weil der dänische König Friedrich VI. 1825 hier übernachtete. Die Einrichtung des Königspesels und seine mit Fliesen geschmückten Wände geben Zeugnis von der jahrhundertelangen Seefahrertradition der Halligbewohner. Aufsuchen sollte man auch die kleine Kirche mit dem Friedhof, die — wie alle Halligkirchen — insofern eine Besonderheit darstellt, als sie wegen des fehlenden Turms (stattdessen ein kleines Glockengerüst) von weitem gar nicht als Kirche erkennbar ist. Die Innenausstattung dieser ältesten Halligkirche (1637) stammt zu einem großen Teil aus zerstörten Kirchen von Alt-Nordstrand.

Bei einem Rundgang über die Warften zeigt sich, daß die Landwirtschaft (heute vielfach „Pensionsvieh") als Haupteinnahmequelle — trotz der Ausgleichszulage, die zur Deckung der hohen Betriebskosten gewährt wird — an Bedeutung abnimmt: Stallgebäude sind zu Gästezimmern und Appartements umgebaut, einzelne Häuser werden ganz oder teilweise nur noch als Zweitwohnungen genutzt (immerhin ein Fünftel aller Haushalte), und auch die Pferde, die man wieder häufiger sieht, dienen nicht mehr der Landwirtschaft, sondern dem Fremdenverkehr. Während es 1971 auf Hooge noch 24 Bauern gab, waren es 10 Jahre später nur noch 7, davon wiederum nur ein Vollerwerbsbetrieb. Im gleichen Zeitraum stiegen Bettenangebote und Gästezahlen steil an: 1955 verzeichnete Hooge nur 30 Betten mit ca. 2000 Übernachtungen, 1985 schon 320 Betten in Privatpensionen und 120 in zwei Jugendlagern mit ca. 46000 Übernachtungen. Hinzu kommt ein erheblicher Ausflugsverkehr (ca. 80000 Tagesgäste pro Jahr).

3.3.9 Dagebüll

Standort: Hafen

Der Dagebüller Molenkopf springt weit ins Wattenmeer vor; besonders auffällig sind die hohen Deiche und starken Steinschutzwerke. Weit länger noch als Ockholm war **Dagebüll** eine Hallig (Abb. 3); erst 1702—04 erhielt sie einen Deich, und nochmals später wurde die Verbindung zum Festland fertiggestellt (1725—27). Im S des Dagebüll-Kooges zweigt der Lorendamm nach Oland (1 Warft, 117 ha) und weiter nach Langeneß (18 Warften, 984 ha) ab. Ein Vorläufer des heutigen Dammes (1925—27) stammt schon aus dem Jahre 1860 und wurde 1898/99 nach Langeneß weitergeführt. Er dient in erster Linie für Materialtransporte. Auch hier hat sich im Schutze des Dammes ein weites, nur noch selten überflutetes Vorland gebildet. Daß man zur Zeit nicht an eine Eindeichung denkt, unterstreicht erneut, daß bei allen baulichen Maßnahmen im Küstengebiet nicht mehr Landgewinnung, sondern Landerhaltung im Vordergrund steht.

In Dagebüllhafen endet die von Niebüll kommende Stichbahn. Von hier aus haben die Reisenden Anschluß an die Fährschiffe nach Wyk auf Föhr und Wittdün auf Amrum (Information: Tel. 04681/800). Die mit dem Auto ankommenden Urlauber können ihre Wagen in einer der zahlreichen Garagen und auf großen Parkplätzen abstellen. Die Schiffe verkehren so häufig, daß auch Tagesausflüge zu den beiden Inseln möglich sind.

Föhr zählt, ebenso wie Amrum, zu den Geestkerninseln; die Lage der Dörfer zeichnet die Landschaftsgrenze zwischen Marsch und Geest nach (größeres geschlossenes Geestgebiet im S, zerlappt und in einzelne Inseln aufgelöst im W). Am Goting-Kliff ist der Geestkern aufgeschlossen (zahlreiche Hügelgräber aus der Bronzezeit in der Nähe). Einen guten Rundblick auf Geest und Marsch hat man vom imposanten Ringwall der Lembecksburg (Stützpunkt der norwegischen Wikinger im 9./10. Jh.). Als reizvollstes Dorf gilt Nieblum mit seinen reetgedeckten Häusern und den von Steinwällen umgebenen Gärten. Teilweise ist hier das alte uthländische Haus, ein langer Rechteckbau mit quer durch die Mitte verlaufender Diele zur Trennung des Wohn- und Wirtschaftsteiles, noch erhalten (vielfach als Zweitwohnung genutzt). Die Grabsteine auf dem Inselfriedhof an der Johannis-Kirche erinnern an das „goldene Zeitalter" des Walfangs und der Handelsschiffahrt. Zur „Bauerninsel" wurde Föhr erst zu Beginn des 19. Jh.; bis heute spielt die Landwirtschaft eine wichtige Rolle (ca. 180 Familienbetriebe zwischen 30 und 50 ha, insbesondere Milchviehhaltung und Futterbau). Im Rahmen des Programms Nord sind seit 1962 zahlreiche Verbesserungsmaßnahmen durchgeführt worden (Flurbereinigung, Aussiedlung, Wegebau, Entwässerung). Am eindeutigsten vom Fremdenverkehr geprägt wird der größte Inselort Wyk (5721 E.; vgl. Heller et al. 1971), der sich aus bescheidenen Anfängen — 1819 Seebadeanstalt mit 61 Gästen — zum beliebten Familienbad mit einem Bettenangebot von 8200 (55 000 Gäste, 963 000 Übernachtungen) entwickelte (ungefähr die Hälfte der gesamten Insel).

Amrum kann man von Föhr aus bei Ebbe auch auf einer geführten Wattwanderung (von Dunsum) erreichen. Obwohl das erste Hotel erst 1899 erbaut wurde (in der Umgebung entstand später der Ort Wittdün), wird Amrum eindeutiger als Föhr vom Fremdenverkehr bestimmt (9200 Betten, 74 700 Gäste, 1,03 Mio. Übernachtungen; vgl. Eriksen 1974). Bei einer O-W-Querung der Insel kann man auf kurzer Strecke mehrere Landschaftseinheiten kennenlernen (Watt, Marsch, Geest, Dünen). Während der Flandrischen Transgression wurde der Geestkern durch Wellenabrasion zurückgeschnitten, und im N und S lagerten sich Nehrungshaken an. Eine vorübergehende Abschwächung des Meeresspiegelanstiegs führte zur Sandakkumulation und Entstehung größerer Dünenkomplexe, die sich allmählich nach O verlagerten und das alte Kliff sowie den Westteil des Geestkerns überdeckten. Der heutige Kniepsand war ursprünglich eine Sandplate im westlichen Küstenvorfeld (ähnlich Norderoog- und Süderoogsand). Er wanderte immer weiter nach O und höhte sich dabei auf; zu Beginn des 19. Jh. lagerte er sich hakenförmig an die SW-Ecke Amrums an. Die Lagune zwischen Insel und Kniepsand verlandete seitdem immer mehr, bis der Kniepsand auch im N als flacher Strand vor dem Dünenkliff lag. Hier bilden sich heute neue Dünen (Embryonal- und Weißdünen), die sich durch die unterschiedliche Vegetationsbedeckung deutlich von den Graudünen der älteren Generation abheben. Von der Plattform der knapp 32 m hohen „Aussichtsdüne" (1 km südlich Norddorf) sind die einzelnen Phasen der Dünengenese und die Befestigungsmaßnahmen gut zu beobachten. Man überblickt auch den nördlichen Nehrungshaken, der — mehrfach durch Sturmfluten von der Insel abgetrennt — erst 1914 durch den Bau eines Deiches endgültig geschützt wurde.

Von Dagebüll fährt man zunächst durch Köge aus dem 18. Jh., bevor man bei Emmelsbüll die „Wiedingharde" erreicht, die im Mittelalter eine Insel war (1436 bedeicht). Im Vergleich zum westlich vorgelagerten Friedrich-Wilhelm-Lübke-Koog zeigt sich erneut ein deutlicher Unterschied der Siedlungs- und Wirtschaftsstruktur (vgl. Kap. 3.3.7).

3.3.10 Friedrich-Wilhelm-Lübke-Koog und Hindenburgdamm

Nach Fertigstellung des **Hindenburgdammes** (1923—27) schritt die Sedimentation in der so entstandenen Bucht schnell fort, und nur der Krieg verhinderte eine Realisierung der Eindeichungspläne. Als 1954 der 8,7 km lange Seedeich des **Friedrich-Wilhelm-Lübke-Kooges** geschlossen wurde, war das erste spektakuläre Vorhaben im Rahmen des Programms Nord beendet, zugleich aber auch die letzte reine Landgewinnungsmaßnahme. Der Abschlußdeich stellt für die nordfriesische Küste auch insofern eine Besonderheit dar, als er nicht an der Grenze des deichreifen Vorlandes, sondern durch das Sandwatt gezogen wurde. Dadurch liegt der Koog bis zu 1 m unter MThw und muß mittels eines Schöpfwerkes künstlich entwässert werden. Vom Seedeich aus kann man die regelmäßige Anordnung der Höfe und die systematische Fluraufteilung gut erkennen. 200 ha der neugewonnen Fläche (1172 ha) dienten für Flurbereinigungsmaßnahmen der Nachbargemeinden, die übrigen 973 teilte man in 41 Vollbauernstellen zu je 23,7 ha auf, die zu ungefähr gleichen Teilen an Einheimische und Flüchtlinge vergeben wurden. Hinzu kamen 14 Deicharbeiterstellen, die zusammen mit Schule (heute Kindergarten), Reparaturwerkstatt für landwirtschaftliche Maschinen, Geschäft (heute geschlossen) und Gaststätte (z. Zt. ebenfalls geschlossen) den „Dorfkern" bildeten. 25 Jahre später wurden noch 37 Betriebe im Vollerwerb bewirtschaftet. Ähnlich wie im Hauke-Haien-Koog (vgl. Kap. 3.3.3) hatten sich diese jedoch durch Zupacht oder Zukauf erheblich vergrößert (mittlere Größe 1978: 44 ha mit Schwankungen zwischen 22 und 78 ha, nach Programm-Nord-GmbH 1979).

Um über den 11 km langen Hindenburgdamm die Insel **Sylt** zu erreichen, muß man von Klanxbüll oder Niebüll (Autoverladung) den Zug benutzen. Die aus vier Geestkernen bestehende, 40 km lange und mit 9350 ha größte Insel an der deutschen Nordseeküste lohnt einen mindestens eintägigen Abstecher, weil sich hier, ebenso wie auf Amrum, die Landschaftsabfolge vom Watt über Marsch und Geest bis zur Dünenbildung an den Nehrungshaken im N und S gut studieren läßt. Im Gegensatz zu Amrum bildet Sylt jedoch ein Beispiel für rezente Kliffbildung und Zurückverlagerung der Küste (im Mittel ca. 1 m/Jahr). Selbst durch aufwendige Schutzbauwerke läßt sich dieser Vorgang nur begrenzt aufhalten. Auf einer Sylt-Exkursion sollten wenigstens die folgenden Standorte aufgesucht werden: Morsumkliff (bester Tertiäraufschluß, unterhalb der saaleeiszeitlichen Ablagerungen Schichten des Mio- und Pliozän), Keitum mit totem Kliff (bis 19. Jh. zentraler Ort der Insel, im 17. Jh. Sitz wohlhabender Kapitäne), Westerland als bedeutendstes Zentrum des Fremdenverkehrs (17 800 Betten, 128 500 Gäste, 1,73 Mio. Übernachtungen; jeweils ca. 45 % von

Sylt insgesamt; vgl. Newig 1974) mit Kurpromenade und neuem Kurzentrum („Ver-
felsung" u. a. mit Tetrapoden, seit 1972 regelmäßig Sandvorspülungen, Zurückverlagerung von Dünen und Kliff an den Flanken des Deckwerkes), Rotes Kliff nördlich
Wenningstedt (aktives, 20—30 m hohes Kliff, Schichtenfolge: pliozäner Kaolinsand,
Drenthe-, stellenweise auch Elstermoränen, fossiler Treene-Boden, warthezeitliche
Sande mit darüber lagerndem Kryoturbationshorizont), Dünengebiet des Listlandes
und Ellenbogens (verschiedene Phasen der Dünenbildung, Wanderdünen).

3.4 Nationalpark „Schleswig-Holsteinisches Wattenmeer"

Auf der Exkursion ist ein Ausschnitt der schleswig-holsteinischen Küste von
besonderer Eigenart vorgestellt worden, der ebenso von den Kräften des
Meeres wie auch von den Anstrengungen des Menschen geprägt worden ist.
Auf der einen Seite befinden sich große Bereiche der Watten und Vorländer
noch immer weitgehend im Naturzustand, auf der anderen Seite zeugen
Warften und Deichbauten von einer tausendjährigen Siedlungtätigkeit.
Heute gehen alle Bestrebungen dahin, diesen Natur- und Kulturraum in seiner Schönheit und Ursprünglichkeit zu bewahren, ohne den Schutz der
Küste zu vernachlässigen und die Lebensmöglichkeiten und wirtschaftlichen Betätigungen der einheimischen Bevölkerung über Gebühr einzuschränken. Diesem Ziel dient auch die Einrichtung des „Nationalparks
Schleswig-Holsteinisches Wattenmeer" (Minister f. Ernährung, Landwirtschaft u. Forsten 1985). Der Nationalpark, der dritte in der Bundesrepublik,
umfaßt eine Fläche von 285 000 ha und schließt neben dem Wattenmeer
auch die Vorländer der Inseln und des Festlandes, die Außensande und kleineren Halligen (Süderoog, Norderoog, Südfall, Habel und Hamburger Hallig) ein (Abb. 1). Das bis zuletzt heiß umstrittene Nationalparkgesetz ist
zum 1.10.1985 in Kraft getreten. Einen besonderen Streitpunkt bildete die
Formulierung in § 2, wonach jegliche Nutzungsinteressen mit dem Schutz-
zweck gerecht abzuwägen sind. Während Umweltschützern die Nutzung-
seinschränkungen nicht ausreichen, gehen den meisten Anwohnern die
Schutzbestimmungen zu weit. Dagegen glaubt die Landesregierung, mit den
gesetzlichen Regelungen einen befriedigenden Ausgleich zwischen Ökonomie und Ökologie gefunden zu haben. Durch die Ausweisung von drei
Schutzzonen wird versucht, den dauerhaften Bestand eines einmaligen

Naturraumes und die Sicherung seiner Attraktivität für den Menschen mit den traditionellen Nutzungen und einer Verbesserung der Lebensbedingungen für die Küstenbewohner in Einklang zu bringen. In Zone 1 (30 % der Fläche) ist daher nur die berufsmäßige Fischerei in bisherigem Umfang zulässig, ansonsten besteht ein Betretungsverbot, während in Zone 2 Beweidung und Einrichtung von Anlagen für den Badebetrieb und in Zone 3 unter bestimmten Bedingungen sogar die Entnahme von Schlick, Sand und Kies sowie in einem Teil vor der Küste Dithmarschens auch die Erdölförderung erlaubt sind. Es bleibt zu hoffen, daß die Einrichtung des Nationalparks trotz der kontrovers geführten Diskussion dazu beiträgt, das Bewußtsein für die Schutzwürdigkeit des Wattenmeeres zu stärken und diese einzigartige Landschaft vor allem auch für die dort lebende und mit ihr in besonderer Weise verbundene Bevölkerung zu erhalten.

3.5   Literaturauswahl

Bantelmann, A. (1967): Die Landschaftsentwicklung an der schleswig-holsteinischen Westküste, dargestellt am Beispiel Nordfriesland. — Offa-Bücher, 21, Neumünster.

Deutsche Forschungsgemeinschaft (Hg.) (1984): Archäologische und naturwissenschaftliche Untersuchungen an Siedlungen im deutschen Küstengebiet. 1: Ländliche Siedlungen. Weinheim.

Eriksen, W. (1974): Zur Entwicklung der Grundbesitzverhältnisse in norddeutschen Fremdenverkehrsgebieten. Das Beispiel Amrum. — Ber. z. dt. Landeskunde, 48: 151—168, Bonn-Bad Godesberg.

Heller, H. et al. (1971): Untersuchungen zur Entwicklung des Fremdenverkehrs auf der Nordseeinsel Föhr, unter besonderer Berücksichtigung der Stadt Wyk. — Schr. Geogr. Inst. Univ. Kiel, 37: 185—217, Kiel.

Higelke, B. et al. (1982): Das Norderhever-Projekt. Beiträge zur Landschafts- und Siedlungsgeschichte der nordfriesischen Marschen und Watten. — Offa, 39: 245—270, Neumünster.

Minister f. Ernährung, Landwirtschaft u. Forsten d. Landes Schleswig-Holstein (Hg.) (1981): Gutachten zur geplanten Vordeichung der Nordstrander Bucht. — Schriftenreihe d. Landesregierung Schleswig-Holstein, 12, Kiel.

Minister f. Ernährung, Landwirtschaft u. Forsten d. Landes Schleswig-Holstein (Hg.) (1985): Nationalpark Schleswig-Holsteinisches Wattenmeer. — Schriftenreihe d. Landesregierung Schleswig-Holstein, 25, Kiel.

Muuß, U. & Petersen, M. (1978): Die Küsten Schleswig-Holsteins. Neumünster.

Newig, J. (1974): Die Entwicklung von Fremdenverkehr und Freizeitwesen in ihren Auswirkungen auf Bad und Stadt Westerland auf Sylt. — Schr. Geogr. Inst. Univ. Kiel, 2, Kiel.

Petersen, M. (1981): Die Halligen. Küstenschutz — Sanierung — Naturschutz. Neumünster.

Programm-Nord-GmbH (Hg.) (1979): 25 Jahre Programm Nord. Gezielte Landesentwicklung. Kiel.

Quedens, G. (1980): Nordstrand. 2. Aufl., Breklum.

Schott, C. (1950): Die Westküste Schleswig-Holsteins. Probleme der Küstensenkung. — Schr. Geogr. Inst. Univ. Kiel, 13 (4), Kiel.

4. Die Schleswiger Landenge im historischen Profil

von REINHARD ZÖLITZ, Kiel

Karten: TK 50 L 1522 Schleswig; TK 25 1423 Schleswig, 1522 Hollingstedt, 1523 Kropp; Stadtplan der Stadt Schleswig.

4.1 Einführung

In dem Gebiet zwischen Schlei und Treene ist die geschichtliche Entwicklung besonders eng mit der Landesnatur verknüpft. Von der Vorgeschichte bis weit in die Neuzeit hinein haben hier die physisch-geographischen Bedingungen maßgeblichen Einfluß auf historische Prozesse genommen. Diese Tatsache manifestiert sich auch heute noch sichtbar in einer Vielzahl von vor- und frühgeschichtlichen und historischen Denkmälern auf dem engen Raum der Schleswiger Landenge. Den bedeutendsten von ihnen ist die im folgenden beschriebene Exkursion gewidmet: dem vom 8. bis ins 12. Jh. immer wieder ausgebauten Danewerk, das die dänische Südgrenze sicherte, dem vermutlich weit in die Vorgeschichte zurückreichenden Heer- oder Ochsenweg, der Jütland mit der norddeutschen Tiefebene verband, und dem wikingerzeitlichen Handelplatz Haithabu am Haddebyer Noor mit seiner mittelalterlichen Nachfolgesiedlung Schleswig am Nordufer der Schlei.

4.1.1 Landesnatur

Im Gebiet zwischen Schleswig und Hollingstedt verengt sich die cimbrische Halbinsel bis auf einen schmalen, weniger als 10 km breiten landfesten Durchlaß zwischen der inneren Schlei und den bis in die Neuzeit hinein unpassierbaren, vermoorten Niederungen der Treene und Rheider Au. Ihre wesentliche Ausgestaltung erhielt die v. a. durch das Geschehen am Rande des Inlandeises geprägte Landschaft gegen Ende der Weichseleiszeit, vor ca. 10—20 000 J. Das Tal der Schlei, mit 43 km die längste und zugleich schmalste der fünf Ostseeförden in Schleswig-Holstein, ist das Ergebnis verschiedener **weichseleiszeitlicher Prozesse.** Es ist anzunehmen, daß die Form bereits im Hochglazial, als der aktive Eisrand bei Hüsby und Groß Dannewerk lag und dort über 50 m hohe Endmoränen hinterließ, als subglaziales Tunneltal angelegt wurde. Als sich das Inlandeis gegen Ende des Weichselglazials in einzelne Eiszungen auflöste, stieß hier der Schleigletscher erneut nach W vor und schuf schließlich auch beim mehrfach oszillierenden Rückschmelzen mehrere die Tiefenlinie der Schlei querende **Endmoränen.** Diese wurden dann durch in Rinnen nach W abfließendes Schmelzwasser durchbrochen. In einzelnen Teilbereichen entstanden dabei zeitweise Staubecken, in denen Sande und Beckenton zur Ablagerung kamen.

An die teils sandigen, teils lehmigen Endmoränen bei Schuby, Hüsby, Klein Dannewerk, Selk und Lottorf schließen sich die nach W sanft abdachenden **Sanderflächen** an. Sie werden von einzelnen periglaziär überprägten **Altmoränenkuppen** durchragt, so z. B. bei Silberstedt, Ellingstedt, Hollingstedt und Dörpstedt. Aufgebaut wurde der Schleswiger Sander v. a. während des Weichselhochglazials von den Gletschertoren bei Thyraburg, Busdorf, Selk und Jagel. Später traten jedoch von den weiter östlich gelegenen jüngeren Randlagen überwiegend vorgeklärte Wässer aus, denn in den Becken der westlichen Schlei sank der größte Teil der Sinkstoffe nieder. Deshalb sedimentierten die südlich Schleswigs ablaufenden Wässer nicht mehr. Sie erodierten vielmehr die Talung der Rheider Au, bevor sie über das Treene- und Eidergebiet dem ehemals weit in den heutigen Nordseeraum hineinreichenden Elbeurstromtal zustrebten.

4.1.2 Danewerk

Das vermoorte Tal der Rheider Au, das bei Hollingstedt an der Mündung in die Treene fast im Meeresspiegelniveau liegt, bildet zusammen mit der Eider-Treene-Niederung im W und der Schlei im O eine natürliche Sperre

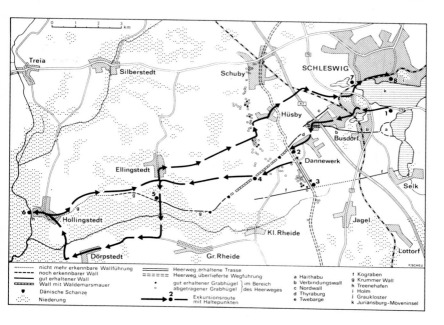

Abb. 1. Die Schleswiger Landenge und ihre Denkmäler (mit Exkursionsroute).
Quelle: Römisch-Germanisches Zentralmuseum 1978

quer durch die cimbrische Halbinsel mit einem nur wenige km breiten
Durchlaß im Bereich der Schleswiger Landenge. Es ist nicht verwunderlich,
daß diese naturbedingte Engstelle mehrfach in der Geschichte strategische
Bedeutung erlangte. Von den Konflikten, die hier ausgetragen wurden, zeugt
eindrucksvoll das **Danewerk** (opus Danorum), ein System von Wällen mit
Gräben, das die Landenge gegen S sperrte und so die Südgrenze des altdäni-
schen Königreiches sicherte. Es ist optimal in die topographische Situation
des Schleswiger Raumes eingepaßt: Die Eider-Treene-Niederung bildet seinen westlichen, die Schlei den östlichen Flügel. In mehreren Phasen zwischen dem 8. und 12. Jh. wurde — in unterschiedlicher Bauweise — an die-

sem größten Festungsbau Nordeuropas gearbeitet. Es besteht im wesentlichen aus folgenden Wallabschnitten: Hauptwall, Nordwall, Kograben, Verbindungswall, Krummwall (Abb. 1). Als Bauherren gelten die jeweiligen dänischen Könige, die vor dem Hintergrund der großen Machtverschiebungen auf dem nordeuropäischen Festland das Danewerk in wechselnden historischen Situationen wehrhaft gehalten haben. Leider gibt es nur wenige schriftliche Zeugnisse zu seiner Entstehung und baulichen Umgestaltung; so ist es v. a. eine archäologische Aufgabe, die komplizierte Baugeschichte aufzuklären. Wenngleich diese Arbeiten heute noch nicht als abgeschlossen gelten können, so erbrachten die Ausgrabungen in den Jahren 1969—75, die in deutsch-dänischer Kooperation anläßlich des Autobahnbaus durchgeführt wurden, doch erhebliche Fortschritte. Mit Hilfe der Dendrochronologie konnten zudem sehr präzise Baudaten für einzelne Wallabschnitte gefunden werden.

Danach werden von Andersen et al. (1976) folgende Einheiten unterschieden:

Danewerk I: Holzerdewall mit Frontpalisade, Sohlgraben und schmaler Berme (Nordwall und Hauptwall); dendrochronologische Datierung in die Zeit zwischen 725 und 737 n. Chr.; wiederholt ausgebaut. Dieser Wall verläuft in einer Flucht von der Rheider Au über den heute verlandeten Dannewerksee bei der Thyraburg zur Niederung südlich des Gottorfer Burgsees. Es gibt weder historische noch archäologische Erkenntnisse über den politischen Hintergrund dieses ersten Danewerks zu Beginn des 8. Jh.

Danewerk II: Holzerdewall mit Palisade, Spitzgraben und schmaler Berme (Kograben); nur eine Bauphase; keine exakte Datierung. Der Kograben verläuft in schnurgerader Linie von der Rheider Au zum Südende des Selker Noores und kann auch den Handelsplatz Haithabu am Haddebyer Noor beschützt haben. Es wurde vorgeschlagen, ihn mit dem historisch belegten Göttrikswall des Jahres 808, der gegen die karolingische Expansion gerichtet war, gleichzusetzen. Dagegen scheinen jedoch seine typologischen Affinitäten zu den dänischen Ringwällen vom Trelleborgtyp aus der Zeit kurz vor 1000 zu sprechen (die Trelleborg war ein wikingerzeitliches Militärlager auf Seeland).

Danewerk III: Erdwall mit geböschter Sodenfront, Sohlgraben und breiter Berme; Baubeginn im Verbindungswall: 968 n. Chr. Zum Danewerk III gehören der Krummwall an der Nordseite der Rheider Au-Talung, der Hauptwall und der Verbindungs- oder Margarethenwall, der den Anschluß an die halbkreisförmige Umwallung von Haithabu herstellt. Es wurde bis ins 12. Jh. mehrfach ausgebaut (u. a. Feldsteinmauer und Ziegelsteinmauer Waldemars I.). Die politischen Hintergründe, die die Erhaltung des Danewerks erforderlich machten, waren im 10. Jh. Auseinandersetzungen zwischen Dänemark und dem ottonischen Reich, im 11. Jh. Angriffe der Slawen auf Dänemark und im 12. Jh. Kämpfe zwischen den norddeutschen Fürsten und dem dänischen Königreich.

Die hier vorgestellte Datierung der Danewerkphase III und ihrer Ausbauten ist neuerdings wieder in Zweifel gezogen worden. Kramer (1984) stellt die Feldsteinmauer — nach Andersen et al. (1976) ein später Ausbau — aufgrund neuer Grabungsbefunde im Hauptwall bei Rotenkrug und eines dendrochronologischen Datums nunmehr in die Zeit um 737/740. Damit reicht die der Feldsteinmauer vorangehende frühe Danewerkphase I möglicherweise viel weiter in die Vergangenheit zurück, als bisher angenommen.

In zahlreichen Auseinandersetzungen zwischen Dänemark und wechselnden Angreifern von S hat das Danewerk seine **Funktion als Sperriegel** an der Schleswiger Landenge zumindest vorübergehend erfüllt. Freilich wurde es auch mehrmals überwunden, so z. B. im Jahre 974 beim Sturmangriff durch Truppen Ottos II., durch den Dänemark (unter König Harald Blauzahn) — wenn auch nur für die Dauer von 9 Jahren — sein südliches Grenzland verlor. Im Jahre 1156 konnte der Sachsenherzog Heinrich der Löwe durch den Wall vorrücken, nachdem die Torwache bestochen worden war (Andersen et al. 1976).

In der Mitte des 19. Jh. hat das Danewerk im Zusammenhang mit den deutsch-dänischen Kriegen noch einmal umfangreiche Veränderungen erfahren. Dänische Pioniere legten zahlreiche Artillerieschanzen auf und Gräben unmittelbar vor dem Wall an, die die ursprüngliche Situation streckenweise vollständig veränderten, jedoch den preußisch-österreichischen Vormarsch des Jahres 1864 letztendlich nicht aufhalten konnten: Da die preußischen Truppen bei Arnis über die Schlei setzten, mußte die Danewerklinie wegen der Umgehungsgefahr kampflos geräumt werden. Zum letztenmal in der Geschichte sollte das Danewerk im Frühjahr 1945 Restdeutschland gegen vorrückende alliierte Panzer verteidigen.

4.1.3 Heerweg

Die Schleswiger Landenge ist nicht nur Austragungsort zahlreicher Konflikte gewesen, sondern war zugleich auch prädestiniert für friedliche Kontakte. Davon zeugt der **Heer- oder Ochsenweg,** der das Exkursionsgebiet in nordsüdlicher Richtung durchzieht und den Hauptwall des Danewerks bei Rotenkrug, wo das einzige Tor gelegen haben soll, quert. Angesichts der einleitend geschilderten topographischen Situation im Raum Schleswig ist es klar, daß der Nord-Süd-Verkehr auf der cimbrischen Halbinsel v. a. über die Schleswiger Landenge zwischen Schlei und Rheider Au führen mußte. Von besonderem Interesse ist die Frage nach dem Alter der Heer- und Ochsenwege. Für die historische Zeit seit dem späten Mittelalter gibt es zahlreiche schriftliche Belege für die **Trassenführung der Ochsenwege,** auf denen die Rinderherden von den Aufzuchtgebieten in Jütland und den dänischen Inseln nach S in die Endmast- und Absatzgebiete im Hamburg-Lübecker Raum, im Rheinland und in den Niederlanden getrieben wurden. Der wichtigste dieser Wege führte von Viborg über die Schleswiger Landenge und Itzehoe nach Wedel an die Elbe. Daneben gab es eine westliche Verbindung von Foldingbro über Tondern und Husum nach Rendsburg mit Anschluß an den östlichen Weg. Die heute noch im Gelände erkennbaren alten Wegführungen sind v. a. auf diese historischen Ochsenwege zurückzuführen, die erst im 19. Jh. in der Konkurrenz zur Eisenbahn und dem Chausseebau ihre Funktion verloren. Sie knüpfen jedoch vermutlich weithin an die **mittelalterlichen königlichen Heerwege** (im Sinne öffentlicher Hauptwege) an, die 1241 in einer dänischen Quelle erwähnt werden (Willroth 1986). Die **vor- und frühgeschichtliche Wegeführung,** für die es keine schriftliche Überlieferung mehr gibt, läßt sich nur mehr anhand typischer Indizien rekonstruieren. Solche Hinweise liefern Grabhügelreihen, die Verteilung von Burganlagen, Runensteine und Wegesperren. Auch das Danewerk hatte u. a. die Funktion einer Wegsperre; es riegelte den verkehrsfreundlichen Mittelrücken ab und kontrollierte den wikingerzeitlichen Heerweg. Nördlich von Flensburg deutet eine ältere Wegsperre des 2. Jh. n. Chr. („Olderdiget") darauf hin, daß der Heerweg auch vor der Wikingerzeit schon auf ungefähr der gleichen Trasse verlief. Bis in die Jungsteinzeit, zumindest aber in die ältere Bronzezeit weisen die Grabhügelreihen des 3. und frühen 2. vorchristlichen Jahrtausends, von denen — wenn auch nicht unwidersprochen — angenommen wird, daß sie an den alten Wegen angelegt wurden. Auch westlich von Haithabu wird der Heerweg von einer solchen Grabhügelkette begleitet, die jedoch gerade hier weiter nach W ausschwingt als der spätere Ochsenweg (Abb. 1). Der ältere Weg verlief demnach auf der flachen Sanderebene des Mittelrückens und mied die lehmigen Jungmoränenkuppen von Hüsby und Groß- und Klein Dannewerk. Der mittelalterliche Weg schneidet dann den durch die Umgehung entstandenen Bogen ab und nimmt zugunsten dieser Abkürzung den Weg über die Höhen in Kauf.

4.1.4 Haithabu

Im Zusammenhang mit dem wikingerzeitlichen Handelsplatz Haithabu hatte ein anderer Weg wohl größere Bedeutung als der Heerweg des Mittelalters: die **Verbindung von der Nordsee zur Ostsee** über Haithabu. Auch dieser Weg nutzte auf seine Weise die besondere topographische Situation der Schleswiger Landenge: Von W führte ein Wasserweg über Eider und Treene bis nach Hollingstedt; von der Ostsee konnte man über die Schlei bis ins Haddebyer Noor gelangen. Der kurze Landweg zwischen Hollingstedt und Haithabu ersparte die langwierige und sehr gefahrvolle Umsegelung der jütischen Halbinsel durch Skagerrak und Kattegat. Spätestens seit dem 8. Jh. entwickelte sich der Verkehr auf der Linie Eider—Treene—Schlei, dem Haithabu seine Bedeutung verdankt. Begünstigt wird gerade diese Transitverbindung vom Rhein über Nordsee und Schlei in den Ostseeraum durch eine historische Konstellation in Mitteleuropa, in der einerseits durch awarische und slawische Vorstöße die alten N-S-Verbindungen über Oder und Weichsel abgebrochen waren, andererseits der Handel zwischen Westeuropa und Skandinavien einen sprunghaften Anstieg erlebte.

Haithabu, das in den westeuropäischen Chroniken Sliaswik genannt wird, gehörte zu den bedeutendsten Handelsknotenpunkten der Wikingerzeit. Am Haddebyer Noor entwickelte sich seit dem 8. Jh. eine frühstädtische Siedlung überregionaler Bedeutung, die bis zum 11. Jh. Bestand hatte. Die Handelsverbindungen reichten vom Rheinland über Friesland, England, Skandinavien, die südliche und östliche Ostseeküste, Böhmen, Polen, Kiew nach Byzanz. Gehandelt wurde v. a. mit hochwertigen Handwerkserzeugnissen und Rohmaterialien. Pelz- und Sklavenhandel spielten eine nicht unbeträchtliche Rolle. Seine Blüte erlebte der Handelsplatz, dessen

Entstehung zunächst v. a. mit dem Fernhandel verknüpft war, im 9. und
10. Jh. Um 850 vollzieht sich mit dem Beginn handwerklicher Produktion
ein wichtiger Schritt auf dem Wege der Entwicklung zur stadtartigen Siedlung. Ob und wann Haithabu auch zentrale Funktionen für das nähere
Umland bekam, ist bislang kaum bekannt. Erst in jüngster Zeit sind wikingerzeitliche ländliche Siedlungen in der Umgebung von Haithabu nachgewiesen worden (Zölitz 1982); in einer von ihnen, in 6 km Entfernung beim
Dorf Schuby gelegen, kamen inzwischen Funde zutage, die auf Beziehungen zu Haithabu hindeuten.

   Erst im 10. Jh. wurde Haithabu mit dem auch heute noch eindrucksvollen, bis zu 11 m hohen Halbkreiswall umgeben, der mit dem Verbindungswall Anschluß an das Danewerk III (vgl. Kap. 4.1.2) erhält. Der gesamte
Innenraum von 24 ha war zeitweise vollständig besiedelt.

   Seit der Jahrhundertwende werden in unregelmäßigen Abständen **Ausgrabungen** in Haithabu durchgeführt. Bisher sind erst ca. 2 % der gesamten vermuteten
Siedlungsfläche innerhalb und außerhalb der Umwallung archäologisch erschlossen. Dennoch ist keine andere wikingerzeitliche „Stadt" so gründlich erforscht wie
Haithabu. Die Tatsache, daß der Wasserspiegel an der schleswigschen Ostseeküste
und der Schlei seit der Winkingerzeit um ca. 1 m gestiegen ist, hat zu günstigen
Erhaltungsbedingungen des Bauholzes im wassernahen, tiefer gelegenen Kernbereich der Siedlung geführt. Hier konnte man zahlreiche, meist einräumige Wohn-
und Wirtschaftsgebäude freilegen, die mehrfach abgebrannt, erneuert und überbaut
wurden. Die Hausfluchten, Gassen und Zäune sind deutlich auf einen zentralen, geradlinig kanalisierten Bach orientiert. Die Konstanz der Bebauung und der Grundstücksgrenzen spricht für geregelte Besitz- oder Nutzungsrechte. Eine funktionale
oder soziale Differenzierung des Siedlungsgebietes innerhalb der Umwallung ließ
sich auf der bisher ausgegrabenen Fläche nicht nachweisen (Schietzel 1981).

   In den Jahren 1979—80 wurden mit größerem technischem Aufwand archäologische Untersuchungen im **natürlichen Hafenbecken** von Haithabu durchgeführt.
Dabei wurde ein ursprünglich 24 m langes Wikingerschiff, das durch Feuer beschädigt war, aus dem Schlamm geborgen. Mit Hilfe geophysikalischer Erkundungsver-
fahren konnte ein weiteres Wrack, ein großdimensioniertes Handelsschiff, auf dem
Grund des Noores geortet werden. Wissenschaftlich aufschlußreicher noch als die
Bergung des Schiffswracks war die Freilegung umfangreicher Hafeneinbauten: Mehrere Anlegebrücken zum Be- und Entladen der Schiffe reichten weit in das offene
Wasser hinein. Der Hafen war zudem durch palisadenförmige Befestigungsanlagen
im Wasser geschützt.

4.1.5 Schleswig

Die archäologischen Funde in Haithabu zeigen an, daß der Siedlungsplatz in der ersten Hälfte des 11. Jh. an Bedeutung verliert. Das bislang letzte dendrochronologisch fixierte Datum stammt von einem um das Jahr 1020 n. Chr. gebauten Brunnen. Die historischen Quellen berichten von Überfällen auf Haithabu in der Mitte des 11. Jh. Im Jahre 1066 wird der Ort bei einem Wendenüberfall zerstört — ob endgültig, ist archäologisch nicht nachzuweisen. Auf jeden Fall tritt in dieser Zeit **Schleswig**, am Nordufer der Schlei gelegen, die Nachfolge Haithabus als Seehandelsplatz an. Möglicherweise spielt bei der Verlagerung des Handels- und Hafenplatzes das Aufkommen von Schiffen mit größerem Tiefgang, die am Nordufer der Schlei bessere Bedingungen fanden als im Haddebyer Noor, eine Rolle.

Die flächenmäßig kleine Altstadt von Schleswig liegt auf einer flachen Kuppe am Rande der inneren Schlei, die fast ganz von Wasser oder feuchten Niederungen umgeben war: im O das heute weitgehend verlandete Holmer Noor, im S die Schlei, im W die Niederung der Königswiesen. Die südöstlich anschließende Fischersiedlung Holm war noch bis 1933 eine Insel.

Auch in der Altstadt von Schleswig sind in den letzten Jahren (1970—83) aufschlußreiche **Ausgrabungen** durchgeführt worden. Sie führten zu der mit Hilfe der Keramiktypologie untermauerten Feststellung, daß Haithabu und Schleswig im 11. Jh. zeitweilig synchron nebeneinander bestanden haben. Die Annahme einer scharfen Zäsur ist demnach nicht mehr haltbar.

Mit der Freilegung hölzerner Kais und Landebrücken, die gegen Ende des 11. Jh. sukzessive nach Süden in die Schlei vorgebaut wurden, gelang auch archäologisch der Nachweis, daß man sich in Schleswig darum bemühte, einen leistungsfähigen Hafen für tiefgehende Handelsschiffe zur Verfügung zu haben. Von der überregionalen Bedeutung Schleswigs im Mittelalter zeugen auch eine Vielzahl von Kirchen, vier Klöster und schließlich eine unter dem Franziskanerkloster (von 1234) entdeckte Pfalz der dänischen Könige; dieses mächtige Steingebäude, von dem die Fundamente erhalten waren, wird ins späte 12. Jh. datiert, hatte aber schon im 11. Jh. am selben Ort Vorgängerbauten (Vogel 1983).

Zu Beginn des 13. Jh. verliert die Stadt ihre Bedeutung als Handelsplatz im Ostseeraum, die sie nur ca. 100 Jahre innehatte. Diese Funktion übernimmt in der Folge die vom Sachsenherzog Heinrich dem Löwen geförderte

Stadt Lübeck, die den Ostseehandel nunmehr über Trave und Elbe lenkt
(vgl. Exkursion 10). Wirtschaftlich wird Schleswig zur Ackerbürgerstadt,
die jedoch als Bischofssitz und Zentrum des Herzogtums Schleswig überregionale Bedeutung behält. Als 1544 die „Gottorfer Linie" mit Herzog
Adolf in Schleswig die Herrschaft übernimmt, erlebt die Stadt eine erneute
Blüte, die diesmal jedoch nicht von der Altstadt und dem Hafen, sondern
von dem zum großen nordeuropäischen Fürstensitz ausgebauten **Schloß
Gottorf** auf der Burgseeinsel ausstrahlt. Hier entstehen neue, auf das
Schloß bezogene Siedlungen für Kleinbürger, Handwerker, Soldaten, Hof-
beamte und Adelsfamilien: Friedrichsberg, Marstall, Lollfuß, Domziegel-
hof (Schneider 1934). Dadurch gerät freilich die eigentliche Stadt Schleswig
(Holm, Altstadt und nördliche Erweiterungen) ins Abseits; Gottorf zieht
die wirtschaftlichen Aktivitäten u. a. durch Handwerkerprivilegien und
den N-S-Verkehr durch den Bau des Gottorfer Dammes zwischen Burgsee
und Schlei auf sich. Die ungleiche Konkurrenzsituation wird schließlich
durch herzogliches Dekret im Jahre 1711 beendet: Schleswig und die neuen
Siedlungen werden zur „combinierten Stadt Schleswig" zusammengeschlos-
sen. Doch schon 10 Jahre später verlieren die Gottorfer ihren schleswigschen Besitz an den dänischen König, und die Stadt erlebt abermals einen
Niedergang. Nach der dänischen Niederlage von 1864 wird Schleswig
schließlich Sitz der preußischen Provinzialregierung mit zahlreichen Behörden, Heilanstalten und der Garnison. Eine „Dienstleistungsstadt" ist Schleswig (28 960 E.) bis heute geblieben, auch wenn sie den Rang als Landeshauptstadt nach 1945 an Kiel abtreten mußte.

4.2   Exkursionsroute (Dauer ca. 8 Std., ca. 50 km)

Eckernförde — Haithabu — Dannewerk — Hollingstedt — Schloß Gottorf
— Schleswig.

Die Route beginnt in Haithabu mit der Besichtigung des Museums und des
Halbkreiswalls. Sie führt über die Schleswiger Landenge mit Haltepunkten
an verschiedenen Abschnitten des Danewerks durch die Niederung der
Rheider Au nach Hollingstedt, dem „Treenehafen" von Haithabu/Schles-

wig und zurück über den Schleswiger Sander und die Endmoränen von Hüsby nach Gottof, dem Sitz der Schleswiger Herzöge, mit Möglichkeiten zum Besuch der Schleswig-Holsteinischen Landesmuseen. Den Endpunkt bildet ein Rundgang durch die Schleswiger Altstadt mit Besichtigung des Domes und der Fischersiedlung auf dem Holm. Schwerpunktthema der Exkursion ist die enge Verknüpfung der physisch-geographischen Situation mit historischen Prozessen auf der Schleswiger Landenge. Die Route kann durch das Auslassen der Haltepunkte Kurburg, Krummwall und Hollingstedt (Kap. 4.3.4—4.3.6) gekürzt werden. Sie ist auch als Fahrradexkursion geeignet.

4.3 Erläuterungen

Von der B 76 Eckernförde— Schleswig biegt man in Haddeby auf den Parkplatz des Haithabumuseums ab (Beschilderung zum Museum und zum Halbkreiswall).

4.3.1 Haithabu

Standort: Halbkreiswall mit anschließendem Rundgang auf der Umwallung

Vom nördlichen, unbewaldeten Ende des Halbkreiswalls überblickt man die **topographische Situation** der ehemaligen Siedlung am Haddebyer Noor, das seit 1813 durch einen Straßendamm von der inneren Schlei getrennt ist. Seine Wassertiefe beträgt ca. 3,5 m. Hier befand sich eine von drei subglazialen Rinnen, die das Schmelzwasser des Schleigletschers abführten (von N nach S: Burgsee-Thyraburg-Rinne, Busdorfer Rinne, Haddeby-Selker-Rinne). Bei einem späten Eisvorstoß wurde die Haddeby-Selker-Rinne noch einmal überformt. Zurückbleibende Toteisreste konservierten die heute steilrandige Form der Noore (Gripp 1940). Im Bereich von Haithabu jedoch fällt das Gelände sanft zum Moor hin ab. Der sandige Untergrund war gut als Baugrund geeignet. Das Relief setzt sich im mittleren Hafenbereich als flach abfallende Sandzunge in das Noor hinein fort; ein seichter Vorstrand ist die typische Situation für wikingerzeitliche Naturhäfen, die ohne Kaianlagen auskommen und den Wikingerschiffen mit geringem Tiefgang angepaßt sind.

Das **ehemalige Siedlungsgelände** wird von einem Bach, der durch eine Öffnung im Halbkreiswall im W eintritt, gequert. Der Unterlauf dieses Baches war geradlinig kanalisiert und mündete gegenüber dem heutigen Zustand ca. 150 m weiter nördlich ins Noor. Da er auch als Abwasserkanal genutzt wurde, stellte man die Trinkwasserversorgung bei anwachsender Bevölkerungszahl durch den Bau von Brunnen sicher, von denen mehr als 30 untersucht wurden. Die Brunnenröhren bestanden z. T. aus in den Boden eingelassenen tonnenartigen Transportfässern, die im Seeverkehr für das Stauen der Ware Verwendung fanden.

Der **Halbkreiswall** umschließt eine Fläche von 24 ha, die dicht besiedelt war. Er entstand erst relativ spät, vermutlich im 10. Jh. Um 968 muß er jedoch schon vorhanden gewesen sein, denn in dieses Jahr fällt der Bau des Margarethen- oder Verbindungswalls, der die Umwallung von Haithabu mit dem Hauptwall des Danewerks verbindet. Der Halbkreiswall ist bis auf kleine Zerstörungen der Ansatzstellen am Ufer und beim Nordtor gut erhalten. Er hat vier Öffnungen: den Bachdurchlaß im W, je ein Tor nach N und S und im SW ein vermutlich altes Tor, das „Svends Sturmloch" genannt wird. Die Arbeit am Wall erstreckte sich über mindestens neun Bauperioden, beginnend mit einem zunächst nur 2,5 m hohen Holzerdewall, der dann allmählich durch wiederholte Umbauten seine heutige Höhe von über 10 m erhielt.

Seit 1985 ist das neue **Haithabumuseum** zugänglich. Es ist behutsam in die Landschaft am Haddebyer Noor eingepaßt und imitiert in gelungener Weise die Architektur wikingerzeitlicher Langhäuser mit schiffsförmig gebogenen Wänden. Die Ausstellung ist reich illustriert und vermeidet das bloße Aneinanderreihen von Fundstücken. Hier wird auch das 1979/80 gehobene Wikingerschiff vor den Augen des Publikums restauriert. Öffnungszeiten: Mai—Sept.: 9—18 Uhr, Okt.—Apr.: 10—16 Uhr, Di geschlossen.

Von Haithabu fährt man auf der B 76 nach Schleswig-Süd (Friedrichsberg), biegt hier links ab nach Dannewerk, dort am Ortsausgang rechts ab in Richtung Hüsby/Schuby und erreicht nach 700 m den Parkplatz am Gasthaus Rotenkrug.

Von dort führt ein ausgeschilderter Fußweg ca. 400 m auf dem Danewerk in Richtung W.

4.3.2 Danewerk bei Rotenkrug

Standort: Waldemarsmauer

Die Ziegelsteinmauer Waldemars I. dokumentiert die jüngste Ausbauphase des **Danewerks** (vgl. Kap. 4.1.2). Sie war — urkundlich belegt — im Jahre 1182 noch im Bau. Es handelt sich um die aus Backsteinen errichtete Frontmauer des Hauptwalls, die als das älteste profane Ziegelbauwerk Nordeuropas gilt. Mit ehemals 7 m Höhe und 2 m Breite war sie der monumentalste Festungsbau der nordeuropäischen Geschichte.

Andersen et al. (1976) erklären den außerordentlichen Ausbau des Hauptwalles noch am Ende des 12. Jh. mit der Hauptfunktion dieses jüngsten Danewerks als Sperrung des Heerweges. In der Tat sind Reste der Waldemarsmauer nur im Hauptwall, dem Mittelteil des Danewerks, auf dem sandigen Mittelrücken entdeckt worden.

Bei Rotenkrug quert der **Ochsenweg** das Danewerk; hier soll das einzige Tor, „Kalegat" oder „Wiglesdor" genannt, gelegen haben. Darüber, daß der historische Ochsenweg über Rotenkrug verlief, besteht kein Zweifel. Bemerkenswerterweise haben aber neue Untersuchungen bei Rotenkrug keine älteren Spuren eines Durchlasses erbracht (Kramer 1984). Vielleicht lag er in der Nähe der bronzezeitlichen Grabhügelkette, die ca. 1 km westlich am Rotenkrug vorbeiführte (vgl. Abb. 1; Willroth 1986).

4.3.3 Heerweg und Kograben

Man verläßt die Straße Rotenkrug—Klein Rheide nach 600 m in Richtung Heerweg/Kograben (ausgeschildert). Auf dem Ochsenweg, der hier als unbefestigter Fahrweg ausgebildet ist (für Busse befahrbar), führt die weitere Route 1,5 km nach S entlang des Flughafengeländes Jagel bis zum Kograben und den Grabhügeln „Twebarge".

An diesem Haltepunkt ist genau jene Stelle erreicht, an der die vorge-
schichtliche Trasse des **Heerweges**, die die Jungmoränenhöhen von Hüsby
und Schuby westlich umging, wieder auf den historischen **Ochsenweg**
trifft. Die „Twebarge", auch „Danhöje" genannt, sind zwei der ganz wenigen
Glieder der bronzezeitlichen Grabhügelkette, die heute noch im Gelände
sichtbar sind.

Der Ochsenweg hat auf dem bis hierher gefahrenen Abschnitt noch ein
relativ urtümliches Aussehen. Dennoch zeigt er nicht den ursprünglichen
Zustand, der häufig durch ein fächerförmiges Auseinandertreten einer Vielzahl von Fahrspuren gekennzeichnet war.

Bis heute ist die Trasse des Heer- oder Ochsenweges in Südjütland und
Schleswig fast durchgängig zu erkennen (Becker-Christensen 1982). Allerdings gibt es nur relativ wenige Strecken, die noch einen älteren Zustand
dokumentieren. Sehr häufig verlaufen die neuzeitlichen Straßen innerhalb
und außerhalb der Ortschaften auf derselben alten Trasse. Manchmal sind
es nur Feldwege oder Knicks und Ackergrenzen, die den alten Verlauf anzeigen. Insgesamt ist jedoch eine bemerkenswerte Kontinuität in der Wegeführung von der Vorgeschichte bis heute auf der Schleswiger Landenge festzustellen.

Der **Kograben** (Danewerk II, vgl. Kap. 4.1.2) erstreckt sich in gerader
Linie über 6,5 km von der Niederung der Rheider Au zum Selker Noor.
Er war als 2 m hoher, 7 m breiter Erdwall mit frontaler Holzpalisade errichtet. Der davorliegende, namengebende Spitzgraben, von dem im Haithabumuseum ein Lackprofil ausgestellt ist, war ursprünglich 4 m breit und 3 m
tief. Der Kograben riegelt die Landenge auf dem kürzesten Weg ab. Die
Datierungsfrage ist nach wie vor offen. Entweder handelt es sich um den
Göttrikswall des Jahres 808, der Dänemark gegen das expansive Reich Karls
des Großen schützen sollte, oder er entstand kurz vor 1000, wofür typologi-
sche Argumente sprechen (vgl. Kap. 4.1.2).

Durch die Anlage des Militärflughafens Jagel auf der ebenen Sanderfläche gingen Teile des Kograbens und der Heerwegtrasse verloren.

4.3.4 Hauptwall bei Kurburg

Den Hauptwall erreicht man, indem man auf dem Ochsenweg bis zur Straße zurückfährt, zunächst links in Richtung Klein Rheide und nach 600 m rechts in Richtung Hollingstedt abbiegt. Nach 1,3 km quert die Straße das Danewerk (Parkmöglichkeit am Wall).

Bei **Kurburg** ist das Danewerk besonders stark durch die Umbauten des 19. Jh. überprägt. Dänische Pioniere legten hier wie auch an vielen anderen Stellen eine Artillerieschanze auf dem Wall an. Außerdem wurde die ehemals breite Berme zwischen Frontpalisade und vorgelagertem Sohlgraben durch einen neuen Graben unmittelbar vor dem Wall beseitigt. Streckenweise wurden auf dem Wall Laufgräben eingetieft. Auch an dieser Stelle ist die Waldemarsmauer im Danewerk vorhanden, wenn auch nicht sichtbar.

Die weitere Route folgt der Landstraße Richtung Ellingstedt; nach 4,5 km fährt man links ab in Richtung Groß Rheide und erreicht nach ca. 1 km den Krummwall.

4.3.5 Krummwall südlich Ellingstedt

Südlich von Ellingstedt verläuft das Danewerk als sog. **Krummer Wall** unmittelbar am nördlichen Rande der Rheider Au-Niederung. Er bildet die westliche Fortsetzung des Hauptwalles und gilt als Flankenwall, der einer Umgehung der Hauptstellung entgegenwirken sollte. Nach W läßt er sich bis in die Gegend von Matzenkamp verfolgen. Nach O ist er hier auf einer Länge von gut 1 km als bloßer Damm in der Niederung ausgebildet und gleicht mehr einem befestigten Weg als einem Wall. Solche Dammabschnitte verbinden auch an anderen Stellen die echten Wallstrecken über Niederungen hinweg, so z. B. an der Thyraburg, am verlandeten Danewerksee und am verlandeten Südende des Busdorfer Teiches.

Das Tal der **Rheider Au** vermittelt bei hochstehendem Grundwasser auch heute noch den Eindruck einer fast amphibischen Landschaft. Über weite Flächen ist der vermoorte Talgrund dann überschwemmt, und es ist unschwer vorstellbar, daß die Niederung noch im letzten Jahrhundert für die gegen Dänemark vorrückenden preußischen und österreichischen Truppen vollkommen unpassierbar war. Daß der Talboden bei Belastung nachsackt, ist auch an der welligen Oberfläche der über die Niederung führenden Straße erkennbar.

Die Weiterfahrt erfolgt zunächst in Richtung Groß Rheide und nach 1,7 km rechts ab über Dörpstedt nach Hollingstedt; in Hollingstedt nimmt man die Straße Richtung Ostenfeld/Husum.

4.3.6 Hollingstedt

Standort: Hollingstedter Kirche

Vor der Eindeichung von Eider und Treene machten sich die Nordseegezeiten bis **Hollingstedt** hinauf bemerkbar. Bei Flut stieg der Treenespiegel durch Rückstau so stark an, daß man mit frachtbeladenen Schiffen bis hierher gelangen konnte. Auch während der Wikingerzeit und im Mittelalter hat man diesen Weg gewählt, um von hier aus über die Landenge nach Haithabu oder nach Schleswig zu kommen. Entgegen manch romantisierender Darstellung gibt es allerdings keinerlei Hinweise darauf, daß auch Schiffe über die 16 km lange Strecke geschleppt worden wären.

Wegen der anzunehmenden engen Verbindungen zwischen den beiden Siedlungen an der West- und Ostseite der Schleswiger Landenge hat man Hollingstedt auch den „Nordseehafen Haithabus" genannt. Unmittelbar südlich der Brücke, am hydrographisch linken Ufer der Treene, hat vermutlich der Hafen von Hollingstedt gelegen. Hier kamen bei Baggerarbeiten in den 30er Jahren zahlreiche Funde zutage, die die Existenz eines Anlegeplatzes an dieser Stelle wahrscheinlich machen: größere Mengen Keramik, Münzen, Bruchstücke von Mayener Basaltmühlen aus der Eifel und fertig zugehauene Bausteine aus Tuff; letztere waren für den Bau Schleswiger Kirchen in romanischer Zeit bestimmt (Jankuhn 1986). Landseitig schließt sich nach O eine von der Kirche wenige hundert Meter nach S reichende, schmale sandige Erhebungen an, auf der die zum Anlegeplatz gehörende Siedlung vermutet wird. Auch die dezentrale, weit nach Westen vorgeschobene Lage der Hollingstedter Kirche könnte auf einen ehemaligen Siedlungskern an dieser Stelle hindeuten.

Abgesehen von einigen älteren Sondierungen ist hier bisher nicht ausgegraben worden. Die chronologische Stellung der Keramik von Hollingstedt weist bislang eher auf Verbindungen zum mittelalterlichen Schleswig als zu Haithabu hin. Deshalb sind in den nächsten Jahren hier umfangreiche Ausgrabungen geplant.

Von der Brücke in Hollingstedt geht der Blick nach S in die weite, bei NN liegende **Treeneniederung**. Bei Hochwaser im Winterhalbjahr tritt der Fluß über die Ufer und erreicht die ihn heute begleitenden Deiche. Früher wurde dabei die ganze Niederung überschwemmt und stellte, wie auch die südwestlich anschließende Eiderniederung und die Rheider Au, ein starkes Hindernis für den nord-süd-gerichteten Landverkehr dar. Gerade in Hollingstedt wird aber auch die Doppelfunktion der Landenge und ihrer Flanken als Sperre einerseits und als Gunstfaktor für den ost-west-gerichteten Seeverkehr andererseits deutlich.

Zwischen Hollingstedt und Ellingstedt durchfährt man ein ebenes Sandergebiet mit einzelnen Altmoränendurchragungen. Bevor man von Ellingstedt aus Hüsby erreicht, erkennt man rechts der Straße bronzezeitliche Grabhügel, die den vorgeschichtlichen Heerweg markieren. Die Weiterfahrt erfolgt auf den Endmoränen von Hüsby in Richtung Schleswig. In Schleswig/Friedrichsberg biegt man links ab Richtung Stadtmitte.

4.3.7 Schloß Gottorf

Schloß Gottorf liegt auf einer Insel im Burgsee, dem innersten, durch einen Damm abgetrennten Zipfel der Schlei. Wie am Haddeby-Selker-Noor befand sich auch hier in der späten Weichseleiszeit eine subglaziale Schmelzwasserrinne des Schleigletschers, die sog. Burgseerinne. Auch hier wurde die Hohlform durch Toteis konserviert (Gripp 1940).

Im Jahre 1268 übersiedelten die Schleswiger Herzöge von der Möweninsel in der Schlei hierher auf die Burgseeinsel. Aus der schon im Mittelalter festungsmäßig eingerichteten Burg entstand durch vielfachen Um- und Ausbau das größte Fürstenschloß des Landes, das durch Jahrhunderte zugleich eine starke Wasserfestung war. Der vierflügelige Bau mit Innenhof hat drei burgartige Flügel aus dem 16. Jh. mit mittelalterlichen Resten. Der barocke

Südflügel entstand von 1698 bis 1703 als mächtiger Repräsentationsbau auf 115 m Länge (Baedeker 1983).

Die Schloßanlage ist heute nur noch unvollständig erhalten: Die Festungswälle wurden geschleift. Der Prachtgarten „Neuwerk", der sich nach Norden anschloß, existiert nicht mehr. Auch hat der Bau durch Brände, nüchterne Instandsetzungen und die spätere Verwendung als Kaserne (1854—1945) gelitten. Dennoch erinnert er auch heute noch eindrucksvoll an die Glanzzeit der Schleswig-Holstein-Gottorfer Herzöge, einer Nebenlinie des dänischen Königshauses, die hier von 1544—1721 residierten. Heute sind im Schloß und seinen Nebengebäuden das kulturgeschichtliche Schleswig-Holsteinische Landesmuseum und das Landesmuseum für Vor- und Frühgeschichte mit der größten vorgeschichtlichen Sammlung Deutschlands untergebracht. Besonders empfehlenswert ist ein Besuch der eisenzeitlichen Ausstellung in der Nydamhalle (ein Nebengebäude aus der Kasernenzeit), wo u. a. das älteste erhaltene Großschiff der Welt, das 23 m lange germanische Nydamboot, und die Moorleichen, ebenfalls aus germanischer Zeit, ausgestellt sind. Öffnungszeiten: Apr.— Okt.: 9—17 Uhr (Mo nur Nydamhalle), Nov.—März: 9.30—16 Uhr (Mo geschlossen).

4.3.8 Altstadt Schleswig

Von Gottorf erreicht man über Schleistraße und Königstraße den ausgeschilderten „Parkplatz für Dombesucher". Von hier aus schließt sich eine Fußexkursion durch die Altstadt an (über Plessenstraße und Norderdomstraße zum Südportal des Domes; Süderdomstraße nach O, rechts in die Hafenstraße bis zur Schiffbrücke; zum Holm über Straße „Am Hafen", rechts in die Süderholmstraße zum Kirchhof; Abstecher in die Gasse „Fuß am Holm" bis zum Schleiufer und zurück über Süderholmstraße und Fischbrückstraße zum Rathaus und Rathausmarkt; von hier durch Hunnenstraße, Norderdomstraße und Plessenstraße zurück zum Parkplatz).

Der **Schleswiger Dom** hat im Verhältnis zur nur ca. 13 ha großen Altstadt gewaltige Ausmaße. Er erinnert daran, daß Schleswig Bischofsstadt war. Der mit 112 m zu groß geratene neugotische Turm stammt aus dem Jahr 1894 und ersetzte einen kleineren, eingestürzten Vorgänger. Die anfangs dreischiffige romanische Pfeilerbasilika, für die man neben Granitquadern, Sandstein und Backstein auch rheinischen Tuff verwendete (vgl.

Kap. 4.3.6), wurde im 15.—16. Jh. in eine fünfschiffige Hallenkirche umgebaut. Hauptattraktion im Inneren ist der fast 16 m hohe, 1521 von Hans Brüggemann vollendete Schnitzaltar („Bordesholmer Altar"), der auf Anweisung des Herzogs Christian Albrecht 1666 vom Chorherrenstift der Augustiner in Bordesholm hierher überführt wurde (Dombesichtigung: Apr.—Okt.: 9—17 Uhr, Nov.—März: 9.30—16 Uhr; So ab 13 Uhr).

Auf dem Gelände zwischen Hafenstraße und Plessenstraße wurden 1972—77 die umfangreichen **Hafenanlagen des mittelalterlichen Schleswig** freigelegt. Hier gab es aufwendige Kais und Landebrücken aus Holz und Flechtwerk. Die künstlich geschaffene und versteilte Uferlinie wurde in rasch aufeinanderfolgenden Bauphasen (1087, 1094/95) weiter in das tiefere Wasser der Schlei vorgeschoben. Im Gegensatz zum flachen Hafenbecken von Haithabu konnten hier auch tiefergehende Seeschiffe schwimmend gelöscht werden. Landseitig schloß sich eine auf den Verlauf des Schleiufers ausgerichtete Hafensiedlung an. „Siedlung und Hafen sind Zeugen jener Phase in der Geschichte Schleswigs, in der es in der Nachfolge Haithabus der Platz einer Fernhandel treibenden Kaufmannschaft an der Schlei war" (Vogel 1983, S. 25).

Die **alte Fischersiedlung** auf dem Holm, die sich um den zentralen Kirchhof gruppiert, geht — soweit bisher bekannt — auf das 12. Jh. zurück. Die ehemals im südöstlichen Bereich des heutigen Holmer Friedhofes gelegene Marienkirche wurde 1571 abgebrochen. Vom idyllischen Südufer des Holms geht der Blick über die Schlei auf das gegenüberliegende Haddeby und, weiter westlich, auf die Möweninsel. Sie war im 12. und 13. Jh. Standort der herzoglichen Juriansburg; eine hölzerne Brücke soll von dort zur Altstadtkuppe geführt haben. Bei extremem Niedrigwasser sind Reste davon im Wasser beobachtet worden.

Das **Schleswiger Rathaus** steht auf den Grundmauern der alten Kirche des Franziskanerklosters (Graukloster). Nach der Säkularisierung des Klosters im Jahre 1529 wurde die Kirche zunächst als Rathaus eingerichtet, 1794 aber durch den jetzigen Bau ersetzt. Das 1234 gegründete Graukloster der Franziskaner wiederum ist in seinem nördlichen Bereich über dem mächtigen Fundament der Schleswiger Pfalz der dänischen Könige aus dem 12. Jh. errichtet. Der Königshof hat beim ersten Bau des Klosters wenigstens in Teilen noch gestanden, denn man griff damals auf Grundriß und Material des älteren Steingebäudes zurück (Vogel 1983). Auch an diesem Ort mit seinem bewegten Baugeschehen spiegelt sich die wechselvolle Geschichte der Stadt

Schleswig, die im 11.Jh., wenn auch nur für kurze Zeit, die Nachfolge
Haithabus als Ostseehandelsplatz antrat.

4.4   Literaturauswahl

Andersen, H.H. et al. (1976): Danevirke. — Jysk Arkæologisk Selskabs Skrifter, **13**,
Kopenhagen.
Baedeker, K. (1983): Schleswig. Kurzer Stadtführer. Freiburg.
Becker-Christensen, H. (1982): Hærvejen i Sønderjylland — et vejhistorisk studie.
Fra Kongeåen til Danevirke. 2. Aufl., Apenrade.
Gripp, K. (1940): Die Entstehung der Landschaft um Haithabu. — Offa, **5**: 37—64,
Neumünster.
Jankuhn, H. (1986): Haithabu — Ein Handelsplatz der Wikingerzeit. 8. Aufl., Neu-
münster.
Kramer, W. (1984): Die Datierung der Feldsteinmauer des Danewerks. Vorbericht
einer neuen Ausgrabung am Hauptwall. — Arch. Korrbl., **14**: 343—350, Mainz.
Römisch-Germanisches Zentralmuseum Mainz (Hg.) (1978): Führer zu vor- und
frühgeschichtlichen Denkmälern, Bd. 9: Schleswig, Haithabu, Sylt. Mainz.
Schietzel, K. (1981): Stand der siedlungsarchäologischen Forschung in Haithabu —
Ergebnisse und Probleme. — Berichte über die Ausgrabungen in Haithabu, **16**,
Neumünster.
Schneider, I. (1934): Stadtgeographie von Schleswig. Schleswig. (Nachdruck 1983).
Vogel, V. (1983): Archäologische Stadtkernforschung in Schleswig 1969—1982. —
Ausgrabungen in Schleswig, Berichte und Studien, **1**: 9—54, Neumünster.
Willroth, K.-H. (1986): Landwege auf der cimbrischen Halbinsel aus der Sicht der
Archäologie. — Siedlungsforschung. — Archäologie — Geschichte — Geogra-
phie, **4**, Bonn (im Druck).
Zölitz, R. (1982): Geographische Siedlungsprospektion in Schleswig-Holstein. Geo-
wissenschaftliche Methoden bei der Suche und Abgrenzung wikingerzeitlicher
Siedlungen im schleswig-holsteinischen Jungmoränengebiet. — Arch. Korrbl.,
12: 517—533, Mainz.

5. Kiel — Landeshauptstadt an der Förde in Geschichte und Gegenwart

von DIETRICH WIEBE, Kiel

Karten: Amtliche Sonderkarte 1:75 000 Kiel und Umgebung; TK 50 L 1726 Kiel; Amtlicher Stadtplan der Stadt Kiel 1:20 000; Flächennutzungsplan der Stadt Kiel 1:10 000; Strukturatlas der Stadt Kiel.

5.1 Einführung: Phasen der Stadtentwicklung

Die Entstehung der schleswig-holsteinischen Landeshauptstadt geht auf eine **planmäßige Gründung** des holsteinischen Grafen Adolf IV. von Schauenburg in der ersten Hälfte des 13. Jh. zurück. Dieser Siedlung wurde 1242 das lübische Stadtrecht verliehen. Sie entstand auf einer 18 ha großen Halbinsel ambenannt Westufer der Innenförde. Die Stadt war im O durch die Förde, im W und S durch die Wasserflächen des Kleinen Kiel geschützt; nur nach N bestand durch eine schmale Landbrücke eine Verbindung mit dem Festland. Um den rechteckigen Marktplatz (heute „Alter Markt" genannt) gruppierten sich Kirche und Rathaus. Nördlich der Altstadt befand sich die Burg (Schloß).

Bis auf den heutigen Tag haben die **topographischen Grundrißformen** der Altstadt nur geringe Veränderungen erfahren; sie werden noch immer durch ein Parallelstraßenkreuz geprägt. In N-S-Richtung verlaufen die Straßenzüge Schloßstraße — Holstenstraße und Dänische Straße — Kehdenstraße, in W-O-Richtung Küterstraße — Schuhmacherstraße und Haßstraße — Flämische Straße, wobei die Haßstraße durch eine Bauzeile vom Alten Markt getrennt ist. Dieses Kreuz wurde durch ein Netz von Nebenstraßen ergänzt, die heute teilweise nicht mehr bestehen, wie Fischer- und Kattenstraße, oder in die Eggerstedtstraße miteinbezogen wurden, wie Pfaffen-

straße, Nikolaikirchhof und Burgstraße. Den Abschluß der Altstadt bildeten Randstraßen wie die Faulstraße oder Hinter der Mauer (heute Flämische Straße 19—23), die in der Verbreiterung des Walls aufgingen (Habich
1976).

Im historischen und räumlichen Überblick läßt sich die **Entwicklung
der Stadt Kiel** nach Stewig (1971) in sechs Phasen gliedern:

Phase 1: Stadtgründung und frühe Bedeutung (13.—15. Jh.): Kiel erhielt
1242 das Stadtrecht und war anfangs nur Umschlagplatz für den regionalen
Warenaustausch und gelegentliche Residenz der Schauenburger. Im 15. Jh.
betrug die Einwohnerzahl etwa 2500.

Phase 2: Kiel als holsteinische Residenz (15. Jh.—1773): Kiel blieb eine
Residenzstadt von nur geringer überregionaler Bedeutung abseits der wichtigsten Verkehrswege. In dieser Phase erfolgte jedoch die Gründung der
Universität (1665). Versuche, den Fernhandel bis nach Persien zu aktivie-
ren, schlugen fehl. Die Persianischen Häuser, 1633—1636 am Alten Markt
errichtet, bildeten bis zu ihrer Kriegszerstörung 1944 ein Relikt aus dieser
Zeit. Zum Ende des 18. Jh. hatte Kiel ca. 6000 E.

Phase 3: Aufwertung der Verkehrslage (1773—1865): Bis 1860 war die
Einwohnerzahl auf 17 500 angestiegen. Eingegliedert in den dänischen
Staat, wurden in dieser Epoche wichtige Infrastrukturprojekte fertigge-
stellt: Eiderkanal (1777—1784), Kunststraßenbau (1832), Eisenbahn Kiel—
Altona (1844), Dampfschiffverbindung Kiel—Korsör (1856). Durch diese
Maßnahmen konnten die Standortnachteile gemildert werden.

Phase 4: Kiel als Marinestadt (1865—1914): In dieser Phase fallen wichtige politische Entscheidungen, deren Auswirkungen noch heute im Stadtbild zu erkennen sind. Die preußische Flottenstation wurde 1865 von Dan-
zig nach Kiel verlegt, 1867 wurde Kiel Kriegshafen. Der damit verbundene
Ausbau der Werften führte zur Zuwanderung von Tausenden von Arbeitskräften. Die Einwohnerzahl betrug 1900 ca. 107 000 Personen, bis 1910 verdoppelte sie sich auf 211 000. 1918 waren es bereits 243 000 Menschen, von
denen allein 24 000 auf den Werften arbeiteten. In dieser Phase wurden Ost-
und Westufer baulich erschlossen. Der Mietskasernenbau erlebte damals in
Kiel eine Blüte, die in diesen Ausmaßen, auch nach 1945, nie mehr erreicht
wurde.

Abb. 1. Räumliches Wachstum von Kiel. Quelle: Stewig 1971; ergänzt

Phase 5: Auswirkungen der Weltkriege (1914—1945): Die Zeit zwischen dem 1. und 2. Weltkrieg war durch große bevölkerungsmäßige und wirtschaftliche Schwankungen gekennzeichnet. Die Einwohnerzahl ging 1920 auf 206 000 zurück, um anschließend bis auf 306 000 im Jahre 1942 anzusteigen. Bombenangriffe, Zerstörungen ganzer Stadtteile und Evakuierung verringerten die Zahl der Einwohner auf 143 000 zu Beginn des Jahres 1945.

Phase 6: Nachkriegszeit (nach 1945): Die Entwicklung nach 1945 setzte mit dem Wiederaufbau in den 50er und 60er Jahren ein. Der Zuzug der Bevölkerung aus der Region, die Zuwanderung von ausländischen Arbeitskräften mit ihren Familien, aber auch die verstärkte Nachfrage nach mehr Wohnraum führten zur Neuanlage ganzer Stadtteile wie z. B. Mettenhof. Die letzten Jahre sind gekennzeichnet von der Flächen- und Objektsanierung (z. B. Gaarden, südliche Innenstadt), der Abwanderung in das Umland und einem damit verbundenen Bevölkerungsverlust sowie der Werftenkrise. Die Einwohnerzahl sank von 273 284 (1961) und 271 719 (1970) auf 244 246 (1985) ab.

Das **räumliche Wachstum** von Kiel, in dem sich dynamische Perioden der Stadtentwicklung widerspiegeln, wurde durch verschiedene Eingemeindungen gefördert (Bähr 1983; Abb. 1). Bis zum 1. Weltkrieg erweiterte sich die Stadt um neun neue Ortsteile: Am Westufer waren es Brunswik (1869), Wik (1893) und Projensdorf (1909); am Ostufer Gaarden-Ost (1901), Ellerbek (1910) und Wellingdorf (1910), im S und SW kamen Gaarden-Süd, Hassee und Hasseldieksdamm (alle 1910) hinzu. Damit bildete sich ein geschlossener Stadtraum vom Südufer des Nord-Ostsee-Kanals um die Förde herum bis zum Südufer der Schwentine. In den Jahren zwischen den beiden Weltkriegen überschritt Kiels Ausdehnung den Nord-Ostsee-Kanal nach N mit Holtenau, Pries und Friedrichsort (alle 1922), nördlich der Schwentine kam die Doppelgemeinde Neumühlen-Dietrichsdorf (1924) hinzu und im SO waren es Kronsburg (1923) und Elmschenhagen (1939). Die Schwerpunkte der jüngsten Eingemeindungen lagen im N mit Schilksee (1959), im W mit Suchsdorf (1958), Mettenhof (1963), Russee (1970) und im S mit Meimersdorf, Moorsee, Wellsee und Rönne (alle 1970). Die kommunale Einbindung dieser Siedlungen ist ein Ausdruck der engen Pendlerverflechtungen zwischen der Stadt und ihrem Umland. Das Wachstum der neuen Ortsteile beruht zum größten Teil auf Zuzügen Kieler Bürger; dadurch wurde ein konti-

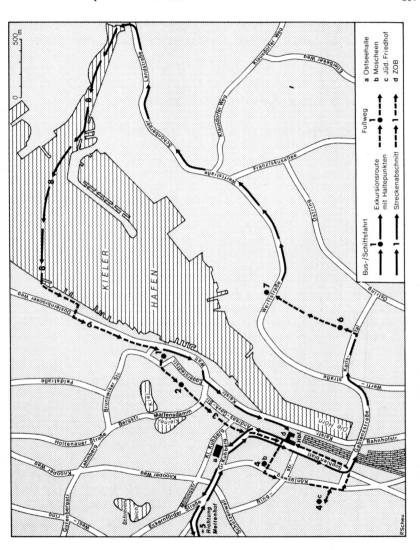

Abb. 2. Die Innenstadt von Kiel (mit Exkursionsroute).

nuierlicher Einwohnerverlust der Innenstadtbereiche eingeleitet. Diese Bevölkerungsverlagerungen werden am Beispiel des neugeplanten Stadtteils
Mettenhof besonders deutlich.

5.2 Exkursionsroute (Dauer ca. 7 Std., ca. 12 km)

Kieler Altstadt (Schloß, Alter Markt) — Holstenstraße — Ostseehalle —
Königsweg und Bereich westlich des Hauptbahnhofs — Mettenhof — Gaarden — Howaldtswerke — Westufer des Kieler Hafens von der Reventloubrücke bis zum Hauptbahnhof.

Bei der Auswahl des Exkursionsweges wurde von folgenden Überlegungen aus-
gegangen: Die Route ist so aufgebaut, daß der erste Abschnitt (Schloß—Bahnhofsbereich) zu Fuß zurückgelegt werden kann. Dabei quert man vom Schloßbereich
aus die Altstadt entlang der Holstenstraße nach S. Über die Vorstadt (Berliner
Platz) gelangt man in die Viertel, die überwiegend in der zweiten Hälfte des vorigen
Jahrhunderts erschlossen und bebaut wurden. Mit dem (Linien-)Bus wird vom
Bahnhofsbereich nach Mettenhof und von dort in das Zentrum von Gaarden gefah-
ren. Nach einem Rundgang erfolgt die Weiterfahrt von der Haltestelle Howaldts-
werke mit dem Bus nach Neumühlen, um von dort aus mit dem Fördedampfer zur
Reventloubrücke auf dem Westufer zu gelangen. Von hier aus kann man an der
Förde entlang stadteinwärts wandern oder mit dem Bus bis zur Endstation
ZOB/Hauptbahnhof fahren (Abb. 2).

Thematische Schwerpunkte bilden während des ersten Exkursionsteiles die funktionale Stadtgliederung, die Wirtschafts- und Stadtentwicklung und die Minderheiten des 19. Jh. (Juden) und des 20. Jh. (Türken). Im zweiten Exkursionsabschnitt stehen Fragen der Stadtplanung (Neubaugebiet Mettenhof, Sanierungsviertel Gaarden)
sowie die maritimen Bezüge im Mittelpunkt, die letztlich die heutige Bedeutung
Kiels begründen (Werften, Marine, Hafenwirtschaft).

5.3   Erläuterungen

5.3.1 Schloß und Dänische Straße

Standort: Schloß mit anschließendem Gang durch die Dänische Straße zum Alten Markt (Abb. 2)

Die Kieler **Innenstadt** gliedert sich in vier baulich-funktional unterschiedliche Viertel (Wiebe 1983):

1. Der Schloßbereich mit dem sich östlich anschließenden Vergnügungsviertel, die Dänische Straße sowie der Alte Markt mit der Nikolaikirche,
2. das Gebiet der Holstenstraße mit dem im W liegenden Bankenviertel, dem Rathaus, dem Opernhaus und der Ostseehalle,
3. das Gebiet zwischen dem Kaufhaus Hertie und dem Hauptbahnhof mit dem Zentralomnibusbahnhof (ZOB), den Fördedampferlinien und den Freiflächen des Sanierungsgebietes „Südliche Innenstadt",
4. der Bereich am Sophienblatt mit den großen Bürogebäuden einer Versicherung, dem Finanzamt und einem mehrgeschossigen Laden- und Bürozentrum am Rondeel.

Bedeutsam für die Funktionen im mittelalterlichen Kiel waren der Burgbezirk, der Markt und die Nikolaikirche. Die **landesherrliche Burg**, räumlich abgesetzt von der planmäßigen Altstadt, wurde im 13. Jh. auf einer 10 m hohen natürlichen Erhebung angelegt. Bei der Umgestaltung der Anlage in den Jahren 1559—1569 durch den Gottorfer Herzog Adolf wurde auf den alten Fundamenten ein Renaissanceschloß errichtet, das als Witwensitz genutzt wurde. Die hier 1745 gefeierte Hochzeit zwischen Herzog Karl Peter Ulrich (später Zar Peter III.) mit Sophie Auguste von Anhalt-Zerbst (später Zarin Katharina II.) war wohl das glanzvollste Ereignis in der Schloßgeschichte. Ein weiterer Umbau erfolgte 1763 durch den Hamburger Baumeister Ernst Georg Sonnin, der die vier Satteldächer an der Wasserseite durch ein mächtiges Mansarddach mit dunkelblau lasierten Pfannen ersetzte.

Nach dem 1. Weltkrieg erfolgten verschiedene Nutzungsänderungen. In den Westflügel des Schlosses zog das Oberpräsidium, in den Ostflügel 1928 die Schleswig-Holsteinische Landesbibliothek und 1932 die Historische Landeshalle Schleswig-

Holstein. Nach starken Kriegszerstörungen setzte der Wiederaufbau erst 1961 ein. Heute befinden sich Landesbibliothek, Historische Landeshalle und das Landesamt für Denkmalpflege im Ostflügel, ein Teil der Volkshochschule und die Gemäldegalerie der Pommernstiftung im Westflügel. Im ehemaligen Schloßbereich entstanden eine Mehrzweckhalle, das Landesstudio des NDR, ein Schloßrestaurant und Tiefgaragen. Aus den Parkanlagen des ehemaligen Schloßgartens wurde ein Grüngürtel, der durch Neubauten (z. B. Conti-Hansa-Hotel) immer mehr verkleinert wird.

Die sich nach S anschließende **Dänische Straße** ist zur Fußgängerzone ausgebaut worden. In kleinstädtischer Manier liegen die Ladengeschäfte im Erdgeschoß, während die Obergeschosse dem Wohnen bzw. als Büros und Praxen dienen. Das Warenangebot mit Teppichen, Antiquitäten und Modebekleidung gehört eindeutig zum gehobenen Bedarf. Man versucht, sich durch spezifische Fassaden- und Straßengestaltung von der auf Massenkundschaft ausgerichteten Holstenstraße abzuheben. Das Kieler Stadtmuseum ist im Warleberger Hof, dem einzigen noch erhaltenen Kieler Adelssitz, untergebracht. In diesen Häusern residierte der schleswig-holsteinische Adel im Winter, da zu dieser Jahreszeit das tägliche Leben hier bequemer war und man in der Nähe des Schlosses seine politischen und wirtschaftlichen Interessen besser vertreten konnte.

5.3.2 Alter Markt und Nikolai-Kirche

Das Zentrum der ca. 18 ha großen Altstadt bildete der **Alte Markt,** auf dem bis 1903 ein Wochenmarkt stattfand. Bereits 1893 öffnete hier das Kaufhaus Karstadt seine Pforten. Im 2. Weltkrieg wurde nahezu der gesamte alte Baubestand mit der Nikolaikirche, der ihr vorgelagerten Häuserzeile der Persianischen Häuser und dem alten Rathaus an der Südseite zerbombt.

Die erst Mitte des 14. Jh. (Stiftungsurkunde von 1283) fertiggestellte **Nikolaikirche,** eine dreischiffige gotische Backsteinhallenkirche, baute man seit 1950 mit erheblichen Umgestaltungen wieder auf. Obwohl die Proportionen des spätmittelalterlichen Baus gewahrt blieben, verzichtete die Stadt auf eine getreue Rekonstruktion. Im Innern entstanden Betonsäulen und eine flache Decke. Vor der Kirche steht seit 1954 der „Geistkämpfer", den Ernst Barlach 1927/28 schuf; bis 1933 befand sich das Denkmal vor der Heiliggeistkirche.

Die freien Flächen des Marktplatzes wurden 1971 in der heutigen Form neugestaltet. Die reliefierte Pflasterung mit Natursteinen, eine recht umstrittene Maßnahme, war in den folgenden Jahren das Vorbild für die sich südlich anschließenden Plätze wie Rathaus-, Asmus-Bremer- und Europa-Platz und damit eine Kieler Besonderheit. Als in den 70er Jahren viele Grundeigentümer aus Altersgründen ihre Häuser verkauften, setzte hier wie auch in der Holstenstraße ein Branchen- und Strukturwandel ein, dessen Ende noch nicht abzusehen ist. Manche Betriebe konnten die steigenden Mieten, die die neuen Eigentümer wie z. B. Versicherungsgesellschaften verlangten, nicht mehr erwirtschaften und gaben demzufolge auf. Eine Spielothek am Alten Markt oder „Blue-Movie-Cinemas" am Wall sind die Resultate solcher Veränderungen. Die Stadtverwaltung befürchtet, daß sich das östlich gelegene und durch Parkhäuser und Großhandelsbetriebe eingegrenzte Vergnügungsviertel nun in die Altstadt ausdehnen wird. Die Stadtstreicher am Alten Markt versucht man durch ambulante Obst- und Gemüsestände in ihren Aktivitäten einzuschränken. Die vorhandenen Rechtsgrundlagen dürften allerdings kaum ausreichen, um das weitere Eindringen der Nichtseßhaften in dieses Gebiet zu verhindern (Wiebe 1983).

5.3.3 Über die Holstenstraße zum Hauptbahnhof — die Kieler City

Zentrales Geschäftszentrum von Kiel ist die **Holstenstraße,** die in den 50er Jahren als erste Fußgängerzone Deutschlands planmäßig angelegt wurde. Da dieses Areal fast vollständig zerstört war, konnte ein Wiederaufbau durchgeführt werden, der den veränderten Nutzungsansprüchen einer modernen City gerecht wurde. Neben einigen Kaufhäusern wie Karstadt, Woolworth und Hertie gibt es eine Vielzahl von oberzentralen Spezialgeschäften mit teilweise langer Familientradition. Im Förde-Einkaufs-Zentrum hat man versucht, in einem aufgegebenen Kaufhaus durch etagenweise Vermietung an Fachhändler eine Art „City in der City" zu schaffen. Im Bau einer Tiefgarage unter dem neugestalteten Europa-Platz vor der Ostseehalle (bis 1945 lag hier das jüdische Gängeviertel) spiegeln sich die jüngsten stadtplanerischen Vorstellungen wider. Man strebt an, die Parkflächen im Innenstadtbereich immer mehr zu verringern und gleichzeitig neue Stellplätze in Parkhäusern zu errichten.

An die Holstenstraße schließen sich nach S relativ heterogen bebaute Wohn- und Geschäftsviertel an. Die meisten noch erhaltenen Gebäude gehören zur **Wilhelminischen Stadterweiterung** (Ende des 19. Jh./Beginn des 20. Jh.). Mehrgeschossige Wohnhäuser mit z. T. gewerblich genutzten Hinterhöfen dominieren (z. B. Harriesstraße). In diesen Vierteln setzte eine erste, nicht mehr auf lokale Nachfrager ausgerichtete Bautätigkeit ein, als Kiel durch politische Entscheidungen (Marinestandort) einen enormen Einwohnerzuwachs erhielt. Im **Bahnhofsbereich** werden auf einem großen, flächensanierten Areal Geschäfte, Büros, Wohnungen und ein Hotel entstehen, die den schon überbesetzten Dienstleistungssektor noch mehr belasten werden (Wiebe 1985).

5.3.4 Moscheen am Königsweg und Judenfriedhof in der Michelsenstraße

Der weitere Stadtrundgang verläuft durch den „Wilhelminischen Wohngürtel" westlich des Hauptbahnhofs über den Königsweg und die Michelsenstraße zur Hummelwiese.

Ein gutes Beispiel für die enge räumliche Verknüpfung von Wohnen, Gewerbe und Religionsausübung der Kieler Türken ist die im Hinterhof des Königsweges Nr. 15 gelegene **Moschee** des „Vereins Islamische Religion Kiel und Umgebung". Dieses zum Stadtteil „Süderfriedhof" zählende und im ausgehenden 19. Jh. in Bahnhofsnähe errichtete Viertel mit vier- bis fünfgeschossiger Frontbebauung und unzureichender Wohnungsausstattung ist im Rahmen der Familiennachwanderung zunehmend zu einem türkischen Wohngebiet geworden. Die gewerblich genutzten Hinterhöfe wirken sich mit der hohen Bebauungsdichte negativ auf das Wohnumfeld aus. Es fehlen Flächen für Spiel- und Bolzplätze sowie Parkplätze. Überdies mindert die hohe Verkehrsdichte den Wohnwert erheblich. Von den sechs Kieler Moscheen sind nur zwei politisch unabhängig. Zu den 110 erwachsenen Gemeindemitgliedern kommen 40 Kinder, die in der Moschee Religionsunterricht erhalten. Ebenfalls im Hinterhof (Königsweg Nr. 23) liegt die Merkez Cami der Islamischen Union Deutschlands.

Unter der **ausländischen Wohnbevölkerung** Kiels (13 463 Personen, entspricht 5,5 % der Bevölkerung) dominieren die Türken mit einem Anteil von 50,3 %. Ihre räumlichen Schwerpunkte liegen in den traditionellen Arbeiterwohnvierteln des Ostufers wie Gaarden-Süd, Gaarden-Ost und Neumühlen-Dietrichsdorf. Der Wohnbestand ist hier überwiegend veraltet und sein Standard entspricht kaum den modernen Ansprüchen. Ein weiterer Schwerpunkt hat sich seit 1982 im Bezirk Südfriedhof gebildet. Kennzeichnend für diese Viertel ist eine enge Nachbarschaft von Wohn- und Arbeitsplatz. Demographische Besonderheiten liegen in einem höheren, wenn auch sich stetig verringernden natürlichen Bevölkerungszuwachs (1978: 2,35 %, 1982: 1,56 %) im Vergleich zur deutschen Wohnbevölkerung (1978: −0,68 %, 1982: −0,56 %). Seit 1974 vollzieht sich der Übergang von der Wanderarbeiter- zur Wohnbevölkerung, wie es die hohen Werte nachziehender Familienangehöriger nach dem Anwerbestop 1973 zeigen (Gans & Kortum 1984).

In den letzten Jahren haben sich einige Türken als selbständige Einzelhändler und Gastronomen eigene Existenzen aufgebaut, die überwiegend in türkischen Wohnvierteln liegen. Die Zahl der Betriebsanmeldungen ist weiter ansteigend; man hofft, dadurch einer drohenden Arbeitslosigkeit entgehen zu können. Der größte Teil handelt mit Lebensmitteln, Videofilmen, Haushaltswaren, mediterranen Weinen, Spirituosen und Gewürzen, Obst und Gemüse, Textilien, Devotionalien, Teppichen und Reisen für Landsleute in die Heimat. Als Arbeitgeber sind diese Gewerbetreibenden bedeutungslos, da man ausschließlich Familienangehörige beschäftigt. Die Lebensmittelläden und Gaststätten sind jedoch wichtige Kommunikationszentren für die meist aus einer Herkunftsregion stammenden Menschen (Wiebe 1982).

Eine weitere Besonderheit in diesem Stadtteil ist der **alte Judenfriedhof** in der Michelsenstraße 22. Bis 1933 bestand in Kiel eine ca. 600 Mitglieder umfassende Jüdische Gemeinde. Der Friedhof wurde 1852 auf einer Koppelfläche von 2010 m^2 angelegt. Auf dem Gelände steht die Leichenhalle mit einem kleinen Andachtsraum und einer Gedenktafel für die Kriegstoten. Wie viele jüdische Friedhöfe in den Städten hat auch dieser die typische Hinterhoflage in einem reinen Wohngebiet. Rund 230 Grabsteine, z. T. mit Emblemen verziert, liegen hier. Bis zum 1. Weltkrieg waren die meisten Grabinschriften in deutscher Sprache, danach nur noch in Hebräisch abge-

faßt. Nur wenige Gräber stammen aus der Nachkriegszeit, da die Jüdische
Gemeinde nicht mehr besteht.

*Vom ZOB kann man den neuen, 7 km entfernten Stadtteil Mettenhof mit
Linienbussen (Nr. 2, 9 u. 19) erreichen. Auf dem Weg (ZOB — Ziegelteich —
Großer Kuhberg — Kronshagener Weg — Hasseldieksdammer Weg — Hofholzallee — Skandinaviendamm — ggf. zu Fuß zum Kurt-Schumacher-Platz) quert
man bis zum Westring nochmals den Wilhelminischen Wohngürtel. Man fährt
dann durch das 1910 eingemeindete Hasseldieksdamm mit seinen Kleingar-
tenanlagen und ausgedehnten Einfamilienhausgebieten. Dieser Bereich wurde
zwischen 1910 und 1965 bebaut und zeigt sehr verschiedene Einfamilienhaus-
typen — von der geklinkerten Villa aus den 20er Jahren bis hin zum einfachen
Doppelhaus aus der ersten Nachkriegszeit. Am Ortseingang von Mettenhof
(Kreuzung Hofholzallee/Königsförder Weg) gibt ein Straßenplan das Wegenetz
dieser neuen Siedlung wieder. Der Verlauf von Hofholzallee/Russeer Weg markiert die alte Knick- und Gemeindegrenze von Hasseldieksdamm.*

5.3.5 Neubaugebiet Mettenhof

Standort: Kurt-Schumacher-Platz

Das bekannteste Beispiel für die jüngste Stadtentwicklung ist der **Ortsteil
Mettenhof.** 1960 erwarb eine Baugesellschaft 5 km vom Kieler Stadtzen-
trum entfernt in Mettenhof landwirtschaftliche Nutzflächen, um sie für die
Anlage einer Trabantenstadt mit 25 000 E. zu erschließen. 1966 war der erste
Abschnitt mit 1500 Wohnungseinheiten fertiggestellt. 1970 lebten fast 9000
Menschen in den damals bestehenden 3200 Wohnungen. Bis 1979 war die
Bevölkerungszahl auf ca. 19 000 gestiegen, anschließend jedoch auf nur noch
17 470 gesunken.

Das 233 ha umfassende Gebiet wird eingeteilt in: 122 ha Wohnbaufläche, 41 ha
öffentliches Grün, 35 ha Verkehrsfläche, 27 ha sonstige Gemeinschaftseinrichtungen
und 8 ha für das Zentrum am Kurt-Schumacher-Platz mit öffentlichen und gewerblichen Einrichtungen. Von der Grundrißgestaltung gliedert sich Mettenhof in
kleine, überschaubare Zellen mit Nachbarschafts- und Schuleinheiten, die jeweils
4000 Menschen umfassen. Es entstanden fünf solcher Einheiten, die in einem Radius

von 1 km — 15 Min. Fußgängerentfernung — um das örtliche Einkaufszentrum liegen. Um den Verkehr zu beruhigen und zu lenken, schuf man ein System von Ring- und Stichstraßen, die als Sackgassen enden. Im Kern der Siedlung liegen die höchsten Gebäude, von dort aus nimmt die Geschoßhöhe zur Peripherie mit ihrer Einfamilienhausbebauung hin ständig ab. Neben viergeschossigen Häuserzeilen gibt es acht- bis zwölfgeschossige Laubenganghäuser und achtgeschossige Punkthäuser. Die monotone Plattenbauweise wird durch die Aneinanderreihung von Gebäuden mit unterschiedicher Geschoßhöhe und unterschiedlichen Fassadenfarben aufgelockert.

Nach der Alterszusammensetzung überwiegen die 21—44jährigen. Der Anteil der Ledigen (44 %) ist im Verhältnis zu den Verheirateten (46 %) sehr hoch, dementsprechend dominieren auch die Einpersonenhaushalte (38 %), gefolgt von den Zweipersonenhaushalten (22 %). Bei der Berufsgliederung liegen untere bis mittlere Angestellte und Beamte mit 48 % an der Spitze, es folgen Facharbeiter (27 %) und Arbeiter (12 %).

Typisch für Mettenhof ist die hohe Mobilität seiner Bevölkerung; fast jeder dritte Mettenhofer hatte zwischen 1972 und 1975 seine Wohnung gewechselt. Die höchsten Umzugsraten verzeichneten die Hochhausbewohner, die niedrigsten die Einfamilienhausgebiete. In den letzten Jahren hat die Zahl leerstehender Hochhauswohnungen ständig zugenommen. Die wirtschaftlichen Probleme in der Kieler Region schlagen sich verstärkt in dieser jungen Trabantenstadt nieder (Parsch 1983).

Von Mettenhof fährt man mit dem Bus auf der Route Hofholzallee — Hasseldieksdammer Weg — Ziegelteich (umsteigen in Nr. 4/24 ab Andreas-Gayk-Straße — Sophienblatt — Gablenzstraße — Karlstal — Elisabethstraße zum Vineta-Platz in Gaarden. Von der Gablenzbrücke hat man einen guten Blick auf die Bahnanlagen und auf den innersten Teil der Förde, die Hörn.

5.3.6 Vineta-Platz und Sanierungsgebiet in Gaarden

Standort: Vineta-Platz

In der funktionalen Gliederung und im Baubild des **Vineta-Platzes** und seiner näheren Umgebung spiegeln sich die Entwicklungen Gaardens im 19. und 20. Jh. wider. Dieser Platz wird langfristig zu einem eigenständigen

Zentrum in der Kieler Kernstadt werden und die Versorgung der Ostufer-bevölkerung, die zum größten Teil aus Beschäftigten bei den Howaldts-werken besteht, wahrnehmen.

Der Aufbau der Werften im 19. Jh. machte aus den ehemaligen Dörfern **Gaarden** und **Wellingdorf** reine Arbeiterwohnsiedlungen. Private Boden-spekulanten schufen einen geometrischen Straßengrundriß und errichteten vier- bis fünfgeschossige Miethäuser unterschiedlichen Typs mit kleinen Wohnungen von mangelhafter sanitärer Ausstattung. Bis 1900 lagen die bau-lichen Schwerpunkte im Bereich Werftstraße, Karlstal und Kaiserstraße, da-nach setzte eine räumliche Verlagerung nach O ein. Die Einwohnerzahlen von Gaarden stiegen von 2715 (1871) auf 30 427 (1910) an. In vielen Straßen bildete sich eine Mischung von Wohnen und Gewerbe: Im Erdgeschoß der Mietskasernen befanden sich Läden, und im Hinterhof arbeiteten Hand-werksbetriebe. Die meist unter 50 m^2 großen Wohnungen bestanden aus einer großen Wohnküche, einem kleinen Wohnzimmer und einem kleinen Schlafzimmer. Die Toiletten lagen auf dem Hof oder auf halber Treppe im rückwärtigen Gebäudeteil. Nach dem 2. Weltkrieg baute man den zerstörten Wohnungsbestand in der alten Form wieder auf; noch 1955 wurden in Neu-bauten die Toiletten auf halber Treppe installiert, so daß selbst 1970 in Gaarden-Ost 37,7 % aller Wohnungen über keine eigene Toilette verfügten (Kiel: 25,5 %). Dadurch wurden auch die überlieferten räumlichen Sozial-strukturen konserviert.

Gaarden wurde in den folgenden Jahren zu einem problematischen Stadtteil mit hohen Infrastrukturdefiziten, wie unzureichenden Angeboten im mittel- und langfristigen Bedarf, fehlenden Grün-, Erholungs- und Park-flächen, Setzungserscheinungen von bis zu 90 cm an Gebäuden am Vineta-Platz („Schiefe Häuser"). Dieses unattraktive Wohnen und das Wohnumfeld führten zur Abwanderung junger Familien mit Kindern; die Einwohnerzahl sank von 23 215 (1961) auf 17 423 (1981), der Ausländeranteil stieg auf 14,6 % an.

Von 1971—1974 wurden Grundlagenuntersuchungen nach dem Städtebauförde-rungsgesetz durchgeführt. Danach bestanden zwei Drittel aller Wohnungen nur aus ein bis zwei Zimmern, lediglich 18 % verfügten über Zentralheizung, Bad und Toilet-te, während 25 % ohne diesen Komfort auskommen mußten. Die Belästigungen durch Verkehrslärm und durch Rauch- und Geruchsemissionen der Industrie waren überproportional im Vergleich zur Gesamtstadt. Die Konzentration sozial schwacher Gruppen und Ausländer, die Überalterung der Bevölkerung mit hohen Anteilen alleinstehender Frauen, eine geringe Erwerbsquote und Sozialhilfe als vorherrschende Einkommensquelle zählten zu den weiteren negativen Strukturelementen. Für viele war Gaarden lediglich eine Durchgangsstation auf der Suche nach einer besseren Wohnung. Positiv bewertet wurden vor allem die niedrigen Mieten, die enge Verflechtung von Wohnungen und Arbeitsplätzen auf der Werft und das gut ausgebaute Netz von Nachbarschaftsbeziehungen; so fühlten sich 56 % der Menschen mit ihrem Viertel eng verbunden (Killisch 1979).

1972 wies man einen 3 ha großen Baublock zwischen Johannesstraße, Elisabethstraße, Vineta-Platz, Karlstal und Schulstraße als **Sanierungsgebiet Gaarden** aus. Nach fast dreijähriger Bauzeit wurde die Neugestaltung dieses Gebietes zum 1. November 1985 fertiggestellt. Siebengeschossige, rotgeklinkerte Häuser mit ausgebautem Dachstuhl sind an die Stelle der „Schiefen Häuser" getreten. Unter neuen Arkaden ist ein vom Wetter unabhängiges Einkaufen möglich. Eine Apotheke in Zusammenhang mit einem Ärztezentrum, ein Reformhaus, ein Drogeriemarkt, ein Juwelier, eine Bank, ein Café, eine Zoo- und Gartenhandlung und ein Schuhgeschäft sind die ersten Betriebe, die den Grundstein für eine von der Kieler Innenstadt und den Einkaufsmärkten im Umland unabhängige Nebencity bilden. Die 235 Wohnungen mit eineinhalb bis vier Zimmern sollen gerade junge Familien anziehen, um eine ausgewogenere Bevölkerungs- und Sozialstruktur zu schaffen. Nach Kieler Tradition wurde der Vinetaplatz gepflastert und ein Wochenmarkt eingerichtet.

5.3.7 Werftstraße und Howaldtswerke

Vom Vineta-Platz gelangt man durch die Elisabethstraße mit ihren zahlreichen auf die Werftarbeiter ausgerichteten Kneipen zur Werftstraße und zum Haupteingang der Howaldtswerke.

Die Entwicklung der Werften verlief nach 1945 recht unterschiedlich. Der ehemals dominierende Kriegsschiffbau auf der Germania-Werft und den Deutschen Werken führte zur Demontage der verbliebenen Anlagen, während die **Howaldtswerke** an der Schwentinemündung wieder aufbauen durften. Auf den freien Flächen der Germania-Werft am Südende der Förde siedelten sich eine Schrott- und Abwrackfirma, eine Baustoffirma, die Landwirtschaftliche Hauptgenossenschaft (Raiffeisen) und ein Autohändler an; hinzu kamen ein Postamt, eine Paketsortieranlage und das Postfuhramt. Das nördlich sich anschließende Gebiet der Deutschen Werke wurde 1955 von der Howaldtswerft übernommen und für den Großschiffbau (Tanker) hergerichtet. Es entstanden zwei Trockendocks für Schiffe bis 200 000 tdw. Die beiden je 66 m hohen Bockkräne, die bis zu 300 t schwere Schiffssektionen heben können, wurden zu einem Kieler Wahrzeichen.

Der **Krise im Werftenbereich** versuchte man durch Fusionen — 1968 schlossen sich die Kieler Howaldtswerke mit den Hamburger Howaldtswerken und der Deutschen Werft in Hamburg zur HDW (Howaldtswerke Deutsche Werft AG) zusammen — und durch Investitionen für den Großtankerbau zu begegnen. So wurde 1975 auf dem Werftgelände ein 91 m hoher und 163 m breiter Portalkran für Lasten bis zu 900 t installiert, dem ein Jahr später ein Großdock mit den Maßen 426 x 88,4 x 10 m folgte, das auf einer Grundfläche von 38 000 m^2 Tanker bis zu 700 000 tdw aufnehmen konnte. Es ragt 390 m weit in die Förde hinein.

Nach diesen Investitionen, die sich im Nachhinein als wenig sinnvoll erwiesen — der prognostizierte Mangel an Großtankern schlug am Weltmarkt in ein Überangebot an Tonnage um — begann der Niedergang der Kieler Werft. Die Zahl der Beschäftigten sank von 9000 (1968) auf 7400 (1982). Das gesamte Gelände nördlich der Schwentinemündung, auf dem sich Hellinge für den Schiffsneubau, die Ausrüstungsabteilung und das Hauptverwaltungsgebäude befanden, wurde an die Stadt Kiel verkauft, die sich bemüht, dort hafenorientierte Firmen anzusiedeln. Darüber hinaus soll hier ein weiterer Hafenbereich sowohl für den Öl- und Kohleumschlag als auch für die geplante Fährlinie Klaipeda (Memel)—Kiel entstehen.

Von der Anlegestelle Neumühlen an der Schwentinemündung, zu der man mit dem Bus (Nr. 4 u. 24) gelangt, kann man mit fahrplanmäßigen Fördeschiffen der Städtischen Verkehrsbetriebe zur Reventloubrücke am Westufer übersetzen.

5.3.8 Querung der Kieler Innenförde

Die Querung der Kieler Innenförde gibt Anlaß für eine kurze Betrachtung Kiels als Hafenstadt.

Der **Kieler Hafen** hat aus historischen und geographischen Gründen, trotz seiner Lage an der internationalen Wasserstraße des Nord-Ostsee-Kanals (Kiel-Kanal), nie eine überregionale Bedeutung erlangen können, wenn man einmal vom modernen Fährverkehr absieht. Bis 1945 war das Schwergewicht des Hafens einseitig auf die Kriegsmarine ausgerichtet, die aus militärischen Notwendigkeiten andere Nutzungsformen nicht zuließ. Die geographische Lage an einem europäischen Randmeer, die auf Westeuropa orientierten transatlantischen Handelsströme und die Konkurrenz des südlich gelegenen Welthafens Hamburg ließen Kiel zu einem Regionalhafen für den Massengüterumschlag werden. Im Gefolge des 2. Weltkrieges führten Bombenzerstörungen und Demontagen zu weiteren Verlusten. Die Bundesmarine besitzt seit 1957 mit dem Tirpitzhafen und dem Marinearsenal keinen beherrschenden Einfluß mehr. Bei den Howaldtswerken führte der Rückgang der zivilen Aufträge zu einem relativen Bedeutungszuwachs im Sonderschiffbau (U-Boote u.ä.), da man im Großtankerbau nicht die erhofften Erfolge erzielte (Kortum 1983).

Da sich Hafenausbau und -nutzung nur nach militärischen Interessen richteten, sind die **Handelsfunktionen** des Kieler Hafens in drei räumlich getrennte Bereiche aufgeteilt.

1. Der Binnenhafen mit der Hörn, dem Bahnhofs-, dem Bollhörn-, und dem Sartorikai,
2. der Scheerhafen an der Kanaleinfahrt,
3. der Nordhafen im Nord-Ostsee-Kanal.

Der **Binnenhafen** wurde in den siebziger Jahren für den Roll-on/Roll-off-Verkehr modernisiert. Es entstanden 2500 m Kailänge bei Wassertiefen bis zu 10 m, 60 000 m^2 Lagerflächen, ein Eisenbahnanschluß und das 16 000 t-Getreidesilo am Sartorikai. An der Nordmole des **Scheerhafens** wurden 300 m Kailänge, 8000 m^2 Lagerflächen, eine Tanker-Löschbrücke und Tanklager errichtet. Der **Nordhafen** erhielt 2000 m Kailänge, 27 000 m^2 Lagerflächen, Bunkerstationen und eine Container-Umschlagsanlage.

Beide zuletzt genannten Häfen verfügen aber bisher über unzureichende
Straßen- und Schienenanschlüsse. Der Massengüterumschlag von Kohle,
Erdöl, Seekieseln und Futtermitteln ist seit 1973 von 3 Mio. t auf 1,7 Mio.
t (1985) rückläufig. Positiv hat sich dagegen der **Fährverkehr nach Skandinavien** entwickelt; man spricht deshalb auch von Kiel als dem „Fährhaus nach Norden". Am aufgeschütteten Seegartenufer entstand der Oslokai, der seit 1961
für die Linie Kiel — Oslo genutzt wird. Seit 1982 befindet sich am Schwe-
denkai, einem Teil des Bollhörnkais, der Fährschiffterminal der „Stena Li-
ne" von Kiel nach Göteborg. Die Passagierzahlen stiegen von 450 000
(1970) auf über 1,4 Mio. (1985) an.

5.3.9 Entlang der Kiellinie

*Von der Reventloubrücke gelangt man an der Kiellinie entlang zum Ausgangs-
punkt der Exkursion am Schloß bzw. über den Wall und die Kaistraße zum
Hauptbahnhof.*

Der Weg am **Westufer der Förde** zeigt die landschaftlich reizvollsten Teile
von Kiel, die wissenschaftlich-kulturellen, die meereskundlichen und die
fernorientierten (Fähren) Funktionen der Stadt. Nördlich der Anlegestelle
Reventloubrücke befinden sich an der Uferpromenade (Hindenburgufer) —
sie ermöglicht einen Blick auf die gesamte Fördelandschaft — die ausgedehnten Fluren des **Düsternbrooker Gehölzes**, die das hochwertigste Kieler
Wohnviertel mit Villen und Gärten einschließen. Der ehemalige Olympia-
hafen von 1936 ist heute das Becken I des Sporthafens Düsternbrook. Auf
der anderen Straßenseite liegt das international angesehene Institut für Welt-
wirtschaft mit seiner 1,8 Mio. Bände umfassenden Bibliothek. An der Wasserseite stehen die Gebäude der **Landesregierung**, in denen fünf von sieben
Ministerien untergebracht sind. Das Landeshaus, ehemals Marineakademie,
beherbergt die Staatskanzlei und den Landtag. Ein Zentrum der deutschen
Meeresforschung stellt das Institut für Meereskunde dar, in dessen Aquarien
Tiere aus der Nord- und Ostsee, aus dem Mittelmeer und den tropischen
Meeren leben; außerhalb des Aquariums befindet sich das Seehundbecken.
Im 1885 eröffneten alten Botanischen Garten (3,5 ha) weist heute nur noch

der parkartig angelegte und mit vielen Exoten bestückte Baumbestand auf die frühere Funktion hin. Das Klinikzentrum der Universität wird zur Förde hin durch die Kunsthalle mit Gemäldegalerien, Graphik- und Antikensammlung begrenzt. Die beiden mächtigen Wisente am Eingangsportal entstanden zwischen 1910 und 1913.

Am Oslokai vorbei, gelangt man am Wall wieder in den **altstädtischen Teil der Kieler Innenstadt.** Das Schiffahrtsmuseum, in der ehemaligen, unter Denkmalschutz (1972) stehenden Fischhalle (1909/19) untergebracht, zeigt in seinen sechs Abteilungen die Bedeutung, aber auch den Wandel der maritimen Strukturen des Förderaumes.

Das nach dem Kriege entwickelte Konzept, gewachsene kleinräumige Strukturen der Altstadt beim Wiederaufbau nicht zu überformen, ist in den letzten Jahren immer mehr aufgegeben worden. Davon zeugen Straßenverbreiterungen wie z. B. am Wall, die neue Linienführung der Eggerstedtstraße und die Überbauung des Alten Marktes. Die expansive Hafenpolitik mit der Zuschüttung des Bollhörnkais für einen Verladekai, aber auch der Bau der großen Fähranleger nach Skandinavien und die Errichtung von Parkhäusern am östlichen Altstadtrand haben diesen zentralen Bereich immer mehr von seiner traditionellen Orientierung auf die Förde abgeschnitten.

5.4   Zusammenfassung und Ausblick

In seiner über 700jährigen Geschichte erlangte Kiel nur im Zeitraum zwischen 1865 und 1914 über Schleswig-Holstein hinausgehende nationale Bedeutung. Stets lag die Stadt im Einflußbereich höherrangiger Zentren. Bis zur Einverleibung des Landes in den preußischen Staat bestimmte das dänische Kopenhagen die Entwicklung, in den Jahren seit dem 2. Weltkrieg das Oberzentrum Hamburg. Die Nachteile dieser **Randlage** zu den deutschen Ballungsgebieten werden durch die angestrebte Brückenfunktion nach Skandinavien („Tor zum Norden") nicht ausgeglichen. Die benachbarten Ostseestädte wie Flensburg, Eckernförde oder Lübeck konnten eigenständige zentralörtliche Gefüge ausbilden, von den einschneidenden Grenzveränderungen nach dem 1. Weltkrieg (Flensburg und Dänemark) oder dem 2. Weltkrieg (Lübeck und DDR) einmal abgesehen. So wurde Kiel weitgehend durch staatlich-politische Maßnahmen (Funktionen einer Residenz-, Kriegsmarine- und Werftenstadt mit monostrukturellen Entwicklungen) geprägt, die sich hinderlich für eine Modernisierung erwiesen. Auch heute noch dominieren Werften und insbesondere Verwaltungen im lokalen Wirtschaftsleben.

Kriegszerstörungen haben das alte Stadtbild verschwinden lassen, so daß die Attraktion für den Fremdenverkehr allein auf der topographischen Lage an den Wasserflächen der Förde beruht. Die Universität, ausgenommen das Klinikviertel, wurde zu keiner räumlich bedeutenden Einrichtung. Im Vergleich zu den erhaltenen und restaurierten Altstadtkernen wie z. B. in Flensburg und Lübeck ist Kiel arm an älterer Bausubstanz, wenn man einige gründerzeitliche Straßenzüge und die Backstein- und Klinkerbauten aus den 20er Jahren wie z. B. Landgericht (1922—24), Sartori-Speicher (1925/26), Landwirtschaftskammer (1926/27), Gewerkschaftshaus (1927) und das alte Arbeitsamt (1928/29) außerhalb der Betrachtung läßt.

An den **wirtschaftlichen Wandlungsprozessen** in der Bundesrepublik Deutschland nimmt Kiel nur mit einem zeitlichen Abstand teil. Die Werftenkrise trat hier später, aber desto einschneidender auf; der Ansiedlung sogenannter „high-tech"-Unternehmen ist bisher wenig Erfolg beschieden. Ebenfalls verzögert setzte die Nachfrage nach ausländischen Arbeitskräften ein, die dann überwiegend aus der Türkei kamen. Italiener und Jugoslawen, die in den südlichen Teilen der Bundesrepublik stark vertreten sind, gibt es demzufolge nur wenig. Moderne Infrastrukturen entstanden erst nach 1970 im Zusammenhang mit der Ausrichtung der Olympischen Segelwettkämpfe, wie z. B. die Autobahn-Verbindung nach Hamburg oder das seit 1910 geplante Klärwerk Bülk. An das elektrifizierte Streckennetz der Bundesbahn ist die Landeshauptstadt bisher nicht angeschlossen worden. Die künftigen Entwicklungsschwerpunkte werden wohl im maritimen Bereich mit dem Institut für Meereskunde und einer auf maritime Technologie spezialisierten Industrie liegen.

5.5 Literaturauswahl

Bähr, J. (Hg.) (1983): Kiel 1879—1979. Entwicklung von Stadt und Umland im Bild der Topographischen Karte 1 : 25 000. — Kieler Geogr. Schr., **58**, Kiel.

Gans, P. & Kortum, G. (1984): Die türkische Wohnbevölkerung der Stadt Kiel. Herkunftsregionen, Wanderungsstrukturen und Wohnmobilität im Stadtgebiet aus bevölkerungs- und sozialgeographischer Sicht. — Stat. Ber. d. Stadt Kiel, **117**: 29—54, Kiel.

Habich, J. (Hg.) (1976): Stadtkernatlas Schleswig-Holstein. Neumünster.

Hädicke, E. (1936): Kiel. Eine stadtgeographische Untersuchung. — Mitt. d. Ges. f. Kieler Stadtgeschichte, **36**, Kiel.

Killisch, W. F. (1979): Räumliche Mobilität. Grundlegung einer allgemeinen Theorie der räumlichen Mobilität und Analyse des Mobilitätsverhaltens der Bevölkerung in den Kieler Sanierungsgebieten. — Kieler Geogr. Schr., **49**, Kiel.

Kortum, G. (1983): Die Kieler Innenförde im 19. und 20. Jahrhundert. Eine hafengeographische Skizze. — Kieler Geogr. Schr., **58**: 99—122, Kiel.

Parsch, I. (1983): Ideologie und Wirklichkeit der Stadtrandsiedlung, untersucht in Mettenhof. — Kieler Geogr. Schr., **57**: 1—34, Kiel.

Stewig, R. (1971): Kiel. Einführung in die Stadtlandschaft. Kiel.

Wiebe, D. (1982): Sozialgeographische Aspekte ausländischer Gewerbetätigkeiten in Kiel. — Zeitschr. f. Wirtschaftsgeogr., **26**: 69—78, Hagen.

— (1983): Zur Genese und Struktur der Kieler Innenstadt. — Kieler Geogr. Schr., **58**: 43—57, Kiel.

— (1985): Die Bedeutung der Hinterhöfe für die Stadtentwicklung und -struktur von Kiel. — Die Heimat, **92**: 265—273, Neumünster.

6. Glaziäre, periglaziäre und marine Reliefformen im nördlichen Schleswig-Holstein

von OTTO FRÄNZLE, Kiel

Karten: Kreiskarten 1:100 000 Schleswig-Flensburg, Nordfriesland; GMK 100 Blatt 7, C 1518 Husum.

6.1 Einführung

Schleswig-Holstein ist auch für den Quartärforscher ein außergewöhnlich lohnendes Exkursionsgebiet. Den O des Landes bilden die wechselvollen Moränen der Weichselvereisung mit den besonders deutlich ausgeprägten Randlagen, welche die Förden und Seen abschließen. Nach W folgen Sanderflächen, aus denen sich die in unterschiedlichem Ausmaß periglaziär überprägten Altmoränen der Saalevereisung erheben. Den äußersten W des Landes bestimmen die im Holozän gebildeten Marschen und Watten.

6.1.1 Die natürliche Oberflächenformung des Mittel- und Jungquartärs

Eindeutig **elstereiszeitliche Ablagerungen** fehlen an der heutigen Landoberfläche im Exkursionsgebiet, und auch der Nachweis ihrer wenigstens indirekten geomorphogenetischen Bedeutung steht noch aus. Moränen aus dieser Zeit sind jedoch sowohl vom Basalteil des Roten Kliffs an der Westküste Sylts wie beispielsweise aus dem Hamburger Elbtunnel bekannt und genauer untersucht sowie aus den tiefen Rinnen erbohrt worden, die auch für den quartären Untergrund Schleswig-Holsteins große Bedeutung haben (Hinsch 1979). **Ablagerungen der Saalevereisung** bestimmen dagegen in weiten Bereichen des Exkursionsgebietes die Landformen. Daher war es ein

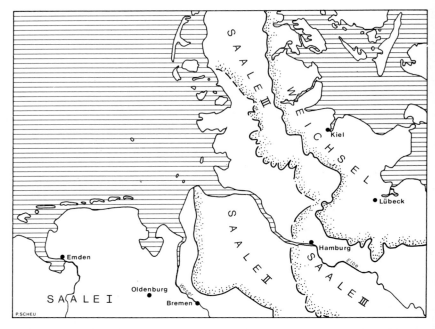

Abb. 1. Die Verbreitung der pleistozänen Vergletscherungen in Norddeutschland.
Quelle: Ehlers 1983; verändert

Hauptziel der die **Hohe Geest** betreffenden älteren Untersuchungen, die durch breite Muldentäler getrennten Altmoränenkomplexe zu gliedern und verschiedenen Eisrandlagen zuzuordnen. Aufgrund jüngerer Untersuchungen, die paläopedologisch (Stremme et al. 1980) wie geschiebekundlich (Ehlers et al. 1984, Schallreuter et al. 1984) unterbaut sind, ergibt sich heute die in Abb. 1 dargestellte Auffassung.

Die der traditionellen geschiebekundlichen Lithostratigraphie zugrunde liegende Annahme, daß einem jeden Eisvorstoß auch eine definierte Geschiebeassoziation entspräche, ist durch neuere Untersuchungen modifiziert worden. Dabei zeigte sich, daß — bedingt durch die glazialdynami-

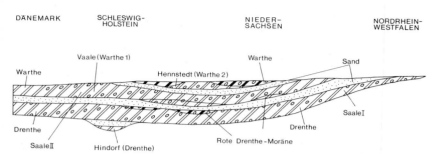

Abb. 2. Schematisierte Darstellung der Saale-Stratigraphie in Dänemark und Norddeutschland. Quelle: Ehlers et al. 1984; verändert

schen Konsequenzen der Verschiebung der skandinavischen Eisscheide im Verlauf einer Vergletscherung und Umlagerungen — beispielsweise baltische Geschiebe in den Hangendpartien aller Moränen vorkommen (Ehlers 1983). Zu diesen primären Unterschieden in der Zusammensetzung von Grund- und Endmoränen kommen postsedimentäre Veränderungen durch periglaziäre Umlagerung und Verwitterungsprozesse. Dies macht Unterschiede in der stratigraphischen Einordnung und Konnektierung der norddeutschen und dänischen Moränenkomplexe verständlich. Mit diesen Einschränkungen zeigt die Abb. 2 die derzeit am besten begründete Gliederung der Saalemoränen.

Die Prägekraft der **warthestadialen Eisvorstöße** war im allgemeinen gering; denn ihre westliche Begrenzung zeigt, daß die Konfiguration des Gletscherrandes wesentlich durch die älteren saaleglazialen Ablagerungen bestimmt wurde. Beträchtlich sind die relativen Höhen nur im N (südlich von Leck) und S (nordöstlich von Schwabstedt) des Exkursionsgebietes. Hier markiert das Wilde Moor eine auf Toteis im Randbereich eines jungsaalezeitlichen Lobus zurückgehende tiefe Senke. In ihrer Nähe befand sich der Ursprung des Husumer Sanders, dessen allgemeine Abdachungsrichtung trotz späterer erosiver und denudativer Überprägung noch die Orientierung auf das schon holsteinzeitlich als Bucht nachweisbare Tiefgebiet im

SO Husums erkennen läßt. Der heute flach nach W sich absenkende Nord-
teil des Exkursionsgebietes war dagegen am Ende der Saaleeiszeit ein deutlich gegen die Moränenkomplexe des Südens abgesetztes, wenn auch in stär-
kerem Maße von Moränenrücken durchragtes Niederungsgebiet, wie das
relativ weite anschließende Vordringen des Eemmeeres nach O zeigt.

*lagoautafle Übertragung der Erdober-
läche durch Wasser, Wind u.a.*

6.1.2 Eeminterglazial und Weichseleiszeit

Die Morphogenese der eemzeitlichen Landoberfläche war neben den üb-
lichen Erosions- und Denudationsvorgängen bis in die zum beginnenden
Klimaoptimum gehörende Eichenmischwald-Haselzeit durch das Tieftauen
des weitverbreiteten Toteises bestimmt (Stremme et al. 1980). Die entstehenden Hohlformen wurden zunächst durch Kalkmudden, später durch
limnisch-telmatische Ablagerungen verfüllt und vermoorten in der
Folgezeit.
    Das **Weichselfrühglazial** ist durch einen mehrfachen Wechsel von bore-
aler Bewaldung und subarktischen Zwergstrauchheiden gekennzeichnet.
Die Auflichtung der Vegetation, größere Frosthäufigkeit und möglicherweise eine Zunahme der Feuchtigkeit durch stärkere Niederschläge, herab-
gesetzte Verdunstung und verringerte Interzeption bewirkten gegenüber
dem vorhergegangenen Interglazial eine grundlegende Veränderung des
Wasserhaushaltes. Unter zunehmendem Einfluß des subarktischen Klimas
nahm die Infiltrationskapazität des Bodens zumindest während der kälte-
ren Jahreszeiten ab, so daß es — verstärkt während der Schneeschmelzen
— saisonal zu oberfächlichem Abfluß und damit zur Ausbildung ausgedehnter periglaziärer Spülflächensysteme (Fränzle 1986) sowie zur Eineb-
nung eemzeitlicher Hohlformen (Menke 1982) kam.
    Im Zuge der weiteren Temperaturabnahme konnte sich dann Permafrost
entwickeln, durch den in zunehmendem Maße die Oberflächengestaltung
beeinflußt wurde; das eemzeitlich insgesamt nur wenig überprägte saalezeitliche Relief der Moränengebiete wandelte sich in ein **periglaziäres Alt-
moränenrelief**. Charakteristisch sind die im Vergleich zu den östlich angrenzenden weichselzeitlichen End- und Grundmoränengebieten sehr
geringen Hangneigungen, die in der Regel unter 5° liegen. Sie sind das Re-

sultat der Denudation der Moränen und der Akkumulation am Fuß dieser Moränen durch langandauernde Abspülung und Solifluktion. Ebenfalls unter deren Einfluß entwickelten sich die Muldentalsysteme der hohen Geestflächen, bei denen die Akkumulation überwog, wie der stufenlose Übergang zu den heute unterschiedlich stark vermoorten Talböden zeigt. Erst in tiefergelegenen, heute von mächtigen Holozänschichten überlagerten Gebieten ist mit stärker periglaziär-fluvialer Erosion zu rechnen. Mit dem Vorrücken des Inlandeises im **Weichselmittelglazial**, das mit dem Keller-Interstadial endete, änderten sich die Formungsbedingungen erneut. Unter den extrem trockenkalten Klimabedingungen des Hochglazials entwickelte sich eine vegetationslose Frostschuttundra. Es kam zur Ausbildung von Rieseneiskeilnetzen, die zusammen mit den regelmäßig in Aufschlüssen anzutreffenden Kryoturbationen sichere Zeugen eines tiefgründigen Permafrostes sind. Seine Ausbildung setzte eine um mindestens 12 °C geringere Jahresmitteltemperatur und eine Absenkung des Januarmittels um (wenigstens) 20 °C voraus. Die nahezu vegetationslose, ausgetrocknete Oberfläche wurde einer starken äolischen Überprägung ausgesetzt. Ihr sind die vor allem auf den Höhen zu findenden Windkanter zuzuschreiben, deren Schliff durch Sand und stark abgekühlte Eispartikel entstand. Die kryoturbate Durchmischung des deckenförmig abgelagerten feinkörnigen Deflationsmaterials mit anstehendem Moränen- und Sandermaterial führte zur Entstehung des weit verbreiteten und bis zu 1,7 m mächtigen Geschiebedecksandes.

Seit dem **Weichselhochglazial** gerieten die schon in der Saalezeit tiefer gelegenen Nordteile des Exkursionsgebietes unter den Einfluß des Inlandeises. Wann die Haupteisrandlage entstand, kann für das deutsch-dänische Grenzgebiet nicht genau bestimmt werden. Sicher ist jedoch, daß sich auch hier Staffeln des Brandenburger, Frankfurter und Pommerschen Stadiums auf engem Raum scharen (Fränzle 1981).

Westlich der Randlagen wurden durch extramarginale Schmelzwässer Sander aufgeschüttet. Unterbrochen durch inselartig aufragende Altmoränen entstand so die im O etwas stärker, nach W hin zunehmend flacher einfallende Sanderfläche, die für die **Niedere Geest** typisch ist. Zunehmende Aufschotterung und seitliches Unterschneiden der Altmoränen führten dazu, daß auch einige höhergelegene Rinnen im Bereich der Bredstedter

Geest in das Sandernetz einbezogen und vor allem die Täler der Treene,
Arlau und Ostenau zu bedeutenden Schlauchsandern wurden.

Bei Ellund im NO des Exkursionsgebietes erfuhr der hier nahe eines
Gletschertores des morphographisch deutlich ausgeprägten Weichsel I-
Vorstoßes stärker geneigte Flensburger Sander eine Überformung durch
eine geringmächtige relieffolgende Moränendecke. Ihre Textur und Struktur
weist sie als Deckmoräne aus, die — wie das Fehlen von Toteisschwund,
Fließ- und Grundmoränen zeigt — aus einer geringmächtigen stagnierenden
Eisdecke des einige Kilometer über die Randlage des W I-Eises vorstoßenden
weichseleiszeitlichen Maximalstandes (W II) ausschmolz (Fränzle 1986).

6.1.3 Spätglaziale und holozäne äolische Formung

Nach dem Trockenfallen unterlagen die Sanderflächen im Weichselspätgla-
zial einer bis ins frühe Holozän andauernden äolischen Überprägung, die
in geringerem Ausmaß auch die Altmoränen erfaßte. Im Gegensatz zu den
weichselhochglazialen kryoturbat verwürgten Decksanden handelt es sich
bei diesen äolischen Formen um räumlich eng begrenzte Erscheinungen, deren Bindung an spätglaziale Rinnen offensichtlich ist. Im Exkursionsgebiet
ist daher eine Zunahme der äolischen Voll- und Hohlformen von S nach N
zu beobachten, deren Ursachen zum einen in der Abnahme der Relief-
energie nach N hin, zum anderen in der weiten Verbreitung feinkörnigerer
Sande im N zu suchen sind. Das größte Flugsand- und Dünengebiet des Exkursionsgebietes findet sich zwischen den Altmoränen der Lecker und der
Bredstedter Geest (Soholmer Au). Trotz starker neuzeitlicher Überprägung
sind auch heute noch zahlreiche Dünen erkennbar, die teils als Einzelfor-
men, teils als Dünenschwärme auftreten. Häufig handelt es sich um mehrere
100 m lange, bis zu 100 m breite und maximal 5 m hohe, nach Westen geöff-
nete Parabel- oder Bogendünen (vgl. Kap. 6.3.4). Die relativ geringen Höhen
und die unterschiedlich stark geböschten West- und Osthänge der Dünen
lassen sie als „Altdünen" erscheinen, deren Entstehung an niedrige spätglaziale Zwergstrauchformationen und vegetationsarme Auswehungsge-
biete gebunden ist.

In historischer Zeit kam es zunächst durch die mit starkem Holzeinschlag verbundene römisch-kaiserzeitliche Verhüttung von Raseneisenerzen (vgl. Kap. 6.3.4), dann in der Neuzeit durch die stark ausgeweitete, waldzerstörende Landwirtschaft zur erneuten und raumzeitlich stark wechselnden Flugsand- und Dünenbildung.

6.1.4 Die Entwicklung der Marschen unter dem Einfluß des Menschen

Die Besiedlung der nordfriesischen Marschen begann im 8. Jh. n. Chr. Sturmflutschichten oberhalb der Siedlungshorizonte deuten bereits im 12. Jh. auf Überflutungen, welche die Siedler zur Aufhöhung der Siedlungsplätze durch Torf- und Mistauftrag zu Warften veranlaßten. In küstenferneren, tiefer gelegenen Teilen der Marschen konnte dagegen bis ins hohe Mittelalter über dem Flachmoor ungestört ein Hochmoor aufwachsen. Erst im 12. Jh. wurde hier mit der Besiedlung begonnen.

Die unterschiedliche Form der Landnutzung erwies sich in der Folgezeit als geomorphologisch höchst bedeutsam. Während die höher gelegenen Marschen im W hauptsächlich agrarisch genutzt wurden, gewann man in den tiefgründig vermoorten, nicht oder nur wenig von der Kleisedimentation betroffenen Gebieten Brenn- und Salztorf. Durch die damit verbundene Trockenlegung kam es zur Herausbildung eines spezifischen Mikroreliefs, das auf unterschiedlich starke, substratabhängige Sackung der Torfe und klastischen Sedimente zurückgeht. Insgesamt resultierte aus der Urbarmachung eine Tieferlegung der Oberfläche auf ein Niveau, das unter dem damaligen MThw lag. Nach Deichbrüchen, wie sie sich im späten Mittelalter häufiger ereigneten, konnte das Land also nicht mehr trockenfallen, so daß es innerhalb kürzester Zeit in Wattflächen umgewandelt wurde.

Die Verbreitung des „jungen Kleis" über den mittelalterlichen Kulturschichten in den heutigen Festlandsmarschen deutet an, daß als Folge der Fluten das Meer seine Maximalausdehnung erreichte. Die Mächtigkeit dieser Kleidecke beträgt im Soholmer/Lecker Au-Gebiet ca. 1 m, in der Arlau-Bucht von W nach O abnehmend im Durchschnitt 0,6 m. Die Aufschlickung bewirkte, daß zumindest die geestrandnahen Vorländer später wieder besiedelt werden konnten (zur Eindeichung und zum Besiedlungsgang vgl. Exkursion 3 sowie die Übersicht in Fränzle 1986).

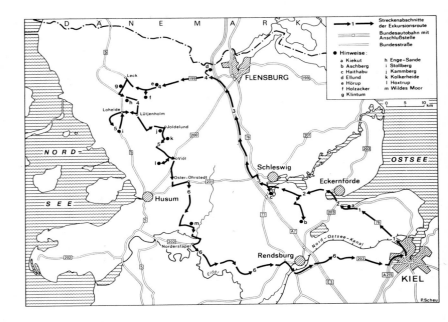

Abb. 3. Exkursionsroute

6.2 Exkursionsroute (Dauer ca. 12 Std., ca. 330 km)

Kiel — Eckernförde — Schleswig-Schuby — Flensburg-Harrislee — Wallsbüll — Langenhorn — Stollberg — Joldelund — Oster-Ohrstedt — Norderstapel — Rendsburg — Kiel.

Die folgende Übersichtsexkursion ist so angelegt, daß — von Kiel ausgehend — Schleswig-Holstein zweimal von Küste zu Küste gequert wird, um so einen Einblick in die charakteristische Abfolge quartärer und holozäner Formenkomplexe zu gewinnen. Dabei erfolgt die Hinfahrt über Eckernförde, Schleswig und Flensburg und von dort weiter in die Westküstenregion, die Rückfahrt durch die Eider- und Treeneniederung westlich von Rendsburg. Auf diese Weise bieten sich gute Möglichkeiten zur Verknüpfung mit Exkursion 3, auf der die Küstenentwicklung zwischen Husum und der dänischen Grenze näher behandelt wird.

Zur weiteren Vertiefung sei auf die Erläuterungen zum Blatt Husum der Geomorphologischen Karte 1 : 100 000 verwiesen (Fränzle 1986), das im äußersten NO den Maximalvorstoß der Weichselvereisung einschließt und im SW bis zur Nordküste Eiderstedts reicht. Im Rahmen einer auf zwei bzw. drei Tage ausgedehnten Fahrt empfiehlt sich darüber hinaus die systematische Einbeziehung der durch starken Eiszerfall geprägten weichselzeitlichen Randlagen im Gebiet des Blattes Bordesholm (Mittelholstein) der Geomorphologischen Karte 1 : 25 000 (Fränzle 1981).

6.3 Erläuterungen

Die Fahrt erfolgt zunächst auf der B 76 in Richtung Eckernförde. Von der Levensauer Hochbrücke über den Nord-Ostsee-Kanal blickt man nach W auf die Randmoränen des ersten weichseleiszeitlichen Vorstoßes (W I). Die Landschaft vor Gettorf bietet den typischen Aspekt der flachwelligen Grundmoränen des Weichselglazials. Die B 76 quert dann die jungweichseleiszeitlichen Stauchmoränen am Rande der exarativ geformten Eckernförder Bucht.

6.3.1 Dänischer Wohld und Ostseeküste in der Eckernförder Bucht

Standort: Kiekut

Nach W blickt man in das Altenhofer Zungenbecken mit dem Goossee und dem bewaldeten „Clausholzer Delta" eines spätweichseleiszeitlichen Eisrandes im Zungenbecken (Glückert 1973). Der **Goossee** ist durch holozäne Strandwälle von der Eckernförder Bucht abgeriegelt und verlandet organogen in deren Schutz.

Ein kurzer Gang am Ufer entlang nach O führt zum **Kiekuter Kliff**. Bei günstigen Aufschlußverhältnissen ist als Deckschicht die von O gestauchte Moräne des Fehmarn-Vorstoßes (Älteste Dryas-Zeit) über der Basalmoräne zu sehen. Die Bildung des Kliffs erfolgte wohl zur Hauptsache während der dritten litorinen Transgressionsphase, welche in der Zeit um Christi Geburt ihren Höchststand erreichte, der fast dem heutigen NN entsprach.

Die korrelaten Sedimente der Kliffbildung stellen die oben erwähnten **Strandwallsysteme** dar, welche auch das Windebyer Noor als nordwestliches Zweigbecken des Eckernförder Eislobus abriegeln. Sie erfuhren eine Weiterbildung im Zuge der postlitorinen (mittelalterlichen) Transgression und bilden den Siedlungsgrund für den Stadtkern und die neuzeitlichen Erweiterungen von Eckernförde.

6.3.2 Jungmoränengebiet zwischen Hüttener Bergen und Schleswig

Auf der B 76 wird der Stadtkern von Eckernförde umgangen (mit Blick auf das Windebyer Noor). Bis Fleckeby bleibt man auf der Hauptstraße, um von hier aus einen Abstecher in die Hüttener Berge zu unternehmen (Abzweigung Richtung Fellhorst). Anschließend kehrt man auf die B 76 zurück und folgt ihr bis zur Autobahnauffahrt Schuby.

Unweit Eckernförde passiert man den Großen und Kleinen Schnaaper See. Dabei handelt es sich um Toteisseen an der Austrittsstelle des späthochglazialen weichseleiszeitlichen **Schnaaper Sanders** (Glückert 1973). Der nördlich der Straße gelegene Bültsee entstand als Toteissenke in einer den Nordrand des Schnaaper Sanders zerschneidenden Schmelzwasserrinne und bildet eines der letzten oligotrophen Binnengewässer Schleswig-Holsteins.

An der Abzweigung nach Weseby ist der durch Tieftauen von Toteis zergliederte Binnensander des Hochglazials in die leicht gewellten Grundmoränen eingelagert. Südlich von Fleckeby erreichen die die Schlei begrenzenden Stauchendmoränenstaffeln der **Hüttener Berge** Maximalhöhen von über 100 m. Ihr Südteil wurde durch den nach W vorstoßenden Eckernförder Lobus gestaucht, während die SW–NO streichenden Höhenrücken nördlich Fleckeby — Güby vom Schlei-Lobus zusammengeschoben wurden (Glückert 1973).

Von der Anhöhe unmittelbar östlich der Ansiedlung Saar (zwischen Wolfskrug und Brekendorf) überblickt man bei klarer Sicht nach W die relieffolgende dünne Moränendecke des weichselzeitlichen Maximalvorstoßes, der hier wie an den meisten anderen Stellen in Schleswig-Holstein und Jütland mehrere Kilometer über die morphographisch sehr deutlich ausgeprägten Randstaffeln des Weichsel I-Standes vorstieß. Es folgen die Saumsander-Ebene der **Niederen Geest,** die vermoorten Niederungen der Treene, Sorge und Eider und schließlich — als Horizontbegrenzung — die periglaziär stark überformten Altmoränenkomplexe der **Hohen Geest.** Vom **Aschberg** (98 m NN) südlich Ascheffel bietet sich ein guter Überblick nach O in den Bereich des Eckernförder Zungenbeckens. Das **Haddebyer** und **Selker Noor,** die man kurz vor Schleswig passiert, bilden die Fortsetzung der Geltorfer Schmelzwasserrinne mit fossilen Kliffs am Ostufer der Noore, in denen Eemtorfe und weichselfrühglaziale Ablagerungen unter weichselhochglazialen Deckschichten aufgeschlossen waren. **Haithabu** (dän. Hedeby = Heiddorf, altengl. æt hæthum) am Haddebyer Noor war ein wikingerzeitlicher Handelsort von überregionaler Bedeutung (vgl. Exkursion 4).

6.3.3 Rand der Weichselvereisung zwischen Schleswig und Flensburg

Die weitere Route folgt der A 7 von der Auffahrt Schleswig-Schuby bis zur Abfahrt Harrislee.

Von der Autobahnauffahrt Schuby bietet sich ein guter Blick auf Sander und Rand des morphographisch hervortretenden Weichsel I-Vorstoßes. Die Autobahn Hamburg—Flensburg verläuft westlich der meist bewaldeten Hauptstillstandslinie (W I) auf dem Saumsander (Schleswiger, Översee/ Fröruper und Flensburger Sander) mit relieffolgender geringmächtiger Deckmoräne. Durchragungen von Altmoränen und zwischengelagerte Hochmoore (Bollingstedter und Jalmer Moor) prägen das Landschaftsbild. An der BAB-Ausfahrt Harrislee beginnt die Altmoräne unmittelbar westlich des morphographisch deutlich ausgeprägten weichselzeitlichen Eisrandes des Flensburger Lobus (W I).

Von der Abfahrt Harrislee fährt man nach Ellund und biegt dort rechts ab in Richtung Harrislee. Knapp 1 km östlich Ellund liegt links der Straße eine Kiesgrube.

Der Aufschluß **Ellund** zeigt den weichselhochglazialen Sander mit der überlagernden Deckmoräne des bis Ellund reichenden weichselzeitlichen Maximalvorstoßes (W II). In den hangenden Sanderschichten sind Stauchungserscheinungen sowie Kryoturbationen ausgebildet.

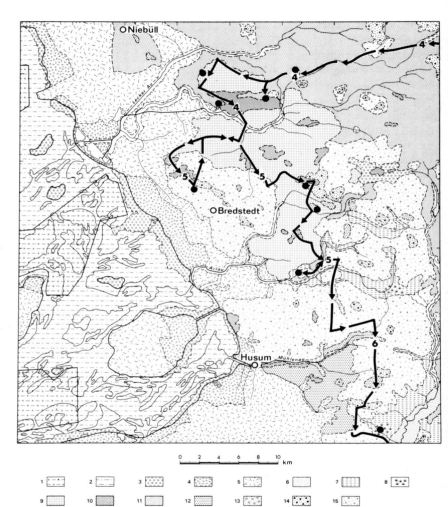

Abb. 4. Naturraumtypen in Nordfriesland (Blatt Husum der GMK 100). Quelle:
Fränzle 1985; ergänzt

6.3.4 Sander und Altmoränen der schleswigschen Geest

Die Weiterfahrt (vgl. Abb. 4) über Wallsbüll auf der B 199 führt über den Flensburger Sander mit isolierten Altmoränenaufragungen (östlich Wallsbüll) nach Hörup.

Die unmittelbar nördlich der Straße bei **Hörup** aufgeschlossene saalezeitliche Altmoräne ist stellenweise zu Geschiebedecksand reduziert mit sehr großen Geschieben (Granit, Diabas) und kryoturbat mit dem unterliegenden Fein- und Grobsand vermischt. Die früher vorhandene, aus Abspülsedimenten bestehende Hangendschicht ist mittlerweile dem Abbau zum Opfer gefallen. Die flachgeböschten Randbereiche der Altmoräne stellen periglaziäre Spülflächen dar.

Auf der weiteren Strecke bis zur Abzweigung zur B 5 über Klintum und Sande ist ein Abstecher zur präallerödzeitlichen Parabeldüne von Holzacker vorgesehen (von Hörup zunächst Richtung Holzacker, ca. 1 km vor Holzacker Feldweg nach S bis zum Ende.).

Der **Heide-Berg** westlich Stadum bildet eine der höchsten Aufragungen der äolisch überformten Warthe-Moränen und wurde 1878 als erstes Heidegebiet Schleswig-Holsteins mit Koniferen aufgeforstet („Emeis-Plantagen").

Der Aufschluß **Klintum** (in Klintum Richtung W abbiegen, nach ca. 500 m Kiesgrube links der Straße) zeigt eine sehr ausgeprägte weichselhochglaziale äolische Übergußschichtung mit fossiler Verwitterung im Lee einer jungsaaleeiszeitlichen Moräne.

In Sande folgt man nicht der B 5, sondern fährt über Enge, Schardebüll, Soholmbrück, Langenhorn und Büttjebüll zum Stollberg.

Der Dünenaufschluß südöstlich **Enge-Sande** (SW-Ecke des kleinen Wäldchens südlich Enge, Fahrweg von Enge ca. 1 km nach S) zeigt die holo-

---

Signaturerklärung zu Abbildung 4: 1 Watten (empfindliche Biotope); 2 Watten (Pufferzone); 3 Salzmarsch; 4 Kalkmarsch; 5 Klei- und Knickmarsch; 6 Flußmarsch; 7 Niedermoor; 8 Hochmoor; 9 Flugsanddecken; 10 Dünen; 11 Weichseleiszeitliche Sander; 12 Saaleiszeitliche Sander; 13 Deckmoräne; 14 Altmoränen mit Geschiebedecksand; 15 Periglaziäre Spülflächen zäne Überformung einer pleistozänen Düne; über einem mächtigen (oberen) Podsol, der die spätpleistozäne Dünenoberfläche markiert, ist jüngerer Flugsand aufgeweht, der durch einen geringmächtigen Podsol abgeschlossen wird.

Auf der Weiterfahrt von **Schardebüll** in Richtung Soholm beachte man die klassisch entwickelte übersandete periglaziäre Spülfläche (Glacis) am Südrand des Warthemoränenkomplexes.

Langenhorn ist eine langgestreckte Geestrandsiedlung an der Grenze von periglaziärer Spülfläche zur Marsch. Aus mehreren Ortschaften zusammengewachsen, wurde es 1352 erstmals erwähnt. Nach der großen „Mandränke" von 1362 wurde es Flüchtlingsdorf; der Ortsname bedeutet „Zum langen Horn" (Terrainbezeichnung).

Bei **Büttjebüllund** (nach ca. 300 m rechts des Fahrweges zum Stollberg) ist eines der mächtigsten bis jetzt bekannt gewordenen Raseneisenerzvorkommen unter (heute abgebauten) Dünensanden aufgeschlossen (Riedel 1980).

6.3.5 Geestrand und Marschen in Nordfriesland

Vom 44 m hohen **Stollberg** bietet sich bei guter Sicht ein hervorragender Überblick über Marschen, Wattenmeer und Inseln (von N nach S: Föhr, Oland, Amrum, Langeneß, Gröde, Habel, Hooge, Nordstrandischmoor, Pellworm, Nordstrand).

Vom Stollberg kann man durch die Bredstedter Köge zum **Vorland der Hamburger Hallig** fahren (vgl. Exkursion 3). Der zur Altmarsch gehörende, 1489 bedeichte Bordelumer Koog weist wegen seiner tiefen Lage und der Knickbildung (Verdichtungshorizont) im Boden reine Grünlandnutzung auf. Der 1788 bedeichte und deswegen durch weniger degradierte bzw. teilweise regradierte Böden ausgezeichnete Reußenkoog zeigt Grünland- und Ackernutzung, während der aus höchstwertiger Jungmarsch aufgebaute und 1924—26 bedeichte und planmäßig besiedelte Sönke-Nissen-Koog rein ackerbaulich genutzt wird.

Die Weiterfahrt über Lütjenholm und Högel nach Joldelund führt über den 30 m hohen Kammberg. Er trägt Kupstendünen und Flugsand über kaiserzeitlichen Eisenverhüttungsanlagen (Hütte am Parkplatz im Walde). Von Jolde-

lund erreicht man die Aufschlüsse Kolkerheide (von Kolkerheide Richtung Löwenstedt, nach 1 km Kiesgrube) und Hoxtrup (von Hoxtrup Richtung Ahrenshöft, nach 1 km rechts an einem Gehöft Feldweg zur Kiesgrube).

Der Aufschluß **Kolkerheide** zeigt warthezeitliche Sanderablagerungen mit wechselvollen weichselpleniglazialen Kryoturbationen, die eine maximale Auftautiefe von 1,50 m belegen.

In der Kiesgrube von **Hoxtrup** ist der saalezeitliche Sander mit überlagernder Moräne, die größtenteils kryoturbat gestört ist, hervorragend aufgeschlossen. Man beachte die Vergesellschaftung von Kryoturbationen und sandgefüllten Eiskeilpseudomorphosen unter Geschiebedecksand.

Von Hoxtrup fährt man über Immenstedt bis zur B 201, folgt dieser bis Oster-Ohrstedt, um dort in Richtung Winnert abzubiegen.

Auf der Fahrt läßt sich die intensive periglaziäre Überprägung der mittelsaaleeiszeitlichen (Saale II) Altmoränen beobachten. Diese sind weitgehend in Spülflächen (Glacis) mit zwischengeschalteten flachen Talwannen umgewandelt. Südöstlich von **Oster-Ohrstedt** tragen sie ausgedehnte Eiskeilpseudomorphosen (Riesenpolygone) von etwa 15 m Durchmesser.

6.3.6 Treene- und Eiderniederung westlich von Rendsburg

Die Rückfahrt nach Kiel geht von Winnert über Lehmsiek und Süderhöft nach Norderstapel und von hier auf der B 202 nach Rendsburg (vgl. Exkursion 7).

Östlich von Lehmsiek fährt man über die Randlage des Warthe II-Stadiums (Winnert-Stadium) am Südrande des **Wilden Moores** vorbei. Seine Entwicklung als Randmoor setzte im Atlantikum ein, der Beginn der Hochmoorbildung liegt im Subboreal. Durch Torfstich und Entwässerung ist der ursprüngliche Zustand weitgehend zerstört.

Das **untere Treenetal** war bereits im Eem als marine Tiefenrinne ausgeprägt (Nordmann-Rinne); in der Weichselkaltzeit stellte es den Hauptvorfluter für zahlreiche Schmelzwasserrinnen dar. Das Spätglazial war durch Tiefenerosion gekennzeichnet; danach setzte weitflächig Vermoorung ein. Die niedrige Lage und das große Einzugsgebiet bedingten zumindest saisonal starke Vernässung und Entstehung mehrerer flacher Seen (z. B. Meggersee). 1624 begannen die Versuche holländischer Kapitaleigner, die Seen trockenzulegen, die erst 1835/1840 mit der endgültigen Bedeichung und Trockenlegung des Meggersees zum Meggerkoog endeten. Im Zuge der Melioration wurde die stark mäandrierende „Alte Sorge" abgedämmt; die Vorflut erfolgt über die „Neue Sorge" unter Umgehung der unter NN liegenden Niederungen in die Eider.

Christiansholm und **Friedrichsholm** sind auf Altmoränenaufragungen (Holmen) gelegene Kolonistensiedlungen, die während der Moor- und Heidekolonisation 1861—63 gegründet wurden.

6.4   Zusammenfassung

Der schwerpunktmäßig betrachtete Bereich des Blattes Husum der Geomorphologischen Karte 1 : 100 000 umfaßt alle naturräumlichen Großregionen Schleswig-Holsteins vom Maximalvorstoß der Weichselvereisung im O über die Niedere und Hohe Geest sowie die Marschen bis zum Wattenbereich im W. Sehr klar zu trennen ist die alt- und mittelquartäre Reliefformung von der letzteiszeitlichen glaziären und periglaziären Geomorphogenese und diese wiederum von der stark anthropogen beeinflußten holozänen Formung.

Die **Altmoränen der Hohen Geest** wurden während des Saale II- und Saale III-Stadials abgelagert. Anhand sedimentologischer Befunde ist es möglich, die Grenze zwischen beiden Vorstößen relativ genau festzulegen. Offen bleiben muß freilich, ob die mehrfach im Exkursionsgebiet festgestellten intra-saalezeitlichen Bodenbildungen ein „echtes" Interglazial oder ein Interstadial repräsentieren. Damit bleibt auch der stratigraphische Rang der beiden saalezeitlichen Eisvorstöße weiterhin unbestimmt. Während des Weichselfrühglazials wurden die saaleeiszeitlichen Moränen durch periglaziäre Abspülung, die eine wesentlich größere Rolle als die Solifluktion spielte, stark überformt. Es entstanden die ausgedehnten Glacissysteme, die dem Altmoränengebiet das Gepräge geben. Mit dem Vorrücken des Inlandeises entwickelte sich ein tiefgründiger Permafrost, dessen Verbreitung und sommerliche Auftautiefe anhand der weithin vorkommenden Eiskeilspaltennetze und Kryoturbationen nachweisbar sind.

Die **hoch- und spätglaziale äolische Formung** erreicht im N wegen der geringeren Scherfestigkeit der hier vorherrschenden Sanderablagerungen und der geringen Rauhigkeit des Reliefs wesentlich größere Ausmaße als im S. Hier beschränkt sie sich im wesentlichen auf die Ausbildung des hochglazialen Geschiebedecksandes, im N entstanden im Spätglazial ausgedehnte Flugsand- und Parabeldünenfelder. Wie in Mittelholstein und in weiten Bereichen Jütlands stieß auch der Flensburger Lobus kurzfristig einige Kilometer über die morphographisch stark ausgeprägte und deshalb schon lange bekannte Hauptstillstandslage des ersten **weichselhochglazialen Vorstoßes** vor; seine geringmächtigen Ablagerungen bedecken als „Ellunder Hangendmoräne" relieffolgend den Flensburger Sander.

Die grobe Vierteilung der **holozänen Marschen** in Basistorf, atlantischen Klei, subborealen Torf und subatlantischen Klei ist als klimagesteuerte Abfolge auch in den übrigen Marschgebieten weit verbreitet. Regional und lokal gibt es jedoch große Unterschiede im Schichtaufbau, die diese Großgliederung überlagern und z. T. verdecken. Von besonderer Bedeutung ist die durch Sedimentationsablauf, Bodenbildung und menschliche Tätigkeit bedingte Differenzierung des hangenden (subatlantischen) Kleis in die tieferliegende, stark verdichtete Altmarsch und die höhere, lockere und sehr fruchtbare meernahe Jungmarsch.

6.5 Literaturauswahl

Ehlers, J. (1983): The Glacial History of North-West Germany. — In: Ehlers, J. (Hg.): Glacial Deposits of North-West Europe: 229—238, Rotterdam.

— et al. (1984): Pre-Weichselian Glaciations of North-West Europe. — Quaternary Sci. Rev., **3** (1): 1—40, Oxford u. a.

Fränzle, O. (1981): Erläuterungen zur Geomorphologischen Karte 1:25000 der Bundesrepublik Deutschland, GMK 25 Blatt 8, 1826 Bordesholm. Berlin.

— (1985): Erläuterungen zur Geomorphologischen Karte 1:100000 der Bundesrepublik Deutschland, GMK 100 Blatt 7, C 1518 Husum. Berlin.

Glückert, G. (1973): Glazialmorphogenese der weichseleiszeitlichen Moränen des Eckernförder Zungenbeckens (Schleswig-Holstein). — Meyniana, **23**: 19—48, Kiel.

Hinsch, W. (1979): Rinnen an der Basis des glaziären Pleistozäns in Schleswig-Holstein. — Eiszeitalter u. Gegenwart, **29**: 173—178, Öhringen.

Menke, B. (1982): Mittel- und Jungpleistozän in Westholstein am Beispiel des Blattes 1922 Schenefeld. — Die Heimat, **89**: 419—429, Neumünster.

Riedel, W. (1980): Bemerkungen zu den Raseneisenerzbildungen auf der Schleswigschen Geest. — Jb. f. d. Schleswigsche Geest, **28**: 223—225, Schleswig.

Schallreuter, R. et al. (1984): Geschiebe in Südostholstein. — In: Exkursionsführer Erdgeschichte des Nordsee- und Ostseeraumes. Geol.-Pal. Inst. Univ. Hamburg: 107—148, Hamburg.

Stremme, H. E. et al. (1980): Quartär-Exkursionen in Schleswig-Holstein. Kiel.

— et al. (1982): Paläoböden in Schleswig-Holstein. — Geol. Jb., **14**: 311—361, Hannover.

Neumünster und Rendsburg — Stadtentwicklung und Industrialisierung auf der holsteinischen Geest

von GERHARD KORTUM, Kiel

Karten: Amtliche Sonderkarte 1 : 75 000 Kiel und Umgebung, 1 : 50 000 Neumünster und Umgebung; TK 50 L 1722 Rendsburg-West, L 1724 Rendsburg-Ost, L 1924 Neumünster, L 1926 Bordesholm; Reco-Stadtpläne 1 : 17 500 Neumünster, 1 : 12 500 Rendsburg.

7.1 Einführung: Frühindustrialisierung in Schleswig-Holstein

Die beiden nur 40 km voneinander entfernten holsteinischen Städte **Neumünster** (78 743 E.) und **Rendsburg** (31 109 E.) scheinen auf den ersten Blick schon wegen ihrer unterschiedlichen Größe, aber auch hinsichtlich ihrer Lage, ihrer Geschichte und nach ihrem Stadtbild wenig miteinander gemeinsam zu haben. Jedoch waren es diese Städte, in denen fast zur gleichen Zeit zu Anfang des 19. Jh. aus handwerklichen Ursprüngen die ersten industriellen Großbetriebe in dem damals noch zu Dänemark gehörenden Schleswig-Holstein aufgebaut wurden. Noch heute spielen die beiden Städte in der gewerblichen Standortstruktur des Landes eine wichtige Rolle. Immerhin haben ein Drittel der 21 Industrieunternehmen Schleswig-Holsteins mit mehr als 1000 Mitarbeitern hier ihre Standorte.

Die Phase der **Frühindustrialisierung** steht deshalb neben stadthistorisch-genetischen Aspekten im Mittelpunkt der vergleichenden Beobachtungen und Erläuterungen. Dabei wird unter „Industrialisierung" nicht die breitere Definition dieses Begriffs verwendet, die umfassende sozioökonomische Strukturwandlungen einschließt; vielmehr sollen die siedlungshistorischen, wirtschaftspolitischen und firmengeschichtlichen Umstände herausgearbeitet werden, die zur Gründung der ersten von Dampfmaschinen betriebenen industriellen Großbetriebe führten. Hiermit werden nur einige, aber wesentliche Aspekte der Frühindustrialisierung in den Herzogtümern Schleswig und Holstein angeschnitten (Brockstedt 1983). Voraussetzung für den Übergang zum industriellen Großbetrieb waren neben einer längeren gewerblichen Tradition und dem sich hieraus entwickelnden unternehmerischen Kapitaleinsatz die Verwendung von dampfbetriebenen Maschinen und eine Umorganisation des Produktionsvorgangs. Alle mit der industriellen Fertigung anfallenden Arbeiten mußten räumlich unter einem Dach konzentriert und Arbeitskräfte im Umgang mit den Maschinen geschult werden. Zur industriegeographisch sinnvollen Lösung der Rohstoff- und Absatzfrage war eine Modernisierung der Verkehrsinfrastruktur notwendig. Da die Industrialisierung mit einem sozialen Wandel und einer sich im Stadtbild niederschlagenden Urbanisierung einherging, kann der Vergleich beider Städte auch von den stadtgeographischen Gegebenheiten ausgehen, wie sie sich heute vor dem historischen Hintergrund in physiognomischer und funktionaler Hinsicht zeigen. Hierdurch wird auch ein Gegenwartsbezug hergestellt, denn abschließend werden die Standortvoraussetzungen der Industrie für eine weitere gewerbliche Entwicklung des Raumes behandelt.

Vergleicht man Neumünster als ehemalige **Textilstadt** mit der alten **Festungsstadt** Rendsburg, ergeben sich manche Gemeinsamkeiten: Zunächst liegen beide auf der holsteinischen Geest nahe der durch den Moränenkranz der Weichselvereisung gegebenen Hauptlandschaftsgrenze des Landes. Die topographische Situation an den Übergängen uralter Verkehrswege über die Eider und Schwale bestimmte nicht nur die Lage der ersten, aus dem 12. Jh. stammenden Ortsteile auf Inseln in den Flußniederungen (Kleinflecken und Rendsburger Altstadt), sondern auch die vorindustrielle Wirtschaftsentwicklung beider Siedlungen (Mühlen- und Tuchmachergewerbe bzw. Eiderschiffahrt). Die Lage am Wasser war außerdem ein wesentlicher Standortfaktor für die ersten Textilfabriken an der Schwale und der Anlage einer Eisenhütte an der Eider bei Büdelsdorf. In beiden Städten kann man in den innerstädtischen Kernbereichen noch deutlich die mittelalterliche Parzellenstruktur erkennen, wobei die Polarität von je zwei bis heute bestimmenden **Platzanlagen** kennzeichnend ist (Abb. 1 u. 2). Die dreieckigen Freiräume des Klein- und Großfleckens in Neumünster entsprechen trotz ihrer geringen Distanz von nur 250 m dem Altstädter Markt und

Paradeplatz in Rendsburg; in beiden Fällen dokumentieren die Platzpaare die jeweiligen Hauptentwicklungsphasen der vorindustriellen Zeit und spiegeln in besonderer Weise auch den **Funktionswandel** der Städte wider: In Neumünster zeigen sie den Wandel vom Missionszentrum mit landwirtschaftlichem Hintergrund zur Fuhrmanns- und Handwerkersiedlung am Kreuzungspunkt alter Verkehrsverbindungen von S nach N sowie W nach O. Rendsburg entwickelte sich von einer Schifferstadt zu einem Garnisonsort.

Grundlage für die frühe Stadtbildung wurde außerdem die **Verkehrslage** am Übergang des noch heute von der Autobahn nachgezeichneten cimbrischen Ochsen- bzw. Heerweges über die Eider (vgl. Exkursion 4). Der W-O-Verkehr war seit früher Zeit wassergebunden und läßt sich als ein Leitthema über den alten Eiderkanal zum Nord-Ostsee-Kanal verfolgen, der zum wichtigsten Standortfaktor des heutigen Rendsburger Wirtschaftsraumes wurde. Auch Neumünster liegt an einem Zweig des Ochsenweges, der zum Elbübergang nach Wedel verlief. Wichtiger wurden aber die neuen Verkehrsbauten des anbrechenden Industriezeitalters auf der Achse Altona—Kiel. Die 1832 trassierte Chaussee, der die heutige B 4 folgt, sowie die 1844 gebaute „König Christian VIII-Ostseebahn" führten über Neumünster und zeigen das besondere Interesse Dänemarks an der Wirtschafts- und Verkehrsentwicklung Holsteins in jener Zeit. Dieser Landesteil galt als der fortschrittlichste im Dänischen Gesamtstaat (1767—1867). Überhaupt waren die Beziehungen zum Norden in dieser Epoche sehr eng, die Könige von Dänemark vollzogen persönlich die Einweihung der Chaussee und Eisenbahn. Sie förderten nachdrücklich auch die Gründung der „Carlshütte" bei Rendsburg als erste Eisenhütte im dänischen Staatsverband. Christian VIII. kam selbst nach Neumünster und weihte hier eine neue Tuchfabrik ein. Die Frühindustrialisierung muß daher mehr im nordischen als im deutschen Zusammenhang gesehen werden, zumal die Textil- und Metallindustrie vor 1864 im wesentlichen auf den dänischen Markt ausgerichtet waren. Auch der Festungsbau in Rendsburg und der Schleswig-Holsteinische Kanal werden nur im Zusammenhang mit der dänischen Geschichte verständlich.

Beide Städte hatten — wenn auch zu verschiedenen Phasen der Landesgeschichte — eine **Grenzfunktion:** Neumünster, am Rande des sächsischen Altsiedellandes nördlich der Elbe, spielte eine große Rolle bei der Organisation der Kolonisation des Wendenlandes östlich des „Limes Saxoniae". Die Eider bildete seit dem Frühmittelalter als Südgrenze des Herzogtums Schleswig zeitweise auch die äußerste Interessenlinie Dänemarks. Dies führte im 17. Jh. zur Anlage der (nach Kopenhagen) zweitgrößten Festung am strategisch wichtigen Eiderübergang in Rendsburg.

Als Stadt ist Rendsburg weitaus älter als Neumünster, wurde jedoch in der Phase stürmischer Industrialisierung während der Gründerzeit von der Schwalestadt überflügelt. Um 1880 hatten beide Städte rund 20 000 Einwohner. Während Rendsburg bereits 1253 das lübische Stadtrecht erhielt und sogar zeitweise Residenz einer Nebenlinie der Schauenburger Grafen war, entwickelte sich das „Nyge Münster" aus dörflichen Anfängen zu einem „Flecken", einer Minderstadt mit Handwerkern und einer gewissen Marktfunktion. Erst 1871 wurde dieser zur Stadt (Kreisfreiheit 1900). Obwohl in beiden Innenstadtbereichen ältere Entwicklungsstadien deutlich im Grundriß zu erkennen sind, ist nur in Rendsburg eine größere Zahl älterer Gebäude erhalten geblieben, und es ergibt sich hier die Möglichkeit, ein kleinmaßstäbiges, teilweise spätmittelalterliches **Stadtbild** in denkmalspflegerischer Hinsicht zu bewahren. Dies läßt sich durchaus mit modernen Erfordernissen des Straßenverkehrs und den Belangen der Geschäftswelt eines zentralen Ortes mittlerer Stufe verbinden. Im Gegensatz dazu drang in Neumünster die Industrie mit ihren Fabrikzweckbauten in die historischen Kernbereiche um den Klein- und Großflecken ein und überformte diese nachhaltig in einer städtebaulich sicher nicht wünschenswerten Weise.

7.2   Exkursionsroute (Dauer ca. 9 Std., ca. 130 km)

Kiel — Bordesholm — Neumünster — Rendsburg — Kiel.

7.3   Erläuterungen

(7.3.1—7.3.5 Neumünster; 7.3.6—7.3.10 Rendsburg)

7.3.1 „Alte Schanze" am Einfelder See

Der erste Haltepunkt im Stadtgebiet von Neumünster am Einfelder See wird von Kiel aus über die B 4 (oder A 215 bis zur Abzweigung Blumenthal) und Bordesholm erreicht.

Vom Parkplatz „Alte Schanze" hat man einen guten Überblick über den 1,8 km² großen **Einfelder See.** Hier bietet sich ein erster Ansatzpunkt zur großräumigeren natur- und kulturgeographischen Einordnung und Differenzierung des Raumes Neumünster. Nach der Eingemeindung von Einfeld im N und Gadeland im S im Jahre 1970 umfaßt das Stadtgebiet einen idealtypischen Ausschnitt aus der „glazialen Serie" von den mit Buchenwald bestandenen Moränen der Weichselvereisung auf dem gegenüberliegenden Seeufer über die sandige Vorschüttebene des Neumünsteraner Sanders mit den eingesenkten Talauen der Schwale und Stör bis zu den älteren saaleeiszeitlichen Moränen der Boostedter Berge.

Im Uferbereich des Sees befinden sich mehrere ältere Villen, Wochenendhäuser, Wassersporteinrichtungen und ein Badestrand unterhalb des Standorts. Ein Rundwanderweg erschließt den See als beliebtes Naherholungsgebiet.

Von historischer Bedeutung ist die **Einfelder Burg** (Margarethenschanze) nahe dem Vogelschutzgebiet auf der gegenüberliegenden Westseite des Sees (2 km Wanderweg am Ufer; Parkplatz). Es gilt als sicher, daß diese im Durchmesser 90 m große, von 4 m hohen Wällen umgebene Befestigung als altsächsische Flucht- oder Grenzburg des 9. Jh. anzusehen ist, die den schon damals dicht besiedelten Holstengau gegen Übergriffe der im O hinter dem „Limes Saxoniae" siedelnden slawischen Wenden schützen sollte. Weitere Anlagen dieser Art finden sich in Borgdorf (bei Nortorf) und am Zusammenfluß von Stör und Schwale im Stadtteil Wittorf.

Über den sandigen Höhenrücken zwischen dem See und dem Dosenmoor verlief bereits in ältester Zeit ein wichtiger Verkehrsweg. Nahe dem Parkplatz wurden nicht nur zahlreiche Urnengräber, sondern auch die Reste einer wallartigen Befestigung („Schanze") freigelegt. Die B 4 folgt im Stadtgebiet der Trasse der 1832 unter der Herrschaft des dänischen Königs Friedrich VI. gebauten Chaussee Altona — Neumünster — Kiel. Meilensteine mit Königsmonogrammen stehen noch in Schmalstede sowie in der

Nähe des Einfelder Bahnhofs und auf dem Grundstück der Holstenschule in der Altonaer Straße. Der heutige Stadtteil **Einfeld** (7500 E.) war bis in die 50er Jahre trotz Erschließung des Sees für die Naherholung (Kauf des Sees durch die Stadt 1939) weitgehend durch die Landwirtschaft bestimmt (Storch 1938). Das Dorf wurde erstmals 1144 urkundlich erwähnt, als das Kloster Neumünster den Zehnten der dortigen 8 Hufen erwarb. In der inneren südlichen Dorfbucht sind heute allerdings nur noch wenige Bauernstellen vorhanden. Durch den Bau einer größeren Finnenhaussiedlung für Kieler Evakuierte wuchs Einfeld immer mehr mit Neumünster zusammen.

Die Weiterfahrt in die Innenstadt erfolgt auf der schnurgeraden Trasse der ehemaligen Chaussee und führt nach Passieren des bereits 1861 gegründeten Eisenbahnausbesserungswerkes, eines der größten Arbeitgeber der Stadt, durch die wenig ansprechenden Wohnviertel der wilhelminischen Zeit entlang der Kieler Straße zum Kuhberg, einer Hauptgeschäftsstraße zwischen dem Groß-flecken und dem Bahnhof.

7.3.2 Vizelin-Kirche am Kleinflecken

Der von der Schwale umflossene 250 m lange und an der nördlichen Basis 100 m breite „Lütjen Blek" ist der älteste historische Siedlungskern Neumünsters und hieß ehedem Wippentorp (Abb. 1). Vom Standpunkt vor der 1828—34 von dem dänischen Baumeister C. F. Hansen ähnlich der Frauenkirche in Kopenhagen und der Marktkirche in Husum im klassizistischen Stil anstelle eines älteren Kirchenbaus errichteten **Vizelin-Kirche** kann man erkennen, daß der Kleinfleckenbereich als alter historischer Ortsteil in zwei Teile zerfällt: Eine erste Einheit bilden die regelmäßig um den dreieckigen Platz gruppierten Parzellen der Hufner, eine zweite der Kirchenbereich, der im S bis an die Schwale reicht, die ihn in einer Schlinge umzieht. Er zeichnet sich durch unregelmäßige, an der Straße „Hinter der Kirche" auch kleinere Grundstücke aus und umfaßt mit der alten Mühle (Aufstau der Schwale zum „Teich" vor 1291) und den ehemals adligen „Privilegierten Häusern" gegenüber dem Kirchenportal den Bezirk des **alten Klosters,** das die frühe Bedeutung des „Novum Monasterium" (Name seit 1125) für die Kolonisation Ostholsteins und die Wendenmission (vgl. Exkursion 8) begründet.

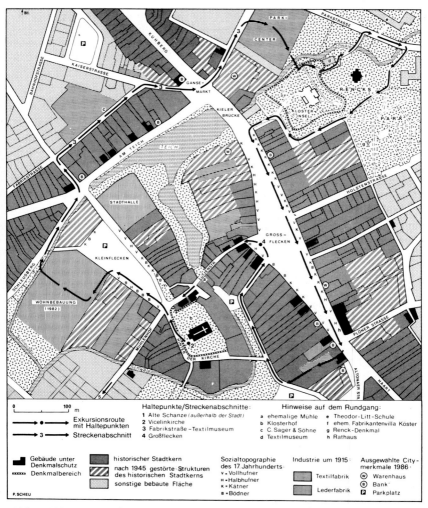

Abb. 1. Die Innenstadt von Neumünster (mit Exkursionsroute). Quelle: Busche 1968 und Stadtkernatlas Schleswig-Holstein; ergänzt

Erster Probst des bald mit umfangreichem Grundbesitz zwischen Kiel und den Elbmarschen ausgestatteten Konvents war der „Slawenapostel" Vizelin, der 1154 in Neumünster starb. Das Kloster wurde 1332 nach Bordesholm verlegt und 1566 säkularisiert (Busche 1968). Der Klosterbezirk bestand jedoch territorialrechtlich als Amt Bordesholm weiter und umfaßte bis 1708 als Exklave den Ortsteil Kleinflecken mit der Mühle im Kirchspiel Neumünster.

Der **Kleinflecken** bewahrte, wie alte Ansichten zeigen, noch bis Anfang des 20. Jh. sein vorwiegend ländliches Gepräge mit giebelständigen Bauernhäusern und Bödnerkaten, von denen heute nur noch eine mit Fachwerkkonstruktion und Krüppelwalm erhalten ist („Marktschänke"). Nach einer Aufzeichnung von 1765 wohnten um den Kleinflecken 8 Vollbauern („Hufner", in Neumünster auch „Bauleute" genannt) mit 100 ha LN, 40 Pferden und 53 Rindern, ferner 6 „Halbhufner" mit 34 ha LN. Darüber hinaus wies die soziale Gliederung bereits eine größere Zahl von Handwerkern auf. Sie gehörten zur Gruppe der Kätner und Bödner und wohnten besonders im Bereich des Schleusbergs und des Straßenzugs Wasbeker Straße/Am Teich auf kleinen Grundstücken. Vor allem war es die Berufsgruppe der Tuchmacher (1765: 32), die die weitere Entwicklung Neumünsters maßgeblich bestimmen sollte. Die seit 1646 in einer strengen Zunftordnung zusammengeschlossenen Tuchmacher siedelten sich hauptsächlich auf Grundstücken mit Wasserzugang an. Der Mühlenteich und die Schwaleschlinge sowie der künstliche Durchstich der Schleusau boten ihnen ideale Voraussetzungen zum Waschen der teilweise aus der Schafzucht im weiteren Umkreis gewonnenen Wolle. Überwiegend aber kam die Wolle über Lübeck aus Mecklenburg.

Für das Waschen, Färben, Kratzen, Spinnen und Scheren der Wolle sowie das Walken wurden zahlreiche Hilfskräfte benötigt. Viele Einheimische und Zugewanderte fanden somit in Neumünster Arbeit und Brot. Vor Anbruch der Industrialisierung hatte der Flecken Neumünster bereits 1674 E. (1765).

Der Innenstadtbereich Neumünsters wurde im 19. Jh. vom Industrialisierungsprozeß erfaßt und wesentlich umgestaltet. Eine alte Stadtansicht von 1895 läßt über zwei Dutzend Fabrikschornsteine erkennen. Dieser **innere industrielle Standortring** um den Stadtteich besteht heute nicht mehr, und es ist aufschlußreich, den Funktionswandel der Fabrikgrund-

stücke zumindest beispielhaft nachzuvollziehen. 1875 gab es um den Klein-
fleckenplatz allein 5 kleinere Tuchfabriken, 1 Baumwollspinnerei und 2 Lederfabriken. Auf dem Gelände der 1985 errichteten Stadthalle, die zur Revi-
talisierung dieser Platzanlage beitragen soll, bestanden die Volltuchfabriken
von J. Westfalen (1859—1907) und J. J. Bartram (gegr. 1827). Das umfangreiche ehemalige Gelände der Lederfabrik F. A. Wiemann (1898—1964)
auf der Westseite des Kleinfleckens wurde nach Abbruch erst 1981 im Zuge
der Innenstadtsanierung der Wohnbebauung zugeführt (300 Wohneinheiten). Durch die damit geschaffene einheitliche Fassadenfront im W soll dem
historischen Kleinflecken auch städtebaulich sein altes Gewicht wiedergege-
ben werden.

7.3.3 Über die Fabrikstraße zum Textilmuseum

Wie im zum Kleinflecken gehörenden Ortsteil Schleusberg gab es auch am
nördlichen Ufer des Teiches mehrere Tuchmachereien und Textilfabriken.
Der weitere Stadtrundgang führt in der **Fabrikstraße** an der letzten noch
bestehenden Volltuchfabrik im Zentrum vorbei (Abb. 1). Die Firma C. Sager & Söhne auf dem Gelände zwischen Bahnhofs- und Kaiserstraße entwickelte sich aus einer bereits 1828 von einem Dänen aus Fredericia gegründeten Färberei und Appretieranstalt. 1859 wurde zusätzlich die Spinnerei
und Weberei aufgenommen, nachdem bereits 1847 eine Dampfmaschine an-
gekauft worden war. Der traditionsreiche Betrieb hatte 1864 74 Beschäftigte
(heute um 200) und stellt u. a. Konfektionsstoffe und Decken her.

*Beim Gänsemarkt überquert man bei dem ehemaligen Hauptgebäude des
durch seine landeskundlichen Veröffentlichungen bekannten Wachholtz-
Verlages die Hauptdurchgangs- und Geschäftsstraße Kuhberg zwischen Großflecken und Bahnhof und biegt beim Kaufhaus Karstadt nach N in die Christianstraße ein.*

Gegenüber der Landeszentralbank und der 1912/13 erbauten Anschar-
Kirche befindet sich das **Parkcenter**, ein 1976 fertiggestelltes modernes Ge-

schäftszentrum mit zahlreichen Einzelhandelsgeschäften, Restaurants etc., durch das die Citybildung neue Akzente erhielt. Auf diesem Gelände befand sich bis zu ihrem Abbruch 1973 eine weitere alte Tuchfabrik: Die Firma H. F. Rohwedder wurde 1866 auf dem an die Schwale grenzenden Grundstsück errichtet und hatte sich ebenso wie die Firma Sager aus einem 1844 gegründeten Handwerksbetrieb entwickelt (um 1900: 100 Beschäftigte).

Durch die Passagen des Einkaufszentrums erreicht man über die Schwalebrücke die „Klosterinsel", einen heute als Ruhezone mit Wasserbecken, Springbrunnen und Parkbänken genutzten Teil des ausgedehnten Rencks Park.

Auf der **Klosterinsel** vollzog sich in Schleswig-Holstein der Einstieg in das Industriezeitalter. Man kann noch heute erkennen, daß der Bereich ehemals von einem Wasserarm der Schwale umgeben war, der im Zuge der laufenden Stadtsanierung wieder vertieft und geflutet werden soll. Abseits des Großfleckens errichtete hier nahe der „Kieler Brücke" beim Schwaleeintritt in den Teich das Augustiner-Kloster Plön 1498 ein bis 1570 bestehendes Nonnenkloster. Später wurde es „Herzogliches Haus" und diente als Amtssitz des Kirchspielvogts. Bedeutend für die weitere Wirtschaftsentwicklung war die Umwandlung in ein Zuchthaus im Jahre 1729. Die Insassen hatten die Aufgabe, für die Tuchmacher des Ortes Wolle zu spinnen. Schwierigkeiten mit den Handwerksbetrieben führten 1750 entgegen der Zunftordnung zur Aufstellung von vier eigenen Webstühlen in dem von einem Privatunternehmer gepachteten Zuchthaus, das sich seitdem „Privilegierte Wollzeugfabrique" nannte (Helmer 1925). Den Übergang von der Manufaktur zur Industrie durch räumliche Konzentration aller Arbeitsvorgänge unter Verwendung von Maschinen vollzog aber erst H. L. Renck im Jahre 1824. Zwei Jahre vorher hatte er das Gelände nach Verlegung des Zuchthauses ersteigert und baute dort seine Fabrik nach dem derzeitig modernsten Stand der Technik.

Die Ankunft einer aus England importierten Dampfmaschine mit 8 PS, der ersten in Schleswig-Holstein, wurde mit einem Volksfest gefeiert. Sie trieb zunächst nur die Kratzmaschinen, Wölfe (= Reißmaschinen) und die Walkmühle an. Die Arbeit an den 19 Webstühlen und 15 Spinnmaschinen erfolgte hingegen noch lange manuell durch die 130 Arbeiter (1824). 1836 wurden knapp 60 000 Pfund Rohwolle verarbeitet und 1400 Ballen Tuch hergestellt. Die Tuchfabrik Renck bestand bis

1886; die später teilweise als Lederfabrik genutzten Gebäude wurden 1933 abgebrochen.

Dem Beispiel Rencks folgten bald andere Tuchmacher (Blunck 1927).
1865, also zwei Jahre vor Eingliederung in den Preußischen Staat und der Umorientierung des Absatzes nach Süden, bestanden in Neumünster bereits 6 Tuchfabriken mit 735 Beschäftigten, während in 60 Handwerksbetrieben nur noch 364 Arbeiter tätig waren. Damit war der Umschwung vollzogen. Gleichzeitig setzte eine rege Zuwanderung ein, die Einwohnerzahl des des baulich außerordentlich heterogenen Fleckens verdoppelte sich von 1840—1868 auf 9000 (1900 bereits 27 000). Zur Kehrseite der Industrialisierung gehören zahlreiche triste und sanierungsreife Wohnviertel der Gründerzeit, z. B. im Bezirk Nordost zwischen Kieler und Christianstraße.

Im Umfeld von **Rencks Park** ist noch auf zwei mit dem Aufstieg Neumünsters zum „holsteinischen Manchester" eng verbundene Gebäudekomplexe hinzuweisen: Die zweite Tuchfabrik des Fleckens wurde auf dem Gelände der heutigen Theodor-Litt-Schule, einem Berufsbildungszentrum für Wirtschaft, Textiltechnik und Chemie (1950 als Textilfachschule gebaut), an der Schwalebrücke in der Parkstraße von dem Tuchmacher J. O. Meßtorff gegründet. Der dänische König Christian VIII. kam 1840 persönlich zur Einweihung und verlieh dem Unternehmen den Namen „Christiansfabrik". Dieser Betrieb bestand bis 1930 und beschäftigte etwa 100 Arbeiter. In dem 1938 gegründeten und seit 1950 in einem Gebäude unmittelbar an der Schwale unweit der sehr repräsentativen, als Nebengebäude einer Schule genutzten Kösterschen Fabrikantenvilla untergebrachten **Textilmuseum** (Parkstraße 17, Öffnungszeiten Mo—Fr 8—16 Uhr, So 10—13 Uhr) sind besonders die handwerklichen Grundlagen der Weberei der vorindustriellen Zeit dargestellt. Gegenwärtig bemüht man sich um einen Ausbau als Industriemuseum, das auch die sozialen Probleme der Arbeiterschaft dokumentiert.

Von der Textilindustrie gingen durch Unternehmererfahrung, Kapitalbildung und Agglomerationseffekte weitere Wachstumsimpulse aus: So gab es neben den 4 Tuchfabriken 1865 noch 6 Baumwollspinnereien, 6 Färbereien und 3 Maschinenfabriken, die zunächst hauptsächlich Spinnmaschinen und Ausrüstungen für die örtliche Textilindustrie herstellten. Der

Metallsektor behielt bis heute seine Bedeutung, zumal das Bundesbahnaus-
besserungwerk, die Neumag, Stock Guß und andere Betriebe die Strukturkrise Neumünsters Ende der 60er Jahre überdauerten.

7.3.4 Der Großflecken

Während vom ältesten Ortsteil, dem noch heute stillen, verkehrsabgeschie-
denen Kleinflecken, letztlich die Impulse für die frühe Industrialisierung
ausgingen, entwickelte sich der nur 250 m östlich gelegene „Grote Blek"
immer mehr zum Geschäftszentrum der schnell wachsenden Stadt
(Abb. 1).
Wann der **Großflecken** entstand, geht aus Urkunden nicht hervor. Mit
Sicherheit ist er aber jünger als der Kleinflecken, und alles deutet darauf
hin, daß sich erst nach Aufstau des Mühlenteichs an der alten Furt durch
die Schwale (später: „Kieler Brücke") die ersten Bauern und Handwerker
ansiedelten. Noch heute liegt der Großflecken zwischen zwei Verkehrs-
knoten: Am Gänsemarkt (Kaufhaus Karstadt) kreuzt sich die alte Verbindung Dithmarschen—Preetz mit dem Ostzweig des Ochsenwegs von Flensburg nach Wedel/Hamburg. Am Südende des dreieckigen Platzes streben
die Straßen nach Plön, Lübeck, Bramstedt/Altona und Wittorf auseinan-
der. Der Großflecken spiegelt somit im kleinen die noch heute gültige
großräumig zentrale Verkehrslage Neumünsters wider.

Nach dem erhaltenen Erdbuch von 1709 zeichnete sich die sozialtopographische
Gliederung dieses Ortsteils in der vorindustriellen Zeit durch ein starkes Gewicht
der Landwirtschaft und des Handwerks aus. Um den Flecken wohnten 24 Voll- und
Halbhufner, ferner 27 Kätner und 73 Bödner. Die letztgenannten Gruppen besaßen
nur Haus und Grundstück, hatten aber keine Flurberechtigung (Busche 1968). 1763
hatten sich die Voll- und Halbhufner größtenteils auf das lukrative Fuhrgewerbe
umgestellt. 19 „Reiheführer" bedienten mit ihren schweren Gespannen den Last-
verkehr zwischen den Hansestädten und Flensburg. Bis zum Beginn der Industrialisierung bewahrte der Ortsteil sein ländlich-dörfliches Aussehen. Es überwog das
giebelständige Neumünsteraner Bürgerhaus mit Fachwerk und Krüppelwalm (restauriert Nr. 66 Café Oldehus, 1781). Dann überprägten Fabriken das Ortsbild um
den Großflecken (Tuchfabriken auf den Parzellen 10, 20 und 54, ferner 3 Baumwollspinnereien und 1 Lederfabrik, Nr. 56 heute Volksbank). Auf dem Grundstück

Nr. 20 bestand nahe dem heute zentralen Punkt der Stadt am Westausgang des Fußgängertunnels bis in die 70er Jahre die Trikotagenfabrik Wehrenpfennig & Brüggen.

Besonders die westliche Gestaltung des Platzes zeichnet sich durch eine sehr heterogene, in keiner Weise urbane Fassadenfront und sehr unterschiedliche Nutzung der tiefreichenden Grundstücke aus. Ein Großteil der Gebäudesubstanz ist sanierungsbedürftig. Das Planungskonzept der Stadt sieht im Zuge einer zellenweisen Sanierung vor, dem Platz durch Verkehrsberuhigung und Durchgrünung sowie durch bauliche Vorgaben für die Grundstücksanlieger zumindest teilweise seine ursprüngliche Gestalt zurückzugeben. Man hofft, daß durch die Imageverbesserung auch die geschäftliche Entwicklung der **Innenstadt** positiv beeinflußt wird.

Ein Rundgang zeigt, daß die typischen physiognomischen und funktionalen Citymerkmale bisher erst in Ansätzen vorhanden sind. Das Angebot in mehreren Warenhäusern und zahlreichen spezialisierten Einzelhandelsgeschäften sowie im Dienstleistungssektor ist zwar recht vielseitig, entspricht aber in baulicher Hinsicht noch nicht den Strukturen, die man von einem Oberzentrum erwartet.

7.3.5 Industriegebiet Wrangelstraße

Nach dem Rückweg vom Großflecken durch die Fußgängerstraße Lütjenstraße zum Ausgangspunkt des Rundgangs am Kleinflecken fährt man über den Mühlenhof, Holsatenring und die Wittorfer Straße zum Industrie- und Gewerbegebiet Wrangelstraße.

Das Ende des 19. Jh. am damaligen südlichen Stadtrand zwischen der Bahnlinie nach Hamburg und der Schwale angelegte alte Gewerbegebiet zeigt beispielhaft in seinem Funktionswandel die Probleme der bis in die 60er Jahre zu einseitig auf Textil- und Lederverarbeitung ausgerichteten Industriestruktur Neumünsters. Das zum **mittleren Industriering** der Stadt rechnende Areal der Wrangelstraße umfaßte im wesentlichen drei größere Betriebskomplexe zwischen Bahn und Schwale, die in besonderer Weise repräsentativ für die neuere Industrieentwicklung Neumünsters sind: Von den großflächigen Industrieanlagen ist nur noch die 1856 als Handwerksbetrieb am Kleinflecken gegründete, 1892 an den Stadtrand verlagerte Volltuchfabrik Julius Bartram in Funktion. Mit einem Stamm von rd. 200 Mitarbeitern werden hier Loden- und Konfektionsstoffe sowie Decken hergestellt. Die Fabrikgebäude zeugen vom alten Glanz der Tuchfabrikation in Neumünster.

Die Textilindustrie versuchte, sich an neuere Entwicklungen anzupassen. So produzieren die Nordfaserwerke an der Plöner Bahnlinie heute vorwiegend Kunstgarne, und zwar mit Maschinen, die auf dem benachbarten Gelände der Neumag weitgehend für den Export hergestellt werden. Die Bekleidungsindustrie hielt sich bis Mitte der 70er Jahre: Die Firma Marsian („Maris-Modelle") errichtete in den 60er Jahren noch einige moderne Werke in der Stadt (Holstenhalle, Rügenstraße), entschloß sich dann aber 1975/76 überraschend zur Aufgabe der Fertigung. Das Gebäude Rügenstraße wird heute von der hydraulische Getriebe herstellenden Firma Sauer genutzt (Hauptbetrieb im Industriegebiet Süd, rd. 600 Beschäftigte), die als einziger bedeutender Betrieb mit Ausrichtung auf neue Technologien für Neumünster gewonnen werden konnte, während die Elektrobranche (Schaltgerätewerk der AEG am Berliner Platz, 1200 Beschäftigte) den Einstieg in die Elektronik nicht mitvollzog.

Die südlich anschließenden Grundstücke der beiden Lederwerke H. G. Schmidt (seit 1903) und E. Köster (vorher Adler & Oppenheimer, seit 1920) werden seit dem Zusammenbruch dieses 1966 noch 1100 Arbeitnehmer beschäftigenden Industriezweiges (1967 infolge der EG-Integration) in vielfältiger anderer Weise genutzt (Industriehof für Kleingewerbe, Lager, Möbelschau u. a.). Teilweise stehen die großen Fabrikhallen jedoch leer. Zwei repräsentative Kontorhäuser weisen auf die ehemalige Bedeutung der Lederindustrie für Neumünster hin.

Diese Branche hat sich erst nach 1870 entwickelt und knüpft auch an die handwerklichen Traditionen der am Flecken Anfang des 19. Jh. vertretenen Schuster und Weißgerber an. 1900 gab es in der Stadt bereits 8 Lederwerke. Der Höhepunkt wurde 1924 erreicht, als 46 % der 10 113 Industriebeschäftigten in Neumünster auf die Lederfabriken entfielen (36 % Textil- und Bekleidung, 14 % Metallverarbeitung).

Der Verlust von 4000 Arbeitsplätzen bei der Umstrukturierung zu Beginn der „dritten", gegenwärtigen Phase der Industrialisierung in Neumünster konnte durch Neuansiedlungsbemühungen im Rahmen des „Programms Holstein" der Gemeinschaftsaufgabe „Verbesserung der regionalen Wirtschaftsstruktur" (seit 1978: 25 %ige Investitionszulage) bisher nicht voll überwunden werden. 1984 waren von 29 000 versicherungspflichtigen Beschäftigten (Arbeitslosenquote 14 %) 35 % im produzierenden Gewerbe, 32 % im Dienstleistungsbereich, 24 % in Handel und Verkehr sowie 9 % im Bauhauptgewerbe tätig. Der Industriebesatz von 127 Arbeitnehmern pro 1000 E. ist aber für Landesverhältnisse hoch und rechtfertigt die Einordnung Neumünsters als Industriestadt, wenn auch die im Stadtwappen aufgenommenen, lange das Stadtbild bestimmenden Fabrikschornsteine weitgehend verschwunden sind.

Die Fahrt von Neumünster nach Rendsburg erfolgt über die A 7 bis zur Abfahrt Schülldorf (Autobahnkreuz Rendsburg) und die durch die Industrialisierung stärker überformten Randgemeinden südlich des Nord-Ostsee-Kanals (Kröger-Werft in Schacht-Audorf). Über das NORLA-Ausstellungsgelände in Osterrönfeld nahe der Eisenbahnhochbrücke wird der 1961 fertiggestellte Fahrzeugtunnel erreicht. Die Anfahrt zum ersten Haltepunkt in Rendsburg führt durch die Innenstadt oder über den Abzweiger der B 77 Rendsburg-Nord nach Fockbek.

7.3.6 Altes Kanalpackhaus am Untereiderhafen

Die **Eider** ist nicht nur der längste Fluß Schleswig-Holsteins, sondern hat auch im Verlauf der Landesgeschichte als Grenzfluß zwischen den Herzogtümern Schleswig und Holstein eine sehr wesentliche Rolle gespielt. Für die frühe Stadt- und Wirtschaftsgeschichte war sie als Standortfaktor ebenso bedeutend wie der Nord-Ostsee-Kanal für den heutigen Wirtschaftsraum Rendsburg. Eine erste Übersicht der Stadtgliederung macht deutlich, daß Rendsburg am Eiderübergang des „Ochsenweges" auf einer Insel im Fluß entstand (Abb. 2). Bei der Bewertung der heutigen Situation ist zu berücksichtigen, daß der Wasserspiegel im Stadtbereich durch die Arbeiten am Nord-Ostsee-Kanal 1885 um 2,5 m abgesenkt wurde. Vor der Errichtung des Eidersperrwerkes Nordfeld im Jahre 1936 reichten die Gezeiten der Nordsee bis in das Stadtgebiet Rendsburg. Dies war eine wichtige Voraussetzung für die seit dem Mittelalter betriebene Eiderschiffahrt. Die

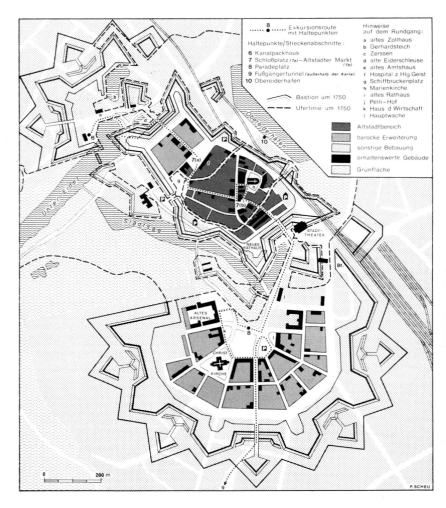

Abb. 2. Die Innenstadt von Rendsburg (mit Exkursionsroute). Quelle: Stadtkern-atlas Schleswig-Holstein; verändert

Rendsburger Schiffergilde unterhielt darüber hinaus über Eckernförde weitreichende Handelsverbindungen im Ostseeraum. Schon damals war die Eiderstadt somit ein bedeutender Handelshafen im Binnenland. Hauptsächlich wurden Holz und Getreide umgeschlagen (Steiniger 1962). Nach der erwähnten Eiderabdämmung versandete der Fluß unerwartet schnell und verlor seine Bedeutung als Schiffahrtsweg. 1936 wurde deshalb die alte **Eiderschleuse** in der Mitte der Grünanlage des Thormannplatzes aufgegeben (Hinweistafel des Canal-Vereins).

Durch den Bau des Schleswig-Holsteinischen Kanals (1777—1780, nach 1850 „**Eiderkanal**" genannt) wollte der Dänische Gesamtstaat wie später bei dem Chaussee- und Eisenbahnbau die Verkehrsentwicklung und Wirtschaftsstruktur der Herzogtümer fördern. Gleichzeitig diente die 34 km lange, seinerzeit als wasserbautechnisches Meisterwerk geltende Kunstwasserstraße von Holtenau an der Kieler Förde bis zur Eider den bis nach Westindien reichenden Schiffahrtsinteressen Dänemarks (Stolz 1983).

Der 4 m tiefe und 29 m breite Wasserweg verfügte über sechs 35 m lange, 8 m breite und 3,5 m tiefe Schleusen, um die 15 km lange Scheitelstrecke auf einem Niveau von 7 m über dem Ostseespiegel zu erreichen. Die teilweise noch gut erhaltenen und vom Canal-Verein seit 1984 restaurierten Schleusen befinden sich in Holtenau, Gut Knoop, Rathmannsdorf bzw. in Königsförde und Kluvensiek (lohnender Besuch möglich auf der Rückfahrt nach Kiel, Abfahrt Bovenau). Den Eiderkanal konnten Seeschiffe bis 260 t Ladegewicht passieren. Sie benötigten von Holtenau bis Tönning 3—4 Tage. 10 Jahre vor Bau des Kaiser-Wilhelm-Kanals wurden über 4500 Durchfahrten registriert.

Ein Teilstück des alten Eiderkanals in Rendsburg ist bis heute im Gerhards-Teich mit noch erkennbaren Treidelpfaden bewahrt. Die Kanalschleuse befand sich zwischen dem Alten Zollhaus (1784, mit gußeiserner Freitreppe aus der Carlshütte in Büdelsdorf; vgl. 7.3.10) und dem alten Kontorhaus der nach 1839 im Kanalgeschäft tätigen Firma Zerssen.

Das **Kanalpackhaus**, ein mächtiger, nach der Restaurierung als Möbelverkaufshaus genutzter Backsteinspeicher, wurde bereits 1783 als Umschlaglager errichtet. Ähnliche Bauten entstanden im gleichen Jahr an den Endpunkten des neugeschaffenen Schiffahrtsweges zwischen Ost- und Nordsee in Holtenau und Tönning.

7.3.7 Vom Schloßplatz zum Altstädter Markt

Von der Eiderschleuse in der Mitte des Thormannplatzes führt der Stadtrundgang über die Torstraße, am alten, heute als dänisches Kulturzentrum genutzten Amtshaus (Nr. 4) vorbei durch den Bereich der Schleuskuhle, zum Schloßplatz. Dieser noch durch mehrere spätbarocke Bürgerhäuser geprägte Stadtteil entstand auf den sumpfigen Eiderwiesen erst Ende des 17. Jh. und weist wie das „Vorwerk" auf dem schleswigschen Eiderufer einen teilweise regelmäßigen Grundriß auf. Der **Schloßplatz** wird architektonisch durch das 1758 vom dänischen König Friedrich V. neu gebaute „Hospital zum Heiligen Geist" (zunächst Kaserne, heute Altersheim) beherrscht (Abb. 2). Zu dieser Stiftung gehörten seit dem Mittelalter ausgedehnte Ländereien, die der in Rendsburg residierende Schauenburger Graf Gerhard III. (Gerhardsbrunnen auf dem Schloßplatz, Arbeit der Carlshütte von 1881) der Stadt als fromme Stiftung schenkte.

Auf dem Gelände des Hospitals zum Heiligen Geist lag ehemals die zuerst 1199 erwähnte „Reinoldesburg". Sie soll bereits um 1100 von dem dänischen Prinzen Björn an diesem strategisch wichtigen Flußübergang des Heerweges nach Holstein angelegt worden sein und war von der in ihrem Schutz entstehenden Handwerker- und Schiffersiedlung durch den Mühlengraben getrennt. Auch Fernhandelskaufleute aus den Niederlanden siedelten sich im 12. Jh. am Nordufer der Eider an und gründeten den später im Zuge des Festungsausbaus niedergelegten Ort Campen. Rendsburg entstand somit früher als Kiel und stellt als Wik-Ort ein typisches Beispiel für die Stadtgenese in Nordeuropa dar. Die Händler- und Schiffersiedlung erhielt vor 1252 das lübische Stadtrecht, territorialrechtlich gehörte sie immer zu Holstein. Der die Eider als Furt, später auf einer Holzbrücke im Zuge der Denkerstraße querende Ochsenweg durchzog diagonal die gesamte Altstadt und berührte den Stadtkern um den **Altstädter Markt** mit dem Rathaus und der Marienkirche.

Heute bildet die vom alten Hafenbereich am Schiffsbrückenplatz zum Rathaus führende Hohe Straße und der Stegen vom Markt zum Theatervorplatz die wichtigste Achse des Altstadtbereichs (Abb. 2). Sie wurde zu einer attraktiven **Fußgängerstraße** mit zahlreichen Einzelhandelsgeschäften ausgebaut und verknüpft trotz einiger schlecht eingepaßter Wohn- und Geschäftshäuser (Kaufhäuser, Banken) in gelungener Weise die Geschichte mit der Gegenwart. Anhand des Grund- und Aufrisses gewinnt man einen guten Einblick in die Struktur und das Wesen einer durch Rathaus, Kirche und giebelständige Fachwerkhäuser bestimmten mittelalterlichen Stadt (Borgwald 1980).

Der alte Baubestand ist noch relativ gut mit mehreren **Bürgerhäusern** in der Denkerstraße (Nr. 1, 3, 6, 21), Mühlenstraße (Nr. 1, 5, 23), Hohen Straße (Nr. 7, 21) und dem Altstädter Markt (Nr. 15, 16) vertreten. Das älteste Haus läßt sich nach der Inschrift am vorragenden Fachwerkgiebel auf das Jahr 1541 datieren („Haus zum Landsknecht", Schleifmühlenstraße 2).

Die mächtige dreischiffige gotische Backsteinkirche von **St. Marien** wurde bereits 1286 nach einem Stadtbrand etwas abseits des kleinen Marktes auf dem höchsten Punkt der Stadtinsel zwischen den Eiderarmen errichtet. Kunstgeschichtlich bedeutend sind die Renaissancekanzel von H. Peper (1597), das Bronzetaufbecken aus dem 14. Jh. und der Barockaltar.

Die reichgegliederten Fachwerkfassaden, der nordische Treppengiebel mit seinem Glockenspiel und das mit einem auf 1609 datierten Stadtwappen geschmückte Portal des **Alten Rathauses** zeugen von der Bedeutung der Bürgerkultur in der Eiderstadt. Im Erdgeschoß befinden sich die Sammlungen des Heimatmuseums (Volkskunde, Stadtgeschichte, Eiderschiffahrt, Kanalbau, Festungsmodelle; Öffnungszeiten: Di—So 10—12 Uhr, Fr—So auch 15—17 Uhr).

7.3.8 Paradeplatz im Festungsstadtteil Neuwerk

Das 1909 zunächst als Stadthalle errichtete repräsentative **Stadttheater** (Landesbühne Schleswig-Holstein) am Übergang des Stegens zum Jungfernstieg steht auf halbem Wege zwischen Altstädter Markt und dem Paradeplatz auf einem zugeschütteten Teil des südlichen holsteinischen Eiderarmes. Dieser ist heute im schmalen **Stadtsee** nur noch teilweise vorhanden. Ursprünglich befand sich hier das Holstentor mit dem berühmten „Eiderstein" (Inschrift: „Eidora Romani Terminus Imperii", heute im Zeughaus Kopenhagen). Der Bereich zwischen Theater, Bahnhof und dem promenadenähnlichen **Jungfernstieg** bildet mit seiner überwiegend modernen Bausubstanz und heterogenen funktionalen Struktur eine von der

Stadtentwicklungsplanung bewußt geförderte „Gelenkzone" zwischen dem mittelalterlichen Kern und dem in sich geschlossenen barocken Festungsstadtteil **Neuwerk.** Im Mittelpunkt dieses Ende des 17. Jh. nach Plänen von Generalmajor Scholten gestalteten Garnisonsbereichs liegt der weiträumige quadratische **Paradeplatz** (Abb. 2). Bereits 1539 befahl Christian III. zum Schutze Dänemarks eine erste umfassende Befestigung der strategisch wichtigen Eiderstadt, die bis zum 30jährigen Krieg einen hinreichenden Schutz bot. Der Ausbau Rendsburgs zur nach Kopenhagen zweitwichtigsten Festung Dänemarks begann erst 1690 unter Christian V. mit der Anlage eines neuen Stadtteils (Schröder 1939). Der barock-absolutistische Zeitgeist und die Prinzipien des Festungsbaus nach dem Konzept Vaubans spiegeln sich noch heute deutlich im Grundriß wider (Abb. 2), obwohl die sternförmig um die Garnisonsgebäude gelegten Wallanlagen, Vorwerke, Bastionen und Wassergräben nach 1850 beseitigt wurden. Durch ein Netz von Radialstraßen, die entsprechend der Sitzordnung an der königlichen Tafel in Kopenhagen benannt wurden, war jeder Punkt des Wallsystems schnell erreichbar.

Wesentlich für den einheitlichen Charakter des Paradeplatzes ist ferner die Tatsache, daß alle wichtigen Gebäude 1690—1710 im gleichen Stil von dem aus Lugano stammenden Baumeister Dominico Pelli errichtet wurden (ehemalige Kommandantur, Altes Arsenal, Superintendantur, Garnisonskirche, Apotheke, Hauptwache, Provianthaus, Pelli-Hof am Jungfernstieg).

Die Belange der Festung bestimmten die Wirtschaft der Eiderstadt in der vorindustriellen Phase entscheidend. 1803 waren 48 % der damaligen Stadtbevölkerung von 7563 E. Militärpersonen. Nach 1867 blieb Rendsburg zwar Garnison, wurde aber nicht erneut befestigt. Noch heute ist das Neuwerk ein wichtiger Bundeswehrstandort (Eider-Kasernen westlich des Alten Arsenals).

7.3.9 Fußgängertunnel unter dem Nord-Ostsee-Kanal

Vom Paradeplatz folgt die weitere Route mit dem Bus zunächst der Königsstraße bis zum ehemaligen Wallring, der von öffentlichen Großbauten der

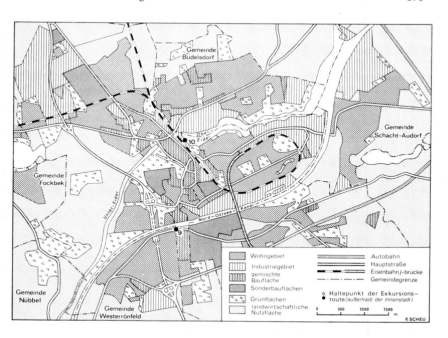

Abb. 3. Der Wirtschaftsraum Rendsburg. Quelle: Flächennutzungsplan der Stadt Rendsburg und ihrer Umlandgemeinden

Gründerzeit eingenommen wird. Die Berliner- und Hindenburg-Straße führt nach S auf der alten Hauptausfallstraße zur beliebten Tagungsstätte Convent-Garten. Seit 1964 stellt von hier aus ein Nahverkehrstunnel, der eine alte Drehbrücke ersetzte, die Verbindung mit den Siedlungsteilen Oster- und Westerrönfeld sowie dem Ausstellungsgelände südlich des Kanals her. Über die langen Rolltreppen oder den Fahrstuhl erreicht man durch die Tunnelröhre den nächsten Standort am Aufzugshaus auf der Südseite des Nord-Ostsee-Kanals.

Die 1912 im Zuge der ersten Kanalverbreiterung von 67 auf 103 m erbaute **Eisenbahnhochbrücke** (42 m hoch, Schwebefähre für PKW) gilt als das Wahrzeichen von Rendsburg. Die über kilometerlange Erdrampen erreichbare 2,5 km lange Eisenkonstruktion mit ihrem 140 m langen Mittelstück über dem Kanal verbindet in selten geglückter Weise technische Notwendigkeiten mit künstlerischer Gestaltung. Um den Höhenunterschied zum nahe gelegenen Bahnhof zu überwinden, mußte zwischen dem Kanal und der Obereider eine große Schleife angelegt werden.

Der **Kreishafen** am nördlichen Kanalufer mit einer Kailänge von 800 m ist für Seeschiffe bis 8 m Tiefgang erreichbar (Abb. 3). Die Umschlagseinrichtungen sowie Lagerhäuser und anschließende Gewerbeflächen weisen darauf hin, daß Rendsburgs alte Bedeutung als Hafenplatz im Binnenland durch den Bau des Kaiser-Wilhelm-Kanals in den Jahren 1887—1895 wesentlich gestiegen ist (heute mit einem Umschlag von 500 000 t fünftgrößter Hafen Schleswig-Holsteins).

Der zunächst vorwiegend aus marinestrategischen Gründen gebaute, bereits 1915 verbreiterte und von 9 auf 11 m Tiefe ausgebaggerte Kanal (seit 1919 **Nord-Ostsee-Kanal**, international auch Kiel-Kanal) folgt von Holtenau bis Rendsburg zunächst in begradigter Trassenführung dem Verlauf des Alten Eiderkanals, biegt dann aber westlich Rendsburgs nach SW zur Elbe bei Brunsbüttel ab (Bähr 1983).

Als Stichkanal verfügt er über nur zwei Schleusen. Seit mehreren Jahren wird an einer erneuten Verbreiterung des knapp 100 km langen Kanals gearbeitet, da die Uferböschungen selbst bei langsamer Fahrt von größeren Schiffen unterspült werden. Im Jahre 1984 durchfuhren den Nord-Ostsee-Kanal rd. 51 000 Schiffe mit einer Gesamttonnage von 53 Mio. NRT. 59 % der Durchfahrten entfielen auf Schiffe aus der Bundesrepublik. Von wirtschaftlicher Bedeutung ist der Kanal auch für die Handelsflotten der anderen Ostseeanlieger, besonders die der Ostblockländer. Die Wegeabkürzung liegt bei etwa 300 Seemeilen. Dadurch kann Treibstoff und Zeit eingespart werden, so daß die etwa 7—10 Std. dauernde Durchfahrt von der Ost- zur Nordsee trotz hoher Passage- und Lotsengebühren vorteilhaft bleibt.

Für die schleswig-holsteinische Wirtschaft und Industrieentwicklung hat der Nord-Ostsee-Kanal hauptsächlich Rendsburg Standortvorteile und Entwicklungsimpulse gebracht, während hochgesteckte Erwartungen im Wirtschaftsraum Brunsbüttel noch nicht voll realisiert werden konnten (vgl. Exkursion 12).

7.3.10 Industriestandorte am Obereiderhafen

Auf der Weiterfahrt folgt man zunächst dem Nordufer des Nord-Ostsee-Kanals über das Kreishafengelände bis zur Hochbrücke und biegt hier nach N bis zur Alten Kieler Landstraße ab. Diese verläuft durch den Ortsteil „Schleife" nach Nobiskrug. Von hier aus führt die Route entlang der Kieler Straße (L 47) durch das Industriegebiet an der Obereider stadteinwärts zum Bahnhof und von dort über die Eisenbahn- und Brückenstraße zum Eisenkunstgußmuseum gegenüber dem Werkseingang der Ahlmann-Carlshütte in Büdelsdorf (Öffnungszeiten: Di—Sa 15—18 Uhr, Mi 9—12 Uhr, So 10—12 Uhr).

Bei der Anfahrt bekommt man einen guten Einblick in die Bedeutung der Obereider bzw. des alten Eiderkanals als Standortfaktor für die Entfaltung der überwiegend auf Metallverarbeitung ausgerichteten **Industrie im Rendsburger Wirtschaftsraum** (Abb. 3). Die Obereider ist heute durch die schmale „Enge" für Seeschiffe bis 5 m Tiefgang zu erreichen. Die bereits 1876 von einem Friedrichstädter Unternehmer gegründete, heute zur BASF-Gruppe gehörende Chemische Düngemittelfabrik beliefert im wesentlichen die heimische Landwirtschaft. Im W folgt das ausgedehnte Gelände der **Werft Nobiskrug** (seit 1905, heute ca. 1200 Beschäftigte). Der Betrieb war durch Spezialisierung auf Fährschiffe und Spezialtanker sowie durch Serienbau von Standardtypen und Sonderschiffbau bislang gut ausgelastet, wurde aber Ende 1986 ebenfalls von der allgemeinen Strukturkrise im norddeutschen Schiffbau betroffen. Stadteinwärts schließt der Bereich der SCHLESWAG an. Das führende Energieversorgungsunternehmen des Landes gibt jährlich an die 6 Mrd. kWh ab.

Die **Carlshütte**, das wichtigste und älteste Rendsburger Industrieunternehmen, wurde bereits 1827 durch den Holzkaufmann Marcus Hartwig Holler (1796—1857, Denkmal an der Hollerstraße vor dem Werkseingang) als erste Eisenhütte im Dänischen Gesamtstaat gegründet und entspricht in mancher Hinsicht in ihrer Bedeutung für die Stadtentwicklung der Renckschen Tuchfabrik in Neumünster (Zeit der Frühindustrialisierung, Lage am Wasser, anfängliche Nutzung einheimischer Rohstoffe, Absatzorientierung nach Norden, örtliche Unternehmerinitiative). Der Firmengründer mußte bald einsehen, daß sich die Raseneisenerze der Geestgebiete um Rendsburg kaum zur Verhüttung eigneten. Nach der Umstellung auf mit Schiffen herbeigeschaffte Importe blühte das nach dem damaligen Statthalter in den

Herzogtümern und unermüdlichen Förderer des Projekts, Prinz Carl von
Hessen, benannte Unternehmen schnell auf. Die Fülle der im **Eisenkunstgußmuseum** zusammengetragenen Produkte der Carlshütte zeigt, daß hier
zahlreiche Gegenstände für den Haushalt und die heimische Landwirtschaft, aber auch den dänischen Markt hergestellt wurden. Holler war
nicht nur ein guter Kaufmann, sondern auch ein in sozialer Hinsicht weit-
blickender Fabrikant. So errichtete er bereits 1830 für seine teilweise von
fern angeworbenen Facharbeiter einfache Werkswohnungen (einige als
„Marienstift" unter Denkmalschutz) und gründete eine Pensions- und
Leihkasse. Heute ist die zur Hamburger Harmstorf-Gruppe gehörende
Firma Ahlmann mit einer Belegschaft von 750 Mitarbeitern einer der größten industriellen Arbeitgeber im Rendsburger Wirtschaftsraum und produziert eine breite Palette von Metallerzeugnissen, die von Badewannen bis
zur Fertigung von Gabelstaplern und Wohnplattformen für den Offshore-
Bereich reicht. Durch die zeitweise beabsichtigte Übernahme der vom Kon-
kurs bedrohten Werft Nobiskrug im Jahre 1986 hätte die metallverarbei-
tende Industrie des Rendsburger Raumes und insbesondere die Meerestechnologie auch überregionale Bedeutung gewinnen können.

7.4   Zusammenfassung

Der Vergleich der industriellen Entwicklung in den holsteinischen Geest-
städten Neumünster und Rendsburg hat gezeigt, daß die Zukunftsaussichten des produzierenden Gewerbes im Wirtschaftsraum an der Eider aufgrund der durch den Kanal gegebenen Standortvorteile langfristig positiver
zu beurteilen sind. In der alten Textilstadt an der Schwale versucht man deshalb als Ausgleich für den Niedergang der ehemals bedeutenden Tuch- und
Lederindustrie den tertiären Sektor auszubauen. Grundlage hierfür ist die
neue Funktion der Stadt als verkehrsgünstig gelegenes Oberzentrum zwischen Kiel und Hamburg.
    In geographisch-landesplanerischer Hinsicht ist die von Seiten der staat-
lichen Raumordnung vorgesehene Verknüpfung der bislang wenig Berüh-
rung miteinander aufweisenden Städte Kiel, Neumünster und Rendsburg
als **holsteinisches Städtedreieck** von großem Wert, um den zentralen

Raum des nördlichsten Bundeslandes zu stärken. Vordringlich dafür wäre die weitere Entwicklung der Verbindungsachsen durch eine Förderung der Unterzentren Bordesholm und Nortorf als Gewerbestandorte.

In einem solchen Konzept würden die beiden näher betrachteten Städte neue wichtige Raumfunktionen erhalten: Während der alten Brücken- und Festungsstadt Rendsburg an der historischen Eidergrenze eine vermittelnde und verbindende Rolle zu den strukturschwachen Räumen im Landesteil Schleswig und an der Westküste zukäme, könnte die aus dörflichen Ursprüngen erwachsene Industriestadt Neumünster durch den Ausbau ihrer zentralörtlichen Funktionen dem Sog der Elbmetropole Hamburg entgegenwirken.

7.5 Literaturauswahl

Bähr, J. (1983): Vom Eiderkanal zum Nord-Ostsee-Kanal. — Kieler Geogr. Schr., 58: 123—140, Kiel.

Borgwald, E. (1980): Rendsburg. Kurzer Stadtführer. Freiburg.

Blunck, W. (1927): Die Entwicklung der Industrie in Neumünster bis zum Anschluß Schleswig-Holsteins an den deutschen Zollverein. — Quellen und Forsch. z. Gesch. Schleswig-Holsteins, 13, Neumünster.

Brockstedt, J. (Hg.) (1983): Frühindustrialisierung in Schleswig-Holstein, anderen norddeutschen Staaten und Dänemark. — Stud. z. Wirtschafts- u. Sozialgeschichte Schleswig-Holsteins, 5, Neumünster.

Busche, E. (1968): Flecken und Kirchspiel Neumünster. Ein Beitrag zur Sozial- und Verwaltungsgeschichte Mittelholsteins bis zur Mitte des 18. Jahrhunderts. Neumünster.

Helmer, G. (1925): Neumünster, wie es wurde und was es ist. Festschr. z. 800-jährigen Jubiläum Neumünsters. Neumünster.

Ministerpräsident d. Landes Schleswig-Holstein (Hg.) (1976): Regionalplan für den Planungsraum III. Kreisfreie Städte Kiel und Neumünster, Kreise Rendsburg-Eckernförde und Plön. — Landesplanung in Schleswig-Holstein, 13, Kiel.

Schröder, F. (1939): Rendsburg als Festung. Neumünster.

Steiniger, A. (1962): Die Stadt Rendsburg und ihr Einzugsbereich. — Schr. Geogr. Inst. Univ. Kiel, 21 (1), Kiel.

Stolz, G. (1983): Der alte Eiderkanal. — Kleine Schleswig-Holstein-Bücher, **34**, Heide.

Storch, W. (1938): Kulturgeographische Wandlungen holsteinischer Bauerndörfer in der Umgebung der Industriestadt Neumünster. — Schr. Geogr. Inst. Univ. Kiel, **8** (4), Kiel.

Tidow, K. (1984): Neumünsters Textil- und Lederindustrie im 19. Jahrhundert. Fabrikanten — Maschinen — Arbeiter. — Veröffentl. d. Fördervereins Textilmuseum Neumünster, **7**, Neumünster.

8. Die ostholsteinische Gutslandschaft

von ECKART DEGE, Kiel

Karten: Generalkarte 1 : 200 000, Bl. 1 und 2; TK 50 L 1726 Kiel, L 1926 Bordesholm, L 1928 Plön.

8.1 Einführung

8.1.1 Slawen und deutsche Kolonisatoren

Zu Beginn des 8. Jh. stießen slawische Abotriten im Rahmen einer großen altslawischen Völkerwanderung von Mecklenburg aus in den ostholsteinischen Raum vor, der sich im Laufe der Völkerwanderung im 5. und 6. Jh. entleert hatte und seither vom Wald zurückgewonnen worden war. Diese **slawischen Siedler** schufen sich auf Lichtungen, an Fluß- und Seeufern mit leichten Böden auf sandigen Ablagerungen, die sie mit ihren hölzernen Hakenpflügen bearbeiten konnten, kleine abgeschlossene Siedlungskammern. Im Bereich der ostholsteinischen Seenplatte lassen sich derartige Siedlungsinseln an der Häufung slawischer Ortsnamen und Bodenfunde für den Raum Preetz und Plön — Bosau nachweisen.

Nach jahrhundertelangen Auseinandersetzungen mit den im W Holsteins siedelnden Sachsenstämmen der Stormaren, Holsaten und Dithmarscher, die 1138/39 in einem letzten großen Slawenaufstand gipfelten, setzte im Gegenstoß unter Kaiser Lothar III., einem Sachsenherzog, die **deutsche Kolonisation** Ostholsteins ein, die unter seinem Enkel, Heinrich dem Löwen, im Rahmen der deutschen Ostkolonisation planmäßig fortgeführt wurde.

Zu seinen Kolonisatoren gehörte auch der Schauenburger Graf Adolf II., dessen Vater Adolf I. bereits 1111 von Lothar mit Holstein und Stormarn belehnt worden war. Er rief Holsaten, Stormaren, Westfalen, Flamen, Holländer und Friesen als Siedler in das wald- und seenreiche Land. Im Gegensatz zu den Slawen siedelten sie bevorzugt auf den schweren, fruchtbaren Böden der Moränenplatten, die sie mit ihren eisernen Pflügen bearbeiten konnten. Hierbei wurden die ansässigen Slawen in der Regel nicht durch die deutschen Siedler vertrieben, sondern ökonomisch und sozial überschichtet.

Um das Kolonisationsgebiet zu schützen, zu besiedeln und zu verwalten, schuf sich der Graf eine Lehnsmannschaft von **Rittern,** die aus dem westholsteinischen Volksadel, Gefolgsleuten aus den Elbmarschen, aus seinem Stammland an der Weser und aus einzelnen Angehörigen der einheimischen slawischen Oberschicht stammten. Sie kämpften für ihn gegen äußere Feinde, sicherten das Land nach innen, steuerten als Lokatoren die Kolonisation und verwalteten als Vögte die landesherrlichen Burgen. Für ihre Dienste erhielten die Ritter Höfe, die mindestens doppelt so groß waren wie die bäuerlichen (etwa 2—4 Hufen). Diese Höfe, „curia" genannt, lagen zumeist in der Nähe eines Dorfes und dienten den Rittern zur Versorgung und als Wohnung in Friedenszeiten (Leister 1952). Das zugehörige Ackerland, das mit Hilfe einiger Hintersassen bewirtschaftet wurde, befand sich im Gemenge mit dem bäuerlichen Besitz.

Die Ritterschaft hob sich aber nicht nur durch die Größe ihrer Lehen, die sie bald schon als erbliches Eigentum betrachtete und nutzte, sondern vor allem durch die mit dem Lehen verknüpften grundherrlichen Rechte von der Schicht der Bauern ab. Für den Landesherren entwickelte sich die Ritterschaft, die die gepanzerte Reiterei stellte, zum Kern seiner militärischen Macht. Diesen Dienst ließ sie sich mit der rechtlichen Absicherung ihrer Privilegien entlohnen. Die staatsrechtliche Anerkennung des **adligen Gutes** mit der gesamten Gerichtshoheit und des Indeginats, des alleinigen Rechts des Adels auf Hofämter, brachten der Ritterschaft gegen Ende des Mittelalters einen entscheidenden Machtzuwachs.

8.1.2 Rittersitz — adliges Gut — landwirtschaftlicher Großbetrieb

Im 15. Jh. ging die militärische Bedeutung der Ritterschaft durch die neue Kriegsführung mit Söldnerheeren und Fernwaffen allmählich verloren.

Gleichzeitig stiegen jedoch die Preise für Agrarprodukte durch erhöhte Nachfrage, besonders im W Europas, stark an. Agrare Produktion im großen Stil wurde lohnend, und so wandte sich der Adel jetzt der Bewirtschaftung der eigenen Höfe zu, um die gute Konjunktur zu nutzen. Für Kornanbau und Viehhaltung, die immer lukrativer wurden, gewann der Adel, der schon in der Wüstungsperiode durch Einbeziehung wüst gefallener Hufen seine Höfe vergrößert hatte, neue Nutzflächen durch Rodung und durch Niederlegung besetzter Bauernstellen oder ganzer Dörfer. Dadurch entwickelten sich die ehemaligen Rittersitze zwischen dem 15. und 16. Jh. zu sehr großen Gütern, die schließlich annähernd drei Viertel des späteren Kreises Plön umfaßten. Die größten unter den 35 hier entstandenen Gütern — Rixdorf, Salzau, Neuhaus und Bothkamp — bewirtschafteten jeweils mehr als 5000 ha, Flächen, die aus arbeitstechnischen Gründen die Errichtung von Nebenbetrieben, Vorwerken und Meierhöfen, notwendig machten (Engling 1982).

Diese adligen Güter begannen schon relativ früh, ihr Land zu separieren, d. h. aus der Feldgemeinschaft der Dörfer herauszulösen und in großen Koppeln zusammenzufassen. Frei vom Flurzwang konnten sie diese Flächen nach eigenem Ermessen bewirtschaften. Dabei ging man von der alten Dreifelderwirtschaft zur **Holsteinischen Koppelwirtschaft** über, einer geregelten Feld-Gras-Wirtschaft, die neben dem Getreideanbau eine verstärkte Viehwirtschaft (Rinder- und Schweinemast) erlaubte. Als neuer Wirtschaftszweig kam dann noch die **Milchwirtschaft** hinzu, die mit dem sprunghaften Ansteigen der Butterpreise immer mehr in den Vordergrund rückte. Man holte Fachleute aus Holland, denen man die gutseigenen Kuhherden verpachtete. Erst seit Ende des 18. Jh. übernahmen die Güter die Milchwirtschaft in eigene Regie.

Die Bewirtschaftung der großen Güter erfolgte durch bäuerliche Hintersassen, deren im Lehnssystem begründete Dienstverpflichtung mit der Wandlung der Rittersitze zu adligen Gütern allmählich in die **Leibeigenschaft** geführt hatte. Da der Gutsherr inzwischen auch zum Gerichtsherren geworden war, konnte die vollständige Einbeziehung der Bauern in das gutswirtschaftliche System ungehindert vor sich gehen. Zuerst wurden die Hofdienste so ausgeweitet, daß die Bauern nicht mehr in der Lage waren, ihre eigenen Höfe von durchschnittlich 40 ha ordentlich zu bewirtschaften.

Dadurch gerieten sie schließlich in völlige Abhängigkeit des Gutsherren, der für sie Haus und Inventar übernahm. Frondienst, Schollenband und Heiratskonsens, durch die sie an das Gut gebunden wurden, machten sie auch persönlich unfrei. Aus den Bauern wurden Leibeigene, ohne daß es eines besonderen Rechtsaktes bedurfte, durch den die Leibeigenschaft begründet worden wäre. Der persönlichen Abhängigkeit der Leibeigenen vom adligen Gutsherren stand dessen Verpflichtung zur Konservation gegenüber, eine Fürsorgepflicht bei allen Notfällen und die Verpflichtung zur Kranken-, Armen- und Altersversorgung wie auch zur Einrichtung und Unterhaltung einer Schule.

Da Arbeitsunlust, Trägheit und Stumpfsinn der Leibeigenen auf die Dauer eine wirtschaftliche Fortentwicklung der Gutswirtschaften lähmten, dachten aufgeklärte Landesherren und fortschrittliche Gutsbesitzer schon früh über Verbesserungen nach. Die hierdurch angeregte Diskussion brachte schließlich zum 1.1.1805 ganz Schleswig-Holstein die **Aufhebung der Leibeigenschaft.**

Die meisten Gutsbesitzer verstanden es jedoch, sich die Abhängigkeit der Bauern auch weiterhin zu erhalten, indem sie sie durch die Vergabe von **Zeitpachtstellen** an das Gut banden. Zwar waren Umfang und Form der Hand- und Spanndienste jetzt vertraglich geregelt, doch verhinderten die Unsicherheit der Verlängerung der zumeist nur auf 5—10 Jahre abgeschlossenen Pachtverträge und die darin enthaltenen Vorschriften für die Bewirtschaftung in der Regel eine Intensivierung dieser Betriebe, so daß die Pächter gezwungen waren, sich neben der Bewirtschaftung ihrer Pachtstellen weiterhin als Landarbeiter auf den Gutsbetrieben zu verdingen.

Erst die Umwälzungen nach dem 1. Weltkrieg schufen mit dem Reichssiedlungsgesetz eine gesetzliche Handhabe zur Überführung von Pachtstellen in das **Eigentum der Pächter.** Da von dem Enteignungsparagraphen dieses Gesetzes in der Praxis jedoch kaum Gebrauch gemacht wurde, führten erst die wirtschaftlichen Schwierigkeiten, in die die Güter durch die Weltwirtschaftskrise gerieten, zu Beginn der 30er Jahre zu einer ersten großen Siedlungswelle, in der zahlreiche Pachtstellen in Eigentum verwandelt (und auch ganze Güter parzelliert und aufgesiedelt) wurden.

Zur kritischen Größe wurde der Faktor Arbeit für die Gutsbetriebe jedoch erst, als nach dem 2. Weltkrieg die letzten Pachtstellen in Eigentum überführt wurden und mit dem Wiedererstarken der gewerblichen Wirtschaft die Abwanderung der landwirtschaftlichen Arbeitskräfte einsetzte. Die Gutsbetriebe reagierten darauf, indem sie den Faktor Arbeit durch den Faktor Kapital ersetzten und sich zu modernen, hochmechanisierten und extrem arbeitsextensiv wirtschaftenden **landwirtschaftlichen Großbetrieben** wandelten (Dege 1983).

In diesem Prozeß bildete die Aufgabe der arbeitsintensiven Milchviehwirtschaft einen entscheidenden Einschnitt. Fast sämtliche Großbetriebe sind heute als **reine Ackerbaubetriebe** einseitig auf die Getreideproduktion (Winterweizen und Wintergerste) ausgerichtet. Hierbei werden die infolge mangelnder Selbstverträglichkeit des Getreides notwendigen Hackfruchtglieder in der Fruchtfolge vielfach durch den tiefwurzelnden und deshalb ebenfalls eine gute Vorfrucht bildenden Raps ersetzt, da dieser mit demselben Maschinensatz bebaut und geerntet werden kann wie das Getreide.

Im Gegensatz zu den Großbetrieben mangelte es den **familienbäuerlichen Kleinbetrieben** auf den ehemaligen Pachtstellen am Produktionsfaktor Boden, während ihnen der Faktor Arbeit in den familieneigenen Arbeitskräften in ausreichendem Maße zur Verfügung stand. Um ihr Defizit an verfügbarem Boden auszugleichen, und die vorhandene Arbeitskraft weitmöglichst auszuschöpfen, spezialisierten sich diese bäuerlichen Familienbetriebe auf arbeitsintensive Betriebszweige, speziell die **Milchviehwirtschaft** (Ziesemer 1984).

So ließ die unterschiedliche Kombination der Produktionsfaktoren Boden, Arbeit und Kapital eine deutliche Trennung in der Produktionsausrichtung zwischen den landwirtschaftlichen Großbetrieben einerseits und den bäuerlichen Familienbetrieben andererseits entstehen, die sich klar im Bild der ostholsteinischen Agrarlandschaft widerspiegelt: hier die großen, offenen, mit Getreide und Raps bebauten Ackerschläge der Gutsbetriebe und daneben in den früheren Pachtdörfern Grünland und Futterbau auf kleinen, durch ein enges Knicknetz gegliederten Koppeln.

8.2   Exkursionsroute (Dauer ca. 6 Std., ca. 60 km)

Preetz — Wielen — Wahlstorf — Langenrade — Ascheberg — Dersau —
Nehmten — Bosau — Plön — Preetz.

8.3   Erläuterungen

Die Route beginnt in Preetz und führt durch einen Teil des Preetzer Güterdistriktes,
in dem am Beispiel der Güter Wahlstorf, Ascheberg und Nehmten die historische
Entwicklung und gegenwärtige Struktur der ostholsteinischen Gutslandschaft dargestellt werden soll. Eine — mit einer Fußwanderung kombinierbare — Fahrt um den
Großen Plöner See führt durch den Westteil des Fremdenverkehrsgebietes „Holsteinische Schweiz" und stellt mit den Gemeinden Dersau und Bosau zwei Orte vor, die
in ihrer Struktur wesentlich vom Fremdenverkehr geprägt werden.

8.3.1   Wielen

*Von Preetz kommend durchfahren wir auf der nach Plön führenden B 76 das
mit Preetz zusammengewachsene Dorf Schellhorn und biegen nach weiteren
2 km nach rechts in eine schmale, kurvenreiche Landstraße ab, die uns nach
knapp 3 km in das Dorf Wielen bringt.*

Wielen (235 E.), ein ehemaliges Pachtdorf des adligen Gutes Wahlstorf,
wurde als eines der letzten Pachtdörfer Ostholsteins erst 1949 aus seiner Einbindung in das gutswirtschaftliche System entlassen. Bis zu diesem Zeitpunkt waren hier 4 Vollhufen zu je 50 ha, 6 Halbhufen zu je 24 ha, 6 Viertel-
hufen zu je 12,5 ha und 15 Landinsten- und Gutshandwerkerstellen zu je 2,5
ha als Pachtstellen an das Gut gebunden. Die Ländereien dieser Pachtstellen
nahmen, in kleine, von Knicks umsäumte Koppeln parzelliert, den gesamten
Ostteil des Gutes Wahlstorf ein, dessen Grundbesitz sich ursprünglich mit
der gleichnamigen politischen Gemeinde deckte (Abb. 1). Obwohl viele
Pächterfamilien ihre Stellen schon seit mehreren Generationen bewirtschafteten, waren sie de jure lediglich Zeitpächter, deren Verträge jeweils nur über
10 Jahre liefen. Diese Verträge regelten nicht nur die Dienstverpflichtungen

der Pächter gegenüber dem Gut, sondern schrieben auch die Bewirtschaftung der Pachtstellen bis ins Detail vor. Dadurch erhielten sich hier neben den überkommenen sozialen Strukturen traditionelle Wirtschaftsstrukturen wie die Holsteinische Koppelwirtschaft, die eine durchgreifende Modernisierung und Spezialisierung der Pachtbetriebe verhinderten. Da der Gutsherr darüber hinaus keine baulichen Veränderungen an den zumeist aus dem frühen 18. Jh. stammenden Gebäuden, reetgedeckten, schornsteinlosen Rauchhäusern und Katen, gestattete, erhielt sich in Wielen auch die traditionelle landschaftsgebundene Physiognomie des Dorfes.

1949 übernahm die „Landgesellschaft" in Kiel im Rahmen des Lastenausgleichs bis auf drei vom Gut eingezogene Vollhufen die Wahlstorfer Pachtstellen, um sie 1953 mit Hilfe der „Ostholsteinischen Landsiedlung" den Pächtern zu übereignen. In diesem Verfahren entstanden in Wielen und seiner näheren Umgebung neben einer Reihe von Siedlerstellen 12 bäuerliche Familienbetriebe zwischen 12,5 und 43 ha. Fünf von ihnen errichteten kombinierte Wohn- und Wirtschaftsgebäude, vier lediglich neue Wirtschaftsgebäude. Durch diese Neubauten im Stil der Bodenreform-Siedlungen verlor Wielen als letztes geschlossenes Reetdach-Dorf Ostholsteins sein altertümliches Gepräge. Inzwischen haben von den 12 neugeschaffenen Familienbetrieben 7 die Landwirtschaft aufgegeben. Der Umbau ihrer Wirtschaftsgebäude zu Wohnraum und die Errichtung individueller Wohnhäuser in den Baulücken lassen seither auch in Wielen den funktionalen Wandel von einem agrarisch geprägten Dorf zu einer Auspendlergemeinde immer deutlicher werden.

Von den fünf noch bewirtschafteten landwirtschaftlichen Betrieben haben sich vier, obwohl sie aus dem Land der aufgegebenen Betriebe aufstocken konnten, ganz auf die arbeitsintensive Milchviehwirtschaft spezialisiert, um ein ausreichendes Arbeitseinkommen zu erzielen, während der fünfte durch Anlage einer Reithalle und eines Campingplatzes heute einen Großteil seines Einkommens im Fremdenverkehr erwirtschaftet.

Am Eschenhof (rechts vor der ersten scharfen Linkskurve der Dorfstraße) läßt sich der Wandel der ehemals in das gutswirtschaftliche System eingebundenen Pachtstellen zu hochspezialisierten, arbeitsintensiv bewirtschafteten bäuerlichen Familienbetrieben beispielhaft demonstrieren. Neben der alten Pachtstelle, einem heute ungenutzten, aus dem frühen 18. Jh. stammenden Fachwerkhaus mit tief herunterge-

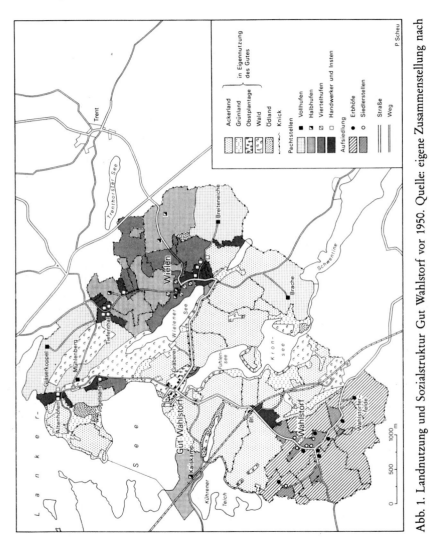

Abb. 1. Landnutzung und Sozialstruktur Gut Wahlstorf vor 1950. Quelle: eigene Zusammenstellung nach Unterlagen des Gutes Wahlstorf.

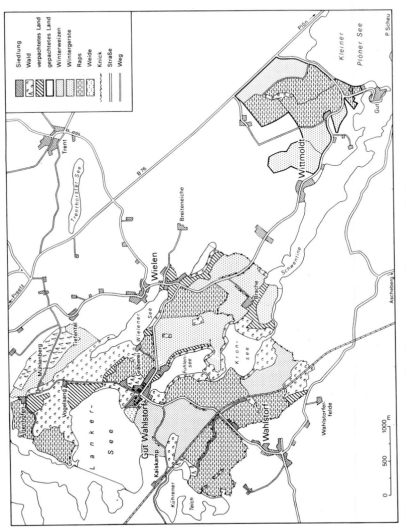

Abb. 2. Landnutzung Gut Wahlstorf 1986/87. Quelle: eigene Aufnahme

zogenem Reetdach, in das erst 1949 ein Schornstein eingebaut wurde, steht auf einer kleinen Anhöhe der im Rahmen des Siedlungsverfahrens 1953 neu errichtete Hof aus rotem Ziegelstein. Ein moderner Stallanbau mit Spaltenboden und ein großer Gülletank sind Ausdruck der heutigen Spezialisierung dieses Betriebes auf die Milchviehwirtschaft (54 Milchkühe). Durch Pachtung konnte er seine Fläche von 23 auf 37 ha aufstocken und als reiner Grünlandbetrieb (mit 15 % Silagemais) bewirtschaftet werden.

Vom Ortsausgang Wielens fahren wir an den großen Ackerschlägen des Gutes Wahlstorf vorbei zum Gutshof, den wir nach 2 km erreichen.

8.3.2 Gut Wahlstorf

Der Name des Gutes deutet an, daß es aus einem Dorf hervorgegangen ist, das wahrscheinlich später gelegt wurde. Die heutige Gutsanlage an der Mündung der Schwentine in den Lanker See mit ihrem rechteckigen, von der Schwentine und einem Wassergraben umzogenen Hof mit den Wirtschaftsgebäuden rechts und links und dem Herrenhaus in der Tiefe stammt aus dem frühen 16. Jh. Das Herrenhaus besteht aus zwei aneinandergebauten zweigeschossigen Langhäusern, deren ursprüngliche Treppengiebel 1704 durch Walmdächer ersetzt wurden. Die Hofseite dieses quer zur Hofachse stehenden Doppelhauses wird durch einen viereckigen Treppenturm mit Zeltdach und zwei symmetrisch angebaute zweiachsige, fronthohe und übergiebelte Vorbauten gegliedert, die Gartenseite durch eine Freitreppe jüngeren Datums. Es gilt als das älteste Herrenhaus Schleswig-Holsteins, das trotz einiger Umbauten die ursprüngliche Anlage noch sehr gut erkennen läßt. Von den Wirtschaftsgebäuden der inneren Hofanlage ist besonders die große Gutsscheune rechts bemerkenswert, ein gewaltiger fünfschiffiger Ständerbau mit 46 x 22 m Grundfläche und einem 15 m hoch aufragenden reetgedeckten Krüppelwalmdach. 1584 errichtet und 1695 durch den etwas abgesetzten Teil am Südende erweitert, gilt sie als älteste bekannte Gutsscheune Schleswig-Holsteins (Bedal 1973). 1983/84 wurde die gesamte innere Hofanlage (ihre übrigen Wirtschaftsgebäude stammen aus dem 18. und 19. Jh.), obwohl heute nicht mehr genutzt, restauriert, um das Ensemble einer adligen Gutsanlage geschlossen zu erhalten.

Die modernen Wirtschaftsgebäude liegen außerhalb der alten Gutsanlage und lassen deutlich den Wandel Wahlstorfs vom traditionellen Gutsbetrieb zu einem modernen landwirtschaftlichen Großbetrieb erkennen. In den ehemaligen Kuhstall, einen mächtigen, um 1840 errichteten Ziegelbau mit Hartbedachung, wurden eine Getreidetrocknungsanlage und Silozellen zur Lagerung von 2500 t Getreide eingebaut. Parallel dazu wurde eine freitragende Stahlblechhalle errichtet, die als Maschinenhalle und Werkstatt dient. Die alte Meierei, ein langgestreckter, weißgetünchter Ziegelbau mit Reetdach, beherbergt heute die Wohnung des Gutsverwalters.

Infolge des hohen Arbeitskräfteangebots in den ersten Nachkriegsjahren erfolgte die Umstellung zum modernen, arbeitsextensiv wirtschaftenden landwirtschaftlichen Großbetrieb erst in den 50er und 60er Jahren, um dann 1971 mit der Aufgabe der Milchviehwirtschaft und dem Übergang zum reinen Ackerbaubetrieb ihren Abschluß zu finden.

Noch im Wirtschaftsjahr 1949/50 bot Wahlstorf das Bild eines Gutsbetriebes, dessen Wirtschaftsweise nicht wesentlich von der der 20er und 30er Jahre abwich: eine große Vielseitigkeit in der Produktionsausrichtung, ein überaus starker Arbeitskräftebesatz und ein geringer Mechanisierungsgrad. So beschäftigte Wahlstorf 1949 noch 70 Arbeitskräfte, von denen 38 als Deputatsarbeiter an das Gut gebunden waren. Dieser mit 17,8 AK/100 ha LN äußerst hohe Arbeitskräftebesatz erlaubte eine ausgesprochen vielseitige Produktionsausrichtung (Tab. 1). So wurden allein auf dem Ackerland 17 verschiedene Feldfrüchte angebaut. Hauptproduktionsziele waren traditionsgemäß Getreideanbau und Milchviehwirtschaft. Das Getreide, das 34,6 % der LN einnahm, trug allerdings nur zu 17,9 % zum Rohertrag des Betriebes bei. Im Vergleich dazu erbrachte die Viehwirtschaft 50,7 % des Rohertrages. Die Herde umfaßte mit Nachzucht 298 Tiere, darunter 144 Milchkühe. Der Futterversorgung dieser Herde diente nicht nur das Dauergrünland, das 34,6 % der LN umfaßte, sondern auch ein ausgedehnter Futteranbau auf dem Ackerland. Gewirtschaftet wurde überwiegend mit Pferdeanspannung; dazu unterhielt das Gut 12 Gespanne zu je 2 Ackerpferden.

Betrachtet man den Faktoreinsatz auf Gut Wahlstorf (Tab. 2), so ließ sich allerdings schon 1949/50 erkennen, daß trotz der niedrigen Stundenlöhne von 0,60 DM (bzw. 0,33 DM plus Deputat) der Faktor Arbeit den Betrieb zu stark belastete. Mit zusammen 42,1 % des Rohertrages bildeten Barlöhne, Naturallöhne und Sozialabgaben einen unverhältnismäßig hohen Anteil an sämtlichen Inputs. Infolge der hohen Belastung mit Arbeitskosten konnte der Betrieb nur einen relativ geringen Roh-

Tabelle 1: Gut Wahlstorf: Anbaugefüge 1848/49 — 1982/83

	1948/49		1982/83	
	ha	in % d. LN	ha	in % d. LN
Getreide	135,75	34,6	384,03	65,3
Hülsenfrüchte	13,00	3,3	—	—
Raps	19,50	5,0	199,63	34,0
Saatvermehrung	4,50	1,1	—	—
Hackfrüchte	24,00	6,1	—	—
Futterpflanzen	39,00	9,9	—	—
sonst. Ackerland	21,00	5,4	2,50	0,4
Gesamt-Ackerfläche	256.75	65.4	586.16	99.7
Wiesen	15.50	3,9	—	—
Dauerweiden	120,50	30,7	1,75	0,3
Landw. Nutzfläche	392,75	100,0	587,91	100,0
Wald	99,00		159,68	
Wasser, Ödland, Knicks	274,79		240,14	
sonst. Flächen	58,00		10,53	
verpachtet	ca. 452.50		23,29	
Gesamtfläche	1277,04		1021,55	
davon gepachtet	—		142,16	
Eigentum	1277,04		879,39	

Quelle: Jahresabschlüsse der Gutsverwaltung Wahlstorf 1949/50 und 1983/84

überschuß (1949/50: 5,9 % des Rohertrages) erwirtschaften, der alleine langfristig nicht ausreichte, die notwendigen Investitionen zu tätigen.

Die Folge war ein konsequenter Abbau des Arbeitskräftebesatzes, zumal mit dem Aufschwung der gewerblichen Wirtschaft auch die Löhne für landwirtschaftliche Arbeitskräfte stark anstiegen. Heute (Wirtschaftsjahr 1983/84) arbeiten auf Gut Wahlstorf, dessen landwirtschaftliche Nutzfläche inzwischen durch Einziehung früherer Pachtflächen und Zupachtung von 142 ha aus dem Besitz des Gutes Wittmoldt

Tabelle 2: Gut Wahlstorf: Wirtschaftsleistung und Aufwand 1949/50 — 1983/84

Erträge	1949/50 in % d. Rohertr.	1983/84 in % d. Rohertr.
Ertrag aus Ackerwirtschaft	35,7	96,8
Ertrag aus Viehwirtschaft	50,7	—
Geldwert des Naturallohns	8,7	—
Pachten u. sonst. Einnahmen	4,9	3,2
Rohertrag	100,0	100,0
(DM/ha LN)	949,85	3160,78
Wirtschaftsausgaben		
Saatgut, Pflanzenschutz, Trocknung	3,7	13,8
Handelsdünger	9,0	13,1
Futtermittel u. sonst. Kosten Vieh	12,5	—
Löhne	42,1	16,8
Wirtschaftshaushalt	2,8	1,0
Maschinenunterhaltung und -miete	7,6	3,8
Treibstoffe, Öle, Fette	2,0	2,9
Elektrizität, Brennstoffe	3,9	1,8
Gebäudeunterhaltung, Grundverbesserungen	7,0	0,7
allg. Wirtschaftsunkosten, Sachversicherungen	3,5	5,5
Pachten	—	5,0
Wirtschaftsausgaben (ohne Investitionen)	94,1	64,4
Rohüberschuß	5,9	35,6
+ Rohüberschuß aus Forst-, Jagd- und Wassernutzung	8.7	1,8
Investitionen	2,1	16,4
Abschreibungen (Afa)	?	14,5

Quelle: Jahresabschlüsse der Gutsverwaltung Wahlstorf 1949/50 und 1983/84

von 393 auf 588 ha zugenommen hat, nur noch 5 ständige Arbeitskräfte und 7 Aushilfskräfte (Praktikanten); das entspricht 1,2 AK/100 ha LN (bzw. unter Berücksichtigung von 162 ha des Gutes Nehmten, die von Wahlstorf aus im Rahmen eines Kooperationsvertrages mitbewirtschaftet werden, nur 0,9 AK/100 ha LN).

Dieser konsequente Arbeitskräfteabbau, der trotz einer Steigerung der Stunden-Grundlöhne auf 12,80 DM die Arbeitskosten auf 16,8 % des Rohertrages sinken ließ, wurde durch eine verstärkte Mechanisierung kompensiert. Heute verfügt das Gut Wahlstorf über 9 Schlepper zwischen 280 und 90 PS, 5 Pflüge (bis zu 7-scharig), zahlreiche weitere Bodenbearbeitungsgeräte, pneumatische Drillmaschinen, Exakt-Düngerstreuer, Feldspritzen und zwei Mähdrescher von je 275 PS, Maschinen mit einem Neuwert von insgesamt 1,74 Mio. DM.

Der Abbau des Arbeitskräftebesatzes und eine zunehmende Mechanisierung bedingten eine möglichst weitgehende Spezialisierung, die auf Wahlstorf inzwischen die ökologisch und arbeitswirtschaftlich vertretbare Grenze erreicht hat. Der Betrieb produziert als völlig viehloser Ackerbaubetrieb heute auf 588 ha LN in der Fruchtfolge Winterweizen — Wintergerste — Raps lediglich noch diese drei Feldfrüchte (Abb. 2). Dabei ließen eine exaktere und termingerechtere Bearbeitung, die durch die große Schlagkraft der Maschinen (257 PS/100 ha LN) und die Abstimmung ihrer Arbeitsbreiten auf die überall in den großen Schlägen sichtbaren 18 m breiten Arbeitsstreifen erreicht wurde, Erfolge der Pflanzenzüchtung und ein vermehrter Aufwand für Düngung und Pflanzenschutz die Hektarerträge besonders beim Getreide stark ansteigen, beim Weizen von 32 dt/ha im Jahre 1949 auf 71 dt/ha im Jahre 1983, bei der Gerste im gleichen Zeitraum von 38 auf 54 dt/ha. 1985 erwirtschaftete Wahlstorf mit 86 dt Weizen/ha und 74 dt Gerste/ha sein bislang bestes Ergebnis.

Diese hohen Erträge lassen Wahlstorf wie ähnlich strukturierte Großbetriebe Ostholsteins derzeit trotz stagnierender Erzeugerpreise und weiterhin steigender Preise für gewerblich produzierte Inputs noch ausreichende Rohüberschüsse erwirtschaften, um die langfristig notwendigen Investitionen zu tätigen.

8.3.3 Wahlstorf-Dorf

Das **Dorf Wahlstorf** (190 E.), das wir nach 2 km erreichen, gehörte ebenso wie Wielen als Pachtdorf zum gleichnamigen Gut. Im Gegensatz zu Wielen wurden die Pachtstellen dieses Dorfes (3 Vollhufen, 3 Halbhufen, 1 Viertelhufe und ca. 20 Instenstellen) jedoch schon vor dem 2. Weltkrieg (im Oktober 1931) in das Eigentum der Pächter überführt. Damals entstanden hier 8 sog. Erbhöfe zwischen 11 und 36 ha sowie 6 Siedlerstellen zwischen 1,5 und 4,5 ha. Von diesen Betrieben werden heute nur noch 6 der 8 Erbhöfe bewirtschaftet. Mit dem Land der aufgegebenen Betriebe auf durchschnittlich 30 ha aufgestockt, haben sich die meisten von ihnen auf intensive Viehwirtschaft (Milchviehhaltung und Ferkelzucht) spezialisiert.

8.3.4 Langenrade

Jenseits des Dorfes Wahlstorf durchfahren wir auf der Straße nach Ascheberg eine Agrarlandschaft, die sich mit ihrer kleinräumigen Fl:urafteilung und Streusiedlung deutlich von der weiträumigen, fast siedlungsleeren Gutslandschaft abhebt. Als Feldmark **Langenrade** zum Gut Ascheberg gehörend, bot dieser Raum einst auch das Bild einer typischen Gutslandschaft; sein heutiges Gepräge erhielt er erst durch die 1739 eingeleiteten Reformen des Ascheberger Gutsherren Graf Hans Rantzau. Dieser hatte erkannt, daß die schlechte Ökonomie der Gutsbetriebe vor allem im Fronsystem begründet war, das die Leibeigenen ohne den Antrieb des Eigennutzes nur mit Mißmut, Gleichgültigkeit und Trägheit arbeiten ließ. Angeregt durch die aus Frankreich stammende physiokratische Richtung der Wirtschaftstheorie, nach der Grund und Boden und die Arbeit des Landmannes die Hauptquelle des Wohlstandes darstellten, entschloß er sich deshalb, sämtliche Hoffelder seines Gutes in Bauernstellen von etwa 20 ha aufzuteilen und diese zu verpachten, zumal er aufgrund sorgfältiger Berechnungen zu dem Schluß gekommen war, damit wesentlich höhere Einnahmen erzielen zu können als mit seinem bisherigen Gutsbetrieb. Der Erfolg der ersten, 1739 angelegten, 18 ha großen Pachtstelle bestätigte seine Überlegung. Durch Entwässerung und Einführung des damals noch neuen Kleeanbaus erzielte der Pächter, ein tüchtiger Bauernsohn aus seinem Gut, so gute Erträge, daß er seine Wirtschaft ständig verbessern konnte. Andererseits warf die Pacht auch für den Gutsherren einen höheren Reinertrag als bisher ab. Derart ermutigt, errichtete Hans Rantzau in den folgenden Jahren jeweils ein oder zwei weitere Pachthöfe. So entstanden im Laufe eines halben Jahrhunderts auf der Ascheberger Feldmark mit den Dörfern Langenrade, Kalübbe und Dersau nicht weniger als 35 bäuerliche Familienbetriebe und 118 kleine Erbpachtstellen.

Im Zuge der Ablösung der Reallasten, durch die preußische Rentengutsgesetzgebung verfügt und durch Gesetz vom 3.1.1873 für Schleswig-Holstein angeordnet, wurden unter anderem auch die Erbpachtstellen des Gutes Ascheberg in freies Eigentum umgewandelt. Damit wurden die Pächter dieser Stellen vollständig aus dem gutswirtschaftlichen System entlassen und die hier im 18. Jh. begonnenen Agrarreformen zum Abschluß gebracht. Durch die Ablösung der Erbpacht wurden die neuen Eigentümer allerdings auch allen Schwankungen der Wirtschaftslage ausgesetzt, in denen sich mancher der kleinen Betriebe nicht halten konnte. Häufige Besitzwechsel waren die Folge, und so sind heute in Langenrade nur noch zwei Betriebe seit dem Ende des 18. Jh. in ununterbrochener Erbfolge im Besitz der gleichen Familie.

In Ascheberg stoßen wir nach Überqueren der Bahnlinie auf die B 430, in die wir nach rechts (Richtung Neumünster) einbiegen, um nach 2 km den am Großen Plöner See gelegenen Aschebergerhof zu erreichen.

Der heutige Ort **Ascheberg** (2314 E.) entwickelte sich neben dem alten Dorf Langenrade, als hier in unmittelbarer Nähe zu dem bereits 1866 entstandenen Knotenpunkt der Bahnlinien Kiel—Lübeck und Hamburg—Neumünster—Ascheberg ein Sägewerk (1890/99) und eine Ziegelei (1898/1905) errichtet wurden. Im Zusammenhang mit diesen beiden Industriebetrieben entstand um den Bahnhof Ascheberg mit 50 Neubauten zwischen 1895 und 1910 ein erster nicht mehr landwirtschaftlich geprägter Ortsteil. Seinen ländlichen Charakter verlor Ascheberg dann vollends, als während des 2. Weltkrieges für ausgebombte Städter die Siedlung „Neue Heimat" errichtet wurde, 63 aus Finnland gelieferte Holzhäuser mit je 2 Vierzimmerwohnungen und 34 Behelfsheime mit je 2 Zweizimmerwohnungen. Durch die Anlage dieser Siedlung und den Zustrom an Heimatvertriebenen und Evakuierten hat sich die Einwohnerzahl Aschebergs zwischen 1939 und 1947 mehr als verdreifacht. Von den 3612 im Jahre 1947 in Ascheberg ansässigen Bewohnern waren nur 1198 Einheimische.

8.3.5 Aschebergerhof

Auf dem **Aschebergerhof** wurde bereits 1725 durch Hans Rantzau die für die meisten adligen Güter Ostholsteins charakteristische Verbindung von Wirtschaftshof und Herrenhaus aufgehoben. Er verlegte Scheunen und Ställe in die unmittelbare Nähe der Straße Plön—Neumünster (bemerkenswert ist hier die wohl von R. M. Dallin errichtete große Gutsscheune, ein mächtiger Backsteinbau mit reetgedecktem Krüppelwalmdach und der im Südgiebel eingemauerten Jahreszahl 1725). Dadurch gewann er Raum, um die nächste Umgebung seines Hauses im Stile der englischen Gartenkunst zu verschönern. Die Anlage der beiden vierzeiligen Lindenalleen, der festen Brücke über den Burggraben und des 20 ha großen Parkes geht auf ihn zurück.

Vornehmlich durch diese Werke der Gartenkunst wurde Ascheberg zum vielbewunderten Herrensitz und Mittelpunkt des gesellschaftlichen Lebens. Kultur und Politik, für deren wechselseitige Befruchtung in Schleswig-Holstein der Name Emkendorf jahrzehntelang ein Programm war, gaben auch Ascheberg damals ein besonderes Gepräge und hoben das Gut über andere holsteinische Herrensitze hinaus (Klüver 1952). Höhepunkt des gesellschaftlichen Lebens war unumstritten der Besuch des dänischen Königs Christian VII. und seiner jungen Gemahlin Karoline Mathilde im Sommer 1770, begleitet von Struensee, der auch hier Intrigen zu seinem beispiellosen Aufstieg vom Leibarzt des Königs über den Liebhaber der Königin zum alleinherrschenden Staatsmann schmiedete.

Mit dem um die Jahrhundertwende aufkommenden Fremdenverkehr wurden die im ganzen Land bekannten, von Poesie und Romantik umwobenen Parkanlagen zum Ziel ungezählter Touristen. An sommerlichen Sonn- und Feiertagen brachten die Züge Scharen von Ausflüglern nach Ascheberg, das für sie zu einer Quelle der Erholung und des Naturgenusses wurde. Mit dem Aufstieg Malente-Gremsmühlens zum Zentrum der „Holsteinischen Schweiz" verblaßte allerdings Aschebergs Ruhm als Ausflugsort. Heute wird das Herrenhaus, ein architektonisch wenig geglückter Neubau aus den Jahren 1869/70, als christliches Jugendfreizeitheim genutzt; Alleen und Parkanlagen sind verwildert.

Der Aschebergerhof, als Restgut im Besitz des Grafen Brockdorff-Ahlefeldt, umfaßt heute noch 1130 ha. Davon entfallen allerdings 590 ha auf

die an einen Berufsfischer verpachtete Wasserfläche des Großen Plöner Sees.
Mit 250 ha LN ist das Gut für einen modernen viehlosen Großbetrieb eigentlich schon zu klein; einen Ausgleich schafft hier die 240 ha umfassende Forstfläche.

600 m südlich des Aschebergerhofes biegen wir nach links in die Landstraße nach Bad Segeberg ein, um gleich darauf das Dorf Dersau zu erreichen.

8.3.6 Dersau

Dersau, ursprünglich eines der drei Pachtdörfer des Gutes Ascheberg, wird — in landschaftlich reizvoller Lage am Südwestufer des Großen Plöner Sees gelegen — heute in starkem Maße vom Fremdenverkehr geprägt. Dersau liegt zwar nur am Rande der „Holsteinischen Schweiz" und verfügt nicht, wie das Zentrum dieses Fremdenverkehrsgebietes um Malente-Gremsmühlen, über Kureinrichtungen und die damit verbundene ganzjährige Auslastung, hat sich jedoch im Gegensatz zu den anderen Landgemeinden in seiner erwerbsmäßigen Ausrichtung bereits stärker auf den Fremdenverkehr eingestellt (Luft 1975). Mit 4 Gasthöfen, 5 gewerblichen und 40 privaten Vermietern sowie 2 Campingplätzen verzeichnet dieses nur 683 E. zählende Dorf jährlich 80—85 000 Fremdenübernachtungen. Mit der Bereitstellung entsprechender Einrichtungen (Wanderwege, Segelhafen, Tennisplätze) hat sich die Gemeinde auf die vorherrschende Fremdenverkehrsart, den längerfristigen Urlaubsaufenthalt ihrer Gäste (durchschnittliche Aufenthaltsdauer: 12,6 Tage), eingestellt.

8.3.7 Gut Nehmten

Von Dersau aus besteht die Möglichkeit, die Exkursion mit dem Autobus fortzusetzen oder aber eine Fußwanderung durch eine der reizvollsten Uferlandschaften am Großen Plöner See zu unternehmen und den Bus erst wieder an der Zufahrt zum Gut Nehmten zu besteigen. Bei der Fortsetzung der Busexkursion biegen wir 1 km südlich der Dersauer Ortsausfahrt von der Landstraße nach Bad Segeberg nach links in die Straße nach Bosau ab. Bei der Fußwanderung las-

sen wir uns vom Bus noch 2 km bis Sepel fahren (in Dersau bereits vor dem Ortsausgang nach links in den Sepeler Weg einbiegen), um hier unsere Wanderung über Godau zum Gut Nehmten anzutreten.

Die Wanderung von Godau (Gehöft und Campingplatz direkt am Ufer des Großen Plöner Sees) nach Nehmten (4 km) führt uns durch die stark reliefierte Endmoräne, die die ostholsteinische Seenplatte nach S begrenzt (M-Moräne nach Gripp 1953). Da dieser Endmoränenzug auf der Godauer Halbinsel zwischen dem Ascheberger und dem Nehmtener Teil des Großen Plöner Sees überwiegend aus sandigen und kiesigen Ablagerungen besteht und lediglich mittlere bis ärmere braune Waldböden von geringem landwirtschaftlichen Wert trägt, wurden große Teile dieser zum Gut Nehmten gehörenden Flächen bereits in der Mitte und zweiten Hälfte des 19. Jh. wieder aufgeforstet. Dadurch entstand der Nehmtener Forst, der heute mit 580 ha den größten Teil der Wirtschaftsfläche des **Gutes Nehmten** (Gesamtfläche 1500 ha, davon 500 ha Wasserfläche) einnimmt. Dieses Waldgebiet, durch das unsere Wanderung zum Gut Nehmten führt, unterscheidet sich von anderen Forsten Ostholsteins durch einen ungewöhnlich hohen Nadelwaldanteil (58 % Fichte sowie 9 % Kiefer und Lärche, aber nur 21 % Buche, 6 % Eiche und 6 % andere Laubhölzer; v. Fürstenberg 1983). 1967 wurde das gesamte Waldgebiet (einschl. 60 ha ehemaliger landwirtschaftlicher Nutzfläche als Äsungsfläche) eingezäunt, um die umliegenden landwirtschaftlichen Nutzflächen vor dem reichen Wildbestand zu schützen. Heute enthält dieses Wildgatter ca. 300 Stück Damwild, von denen wir mit etwas Glück eine größere Anzahl auf den Äsungsflächen beobachten können.

Das verbleibende Ackerland des Gutes, 162 ha landwirtschaftlicher Grenzertragsflächen, wird im Rahmen eines Kooperationsvertrages vom Gut Wahlstorf mitbewirtschaftet (ständiger Roggenanbau). Die Wirtschaftsgebäude, der 12 ha große Park mit seinem alten Baumbestand und 142 ha Weideland wurden an einen Geschäftsmann verpachtet, der hier ein Gestüt zur Vollblut- und Warmblutzucht (ca. 130 Pferde) aufgebaut hat.

Landwirtschaftlich zwar ein recht minderwertiges Gut, bildet Nehmten mit seinem Herrenhaus, einem schloßähnlichen spätklassizistischen Bau aus der Mitte des 19. Jh., seinem gepflegten Park, den Koppeln mit rassigen Pferden, seinem großen wildreichen Wald und dem reizvollen Nebeneinander von stark reliefierter Endmoräne und der weiten Seefläche ein besonderes landschaftliches Kleinod der ostholsteinischen Seenplatte.

Wir verlassen das Gut Nehmten über die nach W führende Allee (für Kfz über 5 t gesperrt), um nach 1,3 km an der Einmündung in die Straße nach Bosau den Bus wiederzutreffen.

1 km südlich queren wir die Tensfelder Au, einen tiefen Einschnitt in der Endmoränenstaffel, durch den während der Weichselvereisung die Schmelzwässer (in umgekehrter Fließrichtung wie die heutige Au) über den Ricklinger Sander zum Elbe-Urstromtal abflossen, bevor sich mit dem endgültigen Rückzug des Eises die Entwässerung der ostholsteinischen Seenplatte über die Schwentine zur Ostsee ausbildete.

8.3.8 Bosau

Der alte Kern des Dorfes **Bosau** (3018 E.) liegt am Ostufer des Großen Plöner Sees auf einer während der jüngeren Dryaszeit im 27 m NN-Niveau angelegten, halbinselförmig in den See vorspringenden Seeterrasse unterhalb eines markanten Kliffs. Auf dieser durch Buchten des Plöner Sees, den Bischofsee und den Vierersee gegliederten Terrasse konnten mehrere slawische Siedlungskerne lokalisiert werden (Kiefmann 1978), so daß wir im Raum Bosau eine größere slawische Siedlungskammer vermuten können.

Als nach dem großen Slawenaufstand von 1138/39 die Schauenburger im Gegenzug die Kolonisation Wagriens vorantrieben, errichtete Vizelin, der Apostel der Wenden, von Heinrich dem Löwen mit dem Dorf „Buzoe" beschenkt, hier 1151 eine Kirche, da sein eigentlicher Bischofsitz Oldenburg durch die heidnischen Wenden noch gefährdet war. Um 1170 verfaßte hier Vizelins Schüler Helmold als Pfarrer von Bosau die „Slawenchronik", eine der wichtigsten und anschaulichsten Quellen über die Kolonisationszeit.

Der heutige Kirchenbau, bestehend aus quadratischem Chor mit Halbrundapsis, geräumigem Schiff und gedrungenem quadratischem Westturm, entstand im späten 12. und frühen 13. Jh. unter Einbeziehung der Seitenschiffswände der ursprünglichen Vizelinkirche, einer einfachen Feldstein-Basilika. Den barocken Turmhelm erhielt die Kirche nach weitgehender Zerstörung im Dreißigjährigen Krieg; der gotische

Dreiflügelaltar ist eine bemerkenswerte Arbeit aus der Mitte des 14. Jh., die Emporenkanzel wurde 1636 gefertigt.

Die in einem Halbkreis vor der Kirche angeordneten Gehöfte, die in ihrer Entstehung bis in die Kolonisationszeit zurückzuverfolgen sind, bilden den ältesten Ortskern. Jüngere Ausbauten ziehen sich nach O bis zum Kliffuß und nach N und S längs der Seeufer hin. Die ursprünglich agrare Struktur dieses Dorfes ist heute durch einen starken Fremdenverkehr und die Anlage von Zweitwohnsitzen in landschaftlich bevorzugter Lage längs der Seeufer und am Hang des Kliffs stark überformt.

Von Bosau folgen wir der nach Plön ausgeschilderten Straße; sie führt am Ostufer des Vierersees entlang und trifft nach 6,3 km auf die B 76 Eutin—Plön, in die wir nach links in Richtung Plön einbiegen.

Plön (11 082 E.) ist Kreisstadt und als „Perle der Holsteinischen Schweiz" ein beliebter Luftkurort. Plön wurde als Burg- und Marktsiedlung von den holsteinischen Grafen gegründet, nachdem sie 1139 mit der Zerstörung der auf der Insel Olsborg gelegenen slawischen Burganlage die Macht der Wagrier in diesem Raum gebrochen hatten. 1236 erhielt Plön Stadtrecht. Im 14. Jh. war es Residenz der Schauenburger und im 17. und 18. Jh. Sitz der Herzöge von Schleswig-Holstein-Sonderburg-Plön, die 1633—36 an der Stelle der alten Burg auf einer markanten Endmoräne das heutige Schloß errichten ließen, einen eindrucksvollen dreigeschossigen Dreiflügelbau in manieristischem Stil mit breitem Mitteltrakt (guter Blick auf den Großen Plöner See). Nach Erlöschen dieses Herzogsgeschlechts (1761) wurde das Schloß Sommersitz des dänischen Königshauses. 1867 wurde es preußische Kadettenanstalt und 1918 schließlich staatliches Internatsgymnasium.

Über die B 76 kehren wir nach Preetz, dem Ausgangspunkt unserer Exkursion, zurück.

8.4 Literaturauswahl

Bedal, K. (1973): Eine Gutsscheune des 16. Jahrhunderts in Wahlstorf. — Jb. f. Heimatkde. im Krs. Plön, 3: 60—76, Plön.

Dege, E. (1983): Knoop — ein Gutsbetrieb am Kieler Stadtrand. — Kieler Geogr. Schr., 58: 169—189, Kiel.

Engling, I. (Hg.) (1982): Das Kreis-Plön-Buch. Eine Landeskunde in Wort und Bild. Neumünster.

Fürstenberg, C. v. (1983): Der Wald in Nehmten. — Jb. f. Heimatkde. im Krs. Plön, 13: 129—137, Plön.

Gripp, K. (1953): Die Entstehung der ostholsteinischen Seen und ihrer Entwässerung. — Schr. Geogr. Inst. Univ. Kiel, Sonderbd.: 11—26, Kiel.

Kiefmann, H.-M. (1978): Historisch-geographische Untersuchungen zur älteren Kulturlandschaftsentwicklung. — Offa-Bücher, 38, Neumünster.

Klüver, W. (1952): Ascheberg. Ein ostholsteinisches Guts- und Ortsbild. Eutin.

Leister, I. (1952): Rittersitz und adliges Gut in Holstein und Schleswig. — Schr. Geogr. Inst. Univ. Kiel, 14 (2), Kiel.

Luft, H. (1975): Der Fremdenverkehr in der Holsteinischen Schweiz — eine geographische Untersuchung. Diss., Kiel.

Oldekop, H. (1908): Topographie des Herzogtums Holstein. 2 Bde., Kiel.

Reichert, R. (1912): Handbuch des Grundbesitzes im Deutschen Reiche. Provinz Schleswig-Holstein. 2. Aufl., Berlin.

Ziesemer, F. (1984): Die Entwicklung der Landwirtschaft im Kreis Plön. — Jb. f. Heimatkde. im Krs. Plön, 14: 68—78, Plön.

9. Die Ostseeküste zwischen Kieler Förde und Lübecker Bucht — Überformung der Küstenlandschaft durch den Fremdenverkehr

von HORST STERR und HEINZ KLUG, Kiel

Karten: Generalkarte 1 : 200 000, Bl. 1; Kreiskarten 1 : 100 000 Ostholstein, 1 : 75 000 Plön.

9.1 Einführung

Der Anteil Schleswig-Holsteins an den Küsten der Ostsee umfaßt einen knapp 400 km langen Abschnitt, nämlich den Südrand der sog. Kieler Bucht sowie die Westumrahmung der Lübecker Bucht und die Insel Fehmarn. Dieser Küstenbereich teilt sich in die stark gegliederte **Fördenküste** der Landschaften Angeln, Schwansen und Dänischer Wohld einerseits sowie die sanft geschwungene **Buchten- und Ausgleichsküste** der Probstei, Ostholsteins und Fehmarns andererseits. Während entlang der Kieler Förde, der Eckernförder Bucht, der Flensburger Förde bzw. der dazwischenliegenden Küstenabschnitte die Nutzung der Küste als Industrie-, Wirtschafts-, Verkehrs- und Verteidigungszone eine sehr bedeutende Rolle spielt, stellt die östliche Küstenlandschaft zwischen Laboe und Travemünde einen in Charakter und Stellenwert herausragenden **touristischen Erholungsraum** dar. In der naturräumlichen Ausstattung besitzt diese Küstenregion die Attraktivität und zugleich das Potential für den Fremdenverkehr, welcher seinerseits weitreichende Veränderungen für die Physiognomie und Ökologie dieser Landschaft mit sich bringt. Die Wechselwirkungen zwischen der Naturlandschaft und dem Wirtschaftsfaktor Tourismus können daher am Beispiel der holsteinischen Küste in besonders augenfälliger Weise dokumentiert werden.

Dabei stehen entlang der Exkursionsroute folgende thematische Schwerpunkte im Vordergrund:

1. Die Morphogenese bzw. der physiographische Charakter des Landschaftsbildes.
2. Die natürlichen Gunst- und Ungunstfaktoren dieses Raumes in bezug auf den Fremdenverkehr.
3. Die Entwicklung der Küstenregion östlich der Kieler Förde zu einer anthropogen geprägten Erholungslandschaft.
4. Die problematischen Wechselwirkungen zwischen Mensch und Umwelt (= Landschaft) in diesem touristischen Ballungsraum.

9.1.1 Formung und Landschaftsbild der holsteinischen Küste

Die Entwicklung der Küstenlandschaft im südöstlichen Ostseeraum begann vor etwa 7000 J. mit dem verstärkten Einsetzen der postglazialen Meeresspiegelanhebung, der sog. Litorinatransgression. Beim Erreichen der Tiefenzone von −20 m bis −15 m NN überflutete die vordringende Ostsee das glazial geformte Relief, welches geprägt ist durch wellige bis ebene Grundmoränenflächen, kuppige Endmoränenrücken, breite, wassererfüllte Zungenbecken und langgestreckte Schmelzwasserrinnen. An den Rändern der vorspringenden, höheren Grund- und Endmoränenbereiche wurden durch die einsetzende Brandungsabrasion bald Steilufer im leicht erodierbaren Geschiebemergel angelegt, während dazwischen in den tieferliegenden Gebieten die Küstenlinie dem in Buchten und Förden weit landeinwärts vordringenden Meer folgte. Schon mit der Verlangsamung der Ostseetransgression vor etwa 3000 J. begann die Umformung dieser ursprünglich stark zerlappten Küste, die im wesentlichen auch heute noch anhält: Bei der stetigen Zurückverlegung der **Steilküstenabschnitte** wird durch die Wellenwirkung eine große Menge sandigen Lockermaterials aufbereitet und durch die Küsten- und Brandungsströmungen in die benachbarten Buchten transportiert. Im Strömungsschatten der vorspringenden Kliffs kommen diese Sedimente, meist Grobsand und Mittelsandfraktionen, dann rasch zur Ablagerung. Die dabei entstehenden **Strandwälle und Nehrungen** wachsen in Strömungsrichtung bzw. buchteinwärts in Hakenform weiter, entwickeln sich zu ausgeprägten Hakensystemen, bis es zum völligen Abschließen der Bucht, d. h. zur Bildung eines Strandsees kommt. Dieser Mechanismus des Küstenausgleichs ist an der gesamten Ostseeküste Schleswig-Holsteins zu beobachten. Er ist jedoch im Küstenbereich der Probstei, Fehmarns und Ostholsteins aufgrund der hier vorherrschenden Zusammenhänge zwischen Kliffexposition und effektiven Wind- und Strömungsrichtungen besonders wirksam und bereits so weit fortgeschritten, daß an dieser **Ausgleichsküste** alle Ingressionsbuchten vom offenen Meer ganz oder weitgehend abgeschnitten worden sind. Dies beeinträchtigte zwar die ursprüngliche Verkehrs- und Hafengunst, bot andererseits aber eine wesentliche Voraussetzung bzw. das natürliche Potential für die Nutzung dieser Küstenregion durch den Fremdenverkehr: kilometerlange, meist breite Sandstrände im Wechsel mit reizvollen Steilufern vor einer abwechslungsreichen Naturlandschaft im Landesinneren.

9.1.2 Die Entwicklungsfaktoren des Fremdenverkehrs

In der Mannigfaltigkeit der Küstenformen und im Reiz des gesamten Landschaftsbildes liegt die Hauptattraktivität für die Entwicklung Holsteins zu einem **Schwerpunkt des Tourismus.** Daneben spielen aber auch noch eine Reihe weiterer Gunstfaktoren eine nicht unbedeutende Rolle: Das Fehlen von Gezeiten und die geringe Brandungstätigkeit in den Sommermonaten erlauben weitgehend gefahrloses Baden an den Sandstränden. Dies und die meist westlichen und daher bereits abgeschwächten und trockeneren Luftmassen, welche ein weniger intensives Meeres-Reizklima als an der Nordsee erzeugen, haben der Ostsee die Attribute „ruhig" und „familienfreundlich" eingetragen. Die Sonnenscheindauer nimmt von W nach O deutlich zu, was sich v. a. die Gemeinden auf Fehmarn und an der Lübecker Bucht für ihre touristische Werbung zunutze machen. Nicht zuletzt muß auch die **periphere Lage** dieser Küstenregion im äußersten NO der Bundesrepublik als ein positiver Standortfaktor für die Fremdenverkehrsentwicklung angesehen werden, kann er doch aufgrund seiner Distanz zu industriellen Ballungsräumen die Ansprüche an Luft- und Wasserqualität weitgehend befriedigen und daneben auch als Tor nach Skandinavien noch eine Brückenfunktion übernehmen. Trotz der Randlage ist aber die **Verkehrsanbindung** und Erreichbarkeit der norddeutschen Siedlungsagglomerationen durchaus günstig, was die Statistik der Herkunftsgebiete der Touristen in Holstein und Fehmarn deutlich macht: ca. 55 % kommen aus Nordrhein-Westfalen, 30 % aus Niedersachsen, 10 % aus dem Großraum Hamburg. Das **Ostseeküstenklima** bringt neben Vorteilen aber auch einige Probleme für den Fremdenverkehr. Zum einen sind langandauernde, stabile Hochdruckwetterlagen im Sommerhalbjahr eher die Ausnahme als die Regel, d. h. es muß selbst während der Hauptsaison (Juni, Juli, August) mit unbeständiger Witterung gerechnet werden. Vielleicht noch deutlicher schlägt die doch meist recht niedrige Wassertemperatur der Ostsee als ein Ungunstfaktor zu Buche: 20 °C oder mehr werden selten erreicht. Beheizte, also kostenintensive Hallen- oder Freibäder werden deshalb von nahezu allen Ostseebadeorten für die Gäste unterhalten.

Die Intensivierung des Fremdenverkehrs an der Ostseeküste Schleswig-Holsteins erfolgte, nach einer relativ langsamen Entwicklung seit dem Ende des 19. Jh., in der Periode von 1960—1975. In dieser Zeit brachte der generelle Wirtschaftsaufschwung bundesweit eine deutliche Verbesserung der Einkommenssituation, erhöhte Mobilität und längere Urlaubsregelungen mit sich. Dem dadurch zunehmenden Wunsch der Bevölkerung nach einem mehrwöchigen Familien- bzw. Badeurlaub trugen die meisten Gemeinden entlang der Küste der Probstei, Fehmarns und Ostholsteins durch die Erweiterung ihrer privaten und gewerblichen Übernachtungskapazitäten Rechnung. Den Höhepunkt erreichte diese **touristische Expansionsphase** in den Jahren 1971—1975 mit dem Bau von insgesamt 8 Ferienzentren entlang der Ostseeküste, von denen sich allerdings 6 auf einem ca. 100 km langen Küstenabschnitt östlich von Kiel zusammendrängen, nämlich Wendtorf, Holm, Weißenhäuser Strand, Heiligenhafen, Burgtiefe und Sierksdorf (Abb. 1). Die Errichtung dieser Großprojekte innerhalb kurzer Zeit, die mit staatlicher Investitionshilfe gefördert wurden, sowie die dadurch geänderte Angebots- und Konkurrenzsituation hatten aber neben positiven Impulsen auch negative Auswirkungen auf die Fremdenverkehrsstruktur und -entwicklung in diesem Raum zur Folge. Insgesamt ergab sich seit 1971 — auch durch den rasch wachsenden Campingtourismus — eine zunehmende **Verdichtung touristischer Einrichtungen** bzw. ihrer Benutzer, die zahlreiche Küstenabschnitte in charakteristische Fremdenverkehrslandschaften umwandelte mit z. T. einschneidenden Veränderungen des natürlichen Landschaftsbildes und des ökologischen Gleichgewichts.

Während die Umgestaltung der Küstenlandschaft durch tourismusbedingte Bebauung von der Bevölkerung und den Erholungsuchenden noch weitgehend in Kauf genommen wird, ergeben sich doch aus der intensiven Nutzung des schmalen Küstensaums durch Urlaubsgäste und zahlreiche Tagesbesucher vor allem im Sommer gravierende Probleme für die ökologisch sensible Litoralzone. Dünen- und Strandwallsysteme tragen nicht nur zur Prägung des natürlichen Landschaftscharakters, sondern auch wesentlich zum Schutz der Küste bei und werden deshalb zunehmend als besonders erhaltenswerte Gebiete aus den Fremdenverkehrsbereichen ausgegliedert. Andererseits führte die Notwendigkeit eines wirksameren **Küstenschutzes,** in Anbetracht der hier investierten Kapitalwerte, an vielen Abschnitten zur Anlage von Quer- und Längsschutzbauten und damit auch zu einer weitreichenden Umgestaltung der natürlichen Strandwallandschaft.

Die natürliche Entwicklung der Ostseeküstenlandschaft sowie die vielfältigen Wechselwirkungen zwischen diesem Raum und den Menschen, die sich sein naturgegebenes Potential zunutze machen, sollen entlang der Exkursionsroute an besonders markanten Punkten beispielhaft erläutert werden.

9.2   Exkursionsroute (Dauer ca. 8—9 Std., ca. 270 km)

Kiel — Laboe — Hohenfelde — Hessenstein — Lütjenburg — Hohwacht — Oldenburg — Heiligenhafen — Burg/Fehmarn — Grömitz — Neustadt — Kiel.

9.3   Erläuterungen

Die Route führt im ersten Abschnitt von Kiel am Ostrand der Kieler Förde entlang nach Laboe.

9.3.1 Laboe

Standort: Marine-Ehrenmal (Öffnungszeiten: 9—18 Uhr im Sommer und 9—16 Uhr im Winter).

Das Marine-Ehrenmal, zu dessen gesamter Anlage neben dem 72 m hohen Turm mit Aussichtsplattform (85 m NN) die Ehrenhalle, die Weihehalle, die Historischen Hallen und der Ehrenhof gehören, befindet sich in der Trägerschaft des Deutschen Marinebundes. Der in den Jahren 1927—36 nach den Plänen G. A. Munzers errichtete Komplex erinnert gemeinsam mit dem vor dem Ehrenmal aufgestellten U-Boot „U 995" als museale Gedenkstätte an die im 1. und 2. Weltkrieg gefallenen deutschen Marinesoldaten.

Von der Aussichtsplattform des Marine-Ehrenmals in **Laboe** bietet sich ein schöner Rundblick über die nördlichen Stadtbezirke von Kiel und die langgestreckte Kieler Förde im S, die Grundmoränenlandschaft des Dänischen Wohlds im W sowie das weitere Exkursionsgebiet der Probstei und Ostholsteins im O. Bei sehr klarer Sicht sind sogar die Südküsten der dänischen Inseln am nördlichen Horizont erkennbar. Vor dem Betrachter verläuft nach O bzw. NO die flache **Strandwallküste der Probstei**, nur unterbrochen durch eine ca. 1 km lange Kliffstrecke bei Stein. Sie begrenzt zum Meer hin eine tiefliegende und z. T. noch amphibische Salzwiesenlandschaft, die im S und O bis Barsbek und Schönberg reicht (Abb. 1). Dem aufmerksamen Beobachter werden sofort die zahlreichen flachen Sandbänke, welche hier der Küste vorgelagert sind, sowie der geschwungene Nehrungshaken des Bottsandes nordöstlich von Stein auffallen. Sie lassen an diesem Abschnitt auf einen west- bis südwestlichen Sandtransport in Richtung auf die Kieler Förde schließen. Die gröberen Sandfraktionen werden vor Laboe abgelagert, während die feineren Partikel von der Strömung in die hier ca. 18 m tiefe Rinne des Fördentrichters sedimentiert werden.

Der küstenparallele Strandversatz, der vor dem weiter östlich bei Satjendorf gelegenen Kliffabschnitt seinen Ausgang nimmt, dauert zwar schon seit dem Ende der Litorinatransgression vor ca. 5000 J. an, jedoch hat die Küstenlandschaft der Probstei erst in jüngster Zeit ihre heutige Gestalt erhalten. Noch vor etwas mehr als hundert Jahren befand sich östlich von Stein eine offene Meeresbucht. Sie wurde im S durch einen flachhügeligen Endmorä-

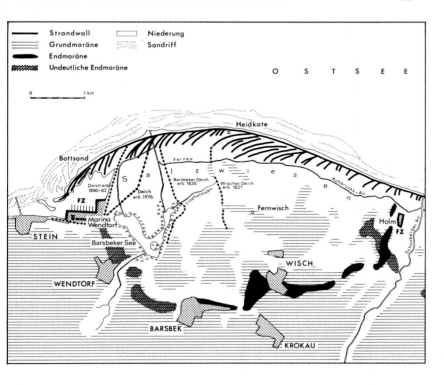

Abb. 1. Küstenmorphologie im Bereich der östlichen Kieler Außenförde. Quelle: Klug 1969; ergänzt

nenzug auf der Linie Wendtorf—Barsbek—Wisch begrenzt. Durch die anhaltende Verlagerung der Strandwallsysteme nach W bzw. SW wurde die Bucht allmählich vom offenen Meer abgetrennt, bis etwa um 1880 — zusätzlich durch anthropogene Einflüsse (Deichbau) unterstützt — ein Strandsee, der sog. Barsbeker See, entstanden war. Erst danach setzte die Ausbildung des **Bottsand-Hakensystems** ein, welches inzwischen auf über 1 km Länge angewachsen ist. Natürliche Verlandungsprozesse sowie Deichbau-

und Entwässerungsmaßnahmen führten in diesem Jahrhundert zu einer raschen Verkleinerung des Barsbeker Sees und der umgebenden, weitgehend trokkengelegten amphibischen Salzwiesenlandschaft. Neben der Intention eines verbesserten Küstenschutzes erfolgten die anthropogenen Maßnahmen vor dem Hintergrund der intensivierten Nutzung dieser Küstenregion zunächst durch die Landwirtschaft, in neuerer Zeit aber zunehmend durch den Fremdenverkehr. Bereits ab 1950 wurden Ferienhauskolonien zwischen Heidkate und Schönberger Strand von Kieler Privatpersonen errichtet. Der Tourismusboom Anfang der 70er Jahre brachte dann den Bau zweier Großprojekte: das **Ferienzentrum Holm** nördlich von Schönberg und **Marina Wendtorf,** dessen Gebäude und Anlagen östlich von Stein vom Ehrenmal aus gut zu erkennen sind (Abb. 1). Die Lagune hinter dem Bottsand wurde zur Nutzung als Segelhafen ausgetieft. Da jedoch die Einfahrtsrinne quer zur Sandtransportrichtung verläuft, ist ein Ausbaggern der Rinne in wiederholten Abständen notwendig. Mit der großflächigen Anlage touristischer Einrichtungen sowie zahlreicher Campingplätze von Laboe bis Schönberg hat die flache Strandwall- und Salzwiesenlandschaft der Probsteier Küste viel von ihrem natürlichen Charakter verloren und sich zu einer typischen Erholungslandschaft gewandelt. Zu Veränderungen des Formenbildes dieses Küstenabschnitts tragen allerdings auch die neuerdings weiter ausgebauten Küstenschutzanlagen wesentlich bei. Sie bestehen aus einem mehr als 4 m hohen Landesschutzdeich mit Steinvorschüttung sowie zahlreichen engabständigen Steinbuhnen und sollen demnächst nach O bis zum Stakendorfer Strand verlängert werden. Der hier inzwischen verlorengegangene Sandstrand muß dann nach Abschluß der Bauarbeiten erneut vorgespült werden.

9.3.2 Aussichtsturm Hessenstein

Von Laboe aus fährt man in östlicher Richtung durch die oben beschriebene Küstenlandschaft. Die neue Umgehungsstraße (B 502) führt zwischen Schönberg, einem reizenden alten Kirchdorf und heutigen zentralen Ort der Probstei, und dem Ferienzentrum Holm (mit Kurklinik) hindurch Richtung Lütjenburg. Im SO von Hohenfelde erkennt man eine Belebung des Reliefs in Form von

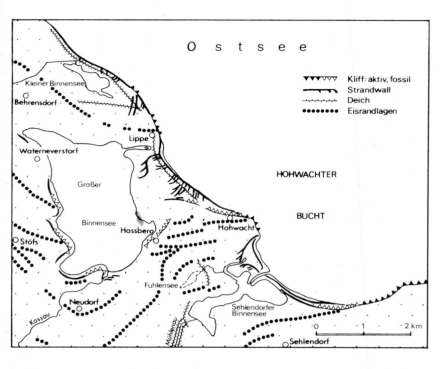

Abb. 2. Die Küstenlandschaft der Howachter Bucht. Quelle: Ernst 1974; ergänzt

langgestreckten Moränenrücken. Auf einem dieser Rücken liegt, ca. 130 m *über NN, der malerische Aussichtsturm Hessenstein (Zugang über Münzautomat jederzeit), den man über Gadendorf oder Emkendorf erreicht.*

Vom 1841 erbauten Aussichtsturm **Hessenstein** blickt man weit über das hügelige Moränenrelief Ostholsteins im S und SO, während sich die Landschaft nach N und O zur breit geschwungenen Hohwachter Bucht öffnet. Die eindrucksvollen, schmalen Stauchendmoränenwälle, die beiderseits des Hessensteins von NW nach SO hinziehen, wurden am Ende der Weichsel-

vereisung vor etwa 12 000 bis 14 000 J. zwischen zwei großen Gletscherzungen zusammengeschoben, von denen die eine im Gebiet des Selenter
Sees lag, während die zweite aus NO-Richtung durch die Hohwachter Bucht
bis kurz vor Lütjenburg vordrang. Letztere schuf dann vor den Endmoränen
zwei NO—SW orientierte Zungenbecken, ein größeres zwischen Behrens-
dorf und Hohwacht und ein kleineres zwischen Hohwacht und Sehlendorf,
mit einem dazwischenliegenden, langgestreckten Moränenrücken (Abb. 2).
Diese Ausräumungszonen wurden während der Ostseetransgression im Mit-
telholozän zu tief landeinwärts greifenden Meeresbuchten, an deren Ufern
im Bereich des steil ansteigenden Reliefs durch die Brandungsabrasion Kliff-
küsten entstanden.

Schon bald setzte aber auch in der **Hohwachter Bucht** die Ausbildung
von Nehrungshaken und dadurch die Tendenz zum Küstenausgleich ein.
Die Materiallieferanten sind an diesem Küstenabschnitt die Steilufer von Sat-
jendorf/Todendorf im NW bzw. Sehlendorf/Weißenhaus im SO. Aber auch
die Zurückverlegung des Küstenvorsprungs von Hohwacht sowie eines kleinen Moränenzuges bei Lippe, welche beide ehemals wesentlich weiter in die
Ostsee vorragten, lieferten Sedimente für die Strandwallbildung und -verlän-
gerung. Anders als an der Probsteiküste wuchsen hier die Nehrungshaken
von zwei Richtungen, aus NW und SO, was dadurch zu erklären ist, daß aufgrund der Küstenexposition sowohl bei westlichen als auch östlichen Winden durch Küstenlängsströmungen ein seitlicher Sandtransport erfolgt. Auf
diese Weise wurden die Buchten ebenfalls zu Strandseen, den Großen Binnensee und den Sehlendorfer Binnensee, umgewandelt und eine geschlossene
Ausgleichsküste geschaffen. Während der Sehlendorfer See noch weitgehend
in seinem ursprünglichen Zustand als flache, teilweise verlandete Lagune mit
natürlicher Entwässerung zur Ostsee erhalten ist, wurde die Niederung des
Großen Binnensees durch einen Deich und ein Siel vor Hochwassereinbruch
geschützt. Am West- und Südufer des Sees sind die inaktiven Kliffabschnitte
dieser ehemaligen Meeresbucht noch gut zu erkennen.

Vom Hessenstein gelangt man in SO-Richtung nach Lütjenburg. Östlich von
Lütjenburg folgt die Straße nach links einer alten Eichenallee bis Hohwacht.

Empfehlenswert ist ein kurzer Besuch des in der Nähe von Lütjenburg gelegenen
Gutes Panker, zu desen Besitz der Aussichtsturm Hessenstein gehört. Das 1700 er-

baute Herrenhaus von Panker, ein reich gegliederter Schloßbau mit breiten Eckpavillons, liegt inmitten einer Parklandschaft, die jetzt auch ein Trakehnergestüt beherbergt.

9.3.3 Hohwacht

Vom Nordende des großen Parkplatzes in Hohwacht beginnt ein Wanderweg an den flachen Reihenhäusern vorbei zum Hohwachter Kliff. Ein etwa 20minütiger Fußmarsch führt am Rand des Steilufers auf den Moränenzug hinauf, weiter nordwestlich über eine Treppe das hier bewaldete Kliff hinunter und am Strand in SO-Richtung wieder zurück zur Privatstraße und zum Parkplatz.

Die Küstenregion von **Hohwacht** gehört zu den landschaftlich reizvollsten in Holstein. Hier wechseln auf relativ engem Raum flache Nehrungen vor breiten Stränden und dahinterliegenden Binnenseen mit aktiven bzw. inaktiven Kliffabschnitten ab. Statt hochragender oder großflächiger Fremdenverkehrsbebauung finden sich überwiegend ein- bis zweistöckige, oft schmucke Privathäuser, Ferienwohnungen und Hotels inmitten einer parkartigen, von Eichen und Buchen bestandenen Hügellandschaft. Von der Anhöhe des halbkreisförmig nach NO gegen die Ostsee vorspringenden Hohwachter Steilufers überblickt man den Kliffbereich sowie die südöstlich und nordwestlich daran aufgehängten Nehrungshaken. Bei starken Winden mit O bis N-Komponente, die v. a. im Winterhalbjahr auftreten, unterschneidet die verstärkte Brandungsaktivität den Fuß des aus Geschiebelehm aufgebauten Steilufers und hält es vegetationsfrei. Bei der seit Jahrhunderten fortschreitenden Rückverlegung des Kliffs um jährlich etwa 20 cm sind neben dem Meer aber auch subaerische Spül- und Abrutschprozesse maßgeblich beteiligt. Diese Steiluferentwicklung ist heute allerdings nur mehr am östlichen Abschnitt des Kliffs zu beobachten und wird dort durch die zahlreichen, am Strand und Vorstrand liegenden großen Findlings-Blöcke augenfällig. Wie auch anderswo versucht man, den Kliffabbruch und den damit verbundenen Landverlust durch Schutzmaßnahmen zu verlangsamen oder zu stoppen. Davon zeugen die neueren Steinaufschüttungen am Kliffuß sowie die vorgebauten Holzbuhnen.

Solche Maßnahmen sind für den westlichen Kliffabschnitt unnötig, weil hier das Umbiegen des Küstenverlaufs zu einer Abschwächung der Brandung führt, so daß statt Abrasion Akkumulation eintreten kann. Die Ablagerung des weiter östlich ausgespülten Sandes legte sich somit in Form einer Nehrung vor das Kliff und schützte es vor weiterem Wellenangriff, was die Bewaldung des inaktiven Kliffabschnitts und die zunehmend breitere Strandzone anschaulich bezeugen.

Auch heute ist der vom aktiven Kliff stammende und seitwärts verlagerte Sand für den Aufbau der benachbarten Strände von großer Bedeutung, da diese das Hauptkapital für den Fremdenverkehr darstellen. Zusätzlich zur Schwierigkeit der Planung und Finanzierung von geeigneten Schutzmaßnahmen für die Steilufer bringt Küstenschutz dieser Art also auch häufig Probleme für die weitere Nutzung der umliegenden Küstenregion durch den Menschen mit sich. Allerdings weist Hohwacht noch relativ breite Strände und damit ein recht günstiges Verhältnis von Strandfläche zu Feriengästen auf, da touristische Großbauprojekte bisher hier nicht verwirklicht wurden. In zahlreichen anderen Ostseebädern ist dieses Verhältnis inzwischen aber bis auf die untere Grenze der Erträglichkeit und Belastbarkeit von 7—8 m^2 pro Strandnutzer abgesunken. Hierbei spielt jedoch auch die ständig steigende Zahl der Campingurlauber und der Tagesbesucher eine wichtige Rolle, durch welche während der ohnehin kurzen Sommersaison v. a. an sonnigen Wochenenden Spitzenbelegungen an vielen Ostseestränden auftreten. Nicht nur die Verschmutzung der Sandstrände, sondern auch die Beschädigung der natürlichen Vegetation auf Strandwällen, Dünen und Kliffs sowie Verkehrsprobleme sind dann häufig die Folge an solch übernutzten Küstenabschnitten. Dies ist in der Gemeinde Hohwacht (1129 E., 2970 Fremdenbetten) mit vorwiegend auf Privatvermietung ausgerichteter Struktur und einer weniger dichten Fremdenverkehrsintensität bislang nur in geringem Maße der Fall .

Von Hochwacht verläuft die Route um das südliche Ende des Sehlendorfer Binnensees herum, wo links der Straße noch Reste einer slawischen Burganlage (Ringwall) zu erkennen sind, nach Kaköhl und von dort weiter Richtung Oldenburg und Heiligenhafen.

Wo die Straße aus hügeligem Relief in eine breite, flache Niederung hinunterführt, erkennen wir vor uns den sog. **Oldenburger Graben,** eine von Gletschern und Schmelzwässern im späten Weichselglazial ausgetiefte, ca. 2—3 km breite Rinne. Sie wurde im Verlauf der Meerestransgression durch die Ostsee überflutet und bildete längere Zeit einen flachen Sund, der die Landschaft Wagrien im NO inselartig von Holstein abtrennte. Oldenburg, die älteste Siedlung in dieser Region, wurde vermutlich im 8. Jh. an der schmalsten Stelle dieses Sundes von Slawen gegründet. Gut geschützt und mit einem Zugang zum offenen Meer nach NW entwickelte sich diese Slawenburg (Starigard) zur größten und lange Zeit wichtigsten Burganlage Schleswig-Holsteins. Durch das rasche Wachsen von Nehrungshaken bei Weißenhaus im NW und Dahme im SO setzte allmählich die Verlandung des Oldenburger Grabens ein, zu welcher der Mensch mit Entwässerungsmaßnahmen und Deichbauten in den letzten zwei Jahrhunderten verstärkt beitrug. Bei Weißenhaus befindet sich hinter dem hier entstandenen Gürtel von Stranddünen noch die letzte offene Wasserfläche des Oldenburger Grabens, der Wesseker See. Zwischen dem Dünengürtel und dem See ist 1973 das **Ferienzentrum Weißenhäuser Strand** erbaut worden, welches jedoch ironischerweise im N an den großen Truppenübungsplatz Putlos grenzt.

9.3.4 Heiligenhafen

Standort: Steinwarder

Heiligenhafen, ein reizvolles Fischerstädtchen aus dem 13. Jh. mit heute 9842 E., bietet dem Beobachter ein sehr anschauliches Beispiel einerseits für die Gestaltung und Umformung der Ostseeküste durch Naturprozesse, andererseits für die vom Fremdenverkehr in die Küstenlandschaft eingebrachten Innovationen und schließlich für deren Wechselwirkungen.

Von dem nordwestlich des Ortskerns gelegenen Steilufer hat sich durch die vorherrschenden Westwinde ein Hakensystem in östlicher Richtung aufgebaut, das inzwischen eine Länge von etwa 5,5 km erreicht hat. Durch die starke Brandungswirkung wurde das Kliff immer weiter nach S zurückverlegt und auch ein erster langer Nehrungshaken zwischenzeitlich in zwei Teile gerissen. Die fortschreitende Sandverdriftung ließ den westlichen, noch am Kliff angehängten Haken, den **Steinwarder,** dann aber nach O weiterwachsen, bis er sich vor etwa 30 J. wieder mit dem abgetrennten östlichen Haken, dem **Graswarder,** zu einer langen Nehrung vereinigte. Heute wird die große Lagune des Binnensees, die noch offenen Zugang zum Meer besitzt und einen günstigen Hafenstandort darstellt, durch eine Brücke zwi-.

schen Stadt und Steinwarder überquert, während sich die westlich davon gelegene Eichholzniederung, ein früherer Strandsee, schon im fortgeschrittenen Zustand der Verlandung befindet.

Das Bild der Stadt Heiligenhafen und ihrer Warderküste hat sich durch den Aufschwung und Aufbau des Fremdenverkehrs seit Beginn der 70er Jahre in markanter Weise gewandelt und damit auch ihre wirtschaftliche Struktur. Mit dem Bau eines Großferienzentrums am Westufer des Binnensees im Jahre 1971 und, im Gefolge davon, mehrerer Hotel- und Wohnungskomplexe auf dem Steinwarder wurde der Umschwung vom Fischerort zu einem großen Ostseebad vollzogen. Neben der reizvollen Küstenlandschaft mit langen Sandstränden kamen der Stadt dabei auch klimatische Gunstfaktoren — sie gehört mit Fehmarn zum sonnenreichsten Ostseegebiet — und ihre Brückenlage zwischen Holstein und Fehmarn bzw. Dänemark zugute. Die Expansion des touristischen Sektors — zwischen 1960 und 1984 wurde die Bettenkapazität in Heiligenhafen um etwa 500 % auf 9000 Fremdenbetten vergrößert — brachte neben vielen Neuerungen aber auch einige schwerwiegende Probleme für die Stadtgemeinde und viele Privatunternehmen.

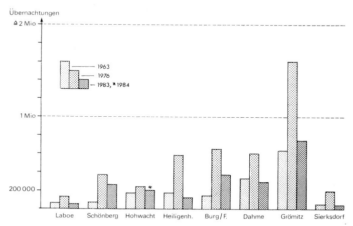

Abb. 3. Entwicklung der Übernachtungszahlen in ausgewählten Ostseebädern (1963—1984). Quelle: Daten des Statistischen Landesamtes

Nach dem Höhepunkt Mitte der 70er Jahre gingen die Übernachtungszahlen in den letzten Jahren wieder langsam aber stetig zurück (Abb. 3), was nicht zuletzt eine Folge des generellen Baubooms und der dadurch verstärkten Konkurrenzsituation im Küstengebiet Ostholsteins sein dürfte. Wie in anderen Bädergemeinden wurden deshalb auch in Heiligenhafen zusätzliche Fremdenverkehrseinrichtungen wie Hallenbad, Kurmittelhaus, Sport- und Freizeitanlagen, Yachthafen usw. geschaffen, welche jedoch nur mit erhöhtem finanziellem Einsatz verwirklicht und unterhalten werden können. Darüber hinaus sind hier am N-exponierten Strand von Stein- und Graswarder kostspielige Strandschutz- und Stranderhaltungsmaßnahmen notwendig, da es am Küstenknick nördlich des Ferienzentrums bereits zu beträchtlicher Stranderosion im Lee von Buhnen gekommen ist. Der Hauptbadestrand von Heiligenhafen zieht sich deshalb von der Mitte des Steinwarders nach O bis zur Strandhalle auf dem westlichen Graswarder. Dagegen wurde der Hauptteil des Graswarders mit seinen lehrbuchhaften Strandwällen dankenswerterweise zum Naturschutzgebiet erklärt und darf heute von Touristen nicht mehr betreten werden.

Von Heiligenhafen gelangt man auf der Europastraße E 4 über die 1963 er-öffnete Vogelfluglinie auf die größte deutsche Insel Fehmarn, Deutschlands „Tor zum Norden".

Die 963 m lange, elegante Hängebrücke führt auf sieben Pfeilern über den **Fehmarnsund** und stellt ein wichtiges Verbindungsglied auf der Hauptverkehrsroute von der Bundesrepublik nach Skandinavien dar. Diese nimmt an der Nordküste Fehmarns ihre Fortsetzung mit der Eisenbahnfähre, welche den 18 km breiten Fehmarnbelt zwischen Puttgarden und Rødbyhavn auf Lolland im Pendelverkehr überquert. Bei durchschnittlich 50 Fahrten pro Tag (beide Richtungen) wurden 1983 mit deutschen und dänischen Schiffen 6,6 Mio. Passagiere befördert. Bei schönem Wetter sind die Küsten von Lolland und Falster von Puttgarden aus gut zu erkennen; der dazwischen liegende Fehmarnbelt stellt wegen seiner geringen Tiefe von 14—18 m eine Schwelle und damit ein Hindernis für den Wasseraustausch zwischen der Kieler Bucht und der westlichen Ostsee dar.

Von Puttgarden führt die Route in südliche Richtung über das flachwellige Endmoränenrelief Fehmarns, in dem zahlreiche kleine Bauerndörfer eingestreut liegen, nach Burg, dem Hauptort der Insel.

9.3.5 Burg/Fehmarn

Standort: Ortsmitte und Südstrand

Die Kleinstadt **Burg auf Fehmarn** (6018 E.) ist als einziger wirklich zentraler Ort der ländlich besiedelten Insel deren Einkaufszentrum und kultureller Mittelpunkt. Sie weist einen attraktiven Ortskern mit rechteckigem Marktplatz, hübschen Fachwerkhäusern und einer alten, etwas erhöht stehenden Kirche auf. Von Burg gingen auch die wesentlichen Impulse für die Weiterentwicklung des Fremdenverkehrs auf der Insel nach dem Bau der Vogelfluglinie aus, war doch Fehmarn für viele Urlauber durch sie zu einer Transitstrecke auf der Reise nach Dänemark geworden. Zwar lockte schon früher das ländliche Milieu dieser sonnenreichsten und trockensten Landschaft Norddeutschlands vor allem Familien zum Urlaub auf Campingplätzen oder Ferien auf dem Bauernhof, in den Tourismusboom der südlicheren Ostseestrände wurde Fehmarn jedoch erst mit der Verwirklichung des **Ferienparks Burgtiefe** vollends mit einbezogen (zusammen mit der Gemeinde Burg ca. 15 000 Betten und 2 Mio. Übernachtungen).

Am Burger Südstrand errichtete man auf einer langen Nehrung, welche im O am Staberdorfer Kliff ihren Ausgang nimmt und heute den Burger Binnensee etwa bis zur Mitte hin abriegelt, ein weiteres Ferienzentrum sowie zahlreiche moderne Ferienwohnkomplexe. In der Hoffnung, einen Teil des Fremdenverkehrsstroms zur Ostsee auch nach Fehmarn lenken zu können, wurde am Südstrand eine großzügige und moderne Ferienanlage erstellt, die heute das Bild dieser Küstenregion weitgehend prägt. Abb. 4 zeigt den Zustand des Nehrungshakens und des Strandes vor und nach dem Bau des Großprojekts und läßt mit diesem Vergleich die weitreichenden Auswirkungen erahnen, die der Wandel von der Naturlandschaft zur Kulturlandschaft hier mit sich brachte. Neben der künstlichen Vergrößerung der Nehrung und ihrer flächenhaften Überbauung wurde auch der südorientierte Strand verbreitert und die kleine Insel hinter dem Haken aufgespült. Das dazu erforderliche Material erhielt man durch Ausbaggern und Übertiefung des Binnensees, was die Schiffahrt nach Burgstaaken und zum neu angelegten Yachthafen begünstigte.

Der Vergleich mit den Erholungsstränden und Ferienanlagen an der Küste der Probstei, der Hohwachter oder der Lübecker Bucht zeigt, daß — ab-

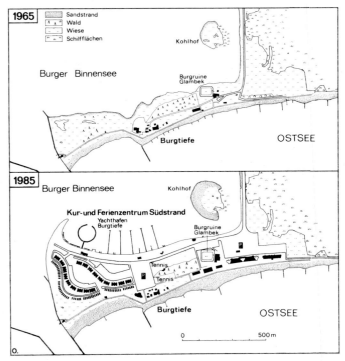

Abb. 4. Die Umformung einer Strandwallandschaft durch den Fremdenverkehr am Beispiel des Ferienzentrums Burgtiefe (Fehmarn). Quelle: eigene Zusammenstellung nach verschiedenen Ausgaben der Deutschen Grundkarte

gesehen von Sierksdorf — am Burger Südstrand die einschneidendsten Veränderungen einer Küstenlandschaft zugunsten des Fremdenverkehrs erfolgt sind. Obwohl die „weiße Industrie" heute auf Fehmarn noch vor der Landwirtschaft die führende Wirtschaftsbranche darstellt, bleibt doch zu überlegen, ob der Planung und Durchführung solch ehrgeiziger Tourismusprojekte — allein in Burgtiefe wurden 100 Mio. DM investiert — eine realistische Einschätzung der Entwicklungsmöglichkeiten der Ostseeküste zugrunde lag.

Von Burgtiefe bzw. der Stadt Burg verläßt man Fehmarn wieder über die Vogelfluglinie und zweigt dann vor Heiligenhafen nach S auf die sog. Bäderstraße Richtung Neustadt in Holstein ab.

Bei Grube wird erneut der Oldenburger Graben gequert, der an seinem SO-Ende wesentlich breiter ist als bei Oldenburg. Nach Abschluß des früheren Meeresarms durch den 6 km langen Dahmer Deich wurden deshalb um Grube Trockenlegung und Neulandgewinnung betrieben (Gruber Seekoog). **Dahme** selbst liegt an der südlichen Anhöhe der Niederung und ist eines der ältesten Seebäder in Ostholstein (1481 E., 6620 Betten). Ebenso wie das 3 km weiter südlich gelegene Kellenhusen versucht Dahme durch Strukturverbesserungen und aktive Werbung einen Teil des Fremdenverkehrsstroms aus den südlicheren Bereichen an die nördliche Lübecker Bucht zu lenken. Der Schutzdeich, welcher sich hinter der Strandpromenade durch Dahme zieht, endet südlich des Ortes an einem ca. 2 km langen Steilufer, an dem seit langer Zeit unvermindert starker Kliffabtrag herrscht. Alle Versuche, diese Steilküste vor dem raschen Rückgang zu schützen, verliefen bisher weitgehend ergebnislos. Für einen kurzen Abstecher bietet sich ein Blick auf das Kliff nahe beim Dahmer Leuchtturm an.

Von Grube bzw. Dahme erreicht man nach kurzer Fahrt Cismar, dessen sehenswertes Benediktinerkloster am Westrand einer ehemaligen Meeresbucht liegt, die heute ebenfalls eingedeicht und trockengelegt ist, und von dort nach wenigen Kilometern das Ostseebad Grömitz.

9.3.6 Grömitz

Standorte: Gemeindeparkplatz und Strandpromenade

Die Gemeinde **Grömitz** (7172 E.) ist, wenn nicht nach Einwohnern so doch nach Übernachtungskapazitäten, das größte unter allen Ostseebädern (15 495 Betten, ca. 1,1 Mio. Übernachtungen). Im Gegensatz zu den planmäßig und schnell „auf grüner Wiese" errichteten Ferienzentren hat Grömitz durch Zusammenwachsen zweier Dörfer, dem Bauerndorf Grömitz auf einem Jungmoränenhügel und dem Fischerdorf Wicheldorf an der Küste, eine länger dauernde, stetige Entwicklung zu einem charakteristischen, modernen Fremdenverkehrsort an der Lübecker Bucht durchlaufen. Unter dem Eindruck der großen Ostseesturmflut vom 13.11.1872, welche nicht nur den Küstensaum überflutet, sondern auch den gesamten Oldenburger Graben unter Wasser gesetzt hatte, wurde bereits 1877 ein durchgehender Deich von Grömitz bis Kellenhusen fertiggestellt. Dieser prägt auch heute noch das Ortsbild in markanter Weise mit, da er den eigentlichen Ortskern von der Strandpromenade mit den dort erbauten Kur- und Freizeiteinrichtungen bzw. Geschäften und Restaurants abtrennt. Allerdings verblieb zwischen dem Ende des Deiches und dem südlich davon bis zur Küste reichenden Höhenzug eine mehrere hundert Meter breite Lücke, welche heute durch einige größere Hotel- und Wohnkomplexe ausgefüllt wird. Eine Sturmflut von ähnlichem Ausmaß wie 1872 (bis 3,5 m über NN) hätte heutzutage in Grömitz — wie auch in vielen anderen Küstenorten — wegen der Verdichtung der Bebauung in Strandnähe noch weitaus schwerwiegendere Folgen als damals.

Neben der Anlage eines küstenparallelen Deiches sowie der Strandpromenade veränderte sich das natürliche Bild der vordersten Uferzone durch zwei weitere Eingriffe in das Küstenprofil: Erstens wurden zwischen dem südlichen und dem nördlichen Ortsende von Grömitz im Abstand von 50 m Holzbuhnen gebaut, um den vom Dahmeshöveder Steilufer kommenden, in SW-Richtung verdrifteten Sand möglichst lange und reichlich für den Kurstrand zur Verfügung zu halten. Trotzdem mußte nach dem schweren Silvestersturm von 1978/79 eine Strandverbesserung durch Sandvorspülung vorgenommen werden, eine Maßnahme, die die Gemeinde etwas über 1 Mio. DM kostete. Zweitens wurde am Südende des Ortes, im Anschluß an den Badestrand, ein großer Yachthafen angelegt. Der Uferstreifen vor dem Yachthafen, ursprünglich ein niedriges Kliff, wurde zwecks besseren Zugangs mit Fahrzeugen und Booten abgeschrägt und asphaltiert, der Hafen selbst mit einer mächtigen Steinmole umgeben. Zwischen der nördlichen Ortsgrenze und dem Bereich des ehemaligen Klostersees haben sich in den letzten Jahren eine Reihe von Campingplätzen angesiedelt, welche zusätzlich zur festen Ortsbebauung eine große Fläche der Küstenzone, sowohl Ufer- als auch Hinterlandsbereich, vereinnahmen.

Insgesamt gesehen kann man wohl Grömitz als ein typisches Beispiel für eine Fremdenverkehrsgemeinde an der Ostsee ansehen, die mit der Entwicklung der Tourismusindustrie seit 1945 einen durchgreifenden baulichen wie strukturellen Auf- und Umschwung genommen hat und heute ein modernes, funktionelles Ortsbild aufweist.

Von Grömitz führt die Route weiter entlang der Bäderstraße in SW-Richtung nach Neustadt in Holstein.

Neustadt, an der schmalen Verbindung des Binnenwassers, der Mündungsbucht der Kremperau, zur Ostsee gelegen, ist trotz der frühen Stadtgründung 1244 sowie seiner Lagegunst weder zu einer bedeutenden Hafenstadt noch zu einem aufstrebenden Ostseebad wie Grömitz geworden. Stattdessen blieb der Einfluß dieser Ackerbürger- und Fischerstadt (16 165 E.), die eine Schwestergründung zu Kiel durch den Schauenburger Grafen Gerhard I. war und den gleichen Grundriß wie die Landeshauptstadt aufweist, weit hinter dem Lübecks zurück und beschränkte sich vor allem auf den Raum des nördlichen Ostholsteins und Wagriens. Erst nach dem 2. Weltkrieg wurden die letzten Bauernhöfe hinaus auf das Stadtfeld verlegt. Neben der traditionellen Ostseefischerei, die nach wie vor vom Neustädter Hafen aus betrieben wird, und der Ansiedlung des Glücksklee-Betriebes brachte die neuere Entwicklung der Stadt vor allem eine Stärkung ihrer zentralen Funktion auf dem tertiären Sektor. In den Sommermonaten verkehrt von hier eine Fähre nach Bornholm.

Von Neustadt aus erfolgt die Rückkehr durch die stark reliefierte, reizvolle Landschaft der Holsteinischen Schweiz (vgl. Exkursion 8) über Süsel, Eutin, Plön und Preetz zurück nach Kiel.

9.4 Bedeutung und Problematik des Fremdenverkehrs an der Ostseeküste

Um die morphologische Entwicklung der Ostseeküste in jüngerer Zeit und ihre Überprägung durch den Fremdenverkehr in den letzten zwei Jahrzehnten zu veranschaulichen, wurden für diese Exkursion einige besonders typische Küstenabschnitte im Umland von Kiel sowie Ostholsteins und Fehmarns ausgewählt. Anhand dieser Beispiele sollte gezeigt werden, wie die in heutiger Zeit zunehmend an Bedeutung gewinnende Erschließung und Nutzung von Erholungsräumen die natürlichen Prozeßabläufe und das gesamte Landschaftsbild gerade in der Küstenregion verändert bzw. weitgehend umgeformt hat. Generell sind die induzierten **anthropogenen Modifikationen** dabei an Flachküsten weitreichender und schwerwiegender als an Kliffküstenabschnitten, nicht zuletzt weil erstere durch den Ferientourismus und durch die zusätzlich große Zahl von Tagesbesuchern am stärksten belastet werden. Insgesamt gesehen ist die Lübecker Bucht mit ihren langen, flachen Strandabschnitten von der Überformung durch den Fremdenverkehr deshalb am stärksten betroffen, was u. a. auch in der Aneinanderreihung von zahlreichen Ostseebädern zwischen Dahme im N und Travemünde im S deutlich wird.

Abschließend soll nun noch kurz zu einigen speziellen Problemen Stellung genommen werden, die mit der **Ausweitung des Fremdenverkehrs** im Ostseeküstenbereich seit Beginn der 70er Jahre in diesem Wirtschaftssektor auftraten, aber auch heute noch akut sind. Die vor 15 Jahren einsetzende Expansionsphase brachte mit dem Bau der Ferienzentren, Großhotels, Eigentumswohnkomplexen sowie der Anlage von insgesamt etwa 50 Campingplätzen eine rapide Steigerung der Übernachtungskapazitäten. Mit dieser Entwicklung im Angebotsbereich hielt die Nachfrage durch Feriengäste in den meisten Ostseegemeinden nicht Schritt (Abb. 3). Die Auslastung bei Fremdenbetten ist aufgrund der Klimabedingungen dieser Region auf eine relativ kurze Sommerperiode beschränkt. Eine wirtschaftlich notwendige Verlängerung der Belegdauer von mehr als 100 Tagen im Jahr konnte generell wegen der verschärften Konkurrenzsituation nicht erreicht werden. Nichtsdestoweniger wurden in diesem Sinne zahlreiche Anstrengungen unternommen, die Attraktivitäten eines Ferienortes auch in der Vor- und Nachsaison zu erhöhen, z. B. durch Hallenbäder, Kurmittelhäuser und weitere Freizeiteinrichtungen.

Trotz dieser kostenintensiven Investitionen nahm aber in den meisten Bädern die durchschnittliche Aufenthaltsdauer der Gäste zwischen 1976 und 1984 von 12 auf ca. 9 Tage ab, der erwartete Kostenausgleich für viele Kapitalanlagen blieb unzureichend oder ganz aus. Zwar darf nicht übersehen werden, daß die Ausweitung des Tourismus auch infrastrukturelle Verbesserungen und eine gesamtwirtschaftliche Stimulation für viele Ostseegemeinden mit sich brachte. Trotzdem scheinen Entwicklungseuphorie und

Optimismus von Gemeindeverwaltungen und Privatunternehmern mancherorts die Möglichkeiten überschätzt zu haben, die die Ostseeregion mit ihrer landschaftlichen und klimatischen Ausstattung einer tragfähigen Fremdenverkehrsindustrie bieten kann.

9.5   Literaturauswahl

Ernst, T. (1974): Die Hohwachter Bucht. Morphologische Entwicklung einer Küstenlandschaft Ostholsteins. — Schr. d. Naturw. Ver. f. Schleswig-Holstein, **44**: 47—96, Kiel.

Kaack, H. (1970): Die Fremdenverkehrslandschaft in der Hohwachter Bucht. — Unveröff. Examensarbeit, Geogr. Inst. Univ. Kiel.

Kannenberg, E. (1951): Die Steilufer der schleswig-holsteinischen Ostseeküste. — Schr. Geogr. Inst. Univ. Kiel, **14**, Kiel.

— (1956): Die frühe Entwicklung der ältesten Seebäder an der schleswigholsteinischen Ostseeküste. — Die Heimat, **63**: 52—54, Neumünster.

Klug, H. (1969): Küstenlandschaften zwischen Kieler Förde und Fehmarn-Sund. — Schr. Geogr. Inst. Univ. Kiel, **30**: 147—160, Kiel.

— et al. (1974): Sedimentationsabfolge und Transgressionsverlauf im Küstenraum der östlichen Kieler Außenförde während der letzten 5000 Jahre. — Offa, **31**: 5—18, Neumünster.

Kurz, R. (1977): Ferienzentren an der Ostsee. Geographische Untersuchungen zu einer neuen Angebotsform im Fremdenverkehrsraum. Frankfurt.

Leichtweiss-Inst. f. Wasserbau (1979): Begleitende Untersuchungen zur Planung von Ostseedeichen (Probstei) und Dokumentation der Sturmfluten vom Winter 1978/79 für den Ostseeküstenbereich Schleswig-Holsteins. — Mitteilungen, **65**, Braunschweig.

Ramert, J. (1971): Die Stellung des Fremdenverkehrs im Wirtschaftsgefüge der Ostseeinsel Fehmarn. — Schr. Geogr. Inst. Univ. Kiel, **37**: 219—232, Kiel.

Rodloff, W. (1966): Über den Einfluß des Fremdenverkehrs auf die Schutzanlagen der Ostseeküste und die daraus zu ziehenden Folgerungen. — Die Wasserwirtschaft, **12**: 395—403, Stuttgart.

Sterr, H. (1985): Aktual-morphologische Entwicklungstendenzen der schleswigholsteinischen Ostseeküste. — Kieler Geogr. Schr., **62**: 165—197, Kiel.

10. Die Lübecker Altstadt — Vom Werden und Wandel eines Stadtdenkmals

von SIEGFRIED BUSCH, Kiel

Karten: DGK 5 4412 R, 5970 H Lübeck-Mitte, 4412 R, 5972 H Lübeck-St. Lorenz, 4414 R, 5970 H Lübeck-Marli, 4414 R, 5972 H Lübeck-St. Gertrud; Stadtplan von Lübeck und Travemünde 1 : 17 000 mit Wanderkarte von Lübeck und Umgebung 1 : 100 000, Verlag der Buchhandlung Gustav Weiland Nachf., Lübeck.

10.1 Einführung

10.1.1 Gestaltmerkmale der Lübecker Altstadt

Eine Wanderung durch die Lübecker Altstadt unter den Leitbegriff des „Stadtdenkmals" zu stellen, erscheint naheliegend und keiner besonderen Rechtfertigung bedürftig. Denn Lübeck, die alte Fernhandelsmetropole an der Ostsee, fasziniert seit eh und je als Denkmal des europäischen Städtebaus. Seit jener formelhaft-hymnischen Zeile „lubeke aller steden schone, van riken ehren dregestu de krone", die ein spätmittelalterlicher Chronist niederschrieb, hat es nicht an schriftlichen Zeugnissen gemangelt, in denen Lübeck als städtebauliches Kunstwerk ersten Ranges geschildert und gerühmt wird (Brix & Meissner 1975).

Gleichwohl bleibt zu fragen, worauf denn die zeitenüberdauernde Wertschätzung Lübecks als Baudenkmal beruht. Beziehen wir die Urteile der älteren Chronistik ein, die besonders die Einheitlichkeit des Stadtbildes hervorhob, so lassen sich aus heutiger Sicht folgende Formqualitäten benennen, die den Ruhm der Lübecker Altstadt als Gipfelleistung der Stadtbaukunst begründet haben und Ursache dafür sind, daß Lübeck mit so singulären Stadtschöpfungen wie Bamberg und Regensburg, wie Brügge, Gent oder Prag in einem Atemzug genannt wird.

1. Prägnanz der Stadtansicht

Ein Gutteil der Faszination, die vom Stadtdenkmal Lübeck ausgeht, ist in der Bannkraft seiner gotischen Monumentalbauten begründet. Wirkungsvoll im Stadtraum verteilt, fügen sich zumal die großen Kirchenbauten mit ihren schlanken grünen Türmen und ihren aus dem Stadtrelief emporragenden mächtigen Schiffen zu einer überaus einprägsamen Silhouette, welche die Stadt dem nahenden Besucher wie ein einziges, von Meisterhand geformtes Bauwerk erscheinen läßt.

2. Planmäßigkeit der Grundrißform

Über einem regelhaft-feingliedrigen Parzellengefüge ist das Straßennetz der Altstadt nach Art des mittelalterlichen „Leitertyps" gitterförmig ausgeführt. Das weitläufige Geäst der Parallel- und Querstraßen ordnet sich dem nordsüdlich gerichteten Hauptstraßenzug Breite Straße/Königstraße unter.

3. Geschlossenheit des Aufrißbildes

Trotz beträchtlicher Einbrüche, die der „Bauboom" der Gründerzeit und die Bomben des 2. Weltkrieges dem älteren Baubestand zugefügt haben, wird das Bild der Altstadtstraßen noch weithin von hochragenden, backsteinsichtigen Giebelhäusern geprägt, die sich nicht selten zu städtebaulich eindrucksvollen „Ensembles" formieren und Straßenräume von wunderbarer Harmonie entstehen lassen.

4. Mehrteiligkeit und Binnengliederung des Stadtkörpers

Gleich vielen anderen mittelalterlichen deutschen Städten ist die Lübecker Altstadt aus mehreren, zunächst deutlich voneinander geschiedenen Siedlungskernen zusammengewachsen: aus der zentral gelegenen, hafenorientierten Kaufleutesiedlung (dem sog. Gründungsviertel), dem landesherrlichen Burgbezirk im N und der bischöflichen Domimmunität im S. Obwohl optisch noch immer erfahrbar, tritt dieses mittelalterliche Moment der Mehrkernigkeit augenscheinlich hinter einer jüngeren Form der Binnendifferenzierung zurück, die erst im Verlauf der städtebaulichen Entwicklung Lübecks voll zur Ausprägung gelangte: Die Sozialstruktur der spätmittelalterlichen Bewohner der Stadt schlug sich nieder in der Bildung vergleichsweise homogener, berufsständisch bestimmter „Quartiere", deren räumliche Verteilung im Stadtgebiet noch heute — trotz der Verluste an historischer Bausubstanz — an Größe und Gestalt der Altstädter Wohnbauten abgelesen werden kann. Es ist nicht zuletzt diese im Straßenbild faßbare räumliche Projektion einer vergangenen städtischen Gesellschaftsordnung, die uns die Lübecker Altstadt heute zum Denkmal macht und ihre „erhaltende Erneuerung" betreiben läßt.

Mit den spezifischen Formqualitäten Lübecks haben wir zugleich die thematischen Schwerpunkte genannt, die unserer Altstadtwanderung Weg und Ziel geben. Zweck des Rundganges ist es, zu verdeutlichen, daß eine alte Stadt — wie Lübeck — sich nicht in der räumlichen Ballung sehenswerter Einzelbauten erschöpft, sondern ein hochdifferenziertes Gesamtdenkmal darstellt, dessen Gestaltkomponenten — Straßennetz, Baukörpergefüge und Fassadengesicht — monumentale historische Urkunden sind, in denen sich die Entwicklung der Stadt widerspiegelt.

10.1.2 Geschichte Lübecks im Überblick

Eingebettet in die Anfänge der „Deutschen Ostsiedlung", ist Lübecks Entstehung einem doppelten Gründungsakt zu danken:

1143 ruft der holsteinische Graf Adolf II. von Schauenburg auf dem gewässerumgebenen Lübecker Stadtwerder „Buku" eine Markt- und Hafensiedlung für deutsche Kaufleute ins Leben. Als Handelsplatz funktional an das traveabwärts gelegene, 1138 in einer Stammesfehde zugrunde gegangene slawische Alt-Lübeck (Liubice) anknüpfend, ist sie die erste deutsche Stadt, der erste deutsche Hafen an der Ostsee.

1158/59 zwingt Heinrich der Löwe seinen Lehnsmann Adolf II., ihm seine Rechte an Lübeck abzutreten, und gründet die (1157 abgebrannte) Siedlung ein zweites Mal, die nun großzügig nach einheitlichem Plan wiedersteht. Kernstück ist das Kaufmannsviertel an der Untertrave mit Markt und Marienkirche.

1160 läßt Herzog Heinrich das Bistum Oldenburg (Holstein) nach Lübeck verlegen; dem Bischof wird der südliche Teil des Stadthügels als Standort von Dom und Domkurien zugewiesen.

Besiedelt von wagemutigen Fernhändlern aus Westfalen und vom Niederrhein, ausgestattet mit umfangreichen herzoglichen Privilegien, entwickelt sich die Neugründung rasch zum wichtigsten Etappenort des Ostseehandels und zur Organisationsbasis der deutschen Ostbewegung über See. Von der Lübecker Bucht bis zum Finnischen Meerbusen säumen schließlich in langer Kette deutsche Städte (von denen nicht wenige nach lübischem Recht leben) die Küsten der Ostsee.

1226   erhebt Kaiser Friedrich II. Lübeck zur Freien Reichsstadt und verschafft
          ihm damit auch politisch eine Sonderstellung im gesamten Ostseeraum.
          Das Symbol der stadtherrlichen Bevormundung, die schauenburgische
          Burg im N der Halbinsel, wird abgebrochen und durch das „Burgkloster"
          ersetzt.

1251/76   wird die noch weitgehend holzerbaute Stadt von Großbränden verwüstet;
          sie veranlassen den lübischen Rat, auch im Wohnhausbau massive Außen-
          mauern vorzuschreiben. So wandelt sich Lübeck zur reinen Backstein-
          stadt. Anstelle älterer Bauten beginnen die großen gotischen Kirchen, das
          Rathaus und das Heilig-Geist-Hospital Gestalt anzunehmen.

1356   versammeln sich die Abgesandten der Hansestädte zum ersten „Hansetag"
          in Lübeck.
          Die Hanse, ursprünglich genossenschaftlicher Zusammenschluß fahren-
          der Fernhändler, entsteht im 14. Jh. als umfassende Interessengemeinschaft
          der norddeutschen Städte zur Sicherung deutscher Handelsvorrechte im
          Ausland. „Haupt der Hanse" wird Lübeck, dem auf Grund seines wirt-
          schaftlichen Gewichts und seiner Gunstlage an der holsteinischen Land-
          enge auch die politische Führung des Städtebundes zufällt.

1363—70   erringen Lübeck und die Hanse ihren nachhaltigsten Erfolg gegen Däne-
          mark, das die Freiheit des Ostseehandels bedroht hatte. Der Stralsunder
          Friede von 1370 bezeichnet den Höhepunkt lübisch-hansischer Politik.
          Lübeck, mit ca. 20 000 E. inzwischen zweitgrößte Stadt Deutschlands, ist
          die unangefochtene Metropole des Nordens.
          Im 15. Jh. bahnt sich der Niedergang der Städtegemeinschaft an. Ohne
          den Rückhalt einer starken Reichsgewalt kann die Hanse dem Auf-
          schwung der europäischen Nationalstaaten, dem Aufkommen der engli-
          schen und holländischen Ostseefahrt sowie dem Aufbrechen wirtschaftli-
          cher Sonderinteressen einzelner Hansestädte auf die Dauer nichts
          entgegensetzen und bricht allmählich auseinander.
          Die Wende in der lübischen Geschichte markiert die Reformationszeit:

1534—36   scheitert der Versuch des Lübecker Bürgermeisters Jürgen Wullenwever,
          die Vorherrschaft der Hanse im Ostseeraum zu erneuern, an der Über-
          spannung der lübischen Mittel. Die Niederlage in der „Grafenfehde" gegen
          Dänemark bedeutet das Ende der mittelalterlichen Großmachtstellung
          Lübecks und seiner wirtschaftlichen Hochblüte.
          In der Neuzeit wandelt sich Lübeck vom Angelpunkt des Welthandels zu
          einem Ort des Ostseehandels, bleibt jedoch noch viele Jahre eine geachtete

Größe im politischen Kräftefeld Europas, bis die Kriege und Krisen der Epoche seinen langgehüteten Wohlstand in alle Winde zerstreuen.

Im 30jährigen Krieg neutral (obwohl reichsfreie, kaiserliche Stadt), übernimmt Lübeck eine Art Mittlerrolle zwischen den kämpfenden Parteien:

1629   ist die Stadt Schauplatz des Friedensschlusses zwischen dem Kaiser und Dänemark. Die kriegsbedingt häufigen Behinderungen von Handel und Verkehr fügen ihr indes schweren wirtschaftlichen Schaden zu.

1806   wird Lübeck von französischen Truppen eingenommen und aufs äußerste drangsaliert. Hohe Kontributionen und die 1811 von Napoleon verhängte Kontinentalsperre bewirken den fast völligen Ruin der Stadt.

1811—13   dem französischen Kaiserreich einverleibt, gewinnt Lübeck seine Reichsunmittelbarkeit zwar auf dem Wiener Kongreß (1815) zurück, doch ist es seitdem nur noch mittelbar an den großen politischen Auseinandersetzungen beteiligt, die sich endgültig auf andere Schwerpunkte verlagern.

Neue ökonomische Perspektiven eröffnet erst das Zeitalter der Industrialisierung, in dessen Verlauf sich Maschinen-, Schiff- und Apparatebau, Konsumgüter- und Nahrungsmittelherstellung in Lübeck ansiedeln. Den Verlust wesentlicher Stützen ihres Außenhandels, den die Stadt im Gefolge des 1. Weltkrieges hinnehmen muß (Rußlandhandel!), kann allerdings auch die fortschreitende Industrialisierung nicht wettmachen.

1937   seiner Reichsstadtwürde entkleidet und nach 711 Jahren staatlicher Selbständigkeit zur preußischen Provinzstadt herabgestuft, scheint Lübeck im 2. Weltkrieg dem Untergang geweiht:

1942   legen britische Bomber große Teile des historischen Altstadtkerns (Trave-
(28.3.)   seite) in Schutt und Asche. Weitere Angriffe unterbleiben zum Glück auf Betreiben des Internationalen Roten Kreuzes, dessen Sendungen an alliierte Gefangene fortan über den Lübecker Hafen laufen.

Von Flüchtlingen übervölkert, von seinem östlichen Hinterland abgeschnitten, tut sich Lübeck nach dem Kriege außerordentlich schwer, wirtschaftlich wieder Tritt zu fassen. Heute ist die Stadt — wie in ihren Anfängen — Mitteleuropas Tor zur Ostsee (Fährhafen Lübeck-Travemünde).

10.2   Exkursionsroute (Dauer ca. 7 Std., ca. 6,5 km)

Holstentor — Petrikirche — Rathaus — Marienkirche — Mengstraße — Koberg — Wakenitzseite — Dom — Große Petersgrube — Holstentor.

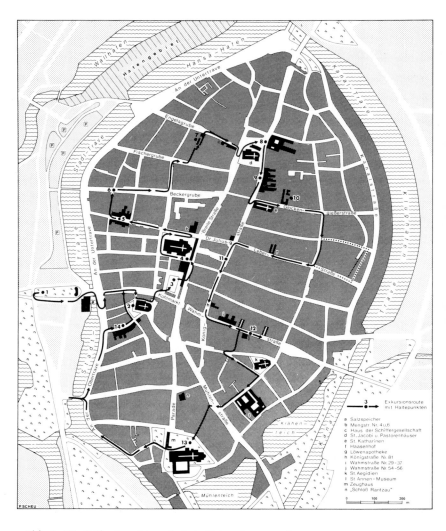

Abb. 1. Die Lübecker Altstadt (mit Exkursionsroute).

Die genaue Routenführung ist Abb. 1 zu entnehmen; wegen seiner Nähe zum Hauptbahnhof und zu den Parkplätzen am linken Ufer der Untertrave (Holstenhafen) bietet sich das Holstentor als Ausgangs- und Endpunkt des Rundganges an. Die Route ist so gewählt, daß die in Kap. 10.1.1 skizzierten Gestaltmerkmale „vor Ort" präzisiert und veranschaulicht werden können; sie erschließt dem Besucher alle historisch und städtebaulich bedeutsamen Teilgebiete der Lübecker Altstadt:
— die geschichtliche Mitte der Stadt mit Marktplatz, Rathaus und St. Marien ebenso wie die betriebsamen Bereiche (nahe der ehemaligen Burg) im Bannkreis von „Schiffergesellschaft" und Schifferkirche St. Jakobi wie die stillen, weltentrückten Räume um Domkirche und St. Aegidien;
— die travewärtigen Gassen und „Gruben" mit ihren stolzen, hochgiebeligen Kaufherrenhäusern ebenso wie die Straßen der Wakenitzseite mit ihren freundlichen, gediegenen Handwerkerhäusern;
— malerische Budengänge ebenso wie prachtvolle Stiftshöfe.

10.3   Erläuterungen

10.3.1 Holstentor

Wir beginnen unseren Rundgang durch die Lübecker Altstadt am **Holstentor**, dem vielbewunderten Wahrzeichen des heutigen wie des wehrhaften, weltläufigen Lübeck der Hansezeit. In städtebaulich hervorragender Lage vor der westlichen Schauseite der Altstadt verschmilzt die wuchtige Gestalt des spätgotischen Torbaus mit den steilgiebeligen Salzspeichern an der Obertrave und den über der Stadt aufragenden Turmfronten von St. Marien und St. Petri zu einem Architekturbild von seltener Schönheit und Eindringlichkeit. 1466—78 als freistehendes, geschützbestücktes Brückenkopfbollwerk zum Schutze des Traveüberganges errichtet, versinnbildlicht das Holstentor (über seine militärische Zwecksetzung hinaus) als ein prachtvolles Stück spätmittelalterlicher Schauarchitektur den Wohlstand und die Wehrkraft der ehemaligen Fernhandelsmetropole und Freien Reichsstadt Lübeck.

Zwei mächtige, spitzkegelbehelmte Rundtürme umklammern nach Art flandrischer Brückentore einen schmalen Mitteltrakt, in den die rundbogige Tordurchfahrt eingelassen ist. Das ganze Bauwerk wird durch zwei umlaufende Terrakottafriese kraftvoll zusammengegürtet und zugleich horizontal gegliedert; seine Fassade beleben einander abwechselnde Schichten roter und schwarzglasierter Ziegel. Die Feldseite, aus der die beiden Türme trutzig hervortreten, gibt sich abwehrend-verschlossen (Schießscharten!), während die Stadtseite, in der Türme und Mitteltrakt in einer Flucht stehen, freundlicher, „urbaner" wirkt; sie erscheint durch Blendenfolgen schmuckhaft-repräsentativ aufgelockert.

Die bereits 1216 erwähnte **Holstenbrücke** schied den Hafen der Freien Reichs- und Hansestadt Lübeck in zwei einander ergänzende Funktionsbereiche, den Seeschiffhafen an der unteren und den Binnenschiffhafen an der oberen Trave. Die **Obertrave**, im Aussehen heute eher einem trägen Dorfteich ähnelnd, war einst das „Revier" der Stecknitzfahrer, jener zünftlerisch organisierten lübischen Binnenschiffer, die das im Mittelalter vielbegehrte Lüneburger Salz auf dem Stecknitzkanal, dem 1390—98 erbauten Vorgänger des heutigen Elbe-Lübeck-Kanals, in die Stadt schafften. Gelagert wurde das „Weiße Gold", das im älteren lübischen Handel eine wichtige Rolle spielte, in der malerischen Gebäudegruppe der **Salzspeicher**, sechs mehrgeschossigen Backsteingiebelhäusern des 16.—18. Jh., die ihre überlieferte schlanke Gestalt mit ihren geschoßweise gereihten Fenstern und Luken trotz mehrfacher Umbauten bis heute bewahrt haben.

10.3.2 Petrikirche

Standort: Aussichtsplattform (zugänglich nur von April bis Oktober)

Die fünfschiffige spätgotische Hallenkirche St. Petri erhielt ihre endgültige Form nach einer 300 J. währenden Bauentwicklung um die Mitte des 16. Jh. Im 2. Weltkrieg völlig ausgebrannt, ist die **Petrikirche** — von unumgänglichen Restaurierungs- und Sicherungsarbeiten abgesehen, die dem Bauwerk den Anschein der Unversehrtheit geben — als einzige der kriegszerstörten Lübecker Kirchen noch nicht wiederhergestellt. Jahrelang blieb ungeklärt, welchem Zweck die weiträumige Halle, die für Gottesdienste nicht mehr benötigt wird, nach ihrer Renovierung dienen könnte; neueren Informationen zufolge soll der Kirchenraum ab Sommer 1987 vor allem für Konzerte, Ausstellungen und Lesungen genutzt werden.

Von der Aussichtsplattform des Petrikirchturms läßt sich die Lübecker Altstadt und ihre nähere Umgebung gut überblicken; der Besucher erkennt die **planvolle mittelalterliche Stadtanlage** und die beiden Flußläufe, denen sie Kontur und Grenze verdankt: Lübeck entstand auf einer von Trave und

Wakenitz gebildeten Halbinsel ovalen Umrisses, die einem Schildbuckel gleich nach innen zu einem flachen Höhenrücken (mit max. 16 m NN) anschwillt. (Zu Beginn unseres Jh. durchschnitt der Elbe-Lübeck-Kanal die schmale Landzunge, welche die Halbinsel im N mit dem Festland verbunden hatte; seitdem liegt Lübeck auf einer Insel.) Der mehrkuppige Höhenzug wurde zum Fundament der städtebaulichen Dominanten Lübecks, des Domes und der vier Pfarrkirchen, deren Türme sein Stadtbild so unverwechselbar prägen. Auf den markanteren Hügelkuppen breiten sich die wichtigsten Platzräume der Stadt aus: in der Mitte der Markt, im N der Koberg und im S der Klingenberg; sie sind eingebunden in das leiterförmigregelhafte Straßennetz, als dessen „Aufhänger" das Burgtor im N und das ehemalige Südtor, das verschwundene Mühlentor, fungieren. „Rückgrat" des Straßensystems ist der Straßenzug Mühlenstraße/Sandstraße/Breite Straße/Große Burgstraße, der den Stadtraum hügelkuppenorientiert von S nach N durchmißt; er wird zwischen Klingenberg und Koberg durch einen zusätzlichen Strang, die Königstraße, entlastet. Von diesem doppeladrigen Hauptstraßenzug zweigen — häufig „Gruben" genannte — „Rippenstraßen" ab, die sich gegen Trave und Wakenitz senken; sie werden durch schmale, den Uferstraßen gleichgerichtete Quergassen miteinander verbunden. So erscheint die Lübecker Altstadt, in sich geschlossen und klar gegliedert, als ein Produkt zweckrationaler Stadtplanung des hohen Mittelalters, welche die natürlichen Standortbedingungen, auf denen sie aufbauen mußte, stadtgestalterisch hervorragend zu nutzen verstand (Habich 1976).

Die architektonische Füllung des Stadtgrundrisses mit Wohnbauten vollzog sich offenkundig mit der gleichen Planmäßigkeit, wie sie zuvor die Anlage des Straßennetzes bestimmt hatte: Wie an den Grundstücksgrenzen (in den unzerstört gebliebenen Teilen der Altstadt) noch heute erkennbar, wurden die großen rechteckigen Baublöcke zwischen den zur Trave und Wakenitz hinabsteigenden „Rippenstraßen" in gleichmäßig schmale, tiefe Grundstücke aufgeteilt, auf denen dann in aller Regel giebelständige Dielenhäuser errichtet wurden. Obschon mit erheblichen konstruktiven Nachteilen behaftet (z. B. Belichtungsschwierigkeiten infolge großer Haustiefe, Abdichtungsprobleme an den Traufen), blieb das Giebelhaus (und dementsprechend die mittelalterliche Parzellengliederung) bis zum Anbruch des Klassizismus im späten 18. Jh. bindende Norm; soweit Wohngebäude in den

Jahrhunderten davor erneuert oder neuerbaut wurden, beschränkte man sich darauf, sie den je obwaltenden Wohn- und Repräsentationsbedürfnissen anzupassen.

Von der Höhe des Petrikirchturms gut überschaubar ist auch das historische Quartier der Fernhandelskaufleute zwischen Meng- und Holstenstraße, Markt und Untertrave, dessen heutiges Gesicht allerdings kaum eine Erinnerung daran bietet, wie es früher einmal ausgesehen hat. Das ehedem geschlossenste Wohnviertel der Lübecker Altstadt wurde in der Bombennacht des 28./29. März 1942 fast vollständig ausgelöscht. Nur zwei Häuserzeilen in der unteren Mengstraße geben der Phantasie noch Anhalt, sich das Versunkene zu vergegenwärtigen (vgl. Kap. 10.3.5). Wo einst die vier Kaufherrengassen, gesäumt von hochgiebeligen, vielbödigen Backsteinhäusern, hügelan gegen Rathaus und Marienkirche strebten, da erheben sich heute monotone, das überlieferte Formen- und Liniengefüge mißachtende Riegelbauten, die nur schwer mit dem unversehrten, tradierten Antlitz der Lübecker Altstadt harmonieren wollen.

Hohe Konzentration des Einzelhandels und hohe Verkehrsdichte weisen den Straßenzug Holstenstraße/Kohlmarkt, den wir auf dem Weg zum Rathausmarkt queren, als funktionalen Bestandteil („Citystrang") des zentralen Lübecker Geschäftsgebietes aus, dessen räumlicher Schwerpunkt im Umkreis des Hauptstraßenkreuzes Kohlmarkt/obere Wahmstraße — Breite Straße/Sandstraße/Klingenberg liegt.

Vom Traveufer aus in leichter Biegung den Stadthügel erklimmend, durchschneidet der Straßenzug **Holstenstraße/Kohlmarkt** den Bereich, der 1942 schwerste Bombenschäden davongetragen hatte, und bietet sich heute — vollständig erneuert — als „moderne" Geschäftsstraße dar, wie sie allenthalben in den Kerngebieten deutscher Großstädte anzutreffen ist: mit durchgehenden Fronten schmuckloser Traufseithäuser, die auf den bombardierten, dann schonungslos abgeräumten Flächen als reine Zweckbauten ohne Rücksicht auf die spezifisch lübische Bautradition errichtet worden sind. Zwar hatte der Prozeß der Citybildung auch in Lübeck lange vor dem 2. Weltkrieg eingesetzt und zahlreiche nutzungskonforme Überprägungen der überlieferten Bausubstanz gezeigt; nach dem Kriege jedoch wurde die Konzentration tertiärer Tätigkeiten auf die Hauptstraßen der Lübecker Innenstadt (Altstadt) systematisch betrieben durch eine „citygerechte" Neubebauung, die sich ausschließlich an den Nutzungsansprüchen der Geschäftswelt und des Individualverkehrs orientierte. Sie führte im gesamten Kernbereich zu erheblichen Eingriffen in die überkommene Grundriß- und Parzellenstruktur, die auch vor dem bedeutendsten Architekturplatz der Stadt, dem historischen Markt, nicht Halt machten (Brix 1975, Killisch 1980).

10.3.3 Markt und Rathaus

Wie der Wiederaufbau der bombenzerstörten Hauptgeschäftsstraßen unterlag auch die (1955 abgeschlossene) Neugestaltung des Lübecker **Marktes** wesentlich den Raumforderungen von Kommerz und Verkehr: Ein großer Teil der Platzfläche fiel der verkehrsgerechten Verbreiterung des Kohlmarktes zum Opfer; entsprechend verkürzt (und zwar um 16 m!) wurde auch die Häuserzeile im O, die an den „Kriegsstubenbau" des Rathauses anschließt. Sie sollte anfänglich — angelehnt an die alten Bauformen — wieder mit schmalen Giebelhäusern bebaut werden, doch scheiterte dieser Plan an den andersgearteten Raumvorstellungen der beteiligten Geschäftsinhaber. Errichtet wurden schließlich drei geringfügig gegeneinander versetzte Traufseithäuser mit ungewöhnlich flacher Dachneigung. Als nördliche Platzumrahmung entstand — gleichfalls entgegen der ursprünglichen Bebauung mit giebelständigen Einzelhäusern — ein langer, einförmiger Betonriegelbau, mit dem das historische Rathaus um einen modernen Verwaltungstrakt erweitert wurde.

Solcherart vom geschichtlichen Grundmuster abweichend, ist die Neugestaltung des Marktplatzes gleichwohl glücklicher gelungen als etwa der Wiederaufbau zwischen Trave und Marienkirche: Unverkennbar ist das Bemühen, durch „formale Neutralität, durch bewußte Unterordnung unter die Dominanten Rathaus, Marienkirche und St. Petri" eine Kompromißlösung zu finden, die der historischen Bedeutung des Marktes Rechnung trug (Brix 1975). Da auch die dekorüberladene Breitfront der (vom Krieg verschonten) neugotischen Post radikal vereinfacht wurde, tritt die gesamte Platzumrahmung bescheiden hinter das großartige Gruppengebäude des Rathauses zurück, das seine Schönheit voll entfalten kann.

Mit der hinter ihm aufragenden Marienkirche (vgl. Kap. 10.3.4) zu einer Baugruppe von bezwingender architektonischer Wirkung vereint, veranschaulicht das **Rathaus** in besonderer Weise Lübecks Bedeutung als Freie

Reichsstadt und Haupt der Hanse. Ursprünglich aus drei parallel gestellten, bürgerhausverwandten Satteldachbauten bestehend, schritten Umfang und Stil des Bauwerks in dem Maße fort, wie die Stadt an Macht und Ansehen gewann. Dem schlichten spätromanischen Kernbau, in welchem (nach umfangreichen Umbauten gegen Mitte des 14. Jh.) die Mehrzahl der Hansetage abgehalten wurde, fügte die Gotik nach S das arkadengestützte Lange Haus oder „Danzelhus" (1298—1308) hinzu, dem wiederum nach S die Spätgotik den grünschwarzglasierten „Kriegsstubenbau" (1440—42) mit seinen Blenden, Halbsäulen und krönenden Türmchen folgen ließ. Vor die ebenfalls blendenverzierte, turmbekrönte Schauwand am Markt, welche wie die Schildmauer einer wehrhaften Burg seit der zweiten Hälfte des 13. Jh. die marktseitigen Giebel des frühen Rathausbaus abgeschlossen hatte (die polygonalen Lanzentürme und kreisrunden Windlöcher kamen allerdings erst 1435 dazu), setzte die Renaissance einen reich gegliederten Vorbau aus grauem Sandstein (1570/71), dessen zurückweichendes Erdgeschoß den Marktplatz mit dem Baukörper des Rathauses verband.

An der langgestreckten Ostfassade des Rathauses vorbei, an der vor allem die prächtige gotische Portalanlage (Türbeschläge von 1350/76, Beischlagwangen von 1452) und die prunkvollen Hinzufügungen der Renaissance (Sandsteintreppe von 1594, Holzerker von 1586) ins Auge fallen, begeben wir uns zum Marienkirchhof.

10.3.4 Rathaus-Nordfassade und Marienkirche

Die nördliche Frontmauer des Lübecker Rathauses, die uns leider nur in einer etwas starren Nachschöpfung von 1888/89 überliefert ist, entstand bald nach der Mitte des 14. Jh. als vereinheitlichende Schaufassade vor dem älteren Rathausblock, nachdem dieser in den Jahren 1340—50 weitgehend neugestaltet und nach N verlängert worden war (Einrichtung des 38 m langen „Hansesaales" im Ostflügel!). Obwohl in ihrer heutigen Gestalt weitgehend Produkt der gründerzeitlichen Gotik-Rezeption, vermittelt die Wand dennoch ein anschauliches Bild von der Formensprache und der Formungskraft der Gotik. In ihr gelangte das aus Flandern übernommene Hoheitssymbol städtischen Profanbaus, der schlanke, spitzbehelmte Pfeilerturm, zusammen mit dem Schildwandmotiv der älteren marktwärtigen Rathausfront zu monumental-repräsentativer Ausbildung. Von vier solcher Pfeilertürme überragt und durch zehn spitzbogige Hochblenden streng vertikal gegliedert, stellt die nördliche Schaufront des Rathauses auch in ihrem neugotischen Gewand noch eine der bedeutendsten Schöpfungen der lübischen Backsteingotik dar, mit der die Lübecker ihrer soeben vollendeten Marienkirche eine (im kleineren Maßstab) ebenbürtige Leistung im Profanbau gegenüberstellten. Als architektonisches Sinnbild stadtbürgerlichen Selbstbewußtseins wurde die Fassade Vorbild für ähnliche Fronten an den Rathäusern zu Rostock, Stralsund und Thorn (Dehio 1971).

Die Lübecker **Marienkirche**, Inbegriff der norddeutschen Backsteingotik und Symbol lübisch-hansischen Bürgerstolzes, verkörpert in ihrer heutigen Erscheinung die letzte großartige Steigerungsstufe in einer „dramatischen Bauentwicklung" (Dehio 1971), in deren Verlauf die Kirche mehrfach Raumgestalt, Bauprinzip und Formensprache wechselte: Auf die hölzerne, 1163 erstmals erwähnte „forensis ecclesia" (Marktkirche) folgte um 1200 eine romanische Backsteinbasilika, die sich — bei größeren Abmessungen — noch den Dom zum Vorbild nahm. Kaum fertiggestellt, wurde dieser Bau um 1250 — vielleicht nach dem Stadtbrand von 1251 — in Anlehnung an die damals moderne Raumform westfälischer Langhallen (Herford, Paderborn) zu einer riesigen frühgotischen Hallenkirche umgebaut. Doch schon in den frühen 1260er Jahren gab der Rat auch diesen Bauplan wieder auf und übernahm, angeregt durch die neuen Chorbauten in den mit Lübeck wirtschaftlich eng verbundenen Küstenstädten Flanderns, das hochgotische System der westfranzösischen Kathedralen (Soissons, Quimper), in welchem die Marienkirche fast vollständig neuaufgeführt wurde: Bis 1280 entstand der einzigartige, um einen Kapellenkranz ergänzte Umgangschor, dessen Formengefüge zahlreiche Kirchenbauten im gesamten Ostseeraum nacheiferten (unter ihnen auch der Lübecker Dom); ihm schloß sich in der ersten Hälfte des 14. Jh. die Errichtung des basilikalen Langhauses (etwa 1315—1330) und der Ausbau der bisherigen Einturm- zur Doppelturmfront (1304—1351) an. Mit der spätgotischen Marientidenkapelle, die der Rat gegen 1444 an Stelle einer älteren Kapelle an den Chorscheitel anfügen ließ, war der Bau vollendet.

Eindrucksvoll spiegeln die wechselnden Bauprogramme der Marienkirche den glänzenden Aufschwung wider, durch den Lübeck in den anderthalb Jahrhunderten zwischen der Erlangung der Reichsfreiheit (1226) und dem Stralsunder Frieden (1370) zur politisch und wirtschaftlich führenden Macht Nordeuropas emporgehoben wurde. Indem der lübische Rat ehrgeizig nach der jeweils neuesten, aufwendigsten Form des Kirchenbaus griff, brachte er auf demonstrative Weise seinen Machtzuwachs und seinen Machtanspruch zum Ausdruck — nicht zuletzt auch gegenüber dem Bischof von Lübeck, dem St. Marien (wie alle Lübecker Pfarreien) kirchenrechtlich unterstellt war. Am Ende der Entwicklung steht die alles überragende „Bürgerkathedrale" St. Marien, in der die ornamentfreudige Hausteingotik meisterhaft in die schlichte, spröde Formensprache des Backsteins übersetzt ist. Sie artikulierte — einmalig in Deutschland — den Geltungsanspruch einer freien, unabhängigen Bürgerschaft im traditionellen Gewand (Basilika und Doppelturmfassade) einer Bischofskirche (Brix & Meissner 1975).

In der Bombennacht des Palmsonntags 1942 ausgebrannt, hat die Marienkirche in den 50er Jahren ihre jahrhundertealte äußere Gestalt wiedergewonnen (seit kurzem erhebt sich auch der anmutig-elegante Dachreiter wieder über ihren weiten patinagrünen Dachflächen). Das Kircheninnere freilich — einst mit wertvollen Altären, Bildwerken, Epitaphien und kostbarem Gestühl angefüllte „Ruhmeshalle des lübischen Patriziats" (Dehio 1971) — vermittelt ein völlig neues Raumerlebnis. Ungehindert kann das (bei einer Gesamtlänge von 80 m) fast 40 m hohe basilikale Mittelschiff, in dem zwei Arkadengeschosse in strikt vertikaler Linienführung übereinanderstehen, seine grandiose Architektur entfalten. Die herbe Klarheit seiner Formensprache wird gemildert durch die warmtönigen Bilddarstellungen und Ornamente der Erstausmalung, die nach dem Feuersturm wieder zutagetrat und (trotz teilweise willkürlicher Restaurierung) den entleerten Raum weitgehend in dem Zustand erscheinen läßt, in dem er sich kurz nach seiner Vollendung um die Mitte des 14. Jh. darbot. Nur die Beleuchtung hat sich entscheidend verändert, da die farbenprächtige Glasmalerei der alten Kirchenfenster nicht wiedererstanden ist.

Das neuerbaute „Kaufmannsviertel" unterhalb von St. Marien, in dem Lübeck heute aussieht wie seine eigene Vorstadt, lassen wir unbeachtet und wenden uns geradewegs zur Mengstraße, in deren unterem Abschnitt Form und Flair des alten Kaufleutequartiers noch gegenwärtig sind.

10.3.5 Mengstraße

Die Mengstraße gehört zu jenem historisch bedeutsamen Kernbereich der Lübecker Altstadt, der durch den Luftangriff vom 28./29. März 1942 am härtesten getroffen worden war. Doch so außerordentlich der Grad der Zerstörung auch war (die meisten Häuser brannten aus) — bei Kriegsende stand in der **oberen Mengstraße** die denkmalgeschützte Reihe überwiegend barocker Giebel lückenlos und kaum beschädigt da. Zusammen mit den von Bomben verschont gebliebenen Häusern der unteren Mengstraße bot sie den Wiederaufbauenden der 1950er Jahre die Möglichkeit, wenigstens diese eine Straße, das ehemalige „Herzstück" des Kaufmannsviertels, wiederherzustellen. Diese Möglichkeit wurde jedoch nicht genutzt. Im Zuge des Wiederaufbaus fielen die Giebel Nr. 10, 12 und 14 zugunsten neuer Gebäude mit glattflächig-schmucklosen Ziegelfassaden, während der Giebel Nr. 6 einem Neubau wich, dem ein erhaltener gotischer Backsteingiebel aus der Fischstraße (Nr. 19) vorgeblendet wurde (Brix 1975). Den Älteren galt diese Giebelwand aus dem mittleren 14. Jh., die mit ihren spitzbogigen, rundstabprofilierten Hochblenden der straffen Vertikalgliederung der Rathaus-Nordfassade verwandt ist (vgl. Kap. 10.3.4), als „bedeutendste gotische Wohnhausfassade Lübecks" (Rathgens 1926). Heute schwebt der Giebel, seines Unterbaus beraubt, über der Einfahrt zu einem Innenhof, der einem Gewerbebetrieb als Parkplatz dient. Die palaisartige Putzfassade des benachbarten, 1758 erbauten „Buddenbrookhauses" (das einst Thomas Manns Großvater besaß) ziert seit 1957, zu alter Pracht erneuert, den Neubau einer Lübecker Bank (Mengstraße Nr. 4).

Aussehen und Ausstrahlung des einstigen Kaufleutequartiers vergegenwärtigt eindrucksvoll der **untere**, travenahe Teil der **Mengstraße**, in welchem sich eine ansehnliche Zahl stattlicher Giebelhäuser aus verschiedenen Stilperioden erhalten hat. Schmalgesichtig zumeist, mit gotischem Staffel- oder barockem Schweifgiebel, großflächigen Sprossenfenstern und blendenumschlossenen Speicherluken, mit üppigen Renaissanceportalen und zierlichen Rokokotüren künden die Häuser vom Wohlstand wie vom Kunstsinn ihrer Erbauer und fügen sich zu einem Straßenraum von außerordentlicher Lebendigkeit und hohem ästhetischem Reiz.

Aus der lückenlosen Folge giebelständiger Bauten beiderseits der Straße fallen einige Gebäude als besonders formschöne und stilvolle Ausprägungen des altlübischen Giebelhauses heraus. Dazu gehört vor allem die großartige Gruppe der (einander gegenüberliegenden) Häuser Mengstraße Nr. 25—29 und Nr. 48—52 (mit dem „Schabbelhaus"), an deren individuell gestalteten

Fassaden sich die Formentwicklung des Lübecker Bürgerhauses in den Jahrhunderten zwischen Gotik und Barock ablesen läßt (vgl. zum folgenden Dehio 1971, Brix & Meissner 1975, Habich 1976):

Im Typus des nordwesteuropäischen **Dielenhauses** wurzelnd, bestand das Lübecker Bürgerhaus ursprünglich aus einem großen ungeteilten Dielenraum, der — von Straße und Hof durch Fenster beleuchtet — seinen Bewohnern zugleich Herd-, Wohn- und Arbeitsstätte war. Über der Diele erhoben sich drei bis fünf Speicherböden, von denen der erste gewöhnlich noch unterhalb des Dachstuhls ansetzte. Die Straßenfront prägte seit der 2. Hälfte des 13. Jh. der steinsichtige, steil aufragende Stufengiebel, dessen spitzbogige, zur Mitte hin gestaffelte Blenden die Luken der Speichergeschosse umfingen. Dabei wirkte die Bauform des Spitzbogens als übergreifendes Gestaltmerkmal, das nicht nur die aneinandergereihten Giebelhäuser miteinander verband, sondern auch eine enge formale Beziehung zu den kirchlichen und kommunalen Großbauten der Gotik herstellte (vgl. die Giebel der Häuser Mengstraße Nr. 25 und 29, die im Kern dem 14. Jh. angehören).

Ausgelöst durch wachsende Wohnansprüche setzte in den Häusern schon bald ein Prozeß der inneren Differenzierung ein, in dessen Verlauf der Bereich des Wohnens immer mehr auf Kosten des Wirtschaftsbereichs ausgedehnt wurde. So wandelte sich das kombinierte Werk-, Wohn- und Speichergebäude des Mittelalters allmählich zum repräsentativen Wohnhaus des späten 18. Jh., aus dem die wirtschaftlichen Verrichtungen vollständig ausgegliedert waren. Von diesem inneren Strukturwandel wurde die äußere Gestalt der Häuser lange Zeit nur wenig berührt; bis zum Ausgang des Barockzeitalters blieb der Steilgiebel — bei mancherlei Abwandlungen im einzelnen — das beherrschende Element im Erscheinungsbild der Lübecker Altstadtstraßen. Erst am Ende jenes Wandlungsprozesses, das mit dem Aufkommen klassizistischer Formvorstellungen zusammenfiel, wurde einer betont horizontalen Fassadengestaltung der Vorzug gegeben.

Das vielfältige Formenrepertoire der **Renaissance** vermochte sich in der Bürgerhausarchitektur Lübecks nur in Einzelheiten des Baudekors und der Fassadengestaltung durchzusetzen. Das Grundmuster des backsteinernen gotischen Giebelhauses wurde nicht nur nicht angetastet, sondern in seinen Ausmaßen sogar noch gesteigert (steilere Stufengiebel, bis zu 7 m hohe Dielen!). Kennzeichen der Renaissancefassaden — die überwiegend zwischen der Reformation und dem 30jährigen Krieg entstanden und heute den eindrucksvollsten Bestand lübischer Profanarchitektur bilden — ist die zunehmende Betonung horizontaler statt vertikaler Strukturlinien: Mit Zunahme der Wohngeschosse zu Lasten der Speicherböden beschränkte sich die geschoßübergreifende Gliederung mit nunmehr korb- oder rundbogigen Blenden zunächst auf die eigentliche Giebelfläche oberhalb des Dachansatzes, während unterhalb des Giebels Gesimsbänder und durchlaufende Reihen von Flachbogenfenstern die waagerechte Geschoßteilung hervorhoben. Später wurde auch die vertikale Gliederung der Giebel zugunsten flachbogiger Lukenreihen über geschoßteilenden Gesimsen aufgegeben. Im Erdgeschoß öffneten sich die Dielen zusehends zur Straße; ihr Mauerwerk wurde entweder in schmale, hohe Rundbogenöffnungen (wie am „Buddenbrookhaus") oder häufiger in wandfüllende, feingliedrige Sprossenfenster aufgelöst (vgl. besonders die prächtige, zwischen 1560 und 1570 errichtete Giebelfront des Hauses Mengstraße Nr. 27, die weitgehend unverändert erhalten ist).

In der zweiten Hälfte des 16. Jh. schufen die Formsteine und Terrakotten aus der Werkstatt des Lübecker Ratsziegelmeisters Statius van Düren zusätzliche Möglichkeiten, die geschoßgliedernden Formelemente der Renaissance — Friese, Pilaster, Rundbögen und Säulen — zu betont plastischer Wirkung der backsteinernen Giebelfronten zu nutzen. Zu beherrschendem Einfluß auf die Fassadengestaltung gelangten die van Düren-Terrakotten jedoch nur in wenigen Fällen (so an dem im 2. Weltkrieg zerstörten Haus Kohlmarkt Nr. 13); im allgemeinen begnügte man sich mit einem Fries unter dem ersten Zwischengeschoß oder mit einzelnen Platten in den Rundpässen der Giebel. Als Hauptzierde der repräsentativen Kaufmannshäuser setzten sich große, aufwendig gestaltete Haustein- oder Terrakottaportale durch, die sich mit den Backsteinwänden zu architektonisch reizvollem Gegensatz verbanden (vgl. die Fassade des Hauses Mengstraße Nr. 27, die zwischen Erd- und Obergeschoß ein durchlaufender Terrakottafries aus van Dürens Werkstatt schmückt; vgl. auch das prachtvolle, im heutigen Lübeck einzig dastehende Terrakottaportal des Hauses Mengstraße Nr. 50).

Im Zeitalter des **Barock** begann sich die Preisgabe altlübischer Bautraditionen abzuzeichnen: Zwar wurde das Giebelhaus weiterhin als verbindliche Bauform betrachtet, doch verschwanden zahlreiche alte Backsteinfronten hinter hellfarbenen Putzfassaden, erhielten die gestuften Giebel der Gotik und der Renaissance einen bewegt-kurvigen Umriß (vgl. das „Schabbelhaus" Mengstraße Nr. 48, an dessen — jüngst vom Putz befreiter — Fassade die barocke Überformung eines älteren Bürgerhauses anschaulich wird).

Etliche der alten Kaufmannshäuser sind in den letzten Jahren sorgfältig restauriert worden; einige sind in **Restaurierung** begriffen, anderen steht sie noch bevor. Dabei ist gerade die Erneuerung der großen Patrizierhäuser und ihre Umwandlung in moderne Wohnbauten ein schwieriges, kostspieliges Unterfangen, da die Häuser infolge ihrer Schmalbrüstigkeit, ihrer Tiefenausdehnung und ihrer (häufig zu) niedrigen Speicherböden nicht ohne weiteres für die Aufnahme zeitgemäßen Wohnraums geeignet sind. Kommt aber eine Wohnnutzung der Gebäude wegen zu hoher Wiederherstellungskosten nicht in Betracht, müssen andere — öffentliche oder private — Nutzungen gefunden werden, die sich mit der historischen Bausubstanz und überkommenen Raumaufteilung vereinbaren lassen. Ein schönes Beispiel für das Bemühen, den verbliebenen Bestand an wertvollen alten Bürgerhäusern zu erhalten und gleichzeitig mit geeigneter, dauerhafter Nutzung zu füllen, ist — vom Sonderfall der historischen Gaststätte „Schabbelhaus" abgesehen — das Haus Mengstraße Nr. 25, in dem heute die Lübecker Kaufmannsjugend eine überaus stilvolle Heimstatt hat.

Inzwischen gibt es überall in der Altstadt vorbildlich wiederhergestellte Gebäude — saniert von der Kaufmannschaft wie von Privatleuten, finanziert mit Städtebauförderungsmitteln wie mit großzügigen Zuwendungen privater, in Lübeck ansässiger Stiftungen (Possehl-Stiftung). Zumal die vielen Privatsanierer, deren Zahl ständig zunimmt, leisten einen beachtlichen Beitrag zur „erhaltenden Erneuerung" des Baudenkmals Lübecker Altstadt. Selbst abbruchreife Häuser werden von ihnen erworben und unter Verwendung originaler Baustoffe und Bauteile (Backsteine, Balken, Portale) in mühevoller Arbeit stilgerecht instandgesetzt. Wesentlich gefördert werden die privaten Sanierungsanstrengungen — sieht man von der Wiederentdeckung der Altstadt als Lebensraum ab — durch steuerliche Vergünstigungen: die Ausdehnung des § 7b Einkommensteuergesetz auch auf Altbauten sowie die verbesserten Abschreibungsmöglichkeiten gemäß § 82a Einkommensteuergesetz für sanierungsbedingte Aufwendungen an denkmalgeschützten Häusern (Killisch 1980).

Schwibbogenüberspannt und von malerisch zusammengeschachtelten, meist traufenständigen Kleinbürgerhäusern flankiert, leitet die Siebente Querstraße über in die historischen Wohnquartiere der Lübecker Schiffer, Handwerker und Händler.

10.3.6 Siebente Querstraße und untere Beckergrube

Bereits in den Jahrhunderten ihres Ausbaus kristallisierte sich in der Lübecker Altstadt jenes charakteristische **sozialtopographische Gefüge** her-

aus, das sich — allen späteren Überformungen und Zerstörungen zum Trotz
— in seinen Grundzügen bis heute erhalten hat: In den an das Kaufmannsviertel anschließenden Bereichen entlang der Trave sowie im östlichen,
hafenfernen Teil der Stadt zwischen Königstraße und Wakenitz ließen sich
Handwerker, Höker und Krämer nieder. Sie bevorzugten ebenso wie die
unmittelbar an Ober- und Untertrave siedelnden Binnen- und Seeschiffer
zunächst das bescheidene Traufseithaus, das aus Gründen der Sparsamkeit
häufig mit anderen kleinen Häusern unter einem gemeinsamen Dach vereint war. Soweit dieses Muster räumlich gesonderter Wohn- und Wirtschaftsquartiere noch Abwandlungen erfuhr, vollzogen sie sich im späten Mittelalter, als Lübecks Wirtschaft in höchster Blüte stand und beträchtlichen
Reichtum in seinen Mauern versammelte: Mit dem Aufblühen des Fernhandels wurde den Kaufherren ihr „angestammter" Siedlungsraum bald so eng,
daß sie ihre Dielenhäuser auch in den Nachbargebieten errichteten — anfangs hafennah nördlich der Beckergrube und südlich der Holstenstraße
(Schwerpunkt: Große Petersgrube), schließlich in der Breiten Straße und
Königstraße (zumal zwischen Rathaus und Koberg) sowie in den oberen Abschnitten der zur Wakenitz hinabführenden Handwerkergassen (Fehring &
Hammel 1985)

An diesem Vorgang einer stärkeren räumlichen Durchmischung der einzelnen Lübecker Berufsgruppen, der sich großenteils noch an der heutigen
Bebauung ablesen läßt, waren auch Handwerker aktiv beteiligt: Ansehnlicher Wohlstand ermöglichte es einigen von ihnen, sogar im Kaufmannsviertel Hauseigentum zu erwerben (Fehring & Hammel 1985). Die Mehrzahl der vermögenden Handwerker und Händler indes übernahm — sich
am Vorbild der gesellschaftlich führenden Schicht der Stadt orientierend —
Zug um Zug das von den Kaufleuten seit Anbeginn bevorzugte Dielenhaus
als Wohn- und Werkgebäude. So setzte sich die Giebelständigkeit in der bürgerlichen Wohnarchitektur Lübecks während des Spätmittelalters endgültig
durch und verwies die Traufseitigkeit als Gestaltmerkmal kleinbürgerlicher
Wohnbauten auf Neben- und Querstraßen. Aber selbst hier findet sich mancher stattliche Giebelbau, der es im Aufwand den Kaufmannshäusern
gleichtun möchte (vgl. den mächtigen dreieckigen Backsteingiebel aus der
zweiten Hälfte des 15. Jh. in der Siebenten Querstraße Nr. 13—15).

Über die Kupferschmiedestraße erreichen wir die Fischergrube und gehen beim Eingang Nr. 38 in „Lüngreens Gang" hinein; dessen nördliche Fortsetzung ist der „Bäckergang".

10.3.7 Bäckergang (Engelsgrube Nr. 43)

Wachsende Bevölkerungszahlen (und dadurch bewirkte Baugrundverknappung) führten seit dem frühen 14. Jh. zu weitgehender Überbauung der Blockinnenbereiche; es entstanden die für Lübecks Stadtbild so kennzeichnenden **Wohngänge**, in denen sich die sog. Buden aneinderreihen: kleine, kellerlose Traufseithäuser, die sich von den Vorderhäusern aus rückwärts in die Tiefe der handtuchartig schmalen Grundstücke erstrecken. Oft nur um die 20 m² Wohnfläche umfassend und in der Regel erdgeschossig belassen, dienten sie der lohnabhängigen Bevölkerung Lübecks als Unterkunft: den Hausbediensteten (so sie nicht in den Häusern ihrer Arbeitgeber wohnten), den Trägern, Bootsleuten und sonstigen Hilfskräften des Handels und der Schiffahrt sowie (später) den Soldaten des lübischen Stadtmilitärs (Brix & Meissner 1975, Scheftel 1985). Das bauliche Gesicht der Anlagen ist vielgestaltig: Im allgemeinen von niedrigen, das Vorderhaus durchtunnelnden Eingängen erschlossen (die nicht selten nur gebückt passierbar sind), präsentieren sich die Gänge teils als lichte, bisweilen baumbestandene Höfe oder als weitverzweigtes Ganggewirr, in dem man sich in einer weltabgewandten dörflichen Idylle wähnt; teils erscheinen sie als enge, düstere Sackgassen, deren kleinteilig dichte Bebauung nachdrücklich daran erinnert, daß hier die städtische Unterschicht zu Hause war. Ökonomisch gesehen stellten die Ganghäuser den auf privates Gewinnstreben gegründeten Versuch dar, dem Mangel an Wohnraum im spätmittelalterlich-frühneuzeitlichen Lübeck abzuhelfen. Als Bauherren traten sowohl reiche Kaufleute als auch wohlhabende Handwerker und Gewerbetreibende auf. Während diese jedoch das zu den Buden gehörende Vorderhaus häufig selber bewohnten, ließen jene solche Mietshäuser überwiegend in der Absicht bauen, ihren Grundbesitz außerhalb des Kaufmannsviertels einträglicher (denn als Gartenland) zu nutzen. Allein in der Beckergrube gab es früher Wohngänge in Verbindung mit Patrizierhäusern; doch waren deren Eingänge rückwärtig oder seitlich angelegt.

Bis zur Aufhebung der Torsperre im Jahre 1864 waren die Wohngänge, deren Zahl sich in der zweiten Hälfte des 17. Jh. auf mehr als 180 belief, gänzlich unentbehrliche Glieder im Siedlungsgefüge der Lübecker Altstadt. Danach gerieten viele in Verfall. Heute sind nur noch 95 dieser bau- und sozialgeschichtlich einzigartigen Anlagen erhalten.

Der **Bäckergang**, dessen Buden gegenwärtig durchgreifend erneuert werden, zählt zu jenen Lübecker Wohngängen, deren Ursprünge bis ins frühe 14. Jh. zurückreichen. In seiner jetzigen Gestalt ist der Gang freilich ein Produkt des 16. Jh.: 1551/52 wurden die (heutigen) Grundstücke Engelsgrube Nr. 41, 43 und 45 mit einer vollkommen neuen Anlage bebaut, deren Urheber vermutlich der Ratsherr und Bürgermeister Nikolaus Bardewich war. Errichtet wurden zwei backsteinerne Giebelhäuser in der charakteristischen Formensprache der lübischen Bürgerhausarchitektur des 16./17. Jh. (Nr. 41 und 45) sowie zwölf zweigeschossige Gangbuden, die — teilweise in Fachwerk ausgeführt — noch ganz in der Formüberlieferung des spätmittelalterlichen Lübecker Traufseithauses stehen (Nr. 43). Jede der zwölf Buden — vier weitere kamen noch im 17. Jh. dazu — bedeckt eine Grundfläche von 4 x 5 m und enthielt nur im Erdgeschoß einen heizbaren Raum von 2 x 2,5 m Größe. Das ungeteilte Obergeschoß wurde allein durch die Abstrahlung der Rauchfänge erwärmt; der Dachraum blieb unbewohnt. 1572 samt zugehörigen Buden getrennt verkauft, wurden die Vorderhäuser seitdem meist von den jeweiligen Eigentümern bewohnt. Das Haus Nr. 41 war spätestens seit der Teilung der Anlage mit der Backgerechtigkeit ausgestattet; ein Backhaus blieb es bis ins frühe 19. Jh., als der heutige Name „Bäckergang" festgeschrieben wurde (Scheftel 1985).

Stadthügelaufwärts zum Koberg geleitet uns die Engelsgrube, deren unregelmäßige Fluchtlinie immer wieder durch schmale, niedrige Tore unterbrochen wird, die sich zu Gängen und Höfen nach Art des Bäckerganges öffnen. Am Ende verengt sich die Straße, und über drei leichten, ihre Mündung übergreifenden Strebebögen ragt, ein wenig aus der Achse gerückt, die mächtige Turmfassade von St. Jakobi auf.

10.3.8 Koberg und Heilig-Geist-Hospital

Die im Kriege unbeschädigt gebliebene gotische Seeschifferkirche **St. Jakobi** beherrscht mit den ihr malerisch vorgelagerten Pastorenhäusern des 17. Jh. das geräumige Rechteck des **Kobergs** von S her; seine Ostseite begrenzt in städtebaulich wirksamem Gegensatz zur Wucht des Jakobikirchturms die charaktervolle Breitfront des Heilig-Geist-Hospitals. Im W und N rahmen den Platz zwei Zeilen klassizistischer Putzfassaden des späten 18. bis mittleren 19. Jh., deren Geschlossenheit nur im N durch einen Neubau etwas beeinträchtigt ist. Am Ausgang der Engelsgrube, St. Jakobi im Blick, macht das einzige vollständig erhaltene Kompagniegebäude Lübecks, das heute als Restaurant genutzte Haus der **Schiffergesellschaft,** mit seiner wohlgegliederten, von nautischem Dekor belebten Backsteinfassade auf sich aufmerksam. 1535 von der Bruderschaft der Seeschiffer erbaut, vergegenwärtigt das zweigeschossige Dielenhaus, in dessen (1880 erneuertem) Giebel vertikale und horizontale Strukturlinien einander die Waage halten, eindrucksvoll die Formensprache der lübischen Frührenaissance.

Die dem Koberg zugewandte Schauseite des **Heilig-Geist-Hospitals** bietet eine der eindringlichsten Lübecker Architekturansichten: Durch spitzbogige Blenden, Fenster und Portale symmetrisch gegliedert, wird die dreigiebelige gotische Backsteinfassade von vier nadelspitzen Sechsecktürmen überragt und in der Mitte von einem barocken Dachreiter gekrönt. Hinter ihr liegen die Räume eines der besterhaltenen bürgerlichen Hospitäler des hohen Mittelalters: im vorderen Teil, dreischiffig und nur zwei Joche tief, die stimmungsvolle Hospitalkirche, die reich ist an geschnitztem Kunstwerk, großflächigen Fresken und ornamentaler Gewölbemalerei; im hinteren Teil, angehängt an das Kirchenmittelschiff, der imposante, 88 m lange Backsteinsaal des sog. Langen Hauses, unter dessen offenem Dachstuhl — zu vier Reihen geordnet und durch zwei Gänge voneinander getrennt — die winzigen Holzkojen (von 1820) stehen, in denen die Hospitaliten untergebracht waren.

Wie viele Großbauten des Mittelalters entstand auch das Lübecker Heilig-Geist-Hospital nicht in einem Zuge, sondern gewann seine heutige Gestalt im Laufe von rund 200 Jahren: Der Gründungsbau umfaßte die Hospitalkirche, die (zunächst auf acht Joche bemessene) Hospitalhalle sowie die um einen Hof gruppierten Nebengebäude an der Großen Gröpelgrube und wurde im wesentlichen zwischen 1276 und 1286 errichtet, nachdem ein um 1227 gegründeter Hospitalvorläufer an der Ecke Marlesgrube/Pferdemarkt aufgegeben worden war. Gegen Ende des 15. Jh. erfuhr die Neuanlage am Koberg ihre endgültige Ausformung: Das Lange Haus, bis dahin mit dem Mittelschiff der Kirche unter gemeinsamer Holzdecke verbunden, wurde durch eine Querwand von diesem abgetrennt und um vier Joche nach O verlängert; das Kirchenmittelschiff erhielt sein feingliedriges spätgotisches Sterngewölbe (1495), und die dreiteilige Giebelfront wurde um die architektonischen Symbole der lübischen Ratsherrschaft, die vier spitzhelmigen Pfeilertürme, ergänzt (Beseler 1969, Dehio 1971, Leistikow 1985).

Wie die vier Stifttürme sinnbildlich anzeigen, reichte die Bedeutung des Heilig-Geist-Hospitals über seine karitative Funktion als Pflegestätte für Arme und Kranke weit hinaus. Mit dem Bau wollten seine bürgerlichen Stifter zugleich dem Geltungsanspruch der lübischen Ratsgewalt an hervorragender Stelle im Stadtbild Ausdruck verleihen. Obwohl die Leitung solcher Sozialeinrichtungen nach Recht und Herkommen dem geistlichen Oberherrn zustand, vermochte der Rat mit dem Hospital am Koberg eine geistliche Institution zu schaffen, die der Aufsicht des Lübecker Bischofs entzogen war: Vorsteher und Geistliche wurden vom Rat bestellt und eingesetzt. So veranschaulicht die breitgelagerte Schaufassade des Heilig-Geist-Hospitals jenseits ihrer architektonischen und städtebaulichen Qualitäten auch den Triumph des lübischen Rates über den Lübecker Bischof in einer ureigentlich geistlichen Angelegenheit.

Bis zur Reformation Zufluchtsort für Hilfsbedürftige und Kranke beiderlei Geschlechts, wurde das Heilig-Geist-Hospital danach in ein Altersheim umgewandelt, das bis heute fortbesteht. Klösterlich strenge Verhaltensregeln machten den Insassen Armut und Keuschheit zur Pflicht (weshalb auch Eheleute separate Kämmerchen im Männer- und Frauengang des Langen Hauses bezogen). Dafür genossen die Hospitaliten freie Unterkunft und Verpflegung und hatten lediglich ihre Begräbniskosten im voraus zu entrichten. 1973—76 wurde das Hospital mit einem Kostenaufwand von 8 Mio. DM durchgreifend saniert; dabei entstanden in den Nebengebäuden 81 moderne Ein- und Zweibettwohnungen, in denen die heutigen Bewohner zwar nicht mehr kostenfrei, aber zu insgesamt günstigen Mietbedingungen leben (Killisch 1980). Das riesige Langhaus indessen, in dem die kleinen Wohnkajüten seit 1972 verwaist sind, harrt noch einer angemessenen Verwendung.

10.3.9 Nördliche Königstraße

Standort: Behnhaus (Nr. 11)

Das Bild der nördlichen Königstraße zwischen Koberg und Glockengießerstraße bestimmt eine geschlossene Folge klassizistischer Bauten (Nr. 5—17), deren palaishaft-nobles Aussehen dem leicht gebogenen Straßenzug eine „elegante Wandung" gibt (Dehio 1971). Mit ihren großflächigen, betont horizontal gegliederten Fassaden verkörpern sie Lübecks Anschluß an die europäische Architektur um 1800 und zugleich seinen Abschied von der heimischen Bauüberlieferung: Der Steilgiebel, jahrhundertelang architektonisches Signum des lübischen Bürgerhauses, machte jetzt flach abschließenden Putzfassaden Platz, die den älteren Bürgerhäusern im allgemeinen bis zum Dachfirst hinauf vorgeblendet wurden. Dort wo der frühere Giebel die neue Front überragte, wurde das Dach abgewalmt, so daß es im Straßenbild nicht mehr in Erscheinung treten konnte. Auf diese Weise wechselten ganze Straßenabschnitte ihr Gesicht, wenn auch ihr mittelalterliches Grundmuster (Parzellengefüge, Fluchtlinien) noch immer erkennbar blieb. Hätte nicht das französische Interregnum von 1806—13 die lübische Wirtschaft so nachhaltig zerrüttet, wäre Lübecks Altstadt gewiß gründlicher verändert worden: Ihre Straßen und Gassen hätten sich allesamt ein helltöniges klassizistisches Kleid übergeworfen (Brix & Meissner 1975, Dehio 1971, Habich 1976).

Vorreiter und Vorbild der großen Zahl klassizistischer Hausumbauten war das frühklassizistische, 1779—83 in strengem Louis-Seize-Stil umgestaltete **Behnhaus**. Heute als Museum zugänglich, steht das nach seiner ehemaligen Besitzerfamilie benannte Gebäude modellhaft für das lübische Patrizierhaus des ausgehenden 18. Jh.: Mit seiner vornehmen, wohlproportionierten Breitfassade, die über kräftigem Kranzgesims in einer figurenbestückten Balustrade endet, und mit seiner durch zwei Geschosse geführten, zu einer repräsentativen Eingangshalle fortentwickelten Diele unterscheidet sich das Behnhaus grundlegend vom tradierten Typ des Lübecker Kaufmannshauses, in welchem die Diele als Kontor- und Packraum geschäftlichen Obliegenheiten und nicht (wie im Behnhaus) ausschließlich der Repräsentation diente.

Bevor wir unsere Schritte in den hafenabgewandten, handwerkergeprägten Ostteil der Lübecker Altstadt lenken, verweilen wir einen Augenblick vor ei-

nem wahren Kleinod lübischer Backsteingotik: der asymmetrisch aufgebauten,
form- und farbenprächtigen (Glasursteine!) Westfassade der einstigen Franzis-
kaner-Klosterkirche St. Katharinen, die seit 1360 den Winkel zwischen
Glockengießer- und Königstraße einnimmt.

10.3.10 Füchtings Hof (Glockengießerstraße Nr. 23–27)

Mit anderen Straßennamen der östlichen Stadthälfte (Fleischhauerstraße,
Hüxstraße u. a.) erinnert die **Glockengießerstraße** daran, daß hier, zwischen Königstraße und Wakenitz (heute Elbe-Lübeck-Kanal), das Quartier
der Handwerker und Höker lag. Sein in Jahrhunderten anerworbenes
„kleinbürgerlich verläßliches Aussehen" (Hillard-Steinbömer 1970) hat sich
das Viertel bis in unsere Tage bewahrt: Noch immer herrschen in den Straßen der Wakenitzseite bescheidene Handwerkerhäuser vor, unter denen sich
gediegene Giebelbauten ebenso wie treffliche Traufseithäuser mit treppen-
giebeligen Dachaufbauten finden. In der Glockengießerstraße begegnen wir
aber noch einem weiteren wichtigen Gefügeelement der Lübecker Altstadt:
den großen frühneuzeitlichen **Stiftungshöfen**, die zwar nach Stil und Standort den Wohngängen verwandt, nach Ursprung und Zweck jedoch Bau-
werke ganz eigener Art sind (Von-Wickede-Stift, Füchtings Hof, Glandorps
Hof).

Wie schon ihre Namen andeuten, handelt es sich bei den Stiftshöfen um
(urprünglich) private Einrichtungen der Alten- und Armenfürsorge. Durchweg aus nachreformatorischer Zeit stammend, entsprangen sie zumeist der
Freigebigkeit vermögender Kaufleute, die mit reichen Geldmitteln Wohnanlagen schufen, in denen verarmte Witwen von Standesgenossen eine sichere Bleibe für ihr Alter fanden. **Füchtings Hof**, vom Kauf- und Ratsherrn
Johann Füchting gestiftet und 1639 errichtet, ist Lübecks größter und präch-
tigster Stiftshof, dessen Anlage derjenigen der Fuggerei in Augsburg durchaus vergleichbar ist. An ihm läßt sich das Bauschema dieser frühen Vorläufer
des „sozialen Wohnungsbaus" gut studieren: Ein stattliches Barockportal
mit Stifterwappen und Stiftungsinschrift, Hauptzier eines meist mehrgeschossigen, traufenständigen Mietshauses an der Straße, öffnet auf einen
gangartigen Hof, der ein- oder zweizeilig mit langgestreckten Reihen-

hausflügeln bebaut ist und mit einem schmucken Wandelgarten abschließt. Die Flügelbauten enthalten die in der Regel doppelstöckigen Einzelwohnungen, die mittels eigener, häufig zu Paaren gruppierter Portale zugänglich sind. Schattenspendende Bäume, bunte Blumen vor Fenstern und Türen steigern den hohen ästhetischen Reiz der Anlagen zusätzlich (Dehio 1971).

Füchtings Hof lebt noch immer aus demselben „mildtätigen Geist" (Hillard-Steinbömer 1970), dem er seine Entstehung verdankt: Während alle anderen Lübecker Stiftshöfe seit langem der städtischen Sozialverwaltung unterstehen, ist er wirtschaftlich unabhängig geblieben. 1,4 Mio. DM investierte die Füchtingsstiftung 1977, um die Stiftsgebäude von Grund auf zu erneuern. Hierbei gelang es trotz beträchtlicher Baumängel, das Gesicht der Frühbarockanlage unverändert zu erhalten und dennoch moderne Wohnungen in die alten Baukörper einzupassen. Zur Gewinnung größerer Wohneinheiten war es allerdings unumgänglich, die überkommene vertikale Raumaufteilung der Gebäude aufzugeben; die Wohnungen liegen heute in jeweils einer Geschoßebene und greifen über zwei (ehemalige) Reihenhäuser hinweg (Killisch 1980).

Der von freundlichen Kleinbürgerhäusern gesäumte Straßenzug Tünkenhagen/Rosengarten/Bei St. Johannes, dem wir bis zur Dr.-Julius-Leber-Straße folgen, kreuzt die giebelreiche Hundestraße, in deren Bild uns das historische Handwerkerviertel nahezu unverfälscht entgegentritt. Ein Abstecher in ihren unteren Teil empfiehlt sich nicht nur wegen der eindrucksvollen gotischen Giebelfronten der Häuser Nr. 90, 92 und 94, sondern auch wegen der spitzweghaft anmutenden Gebäudegruppe Wakenitzmauer Nr. 206 („Im Sack"), wo wir zudem eine Vorstellung vom einstigen Verlauf der Wakenitz und der (im frühen 13. Jh. begonnenen) Stadtummauerung gewinnen. In der Dr.-Julius-Leber-Straße werfen wir einen Blick in den jüngsten der größeren Lübecker Stiftungshöfe, den malerisch-stimmungsvollen Haasenhof von 1727/29, und sehen uns wenig später in der Königstraße einer weiteren Kostbarkeit lübischer Profanarchitektur gegenüber: dem Eckhaus der Löwenapotheke (Dr.-Julius-Leber-Straße Nr. 13), deren (in Teilen neu aufgemauerten) Giebelwände — achtern spätromanisch, um 1230; vorn gotisch, vor 1350 — aufmerksam betrachtet werden sollten.

10.3.11 Schrangen und Königstraße

Am **Schrangen**, einst Standort von Verkaufsbänken des lübischen Gewerbes, stemmt sich der massige Klotz eines Warenhauses rücksichtslos aus dem kleinteiligen Gefüge seiner historischen Umgebung. Nicht auszuschließen, daß er eines Tages die ganze Freifläche bis zur Fleischhauerstraße beanspruchen wird. (Zur städtebaulichen Problematik der geplanten Karstadt-Erweiterung vgl. Killisch 1980.) Einstweilen genießen wir die unverstellte Sicht auf Türme, Chor und Strebewerk von St. Marien, die über der alten Ratskanzlei machtvoll in die Höhe steigen.

Das Antlitz der **Königstraße** weist wesentlich gründerzeitliche Züge auf: Ausgelöst durch die Industrialisierung, hatte im Lübeck der 1870er Jahre eine umfangreiche Neubautätigkeit eingesetzt, die — frei von traditionellen Bindungen (Bauhöhen!) — die Formenvielfalt des Historismus durchspielte. Sie erfaßte zumal die Altstädter Hauptstraßenzüge, in denen eine große Zahl historisch bedeutsamer Bürgerhäuser den Haustypen des Industriezeitalters — Geschäftsgebäude und Mietshäuser mit Ladeneinbauten — weichen mußte. Zwar rief dieser „Bauboom" der Gründerzeit schon um die Jahrhundertwende denkmalpflegerische Aktivitäten auf den Plan (Denkmalschutzgesetz 1915), doch ließ sich nicht verhindern, daß mit wachsender Anhäufung tertiärer Tätigkeiten in der Altstadt auch im 20. Jh. weitere Teile der historischen Bausubstanz Lübecks verlorengingen: Zwischen 1870 und 1942 wurden rund 40 % der Lübecker Altbauten abgetragen (Habich 1976).

Nach kurzem Halt vor Lübecks reichster Rokokofassade, die uns im Gemenge klassizistischer, gründerzeitlicher und jüngerer Bauten unvermittelt anblickt (Königstraße Nr. 81), biegen wir in die Wahmstraße ein, die wie alle Gassen der Wakenitzseite schöne Straßenbilder und verborgene Wohngänge bietet. Zu beachten sind besonders die Renaissancehäuser Nr. 29—37 und 54—56, die sich in ihrer Wirkung zu großartigen Giebelgruppen steigern.

10.3.12 Bruskows und Von Höveln-Gang (Wahmstraße Nr. 47—51 und 73—77)

Neben den prachtvollen, für Kaufmannswitwen reservierten Stiftshöfen und den anspruchslosen Wohngängen, in denen Lübecks Lohnabhängige zur Miete wohnten, verkörpern die **Armenstiftgänge** eine dritte, letzte Spielart der blockinneren Wohnbebauung in der Lübecker Altstadt. Bruskows und Von Höveln-Gang stehen stellvertretend für diese Anlagen, die mildtätige, reiche Kaufleute für ledige oder verwitwete ältere Frauen aus den unteren sozialen Schichten stifteten. Gegründet zumeist in vorreformatorischer Zeit — Bruskows Gang stammt von 1510, Von Hövelns Gang aus dem Jahre 1481 —, unterscheiden sie sich äußerlich kaum von den Wohngängen mit ihren nach achtern gereihten Buden. Allein ihre architektonisch hervorgehobenen, mit Stifterwappen geschmückten Portale geben sie als genetisch eigenständige Einrichtungen zu erkennen. Hinter den Portalen — besonders bemerkenswert ist die zinnengekrönte, kruzifixverzierte Backsteinpforte des Bruskow-Ganges aus dem späten 16. Jh. — verbergen sich kurze, schmale Gäßchen, die zu beiden Seiten mit ein- oder zweigeschossigen Traufreihenhäusern (zum Teil in Fachwerk) bebaut sind (Beseler 1969, Dehio 1971). Im Zusammenhang vermehrter Sanierungsanstrengungen in der Lübecker Altstadt wurden in den 1970er Jahren auch Bruskows und Von Höveln-Gang renoviert, nachdem Bruskows Gang, halbverfallen, schon einige Jahre leer gestanden hatte. Beide Stiftsgänge verfügen seitdem über geräumige, gut ausgestattete Altenwohnungen, die durch Zusammenfassung von je zwei der früheren Gangbuden zu neuen Wohneinheiten gewonnen wurden (Killisch 1980).

Ins kleinbürgerlich-kleinstädtische Aegidienkirchspiel gelangen wir durch einen der stimmungsvollsten Altstädter Wohngänge, den sog. Durchgang, der von der Wahmstraße Nr. 46 zur Aegidienstraße Nr. 47 hinüberführt. Jahrelang dem Verfall preisgegeben, präsentiert sich der Gang heute fast vollständig erneuert: Malerisch gruppieren sich seine Häuser mit ihren liebevoll restaurierten Fachwerkgeschossen um einen von Bäumen beschatteten Innenhof. In der Aegidienstraße gewahren wir ein schmalbrüstiges, übereck stehendes Giebelhaus, das, einem Schilde gleich, sich schützend vor die niedrigen Häuser zwischen Aegidien- und Schildstraße zu stellen scheint. Über ihm erhebt sich — städtebau-

lich effektvoll — der stämmige, grüngraue Turm von St. Aegidien, der kleinsten unter den Stadtpfarrkirchen Lübecks, deren breitgelagerte gotische Backsteinhalle glücklicherweise von Bomben verschont geblieben ist.

Das ehemalige Augustinerinnen-Kloster St. Annen, dessen langgezogene Backsteinfront wir in der St. Annen-Straße passieren, entstand als letzte große Bauleistung des spätmittelalterlichen Lübeck zwischen 1502 und 1515, diente jedoch nur kurz als Kloster (Auflösung im Zuge der Reformation 1532). Im 17. und 18. Jh. Armen-, Arbeits- und (schließlich) Zuchthaus, wurde der Bau 1843 durch ein Großfeuer verheert, das von der ursprünglichen Anlage nur die Erdgeschoßräume der Klausur und geringe Reste der Klosterkirche übrigließ. Seit 1915 beherbergen Remter, Kapitelsaal und Kreuzgang die spätmittelalterlichen Schätze des Museums für Kunst und Kulturgeschichte der Hansestadt Lübeck.

Hinüber in die vornehme Abgeschiedenheit der Domgegend wechseln wir durch die Mühlenstraße, Lübecks einstige Südtorstraße, sowie durch das Sträßchen Fegefeuer, an dessen Ende wir das „Paradies" erblicken, die dem Dom jüngst wiedergegebene frühgotische Eingangshalle, die mit ihrer lichten, zierlichen Architektur und ihrem üppigen Hausteinschmuck wie ein Fremdling unter den herben heimischen Backsteinbauten der Lübecker Altstadt erscheint.

10.3.13 Dom und Domviertel

Abgesetzt vom weltlichen Treiben der „Bürgerstadt" liegt der wuchtige, von Romanik und Gotik gleichermaßen geprägte Lübecker **Dom** würdevoll hinter einem Hain schattiger alter Linden. Mit ihm begann 1173, als Heinrich der Löwe den Grundstein für das Bauwerk legte, die großartige Entwicklung lübischer Backsteinarchitektur. Zunächst als gewölbte romanische Pfeilerbasilika ausgeführt, von der sich Turmgebäude, Mittel- und Querschiff erhalten haben, wandelte und weitete sich der Kernbau im 13. und 14. Jh. zu der mächtigen dreischiffigen Backsteinhalle mit gotischem Hallenchor, Chorumgang und Kapellenkranz, wie sie in beeindruckender Länge von 125 m vor uns ruht. Vordergründig der Versuch, mit den kühnen Bauvorhaben der Bürgerschaft in St. Marien Schritt zu halten, steht die wiederholte Umgestaltung, die Bischof und Domkapitel ihrer Domkirche angedeihen ließen, zugleich für das letztlich vergebliche Bemühen des lübischen Klerus, sich politisch gegen Rat und Bürgerschaft der Stadt Lübeck zu behaupten.

Von allen Lübecker Kirchen im 2. Weltkrieg am schwersten getroffen, blieb der Dom lange Fragment. Heute zeigt er sich wieder in alter Gestalt. Auch der gotische Chor, über Jahre Wind und Wetter ausgesetzt, ist neu erstanden, wenn auch durch eine große Glaswand vom romanischen Kirchenraum getrennt. Sein inneres Gesicht hat der Dom nicht gewandelt wie St. Marien, sondern bietet wie ehedem den erhebenden Anblick seiner verschiedenen Raumformen. Viele der Kostbarkeiten seiner einst reichen Ausstattung sind wieder am alten Ort (darunter das monumentale Triumphkreuz Bernd Notkes von 1477); andere bewahrt noch das St. Annen-Museum (so den unvergleichlichen Passionsaltar Hans Memlings von 1491).

In städtebaulich reizvollen Gegensatz zum Riesenbau des Domes tritt das rechtwinklig nach N stoßende ehemalige **Zeughaus** (Großer Bauhof Nr. 12), ein langer, schlichter Backsteinbau von 1594, der nur durch die nach Art der niederländischen Renaissance ausgebildete Schaufassade an der „Parade" ausgezeichnet ist. Seit Beginn des 19. Jh. als Kornhaus, Wollmagazin und Polizeigebäude genutzt, hat der Bau kürzlich die Sammlungen des Museums für Völkerkunde der Hansestadt Lübeck aufgenommen.

Von den übrigen, dichtbesiedelten Bereichen der Lübecker Altstadt hebt sich das **Domviertel** durch seine vergleichsweise offene, weitläufige Bebauung ab. Sie geht zurück auf die stattlichen Domherrenhöfe, die einst die Domimmunität, den bischöflichen Rechtsbezirk zwischen Mühlenstraße, Marlesgrube, Trave und Wakenitzmündung, weiträumig beherrschten. An sie erinnert nur noch die neugotisch gewandete, im Kern jedoch mittelalterliche ehemalige Domkurie „Schloß Rantzau" (Parade Nr. 1). Die anderen Domherrensitze verschwanden spätestens im 19. Jh., als nach der Säkularisierung des Fürstbistums Lübeck (1803) der bischöflich-domherrliche Grundbesitz sukzessive in städtisches Eigentum übergegangen war, und machten öffentlichen Gebäuden Platz. So entstanden z. B. an Stelle der ausgedehnten Bischofskurie, die den Raum östlich des Domkirchhofs eingenommen hatte, zwei große Schulgebäude (darunter das heutige Gymnasium am Dom).

Die stille Uferstraße **An der Obertrave** (zwischen Effen- und Dankwartsgrube) ist der in städtebaulicher wie stadtlandschaftlicher Sicht wohl schönste Straßenzug der Lübecker Altstadt. In sanfter Krümmung dem Flusse folgend und mit ihm durch grüne Böschungen und gereihte Bäume natürlich verbunden, wird er von einfachen, meist zweigeschossigen Traufseithäusern gesäumt, deren bauliche Merkmale hell-leuchtende Putzfassaden und dachflächengliedernde Zwerchgiebel sind. In ihnen wohnten vordem die Stecknitzfahrer, die Mitglieder der lübischen Flußschifferzunft. Die geschlossene Folge früh- bis spätbarocker Fassaden überragt bildwirksam (aus der Perspektive der Dankwartsbrücke) das romanische Westwerk des Domes. Hinter den Häusern verstecken sich etliche altstadttypische Wohngänge (Blohms Gang, Ro-senhof u. a.), deren Buden in den letzten Jahren zu begehrten Wohnobjekten besser-gestellter Bürger geworden sind (Architekten, Lehrer usw.). Zahlreiche privat sanierte Ganghäuser belegen, wie das Viertel an der Obertrave, dessen Sozialgefüge traditio-nell kleinbürgerlich bestimmt gewesen war, seine Sozialstruktur allmählich verän-dert (Killisch 1980).

10.3.14 Große Petersgrube

Anders als die kleinstädtische Idylle an der Obertrave ist die in elegantem Bogen den Petrikirchhügel hinaufschwingende Große Petersgrube ein Stra-ßenzug großbürgerlich-patrizischer Prägung. Neben der unteren Meng-straße (vgl. Kap. 10.3.5) die einzige vollständig erhaltene Kaufherrengasse der Lübecker Altstadt, vereint sie — einem Panorama lübischer Architektur-geschichte gleich — Bürgerhäuser aus Gotik und Renaissance, Barock, Ro-koko und Klassizismus zu städtebaulich einprägsamem Nebeneinander. Zu-mal der optisch wirkungsvollere äußere Straßenbogen schließt nach Alter und Anspruch unterschiedliche Gebäude zu Giebelgruppen von größter Mannigfaltigkeit und Lebendigkeit zusammen: Blickfang ist in der Mitte die hochaufgetürmte, cremefarbene Putzfassade des spätbarocken Kaufmanns-hauses Große Petersgrube Nr. 21, das — 1776 erbaut — „eine der letzten und großartigsten Ausprägungen des Altlübecker Giebelhauses" darstellt (Dehio 1971). Kaum weniger beeindruckend in ihrer ragenden Monumentalität ist die gleichaltrige, frontispizbekrönte Fassade des Hauses Nr. 23, während der angewinkelte klassizistische Gruppenbau Nr. 17—19 seine architektonische Wirkung aus dem streng horizontalen Aufbau seiner Fassaden bezieht. Ef-fektvoll gerahmt wird diese Folge spätbarock-klassizistischer Bauten durch zwei prachtvolle, blenden- und lukengegliederte Stufengiebel der Spätgotik, die zu den besterhaltenen ihrer Gattung in der Lübecker Altstadt gehören (Beseler 1969, Dehio 1971).

Teil des 1972 förmlich festgelegten **Sanierungsgebietes „Petersgrube"**
zwischen Holstenstraße und Depenau (Killisch 1980), ist die Große Petersgrube seither Ort reger Sanierungstätigkeit gewesen. Deren Ziel war (und
ist) es, die denkmalwerten historischen Häuser äußerlich zu restaurieren
und — bei größtmöglicher Wahrung ihres überkommenen Raumgefüges —
zu modernisieren sowie anschließend einer dauerhaften, stil- und struktur-
gerechten Nutzung zuzuführen. Dort, wo die Wohnnutzung dem Gebäude-
zuschnitt entsprach, blieben die Wohnungen bestehen; wo die Wohnnutzung wegen zu hoher Sanierungskosten ausschied, wurden solche
Nutzungen begünstigt, die einen möglichst feststehenden Bedarf an Ge-
schoßflächen haben und sich gut an vorgegebene Raumaufteilungen anpas-
sen lassen. Gelegenheit zu solch gebäudegerechter Neuverwendung bot sich
beim Häuserblock Große Petersgrube Nr. 17—29, der für die Musikhoch-
schule Lübeck nutzbar gemacht wurde. Zwar nötigten die besonderen raum-
funktionellen Anforderungen der Hochschule hier und da zu „denkmal-
pflegerischen Kompromissen", doch zeigt beispielsweise das Haus Nr. 21
mit seiner herrlichen, stilgetreu wiederhergerichteten Diele, wie groß die
Möglichkeiten einer „erhaltenden Erneuerung" auch des inneren Gefüges
historischer Gebäude sind, wenn geeignete Verwendungen für sie gefunden
werden (Habich 1976, Killisch 1980).

Neben der patrizischen Pracht der Großen Petersgrube muten die Häuser der
übrigen Quartierstraßen eher kleinbürgerlich, beinah ärmlich an. Hier lebten seit
alters — den Kauf- und Ratsherren der Großen Petersgrube benachbart — Handwerker, Kleingewerbler und Binnenschiffer (vgl. Kap. 10.3.6). Indes sind gerade die
engen Gassen unterhalb St. Petri reich an eindringlichen alten Architekturbildern:
Malerisch der **Kolk**, wie er sich zwischen dem haushohen Böschungsgemäuer des
Petrikirchhügels und den in die Höhe strebenden Giebelwänden hindurchzwängt;
malerisch auch die **Kleine Petersgrube** (und die Pagönnienstraße), in die St. Petri
wie ein stolzer Wehrbau über die steile Stützmauer am Kolk hineinschaut; malerisch
schließlich die kleine Welt des **St. Jürgen-Ganges** (Kleine Petersgrube Nr. 4), dessen
backsteinerne Renaissancebuden, sorgsam saniert, ein entzückendes Puppen-
museum bergen.

Durch den Kolk in die Holstenstraße gelangt, haben wir wieder das Holsten-
tor im Blick: Unsere Wanderung durch die Lübecker Altstadt ist damit zu
Ende.

10.4   Literaturauswahl

Beseler, H. (Hg.) (1969): Kunst-Topographie Schleswig-Holstein. Neumünster.

Brandt, A. v. (1979): Kurze Chronik von Lübeck. 6. Aufl., Lübeck.

Brix, M. (1975): Einbrüche in die Struktur der Lübecker Altstadt als denkmalpflegerisches Problem. Gründerzeit und Wiederaufbau nach 1945. — In: Brix, M. (Hg.): Lübeck — Die Altstadt als Denkmal: 25—46, München.

Brix, M. & Meissner, J. (1975): Lübeck als Kulturdenkmal. — In: Brix, M. (Hg.): Lübeck — Die Altstadt als Denkmal: 7—24, München.

Busch, S. & Killisch, W. F. (1983): Die Lübecker Altstadt. Stadtgestalt, Stadtentwicklung, Stadterneuerung. — In: Evolution in der Kartographie. 32. Dt. Kartographentag Kiel 1983: 97—122, Kiel.

Dehio, G. (1971): Handbuch der Deutschen Kunstdenkmäler. Bd. Hamburg/ Schleswig-Holstein, bearb. von J. Habich. — Sonderausgabe Wiss. Buchgesell. Darmstadt.

Dollinger, Ph. (1981): Die Hanse. 3. Aufl., Stuttgart.

Endres, F. (Hg.) (1926): Geschichte der freien und Hansestadt Lübeck. Lübeck.

Fehring, G. P. & Hammel, R. (1985): Die Topographie der Stadt Lübeck bis zum 14. Jahrhundert. — In: Meckseper, C. (Hg.): Stadt im Wandel — Kunst und Kultur des Bürgertums in Norddeutschland 1150—1650, 3: 167—190, Stuttgart-Bad Cannstatt.

Habich, J. (1976): Stadtkernatlas Schleswig-Holstein. Neumünster.

Hillard-Steinbömer, G. (1970): Von der notwendigen und schwierigen Liebe zu Lübeck. — In: Begegnung mit Lübeck. 125 Jahre Buchhandlung G. Weiland Nachf. Lübeck 1845—1970: 103—127, Lübeck.

Killisch, W. F. (1980): Die Hansestadt Lübeck — Denkmalschutz und Altstadtsanierung. — In: Taubmann, W. (Hg.): Exkursionen in Nordwestdeutschland und angrenzenden Gebieten. 17. Dt. Schulgeographentag Bremen 1980: 201—224, Kiel.

Leistikow, D. (1985): Mittelalterliche Hospitalbauten Norddeutschlands. — In: Meckseper, C. (Hg.): Stadt im Wandel — Kunst und Kultur des Bürgertums in Norddeutschland 1150—1650, 4: 223—250, Stuttgart-Bad Cannstatt.

Rathgens, H. (1926): Siedlungs- und Baugeschichte der Stadt Lübeck. — In: Lübecker Heimatbuch: 152—182, Lübeck.

Scheftel, M. (1985): Modell des Bäckerganges in Lübeck/Gänge in Lübeck. Wohnanlagen für die ärmeren Bürger und Einwohner der Stadt. — In: Meckseper, C. (Hg.): Stadt im Wandel — Kunst und Kultur des Bürgertums in Norddeutschland 1150—1650, 1: 291—293, Stuttgart-Bad Cannstatt.

11. Die geographische Eigenständigkeit des Kreises Herzogtum Lauenburg

von HERMANN ACHENBACH, Kiel

Karten: Amtliche Sonderkarten 1 : 100 000 Umgebung Hamburg, 1 : 45 000 Lauenburgische Seen, 1 : 25 000 Der Sachsenwald; Kreiskarte 1 : 75 000 Herzogtum Lauenburg; TK 50 L 2128 Bad Oldesloe, L 2130 Lübeck, L 2328 Trittau, L 2330 Ratzeburg, L 2528 Geesthacht, L 2530 Gudow; Amtliche Stadtpläne der Städte Ratzeburg, Mölln, Lauenburg.

11.1 Einführung

Geschichtlich, naturräumlich und kulturlandschaftlich zeichnet sich das Gebiet des ehemaligen **Herzogtums Lauenburg** durch stark individuelle Merkmale aus. Es erstreckt sich zwischen der Elbe, den hamburgischen Vierlanden und dem Kreis Stormarn nach N bis vor die Tore der Hansestadt Lübeck. Nach O bildet die DDR mit den mecklenburgischen Bezirken Schwerin (Südteil) und Wismar (Nordbereich) die Grenze. Im Bereich des Schaalsees entspricht die heutige Demarkationslinie nicht der alten Grenze zwischen Lauenburg und Mecklenburg. Die britischen Behörden haben auf Drängen der Sowjetmacht den Schaalsee zweigeteilt und die Gemeinden Lassahn, Techin und Stintenburg der östlichen Seite zugesprochen. Nördlich Ratzeburg ist ein kleinerer Gebietsteil des ehemaligen Mecklenburg-Strelitz der Bundesrepublik Deutschland eingegliedert (Abb. 1).

Der Kreis Herzogtum Lauenburg stellt aufgrund seines Seenreichtums, seiner ausgedehnten Waldgebiete sowie seines bäuerlichen und kleinstädtischen Kulturlandschaftsgefüges ein bedeutendes Fremdenverkehrsgebiet im schleswig-holsteinischen Binnenland dar. Die Nähe zum Großraum Hamburg und die schnelle Erreichbarkeit über die neue Autobahn nach Berlin tragen zur Wertschätzung in steigendem Maße bei. Auch die Schaffung des Naturparks Lauenburgische Seen östlich des Elbe-Lübeck-Kanals hat die Bedeutung des abwechslungsreichen Zentralbereichs erheblich gefördert. Zahlreiche Wander- und Radwege durchziehen die vielgestaltigen Landschaftsräume. Der Wassersport auf den Seen sowie im Verlauf des Elbe-Lübeck-Kanals zieht alljährlich zahlreiche Besucher an.

11.1.1 Der Naturlandschaftsraum

Mit Ausnahme der Seemarschen hat Lauenburg Anteil an allen quartären Naturlandschaftstypen Schleswig-Holsteins. Bis zur Linie Ahrensburg — Trittau — Wotersen — Güster — Zarrentin herrscht das kuppige Relief der **Jungmoränen** mit dem gesamten Formenschatz letzteiszeitlicher Bildungen vor. Eine Reihe hintereinandergestaffelter Moränenwälle umgibt in weit ausschwingendem Bogen die Lübecker Bucht. Diese weichseleiszeitlichen Aufschüttungen bilden das „morphologische Rückgrat" Lauenburgs und setzen sich nach O in den Bildungen des Frankfurter und Pommerschen Stadiums in Mecklenburg fort.

Der langgestreckte Ratzeburger See und der buchtenreiche Schaalsee sind auffallend große Ausschürfformen von Gletscherzungen. Der Schaalsee, in 35 m NN liegend, erreicht mit 85 m die größte Tiefe aller norddeutschen Seen. Zahlreiche kleinere Seen existieren mit runden Formen als sog. Zeugen einer Niedertau-Landschaft oder in Form von langgestreckten Rinnen als Ergebnis des Schmelzwasserabflusses. Die Möllner Seenkette wird als Tunneltal, das sich unter der Eisbedeckung gebildet hat, interpretiert.

Manche Jungmoränenteile ragen über 80 m — vor allem im Umkreis des Gutes Steinhorst — auf. Zahlreiche vermoorte Niederungen sind in das unruhige Gelände zwischen den Moränenstaffeln eingestreut. Im Westteil sind durch Entwässerung Ausweitungen des Grünlandes erfolgt. Der Duvensee ist das bekannteste Beispiel eines heute trockengelegten Moores, in dem zahlreiche mittelsteinzeitliche Wohnplätze mit einem breiten Spektrum von Artefakten freigelegt wurden.

Die Bedeutung des glazigenen Reliefs wird verkehrswirtschaftlich durch den alten Stecknitz-Kanal und den heutigen Elbe-Lübeck-Kanal erkennbar. Die Wasserstraße folgt einer eiszeitlichen Tiefenrinne mit nord-südlichem Verlauf. Die Delvenau im Nordabschnitt stellte eine subglaziale Abflußrinne dar, der sich nach S die Stecknitz im Verlauf der wichtigsten **Sanderaufschüttung** anschloß.

Die Stecknitzrinne — noch heute im Gelände mit einem mächtigen Abfall deutlich erkennbar — ist in den sog. Grambeker Sander eingearbeitet. Dieser setzt als typisch flachkegelige Aufschüttung mit grobem Material im Bereich des Möllner Steinfeldes an und erstreckt sich nach S bis zum Urstromtal der Elbe. Weite Kiefernforsten zwischen Gudow und Büchen nehmen diese mageren Aufschüttungszonen mit vorherrschenden Sandböden ein.

Neben Jungmoränen und Sanderflächen tritt im S als drittes Landschaftselement das **Altmoränengebiet** zwischen Lauenburg und Sachsenwald hinzu. Mit imposantem Steilabfall, der gelegentlich 50 m umfaßt, fallen diese älteren Aufschüttungen zum Elbstrom ab. Die hier angeschnittenen Sedimente haben wichtige Aufschlüsse über die Geschichte des Quartärs im norddeutschen Raum geliefert. So ist z. B. der für die Ziegelindustrie wichtige Lauenburger Ton als Produkt eines elsterzeitlichen Stauseesystems erkannt worden. In der Holstein-Warmzeit drang das Meer in diesem Raum weit binnenwärts vor und hinterließ gerade in diesem Gebiet wichtige Zeugen in Form von Sedimenten.

Im Bereich der Altmoränen sind ehemalige Seen heute verlandet. Das Relief ist sehr viel ausgeglichener und weist ein gut entwickeltes Entwässerungsnetz auf, das im Tal der Linau und Steinau weit in die Altmoränenplatte zurückgreift. Auch die Au im Sachsenwald, die der Bille zufließt, ist eine Sammelader gleichen Typs. Historisch waren diese Abflüsse für den Betrieb von Wasser- und Kupfermühlen sowie von Hammerwerken bedeutsam. Die Strecke von Schwarzenbek nach Mölln ist ein Beispiel für flache Altmoränengebiete.

Im Rahmen der natürlichen Ausstattung gewinnen auch die **klimatischen Merkmale** individuelle Züge. Aufgrund der Binnenlage nimmt der ozeanische Einfluß ab, kontinentale Elemente treten stärker hervor. Auffallend ist, daß die Häufigkeit und Stärke des Windes hier erheblich geringer als im direkten Verbindungsbereich zwischen Nord- und Ostsee ist. Die sommerliche Erwärmung ist ebenso deutlich stärker wie das Ausmaß der winterlichen Abkühlung. Im kleinen gelten diese Gegensätze auch für den tageszeitlichen Rhythmus. Die Sonnenscheindauer ist verhältnismäßig hoch, während die Niederschlagsmengen nicht bis auf jene geringen Beträge absinken, wie sie für die Lübecker Bucht und die wagrische Ostseite typisch sind.

Ein unmittelbarer Ausdruck des kontinentalen Einflusses ist die weite Verbreitung von Kiefern, teils in Misch-, teils in Monokulturbeständen. Diese Erscheinung ist nicht allein ein Ergebnis der forstwirtschaftlichen Tätigkeit. Sie ist ebenso stark von der nacheiszeitlichen Vegetationsgeschichte mitbestimmt, als die Kiefer von O einwanderte. Auf den kalkhaltigen und tiefgründigen Moränenböden herrscht die Buche vor. Sehr stark ist aber auch die Eiche im lauenburgischen Gebiet vertreten, die sich während der Zugehörigkeit des Herzogtums zum Kurfürstentum Hannover einer besonderen obrigkeitlichen Förderung und Neuanpflanzung erfreute.

11.1.2 Lauenburg als kulturlandschaftliche Individualität

Die Eigenstellung des südöstlichen Landesteils von Schleswig-Holstein beruht in erster Linie auf dessen autonomer politischer Entwicklung seit der Kolonisationszeit des Hochmittelalters (Prange 1960). Wie das östliche Holstein war auch das lauenburgische Gebiet **Grenzraum** zwischen rivalisierenden slawischen und germanischen Stämmen (Budesheim 1984).

Der Raum östlich des altsächsischen Stormarn wurde von Karl dem Großen als letztes Gebiet den Slawen entrissen. Wurden die übrigen Siedlungsräume von den Wagriern und Obotriten bewohnt, so waren es hier im S die Polaben. Der Name „po labe" heißt im Deutschen „an der Elbe". Die slawische Bezeichnung steckt wahrscheinlich bis heute im Namen des Herzogtums mit seiner gleichlautenden alten Hauptstadt. Der „Limes Saxoniae", jener Grenzwall von der Kieler Förde bis zur Elbe, trennte die Sachsengaue von den vermutlich dünn besiedelten slawischen Gebieten. Die Ertheneburg westlich Lauenburg, die Koberger Wallburg bei Sirksfelde an der oberen Bille und die Burg Nütschau an der Trave sind noch als befestigte Plätze im Zuge dieser Verteidigungslinie zu erkennen. Auch slawische Ringburgen, wie der Oldenburger Wall zwischen Mölln und Sterley, ordnen sich in diese Phase ein.

Das Land Lauenburg gelangte in der Mitte des 12. Jh. in den Besitz Heinrichs des Löwen, der es als gräfliches Lehen an Heinrich von Bodwide vergab. In diese Zeit fällt auch die Stiftung des Bistums Ratzeburg, dessen romanischer Backsteindom noch ganz vom Geist des frühen Mittelalters bestimmt ist. Der Sturz des Sachsenherzogs und das Vordringen der Dänen schaffen eine unruhige Übergangszeit. Nach der Schlacht von Bornhöved (1227) werden die Askanier zum Dank für ihre Teilnahme an der Abwehr der Dänen mit der Grafschaft Ratzeburg belehnt. Sie rufen **westfälische, sächsische und flämische Siedler** ins Land, die große Teile der Grenz- und Bannwälder roden. Auch die slawische Bevölkerung unterstellt sich dem deutschen Recht und gründet Siedlungen auf der Basis der kolonialen Hufenverfassung. Zahlreich sind die slawischen Orts- und Siedlungsnamen, die diesen Vorgang belegen. Der Sachsenwald bleibt als einziges geschlossenes Waldgebiet bestehen. In ihm sind zahlreiche vor- und frühgeschichtliche Bodendenkmäler erhalten, die die Kontinuität der Waldbedeckung belegen (Hennig 1983).

Das Haus Askanien hatte für etwa 400 J. die Herzogswürde inne. Es teilte sich in eine obersächsische Linie (Sachsen-Wittenberg) und eine niedersächsische (Sachsen-Lauenburg), die auch Gebietsteile des heutigen Landes Niedersachsen mitumfaßte. Residenz war anfangs Lauenburg, später Ratzeburg.

Das kleine Herzogtum Lauenburg hatte zwischen den reichen Hansestädten und aufsteigenden Territorialmächten immer einen schweren Stand (Barschel 1976). Wiederholt gingen Gebietsteile verloren — so Bergedorf mit den fruchtbaren Vierlanden als Gemeinschaftsbesitz an Hamburg und Lübeck. Aufgrund von Finanznöten mußten auch Städte und Ämter verpfändet werden. Die Stadt Mölln als wichtiger Umschlagplatz am Stecknitz-Kanal und an der alten Salzstraße ging für 300 J. in lübische Hand über. Die Sicherung der wichtigen Transitverbindungen — vor allem für das Lüneburger Salz und den Warenaustausch mit Hamburg — war oberstes politisches Ziel der Hansestadt Lübeck. Zahlreiche Besitzenklaven im lauenburgischen

wie im stormarnischen Gebiet dienten den verkehrswirtschaftlichen Interessen der Hansestädte.

Seit früher Zeit hat der Adel im Herzogtum Lauenburg eine bedeutsame
Rolle gespielt. Aus der Aufgabe der Landessicherung heraus erwachsen, hat
er sich in der Neuzeit verstärkt wirtschaftlichen Zielen zugewandt. Die
Gutsherrschaft war aber nicht so drückend wie in den holsteinischen Gebieten, zur Ausbildung einer echten Leibeigenschaft kam es nie. Bedeutende
Gebietsteile im Moränenland der Osthälfte werden noch heute von Gütern
bewirtschaftet (v. Ullmann & Hahn 1983).

Nach dem Aussterben der Askanier kam Lauenburg zunächst zum Her-
zogtum Lüneburg-Celle (1689—1702) und danach für beinahe 100 J. zum
Kurfürstentum Hannover (1705—1803). Oberster Lehnsherr war nunmehr
der englische König. In diese Phase fallen zahlreiche **Maßnahmen des
Landesausbaus** und der inneren Reformen. Hier sind die Neuordnung des
bäuerlichen Besitzgefüges im Zuge der Verkoppelung, die Aufsiedlung der
Allmend-Flächen, planvolle Aufforstungen, die Wiedereingliederung des
Amtes Steinhorst und schließlich die Neuanlage Ratzeburgs an vorderster
Stelle hervorzuheben. Der Versuch, Ratzeburg zu einer Grenzfestung auszu-
bauen, wurde von Seiten Dänemarks mit einer Zerstörung der Stadt beant-
wortet. Nur der Dombezirk entkam dem Bombardement von 1693.

Am Ende der napoleonischen Wirren wird das Herzogtum Lauenburg
vorübergehend preußisch, geht wenig später aber im Tausch gegen
Schwedisch-Vorpommern und Rügen in **dänische Hand** über. Somit bilden
die drei Herzogtümer Schleswig, Holstein und Lauenburg für 50 Jahre ein
zusammengehöriges Gefüge im Rahmen des dänischen Gesamtstaates. Auch
in dieser Phase ist die Wirtschaftspolitik Dänemarks in erster Linie gegen
den wachsenden Einfluß der Hansestädte gerichtet. So wird erst 1851 ein
Bahnanschluß Lübecks nach S an die Hamburg-Berliner Bahn — fast ganz
auf Kosten Lübecks — zustandegebracht.

1864 untersteht Lauenburg zunächst der gemeinsamen Regierung Österreichs und Preußens, später aufgrund des Abkaufs der Rechte allein der
preußischen Hoheit. Der Erhalt zahlreicher lauenburgischer Sonderrechte
und Besitztitel — so der Domänen — ist in erster Linie ein Ergebnis der um-
sichtigen Innenpolitik Bismarcks. Nur der Sachsenwald als Domanialgebiet
des Amtes Schwarzenbek wird auf kaiserliche Veranlassung aus dem Eigen-

besitz des neuen Kreises herausgelöst und 1871 als Dotation an den Fürsten Otto von Bismarck abgetreten. Die Erhebung zum Herzog von Lauenburg hat er indes beharrlich abgelehnt. Mit der Auflösung Preußens wurde das Herzogtum Lauenburg als Kreis in das Land Schleswig-Holstein eingebunden (Kreis Herzogtum Lauenburg 1978). Als festgefügtes historisches Gebilde mit lange zurückreichenden Traditionen hat es im Zuge der Kreisreform keine Änderung seiner Grenzen erfahren müssen. Aus der weiteren Entwicklung seiner Landwirtschaft, der planvollen Ansiedlung von Gewerbe und der Erschließung für den Erholungsverkehr ist heute eine differenzierte funktionale Raumstruktur entstanden. Trotz der sich ausweitenden Wirtschaftsinteressen konnten Individualität und Originalität des Naturraumes, der ländlichen Kulturlandschaft und der alten Stadtkerne vergleichsweise gut bewahrt werden.

11.2   Exkursionsroute (Dauer ca. 8 Std., ca. 170 km)

Lübeck — Ratzeburg — Mölln — Gudow — Büchen — Lauenburg — Friedrichsruh — Lübeck.

11.3   Erläuterungen

11.3.1 Ratzeburg

Standort: Domplatz

Von Lübeck kommend, wird die Insellage **Ratzeburgs** von der westlichen Vorstadt St. Georgsberg besonders deutlich. Steil fallen die randlichen Moränenhöhen zum Ratzeburger See ab, dessen Spiegel — mit Abfluß über die Wakenitz zur nahen Trave — sich nur in 4 m NN befindet. Der See mit seinem südlich der Stadt angrenzenden Teil (Küchensee) ist beinahe 12 km lang, im Mittel aber nur 1,5 km breit. Inmitten des erweiterten Südabschnitts liegt auf einer früheren Insel, die heute mit Dämmen an das Festland angebunden ist, das altstädtische Ratzeburg mit seinem ehrwürdigen Dom auf einer spornartig in den See vorragenden Landzunge (Gross 1978).

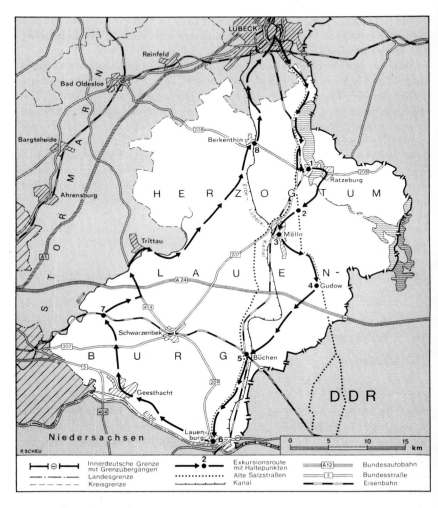

Abb. 1. Übersichtskarte des Kreises Herzogtum Lauenburg (mit Exkursionsroute).

Außerhalb des Dombezirks hat das heutige Ratzeburg sehr wenig von seinem mittelalterlichen Grundriß, seinem damaligen Baubestand und seiner mächtigen Burg inmitten eines slawischen Ringwalls bewahrt. Ein rechtwinkliges, typisch absolutistisches Gründungsschema aus der hannoverschen Zeit kennzeichnet die heutige innere Gliederung der Stadt. Ein zentraler Marktplatz mit Alter Wache, Rathaus und Landeshaus sowie die etwas abseits plazierte Petrikirche (des hannoverschen Baumeisters I. F. Laves) bringen die bauliche Einheit der Residenzstadt in klassizistischen Formen zum Ausdruck. Der Neuaufbau geschah nach der Zerstörung einer Grenzfestung (1693), die Hannover als Sicherung gegen Dänemark errichten wollte.

Demgegenüber verweist der Dom mit seiner Immunität ganz auf die älteren geschichtlichen Phasen von Bistum und Stadt. Der Ratzeburger Dom ist zeitgleich mit dem Braunschweiger Dom errichtet und von Heinrich dem Löwen gefördert worden. Baukörper, Klosterhof und Paradies (Eingangshalle) sind außerordentlich besuchenswert. Der Löwe auf dem Friedhof ist dem Braunschweiger Vorbild nachgegossen und erst in der Nachkriegszeit aufgestellt worden. Zahlreiche offizielle Gebäude auf der Domhalbinsel deuten auf jene Zeit, als von hier das säkularisierte Bistum — eingegliedert in das Haus Mecklenburg-Strelitz — verwaltet wurde. Einige dieser Bauten sind heute als Zweit- oder Ferienwohnungen umgebaut. In diesem Teil der Stadt sind keine entstellenden Neubauten angesiedelt. Das stattliche Herrenhaus, das als periodische Residenz des mecklenburgischen Großherzogs um 1764/66 erbaut wurde, beherbergt heute das Kreismuseum mit umfangreichen Sammlungen. In unmittelbarer Nachbarschaft, in einem Park hoch über dem See, befindet sich in einem Fachwerkhaus aus dem 17. Jh. das A.-Paul-Weber-Haus mit den Sammlungen des bekannten zeitkritischen Graphikers. Des Schaffens des expressionistischen Bildhauers, Graphikers und Dichters Ernst Barlach wird im Barlach-Haus hinter der Petri-Kirche gedacht. Barlach hat einen Teil seiner Jugend in Ratzeburg verbracht und auf eigenen Wunsch dort seine letzte Ruhestätte gefunden. Sein Grab auf dem Friedhof östlich der Stadt wird von der bekannten Figur des „singenden Klosterschülers" geschmückt.

Ratzeburg (12 769 E.) ist in erster Linie eine Stadt der Kulturdenkmäler und Museen, der Verwaltung, der Schulen und des Fremdenverkehrs. Die Stadt wuchs zunächst nach O auf ihr Stadtfeld, später — nach der administrativen Eingliederung von St. Georgsberg — dehnte sich die vorstädtische Einzelhausbebauung auch nach W zum abseits liegenden Bahnhof aus. An eine Kleinbahn, die Stadt und östliche Vorstadt an die Lübeck-Büchener Hauptbahn anschloß, erinnert noch ein Damm, der den Küchensee südlich der Stadt durchquert.

11.3.2 Der alte Frachtweg nordöstlich Mölln

Verläßt man Ratzeburg auf der Straße über Schmilau Richtung Mölln, so über-quert man nach ca. 2 km den Schaalseekanal. Er stellt den kanalisierten Aus-fluß aus dem großen Schaalsee-System dar und dient aufgrund des Höhengegen-satzes von 30,5 m der Energiegewinnung auf Wasserbasis. Das Südende des Ratzeburger Sees ist im Umkreis der Farchauer Mühle von steilen Moränenwäl-len und südlich ausgreifenden Schmelzwasserrinnen gesäumt. Etwa auf halber Strecke zwischen Schmilau und Mölln inmitten des ausgedehnten Kreisforstes erreicht man den alten Frachtweg (Wanderparkplätze, lohnender Gang über den unbefestigten Weg nach N bis in die Schmelzwasserrinne des Wensöhlen-grundes).

Die **alte Frachtstraße** verlief von Lübeck über Fredeburg nach S an Lehmrade vorbei nach Boizenburg an der Elbe und weiter nach Braun-schweig-Lüneburg. Sie bevorzugte trockene, sandige Strecken und mied die tiefgründigen Moränenabschnitte, die häufig gepflastert werden mußten. Am Wensöhlengrund sind tiefe Hohlwege im Verlauf der Steigungsstrecken eingeschnitten. Vor dem Bau des Stecknitz-Kanals (1398 Eröffnung) diente der Weg hauptsächlich dem Transport von Salz und Heringen als Rück-fracht (Neugebauer & Melms-Liepen 1978). Der heute wieder häufig ver-wendete Begriff „Salzstraße" trifft nicht den wahren Sachverhalt der jünge-ren Geschichte dieser „via regia". Historisch sind mehrere Trassen bekannt, von denen die meisten in Mölln konvergieren. Bedeutsam für die Territorial-politik und Straßensicherung war auch der lübische Vorposten Fredeburg. Neben dem alten Frachtweg (z. B. Zuwegung zum Wisentgehege) kann dort auch noch ein Rest der alten Landwehr als mittelalterliche Wegesicherung beobachtet werden.

11.3.3 Mölln

Standort: Rathausplatz (Parken auf dem Mühlenplatz südöstlich der Stadtkirche)

Die Stadt **Mölln**, deren Altstadt auf einer erhöhten Landzunge zwischen Möllner See und Schulsee gelegen ist, stellt das südlichste Beispiel der Einbettung einer Stadt in einen glazialen Seenkomplex dar. Die Eingliederung ist nicht so vollkommen wie in Ratzeburg, Plön oder Eutin, da das Terrain nach S zur Aufschüttungsebene des Steinfeldes offen ist (Stadtkernatlas Schleswig-Holstein 1976).

Der Name, der auf die vormals sehr bedeutsamen Mühlen verweist, soll ursprünglich von der slawischen Bezeichnung mulne = Schlamm abgeleitet sein. Das Wasser zum Antrieb der Mühlen entstammte dem Hell-Bach und der von ihm durchflossenen Seenkette (Schmalsee, Lüttauer See, Drüsensee). Ein Mühlrad ziert noch heute das Wappen der Stadt. Ein großer Mühlenplatz, ein Mühlengebäude und der alte Mühlenkanal sind im unteren Teil der Altstadt erhalten und zur Besichtigung empfohlen.

Historisch ist Mölln lange und eng mit Lübeck verbunden. Schon die Verlegung des Siedlungsplatzes von Alt-Mölln auf den heutigen Werder (um 1200) wird mit dem wachsenden Frachtverkehr (Salz, Heringe) nach Lübeck in Verbindung gebracht. Das Haus des Lübecker Stadthauptmanns aus dem 16. Jh. ist am Schulplatz zwischen Schulsee und Nikolaikirche erhalten.

Die Altstadt bildet eine konzentrische Anlage um einen ca. 15 m hohen Moränenrücken. An höchster Stelle ragt der Backsteinbau der Stadtkirche aus dem 13. Jh., umgeben vom lindengesäumten alten Friedhof, in beherrschender Lage hervor. Die Kirche ist dem Hl. Nikolaus, Patron der Reisenden und Seefahrer, geweiht. Einzelne gut erhaltene Fachwerkhäuser säumen die umgebenden Gassen und den südlich angrenzenden Marktplatz mit seinem bedeutenden Backstein-Rathaus und dem Heimatmuseum im gegenüberliegenden Gebäude.

1359 war Mölln für 324 J. unter die Pfandherrschaft von Lübeck gefallen, das der Bergedorfer Linie der Lauenburger Herzöge Geld geliehen hatte. Der Vorposten der lübischen Transitwege wurde mit Mauer und Graben befestigt. Mehrere offizielle Gebäude, vor allem die Stadtkirche und das Rathaus, erinnern an den materiellen und kulturellen Einfluß der Hansestadt.

Reste des alten Grabensystems sind zwischen Kurpark und Altstadt in die heutigen Grünanlagen einbezogen. Die niedergelegten Mauern sind von den Gärten der Gebäude entlang der Mühlenstraße eingenommen (Neugebauer & Melms-Liepen 1978).

Die heutige Stadt (15 851 E.) ist nach S weit über den alten Rahmen hinausgewachsen. Drei ineinander übergehende Wachstumszonen sind neben der Altstadt erkennbar: Ein Geschäftszentrum um den ehemaligen Bauhof, das das Zentrum des bürgerlichen Ausbaus der Jahrhundertwende darstellt; ein bescheideneres Zentrum um den Bahnhof, der isoliert vor der Stadt liegt und keine organische Beziehung zum Altstadtkörper ermöglicht hat; um den Bahnhof und entlang des Kanals liegen Gewerbe-, Handels- und Industrieflächen, darunter eine recht bedeutende Metallgießerei. Wohngebiete, Villenvororte und Grünanlagen sowie Waldgebiete zur Seenkette hin umschließen die Stadt in südlich weit ausgreifendem Bogen.

Die vielseitigen Aktivitäten als Gewerbe- und Handelsplatz sowie die Bedeutung als Kneippbad, Erholungsort und Altersruhesitz haben Mölln nach der amtlichen Zentralitätsgliederung die Einstufung als Mittelzentrum eingetragen.

11.3.4 Gudow

Ort, Kirche und Gut **Gudow** bilden ein geeignetes Beispiel, um Einblick in die historische Kulturlandschaftsentwicklung im Einflußbereich des lauenburgischen Adels zu gewinnen.

Gudow gehört zu den ehedem größten und ältesten Gütern des Landes. Seit etwa 500 Jahren befindet es sich in der Hand der Familie von Bülow, die es als Lehensgut aus herzoglicher Hand empfangen hat. Mit den alten Privilegien war der Titel eines Erblandmarschalls von Sachsen-Lauenburg verbunden. Das Gut läßt sich als burgähnlicher Ritterbesitz bis ins 13. Jh. zurückverfolgen.

Der Gutsbezirk umfaßte früher eine Fläche von 4659 ha und schloß neben den eigentlichen Hofländereien noch das Hufenland der gutsuntertänigen Bauern sowie das Pachtland von vier abgelegten Meierhöfen, nämlich Kehrsen, Sophiental, Segrahn und Bergholz, mit ein. Etwa 2000 ha waren Forstfläche, 125 ha Wasserfläche. Die ehemaligen Meierhöfe sind verkauft worden und zu eigenständigen Gutshöfen aufgerückt oder aufgesiedelt. Im 19. Jh. kauften sich die Bauern im Zuge der Agrarreformen frei und lösten sich aus der juristischen und materiellen Bindung an die Gutsherrschaft. Auch das Dorf Gudow, das zuvor durch Hand- und Spanndienste an das Gut gebunden war, wurde mit der sogenannten Ablösung ein freies Bauerndorf. Leibeigenschaft im eigentlichen Sinne hat es im Lauenburgischen nicht gegeben.

Neben dem Dorf sind vor allem die Kirche und das Herrenhaus von Gudow sehenswert. Die Kirche stammt aus der Kolonisationszeit und ist aus Feldsteinen errichtet. Im Inneren sind vor allem die doppelstöckige Renaissance-Gutsloge, ein wertvoller gotischer Flügelaltar aus dem Kloster Lüne und ein hölzerner Taufengel mit Schale sehenswert. Gegenüber der Kirche befindet sich das Armenhaus des Gutes aus dem Jahre 1704. Im Rahmen der sog. Konservation war der Gutsherr zum Lebensunterhalt der Armen und Invaliden verpflichtet.

Das Herrenhaus liegt in einem ausgedehnten englischen Park und schaut auf den waldgesäumten Gudower See. Auf Pfählen gegründet, wurde es 1826 in klassizistischen Formen von dem Lübecker Baumeister Ch. J. Lillie errichtet. Zwei Portalhäuser säumen den Zugang. Besichtigung nach Anmeldung.

11.3.5 Büchen

Standort: An der Kirche im alten Ortsteil östlich der Stecknitz

Die Gemeinde **Büchen** (4577 E.) stellt eine weitläufige Siedlung dar, die in einen alten und neuen Teil gespalten ist. Der neue westliche Teil wird durch die Bahntrassen Lübeck—Lauenburg und Hamburg—Berlin ungünstig zerschnitten. Der alte bäuerliche Teil von Büchen liegt am östlichen Abhang des kanaldurchzogenen Delvenautals.

Im Dorf Büchen ist eine sehr alte (12. Jh.) und überproportional große Kirche mit gut erhaltener Feldsteinvermauerung zu besichtigen. Die Größe geht auf die Bedeutung als mittelalterlicher Wallfahrtsort (Maria for Böken) zurück. Die Einnahmen aus Opfergeldern ermöglichten einen großzügigen Umbau und die Ausschmückung mit bedeutenden Wandmalereien.

Die Lübeck-Büchener Eisenbahn wurde im Jahr 1851 eröffnet und brachte Lübeck den lang ersehnten Anschluß an die seit 1844 bestehende

Hamburg-Berliner Bahn. Das Königreich Dänemark hatte eine Direktver-
bindung von Hamburg über Oldesloe nach Lübeck nicht erlaubt. Die Verbindung nach S nimmt ihren Verlauf parallel zur alten Wasserstraße, deren
Bedeutung nach Eröffnung der Bahn sofort verfiel. Erst der neue Kanal der
Jahrhundertwende brachte eine Belebung der Schiffahrt.

Wegen des tiefen Taleinschnitts verläuft die Bahn auf hohen Dämmen
und erschwert die Verbindungswege zwischen den Einzelteilen der Siedlung. Büchen als Bahnknoten wurde im letzten Krieg stark zerstört. An der
Lübecker Linie ist zwischen Bahnkörper und Kanal ein neueres Gewerbegebiet entstanden. Die dem Bahnbau vorausgehende Chausseeverbindung
zwischen Hamburg und Berlin verlief über Schwarzenbek und Lauenburg
nach Boisenburg. Heute verkehren auf der Linie Hamburg—Berlin drei
Schnellzugpaare mit Kurswagen nach Kiel.

11.3.6 Lauenburg

*Rundgang von der Oberstadt (Parken) über das Schloß hinab zur Elbstraße und
zum Elbufer*

Geschichte, Grundrißgestalt und heutige Funktionalität sind in der
Stadt Lauenburg primär auf die Elbe ausgerichtet. Wie wenig Lauenburg
mit dem agraren Umland verflochten war, zeigt die Tatsache, daß die Stadt
über keine eigene Gemarkung (Stadtfeld) verfügt. Die Lage am Fluß und am
Kanaleingang sowie die Transitfunktion nach S und O bestimmen bis heute
das Lebensbild (Stadtkernatlas Schleswig-Holstein 1976).

Lauenburg liegt am Fuße des Steilabfalls des Altmoränenplateaus zum
Flußbett und zum Urstromtal der Elbe. Die Stadt, die sich gerne als Schifferstadt an der Elbe bezeichnet, bildet zum Fluß eine regelrechte Wasserfront.
Mit mächtigen Granitquadern ist die Flußböschung und der Sockel der angrenzenden alten Bebauung befestigt. Unterhalb des Hotels Möller im mittleren Teil der Elbstraße sind Hochwassermarken verzeichnet, die extreme
Wasserstände der Elbe angeben. Das letzte große Hochwasser mit + 8,76 m
wurde 1975 registriert.

Der Altstadtkörper erstreckt sich parallel zur Uferböschung entlang
einer einzigen langgestreckten Straße und greift an zwei ausmündenden

Seitentälern in die Abhänge ein. Am Austritt des größeren östlichen Tälchens ist Platz für einen kleinen Markt mit versetzt zurückliegender Stadtkirche. Kirche, Friedhof und Straßenverlauf mußten dem Relief angepaßt werden. Am Markt befindet sich ein Elbschiffahrtsmuseum, dessen instruktive Ausstattung sich sowohl mit der Schiffahrt auf dem Strom als auch der Entwicklung des Kanalbaus befaßt.

Auf dem 40—50 m höheren Plateau erstreckt sich die neuere Wohn- und Geschäftsstadt. Die große West-Ost-Straße folgt dem Rand des zerschnittenen Plateaus. Auf einem Sporn oberhalb des Markplatzes — von der Elbe durch einen gewundenen Pfad, von der Oberstadt durch eine Brücke zu erreichen — dehnt sich der ehemalige Schloßbezirk in aussichtsreicher Lage aus.

Das Schloß der Askanier, von dem nur ein 12 m hoher Bergfried (Aussichtsturm) und ein backsteinerner Seitenflügel (Neues Rathaus mit Informationsamt) erhalten sind, fiel 1616 einem Brand zum Opfer, in dessen Folge die Residenz nach Ratzeburg verlagert wurde.

Besonders sehenswert neben der Lage der Stadt und der reichen Ausstattung mit Fachwerkhäusern sind die Stadtkirche, das genannte Schiffahrtsmuseum, das Elbufer und die Palmschleuse auf der ostwärtigen Seite des Elbe-Lübeck-Kanals. Sie steht unter Denkmalschutz und bildet ein besonderes technisches Objekt, das vor allem einer beschleunigten Beförderung auf dem mit 17 einfachen Schleusen ausgestatteten Kanal diente. Die Palm-Schleuse, nach dem Schleusenwärter und Mühlenpächter Palm benannt, wurde 1724 als älteste Kistenschleuse erbaut (Modell im Museum). Der lübische Doppeladler und das hannoversche Roß zieren als Insignien die Schleusenkonstruktion.

Westlich von Lauenburg finden sich gegenüber von Artlenburg am Hochufer der Elbe Reste der alten **Ertheneburg.** Im Mittelalter sicherte diese Anlage den Elbübergang des alten Frachtweges von Lüneburg. Die Nachfolge in der Askanierzeit trat Lauenburg mit seinem Elbhafen, seiner Stecknitz-Fahrt (vgl. Kap. 11.3.8) und seiner Befestigung an. An die ehemaligen Schloßgärten im französischen Stil erinnert noch heute der sog. Fürstengarten am Rand des Plateaus oberhalb des altstädtischen Lauenburg.

An der Ausmündung des Kanals in die Elbe liegt das Bahnhofs- und Industrieviertel. Lauenburg lebt noch heute sehr stark von seinen Werften (Hitzler) und Beziehungen zur Fluß- und Kanalschiffahrt.

11.3.7 Sachsenwald und Friedrichsruh

Der Standort **Friedrichsruh** führt den Besucher mitten in den Sachsenwald hinein, der mit 65 km² das größte geschlossene Waldgebiet Norddeutschlands bildet. Auf der Ostseite des Hamburger Ballungsraumes kommt ihm sowohl die Funktion des Naherholungsgebiets als auch die begrenzende Wirkung für das großstädtische Wachstum zu.

Der **Sachsenwald** dehnt sich auf saalezeitlichem Untergrund aus und wird im W von dem alten lauenburgischen Grenzfluß, der Bille, gesäumt (Hennig 1983). Ihr ist die Au tributär, die den Sachsenwald als tiefes Kastental von O nach W durchzieht. An der Au liegen Friedrichsruh und Aumühle, dessen weitläufiges Siedlungsgefüge noch zum Hamburger Wohngebiet der sog. Walddörfer gehört. Hier endet eine Linie der S-Bahn.

Der Name Sachsenwald rührt von den sächsischen Herzögen, die seit frühesten Zeiten im Besitz des ehedem ausgedehnteren Grenzwaldes zwischen Slawen und Germanen waren. Auch die Hahnheide nördlich des Sachsenwaldes ist ein Rest der alten Schutzwälder. Die Askanier als lauenburgische Herzöge erhielten den Wald als Lohn für die Teilnahme an der Schlacht von Bornhöved und nutzten ihn primär als herrschaftliches Jagdrevier. Mit dem Eintritt in die hannoversche Zeit setzte die moderne Waldpflege und Forstnutzung ein. Das Hüten des Viehs durch die Bauern der randlichen Walddörfer wurde untersagt und durch Abtretung von Waldanteilen abgegolten; die Aufforstung nach Vorbildern aus Harz und Solling begann. Die Jagd wurde durch den lauenburgischen Statthalter, den Grafen Friedrich zur Lippe, gepachtet. Sein Jagdschloß Friedrichsruh wurde zwar 1859 abgerissen, aber der Name am Straßenübergang über die Au und für die Bahnstation an der 1851 eröffneten Linie nach Berlin blieb.

Nach der Reichsgründung (1871) wurde die Herrschaft Schwarzenbek mit dem Sachsenwald dem Reichskanzler Fürst Otto von Bismarck von Wilhelm I. zum Geschenk gemacht. Nach seiner Entlassung verbrachte „Der Alte vom Sachsenwald" hier das letzte Lebensjahrzehnt, nachdem das Gasthaus Frascati zur Wohnstätte der fürstlichen Familie umgebaut worden war.

Besuchenswert sind vor allem das Bismarck-Museum und das Mausoleum am südlichen Abhang des Au-Tals (Eintritt). Das alte Bismarck'sche Wohngebäude ist im

Krieg zerstört worden, an seine Stelle trat ein Neubau im Park. Ein empfehlenswerter Fußweg führt zur alten Försterei und zur aufgestauten Au, die als Karpfenteich genutzt wird. Der Wald ist reich an ur- und frühgeschichtlichen Fundplätzen, deren Lokalisationen dem Meßtischblatt oder der amtlichen Wanderkarte entnommen werden können.

Der Wald besteht nicht allein aus Laubwald (Buchen, Eichen), sondern auch aus Nadelholzbeständen. Diese gehen teils auf ältere Aufforstungen, teils auf Neupflanzungen nach Zwangslieferungen an die Alliierten nach dem 2. Weltkrieg zurück. Im südwestlich des Sachsenwaldes gelegenen **Reinbek** ist die „Bundesanstalt für Forst- und Holzwirtschaft" angesiedelt. Die Waldpflege der Gegenwart zielt auf eine Rückkehr zur Laub- und Mischwaldnutzung ab. Vor 1870 fanden sich im Tal der Au mehrere Kupfermühlen und ein Eisenhammer, die der wachsenden Konkurrenz aus den industriellen Schwerpunkten des Reichs erlagen. Ihre Reste können bei einer Wanderung durch das landschaftlich reizvolle Tal besichtigt werden.

11.3.8 Elbe-Lübeck-Kanal bei Berkenthin

Standort: Übergang der Bundesstraße 208 über den Kanal bei Berkenthin mit einer der 7 Schleusen

Der **Elbe-Lübeck-Kanal**, 1895 begonnen und 1900 in Anwesenheit des Kaisers eröffnet, wurde wie die Bahntrasse nach Büchen fast gänzlich von Lübeck selbst finanziert. Die 67 km lange, geradlinige Verbindung zwischen Elbe und Ostsee folgt dem Verlauf des mittelalterlichen Stecknitz-Kanals, der das Flußbett der Delvenau nach S und der Stecknitz zur Trave hin nutzte. Der alte Kanal umfaßte 17 einfache Stauschleusen, litt oft unter Wassermangel, da ihm als Wasserreservoir nur die kleinen Möllner Seen zur Verfügung standen, und erforderte Transportzeiten von 3—4 Wochen. Mehrfach geplante Verbindungen mit den Lauenburger Seen kamen nicht zur Ausführung. Nach dem Einbau von Kammerschleusen (vgl. Palmschleuse bei Lauenburg) reduzierte sich der Zeitaufwand auf 10—12 Tage. Immerhin konnten Schiffe bis 12 t die windungsreiche Strecke von 94 km befahren. Das Transportprivileg lag ausschließlich in der Hand der Lübecker Stecknitzfahrer. Der Bahnbau brachte die Bedeutung des alten Kanals fast gänzlich zum Erliegen. Hoheitsrechtlich war der Kanal bis 1847 ein Zankapfel zwischen Lübeck und dem Herzogtum. Das Verkehrsaufkommen auf dem heutigen 2,50 m tiefen und mit 1200 t-Einheiten befahrbaren Kanal ist wegen des fehlenden Hinterlandes und der Verlagerung der Transportströme gering. Auch der Bau des Elbeseitenkanals hat keine wesentliche Belebung gebracht. Im S ist das Transportvolumen durch Kiesabbau im Raum Güster — hauptsächlich für Hamburg — gesteigert. Das Dorf Berkenthin (slawisch Parkenthin) am hohen Ufer des Stecknitzkanals liegt an einer alten Übergangsstelle. Schon der alte Kanal besaß hier eine Brücke am Weg von Ratzeburg nach Oldesloe. Die Bahnstrecke, deren Brücke noch existiert, ist heute stillgelegt.

Berkenthin (1236 E.) besitzt eine berühmte Kirche mit reicher Innenausstattung und mittelalterlichen Wandmalereien. Bis 1747 war der Ort in Lübecker Hand, kam dann aber im Vergleich wieder an das Herzogtum. Klein-Berkenthin am Westufer war demgegenüber zusammen mit dem gleichnamigen Lehensgut als Amtsdorf in herzoglicher Hand geblieben. Das Beispiel zeigt die permanenten Rivalitäten um die Sicherung der Verkehrswege.

11.4   Literaturauswahl

Achenbach, H. (1982): Kulturlandschaftsentwicklung im Raum Ratzeburg/Mölln im Spiegel der Kurhannoverschen Landesaufnahme und der Preußischen Erstausgabe der Meßtischblätter. — Mitt. Geogr. Ges. Lübeck, **55**: 57—72, Lübeck.
Barschel, U. (1976): Hundert Jahre Herzogtum Lauenburg 1876—1976. Kiel.
Budesheim, W. (1984): Die Entwicklung der mittelalterlichen Kulturlandschaft des heutigen Kreises Herzogtum Lauenburg. — Mitt. Geogr. Ges. Hamburg, **74**, Wiesbaden.
Gross, H.-D. (1978): Dom und Domhof Ratzeburg. — Die blauen Bücher, 2. Aufl., Königstein.
Hennig, R. (1983): Der Sachsenwald. Neumünster.
Kreis Herzogtum Lauenburg (1978): Materialien zum 100jährigen Bestehen des Kreises Herzogtum Lauenburg. Ratzeburg.

Neugebauer, W. & Melms-Liepen, D. (1978): Naturpark Lauenburgische Seen. Lübeck.

Nordwestdeutscher und West- und Süddeutscher Verband für Altertumsforschung (Hg.) (1983): Führer zu archäologischen Denkmälern in Deutschland. Kreis Herzogtum Lauenburg. 2 Bde., Stuttgart.

Prange, W. (1960): Siedlungsgeschichte des Landes Lauenburg im Mittelalter. — Quellen u. Forsch. z. Geschichte Schleswig-Holsteins, **41**, Neumünster.

Ullmann, H. v. & Hahn, W. (1983): Wanderungen zu den Herrenhäusern und Gütern im Herzogtum Lauenburg. Schwarzenbek.

12. Dithmarschen und Steinburg — Landschaft und Wirtschaft an der Unterelbe

von PETER FISCHER, Oelixdorf

Karten: Kreiskarten 1 : 75 000 Steinburg (mit Nebenkarte Itzehoe 1 : 10 000), Dithmarschen; TK 50 L 1920 Heide, L 2120 Marne, L 2122 Itzehoe; Regionalplan Planungsraum IV — Kreise Dithmarschen und Steinburg 1 : 100 000 (Anlage zum Amtsblatt für Schleswig-Holstein Nr. 11 vom 12. März 1984).

12.1 Einführung

Im Bereich der Unterelbe vollzieht sich der Übergang von den Seemarschen zu den ebenfalls noch durch Sturmfluten gefährdeten Flußmarschen. Dabei handelt es sich um eine landwirtschaftlich recht intensiv genutzte Zone, nachdem mit holländischer Hilfe schon frühzeitig eine Regulierung der Wasserwirtschaft erfolgte. Dagegen mangelt es seit jeher an genügend Arbeitsplätzen außerhalb des Agrarsektors. Die schleswig-holsteinische Landesregierung hat deshalb in den 70er Jahren damit begonnen, das Gebiet um Brunsbüttel an der Mündung des Nord-Ostsee-Kanals zum industriellen „Wachstumspol" und zum Energiezentrum auf Kernkraftbasis auszubauen. Allerdings ist dieses Entwicklungskonzept und die damit verbundene Industrieansiedlungspolitik sowie der Bau der Kernkraftwerke bis heute stark umstritten.

Aber auch aus historischen und kulturgeschichtlichen Gründen gewinnt der Exkursionsraum besonderes Interesse, hielten sich doch im Bereich der Landschaft Dithmarschen bis 1500 die alten Rechte einer freien Bauernrepublik. Zudem war der Raum der Störmündung der erste Brückenkopf der fränkisch-abendländischen Macht in Nordelbingen. Die Kirchen in Schenefeld und Heiligenstedten bei dem Militärstützpunkt der Esesfelthburg (heute Itzehoe) gehen auf den „Apostel des Nordens" Ansgar zurück (830).

Das Zusammenspiel natürlicher, ökonomischer und kultureller Kräfte in einem Küstenraum soll im folgenden herausgearbeitet werden.

12.1.1 Raum und Bevölkerung

Die Kreise Dithmarschen und Steinburg nehmen zusammen 2462 km² ein, d. h. sie umfassen rd. ein Sechstel des Landes Schleswig-Holstein. Mit 257 903 E. (105 E./km²) gehören sie nach Nordfriesland zu den am dünnsten besiedelten Teilräumen des Landes (Tab. 1). Geest und Marsch, im S durch das Urstromtal der Elbe und im W durch das Wattenmeer und die Nordsee begrenzt, bilden die prägenden Landschaftselemente (Abb. 1). Von S nach N erstrecken sich die durch Sanderablagerungen entstandene **holsteinische Vorgeest**, die die 88 km lange Stör nach W entwässert, und die peri- und postglazial überformten Altmoränen der **Heide-Itzehoer Geest**. Weiter nördlich schließt die Eiderniederung an. Die Westzonen der Geestplatten gehörten seit jeher zu den bevorzugten Siedlungsgebieten. Während die Oberflächenformen der Geest durch die letzte bzw. vorletzte Eiszeit, d. h. vor 25 000—5000 J. geschaffen wurden, entstanden die Marschen durch die nacheiszeitliche Nordseetransgression. Die **holsteinischen Elbmarschen**, unterteilt in Kremper Marsch und Wilstermarsch, umfassen die tiefgelegenen Randmoore vor der Geest, das zur Bodenvernässung neigende „Sietland", das „Hochland" mit den aus dem Material der Gräben aufgehöhten Flurstreifen sowie das Außendeichland. Der Vorgang der alluvialen Ablagerungen in der **Dithmarscher Marsch** östlich der heutigen B 5 von Marne über Meldorf bis nach Wesselburen war um 1000 n. Chr. abgeschlossen. Den Untergrund der „alten Marsch" bilden stabile, bis zu 30 m mächtige Sand- und Kleischichten. Ein erster Seedeich verband die aus Klei aufgeworfenen Wohnhügel, die „Wurten" oder „Warften", miteinander. Die Sedimentation der westlichen „jungen Marsch" mit ihren landwirtschaftlich hochwertigen Böden wurde durch Landgewinnungsmaßnahmen und Eindeichungen bis in die heutige Zeit unterstützt. Da Sturmfluten eine latente Gefahr darstellen, wurden auch die Landesschutzdeiche in Dithmarschen und an der Unterelbe auf eine durchschnittliche Kronenhöhe von 8,80 m gebracht. Mün-

Tabelle 1: Fläche und Bevölkerung der Kreise Steinburg und Dithmarschen

	Steinburg	Dithmarschen	Insgesamt	Schleswig-Holstein
Fläche (km^2)	1 055,91	1 405,57	2 461,5	15 721,12
Einwohner 1970	131 843	133 960	265 803	2,494 Mio.
Einwohner 1985	127 577	129 678	257 255	2,615 Mio.
Einwohner/km^2	121	92	105	166
Einwohner 1995 (Schätzung)	119 600	123 900	243 500	2,326 Mio.

Quelle: Stat. Jb. Schleswig-Holstein 1981 u. 1986; Ministerpräsident des Landes Schleswig-Holstein 1984

dungssperrwerke riegeln bei Hochwasser die Krückau, Stör und Eider ab. Das südlich der Halbinsel Eiderstedt anschließende Wattenmeer ist Teil des schleswig-holsteinischen Nationalparks (vgl. Exkursion 3).

12.1.2 Bodenschätze und Wirtschaftsstruktur

Die wichtigsten **oberflächennahen Rohstoffe** sind Kreide, Ton, Sand, Kies und Torf. Die über 400 m mächtigen Kreideablagerungen von Lägerdorf, Teil des sich unter ganz Schleswig-Holstein erstreckenden Kreidegebirges, wurden durch darunter liegende Salzhorste an die Oberfläche gepreßt. Westlich von Krempe liegt die Kreide 30—40 m tief, wenige km vor Brunsbüttel 350 m. Die Kreide (96—98 %iges Kalziumkarbonat) liefert zusammen mit den Tonen (Aluminium-Silikat-Hydrate) aus dem Raum Wacken, bei denen es sich um eiszeitliche, in Moränen eingebettete Schollen handelt, die Voraussetzungen für die Zementindustrie. Tiefreichende Kreide steht bei Dörpling südlich der Eider sowie zwischen Tellingstedt und Albersdorf an und ist als Rohstoffreserve ausgewiesen. Kleinere, aber hochwertige Tonlagerstätten befinden sich im Südteil des Naturparks Aukrug bei Hennstedt, bis zu 1 m mächtige Vorkommen in der Kremper Marsch östlich von Glückstadt.

Von den an die Altmoränen bzw. altdiluvialen Sanderflächen gebundenen
Sand- und Kieslagerstätten nehmen die Gebiete um Peissen-Silzen im O und
Schalkholz-Tellingstedt (nordöstlich von Heide) den größten Raum ein. Klei-
nere Lagerstätten im Bereich der Dithmarscher Geest werden bei Meldorf,
Quickborn und Kuden abgebaut, ebenso auf der Itzehoer Geest. Großflächi-
ger Torfabbau findet im Breitenburger Moor östlich von Lägerdorf statt.

Für die Grundstoffindustrie in Brunsbüttel gehören die Grundwasser-
vorkommen von Wacken sowie die (noch nicht genutzten) Salzlagerstätten
der Umgebung mit zu den spezifischen Standortvorteilen. Das älteste **Erdöl-
feld** Schleswig-Holsteins in Hemmingstedt südlich Heide ist an einen in
rheinischer Streichrichtung (NNO—SSW) verlaufenden Salzhorst gebunden. Das Speichergestein reicht von der Scheitellagerstätte mit Ölkreide in
Tiefen von 30—100 m bis in die 1750 m tiefe Flankenlagerstätte des Heider
Juratroges. Auf der Mittelplate im Wattgebiet der Nordsee südlich der Vogel-
schutzinsel Trischen sind Bohrungen innerhalb des westholsteinischen Juratroges in 3200 m Tiefe erfolgreich verlaufen.

Bis Mitte der 70er Jahre blieben Steinburg und Dithmarschen hinter der
allgemeinen wirtschaftlichen Entwicklung des Landes zurück. Die periphere Lage, Freisetzung von Arbeitskräften in der Landwirtschaft durch zunehmende Mechanisierung, lange Pendlerwege, Konjunkturanfälligkeit und
z. T. Saisonabhängigkeit sowie ein unter dem Landesdurchschnitt liegendes
Privateinkommen führten zu starken Abwanderungen.

In der **Landwirtschaft** beträgt das Verhältnis Ackerland : Grünland 40 : 60. Die
Rindviehhaltung, unterstützt durch intensiven Futtermittelanbau auf der Geest und
in der Wilster Marsch, umfaßt ein Viertel der schleswig-holsteinischen Rinder-
bestände. 6042 Betriebe (Dithmarschen 3508, Steinburg 2534) bewirtschaften
185 076 ha landwirtschaftliche Nutzfläche, davon in Dithmarschen 110 037 ha. Be-
triebsgrößen zwischen 30 und 50 ha haben den größten Anteil: In Dithmarschen
34,5 %, in Steinburg 42,2 %. Großbetriebe mit mehr als 100 ha machen 12,2 % bzw.
6,3 % aus. Die **Forstwirtschaft** hat aufgrund der waldarmen Marsch nur geringe Bedeutung. Wald bedeckt nur 4,5 % der Fläche und ist zudem häufig durch Westwinde
gefährdet. Die **Kleine Hochsee- und Küstenfischerei** konzentriert sich auf die Häfen Büsum und Friedrichskoog.

Traditionelle Standorte der **Industrie** sind Lägerdorf (Zement), Itzehoe (Druckerei, Futter- und Nahrungsmittel), Glückstadt (Werft, Holzverarbeitung), St. Michae-

Tabelle 2:   Bruttowertschöpfung der Wirtschaftsbereiche 1982

	Steinburg	Dithmarschen	Schleswig-Holstein
Bruttowertschöpfung (Mio. DM)	2911	3521	55 979
Land- und Forstwirtschaft (%)	7,9	8,8	5,8
Produzierendes Gewerbe (%)	33,2	48,7	35,0
Handel und Verkehr (%)	13,6	13,8	16,1
Übrige Dienstleistungen (%)	45,2	28,7	43,1

Quelle: Stat. Jb. Schleswig-Holstein 1984

lisdonn (Zucker), Meldorf (Papier, Konserven), Heide-Hemmingstedt (Erdöl). Ein neuer industrieller Entwicklungsschwerpunkt mit chemischer Großindustrie ist seit 1973 in Brunsbüttel im Aufbau. Der **tertiäre Sektor** hat in den vergangenen zwei Jahrzehnten erheblich an Gewicht gewonnen. Dazu trugen u. a. die Verlegung von Landesbehörden an die Westküste und die Militärstandorte bei (Tab. 2).

Die zukünftige Entwicklung wird durch eine Verbesserung der Verkehrsinfrastruktur mitbestimmt. Dazu gehört die neue Hochbrücke über den Nord-Ostsee-Kanal östlich von Brunsbüttel. Sie verbessert die Verkehrsanbindung des Industrieraumes, in dem der Ausbau der chemischen Industrie langfristig fortgeführt wird. Die von Itzehoe bis Heide weitergeführte Autobahn wird schneller als bisher den Fremdenverkehrsraum an der Nordseeküste erschließen. Gleichzeitig wird sich der Strukturwandel in der Landwirtschaft weiter fortsetzen und noch mehr Arbeitskräfte freistellen. Für die Mittelzentren Heide und Itzehoe zeichnen sich bis 1995 leichte Wanderungsverluste ab.

12.2   Exkursionsroute (Dauer ca. 8 Std., ca. 110 km)

A 23 Hamburg-Itzehoe bis Lägerdorf — Schloß Breitenburg — Itzehoe — Wilster — Meldorf — Hemmingstedt — Meldorfer Hafen — St. Michaelisdonn — Dingerdonn — Brunsbüttel — Glückstadt — über Krempe und Steinburg zur A 23.

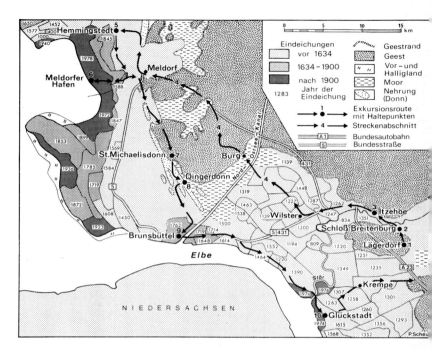

Abb. 1. Landschaftsentwicklung Dithmarschens (mit Exkursionsroute). Quelle:
Naudiet 1978 und Topographischer Atlas Schleswig-Holstein; ergänzt

12.3 Erläuterungen

*Nach Verlassen der Autobahn fährt man auf dem für die Alsen-Breitenburg
Zement- und Kalkwerke neugebauten Zubringer zum Werksgelände.*

Die Trasse dieser Straße verläuft auf dem südlichen Rand der **Münsterdorfer
Geestinsel.** Die durch einen Salzstock aufgepreßte Kreidescholle von Lägerdorf verhinderte während der Urstromtalphase der Stör, als diese die großen Sanderflächen

von Neumünster und Bad Bramstedt entwässerte und eine 10 km breite Talaue geschaffen hatte, die Abtragung der 8 km langen und 3,5 km breiten Geestinsel. So blieben auch die Altmoränen bei Dägeling und die aus dem Elbeurstromtal aufgewehten Dünen, die heute zu einem Truppenübungsplatz gehören, erhalten. Südlich erstreckt sich, bis an die in 3 km Entfernung erkennbare Horster Geest, eine von Holländern im 13. Jh. entwässerte Marsch. Die Ortsnamen Neuenbrook (Brook = Bruchland) und Rethwisch (Reth = Schilf, Wisch = Wiese) weisen auf die Kolonisationsarbeiten hin.

12.3.1 Lägerdorf

Standort: Alsen-Breitenburg Zement- und Kalkwerke, Kreuzung Betonstraße/Breitenburger Kanal (Voranmeldung zur Betriebsbesichtigung Tel. 04828/601)

Im Vordergrund stehen die geschlossenen Klinkerhallen, die den bereits gebrannten, aber noch nicht gemahlenen Zement enthalten. Weiter nach links erkennt man den Drehofen. Hier wird bei Temperaturen von 1450 °C der Zementrohschlamm, ein Gemisch aus Kreide und Ton im Verhältnis 3 : 1, zu steinharten Klinkern gebrannt. Die Rohkreide bringt ein Förderband aus dem 6 km entfernten Tagebau „Saturn", den Ton transportieren LKW aus der 23 km entfernten Grube Muldsburg (Abb. 2). Während die Tonvorräte noch für einige Jahrzehnte reichen, wird der abbauwürdige Kreidevorrat auf 300 Jahre veranschlagt. Die Zementproduktion belief sich 1984 auf 1,6 Mio. t — bei rückläufiger Tendenz.

Bereits vor Jahrhunderten verwendeten die Bauern auf der Münsterdorfer Geestinsel das dicht unter der Oberfläche anstehende Kalkgestein, die „Witeer", die weiße Erde, als Malerkreide oder Düngerkalk. 1862 gründeten der Sohn des Engländers Aspedin (Erfinder des Portlandzementes) und der Ire Fewer in Lägerdorf die „Englische Fabrik". Der Architekt Alsen errichtete zur gleichen Zeit in Itzehoe eine Fabrik, die die Kreide zunächst mit Pferdefuhrwerken, später mit der Bahn aus der inzwischen aufgelassenen „Alsenschen Grube" in Lägerdorf erhielt. Die ebenfalls aufgelassene „Breitenburger Grube" gehörte mit 110 m Abbautiefe zu den tiefsten Tagebauen in Norddeutschland. 1972 erfolgte der Zusammenschluß der beiden Firmen, 1982 wurde das Werk Itzehoe geschlossen und in den folgenden Jahren abgerissen.

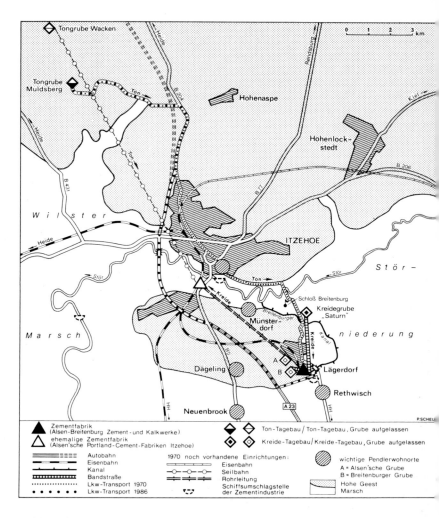

Abb. 2. Die Zementindustrie im Raum Itzehoe-Lägerdorf. Quelle: Buchhofer 1971; ergänzt

Während der Weiterfahrt nach Itzehoe wird der heute nur noch als Vorfluter genutzte Breitenburger Kanal überquert. Parallel zu Kanal und Straße verläuft der Kreidetagebau der Grube Saturn.

12.3.2 Schloß Breitenburg

Besichtigung nach Voranmeldung (Tel.: 04828/293)

Das Ensemble aus Herrenhaus, Kapelle und Schloßbrunnen besteht in seiner heutigen Gestalt erst seit 1898. Bereits 1139 hatten Mönche des Klosters Neumünster, das später nach Bordesholm verlegt wurde, auf der kleinen Geestinsel in der Störniederung, dem Bredenberg, einen Wirtschaftshof gebaut. Der „Mönkehof" und die Landbesitzungen gingen nach einer Sturmflut 1521 fünf Jahre später in den Besitz der landesgeschichtlich wohl bedeutendsten Adelsfamilie Rantzau über. Auf den Fundamenten des Mönkehofes ließ Johann Rantzau ein neues Herrenhaus errichten. 1626, im Dreißigjährigen Krieg, zerstörte Wallenstein das **Breitenburger Schloß**, das ab 1634 wieder aufgebaut wurde. Der heutige Landbesitz umfaßt ca. 1500 ha.

Die Weiterfahrt in Richtung Itzehoe erfolgt über die Störbrücke. Im Mittelalter bestand hier eine Furt. Nach Überquerung der von eiszeitlichen Schmelzwässern aufgefüllten Rinne, in der sich auf Kleiboden Niedermoor ausgebildet hat, verläuft die Straße am Rande der Itzehoer Geest parallel zu der stark mäandrierenden Stör. An der ersten Ampel biegt man nach links ab.

12.3.3 Itzehoe

Standort: Malzmüllerwiesen am neuen Rathaus

Der hölzerne Ewer (Frachtsegler aus dem Jahre 1905) vor dem rotgeklinkerten neuen Rathaus von Itzehoe am Rande eines künstlichen Wassergrabens symbolisiert die städtebauliche Entwicklung der 32 394 E. zählenden Kreisstadt des Kreises Steinburg. Der künstliche Wasserlauf ist Restbestandteil der Störschleife, innerhalb der 1238 eine nicht sturmflutsichere Kaufmannssied-

lung von dem Grafen Adolph IV. mit lübischem Stadtrecht ausgestattet
wurde. Eine ältere Siedlung gab es bereits auf dem Geestrand nördlich der
Stör. 1657 erfolgte die Zerstörung im schwedisch-dänischen Krieg, der Wiederaufbau verlief langsam. Die Industrialisierung begann Mitte des 19. Jh.
mit der Zementproduktion (südlich der Neustadt), der Zuckerverarbeitung
(innerhalb der Störschleife) und der Netzproduktion (am Rande der Altstadt). Die ständige Bedrohung durch Hochwasser, die periphere Lage und
der geringe Wohnwert (u. a. Emissionen der Zementfabrik) führten 1960
zum Beschluß der Stadtverwaltung, die Flußschlinge zuzuschütten und in
der Neustadt eine Flächensanierung durchzuführen.

Vom neuen Rathaus sind es wenige Schritte zum historischen Marktplatz
mit restaurierten Giebelhäusern und dem alten Rathaus (erbaut 1695/97)
mit dem rechts anschließenden Ständesaal (1834/35), in dem von
1835—1848 und von 1852—1863 die holsteinische Ständeversammlung tagte.
Weiter nördlich liegt die eigentliche Keimzelle der Stadt, ein innerhalb der
Störschleife gelegener sächsischer Ringwall, der um 1180 von den Schauenburgern zu einer Burg ausgebaut wurde. Über die Breite Straße gelangt man
zur St. Laurentii-Kirche, auf deren Rückseite sich der Klosterhof erstreckt,
ein adliges Kloster — ursprünglich ein Nonnenkloster der Zisterzienser. Das
Kloster, die gräfliche Burg und die lübische Stadt besaßen jeweils eine eigene
Jurisdiktion.

*Die Weiterfahrt in Richtung Wilster erfolgte über die Adenauerallee (zuge-
schüttete westliche Störschleife) mit Blick auf Reste des Zementwerkes Richtung
Wilster und die Lindenstraße (auf der linken Seite Gewerbeflächen, u. a. Tief-
druckerei Gruner & Jahr).*

Am Ortsausgang (nach Unterquerung der Umgehungsstraße) liegen rechts auf einem Geestsporn die vermutlichen Überreste der um 810 von dem Grafen Egbert im
Auftrag Karls des Großen angelegten Karolingerburg, der **Esesfelthburg**.

12.3.4 Wilster — Burg — Meldorf

Ab Heiligenstedten beginnt die vorwiegend grünlandgenutzte, bis zu 2 m
unter NN liegende Wilster Marsch. Um nach **Wilster** zu gelangen, verläßt
man kurz vor der restaurierten Bockmühle die B 5. Das Unterzentrum

(4397 E.), eine im 12. Jh. vom Kloster Itzehoe veranlaßte holländische Kolonisationssiedlung, war im 16. Jh. durch den Kornhandel, der sich bis Hamburg, Schottland und Portugal erstreckte, zu Reichtum gekommen. Der Schiffsverkehr kam um 1900, nach dem Bau des Nord-Ostsee-Kanals und der Verschlickung der Wilsterau, zum Erliegen. Die in der Landesplanung vorgesehene wirtschaftliche Ausstrahlung von Brunsbüttel hat bisher nicht in dem gewünschten Maß stattgefunden.

In Wilster überquert man die Bahnlinie (nach Brunsbüttel). Auf der Weiterfahrt nach Burg setzt man mit der Fähre über den Nord-Ostsee-Kanal.

In **Burg** (3991 E.), so benannt nach der im 9.–10. Jh. erbauten Bökelnburg, deren Ringwall von 100 m Durchmesser heute einen Friedhof umfaßt, wird der SO-Teil der Dithmarscher Hohen Geest erreicht. Hoch- und Flachmoore erstrecken sich beiderseits des Kanals bis Hochdonn.

Von dem Brückenkopf der 2,2 km langen und 42 m hohen Eisenbahnhochbrücke (Hamburg-Westerland) verläuft die B 431 auf der flachwelligen, von drei Niederungen unterbrochenen Geest in nordwestliche Richtung nach Meldorf.

Das auf einem Geestsporn nahe am Meer im 8. Jh. von bremischen Missionaren gegründete heutige Mittelzentrum **Meldorf** (7263 E.) ist von weitem an dem „Meldorfer Dom", der aus Backsteinen gemauerten Dithmarscher Taufkirche, erkennbar. Das mittelalterliche Stadtbild im Kern blieb weitgehend erhalten. In der heutigen Domgoldschmiede wohnte der Arabienforscher Carsten Niebuhr (1733–1815). Meldorf verlor 1970 den Sitz der Kreisverwaltung an Heide, seine Wirtschaftsgrundlage sind u. a. die Konservenfabriken, die Kohl und Gemüse aus der Marsch verarbeiten.

Die Landnutzung an der schleswig-holsteinischen Westküste von Nordfriesland bis Süderdithmarschen ist aufgrund der natürlichen Differenzierung und Besonderheiten der Bedeichungsgeschichte, aber auch durch historische und wirtschaftliche Faktoren differenzierter als gemeinhin angenommen. Für Dithmarschen ist seit längerer Zeit eine stärkere Marktverflechtung und Intensivierung durch Zucker- und Feldgemüsebau charakteristisch.

Der **Kohlanbau in Dithmarschen** geht auf das Jahr 1889 zurück. Bedingt durch den damaligen Preisverfall für Weizen, Zuckerrüben und Mastochsen wurde erstmalig Gemüse, d. h. vorwiegend Kohl, auf einer Fläche von 50 ha angebaut. Bereits um die Jahrhundertwende wies die preußische Bodennutzungsstatistik für Norderdithmarschen 275 ha und für Süderdithmarschen 30 ha aus. Ein Jahr vor dem 1. Weltkrieg waren es bereits 2156 ha. Damit war Dithmarschen nicht nur zum bedeutendsten Kohlanbaugebiet Preußens, sondern auch des Deutschen Reiches aufgestiegen. 1918 erzeugte Dithmarschen auf 10 000 ha Anbaufläche ein Viertel der Kohlproduktion Deutschlands. Der Tiefstand wurde 1923 mit 673 ha in Norderdithmarschen und 402 ha in Süderdithmarschen erreicht. Der 2. Weltkrieg und die Nachkriegszeit führten noch einmal zu einer Ausweitung der Anbaufläche, die z. Z. zwischen 2100 und 2300 ha schwankt und den Stand von 1913 wieder erreicht hat (Tab. 3). Die Erntemengen für Kopfkohl (ohne Wirsing) betrugen 1985 — bei 2186 ha Anbaufläche — 144 835 t, davon 108 530 t Weißkohl und 36 305 t Rotkohl.

Über Jahrzehnte erfolgte die Einlagerung des Kohls in sog. Mieten auf dem freien Feld. Da dieses Vorhaben mit erheblichen Qualitätseinbußen verbunden war, stellten die Landwirte nach 1945 auf Kohlscheunen um, die inzwischen von zahlreichen Kühlhäusern abgelöst wurden. Die starke Konkurrenz der Niederlande zeigt sich an den Einlagerungsmengen im Februar 1985: 39 900 t in Dithmarschen, 48 500 t in den Niederlanden. Die heutige Gemüsezuchtgenossenschaft (GZG) in Marne, 1940 als Saatbaugenossenschaft gegründet, der nahezu sämtliche Kohl- und Samenanbauer, Gärtner und Kohlhändler angehören, hat 101 Mitglieder. Die GZG als wichtigster Kohlzüchter der Bundesrepublik Deutschland exportiert Saatgut nach Großbritannien, Frankreich, Italien, Österreich, Jugoslawien, Rumänien, Polen, Dänemark, Schweden, Norwegen, in die Niederlande und die Schweiz sowie nach Indien und Malaysia (zum Zuckerrübenanbau vgl. Kap. 12.3.7).

Tabelle 3: Kopfkohlanbaugebiete in Schleswig-Holstein 1984 (in ha) ·

Region	Weißkohl	Rotkohl	Wirsing	Gesamt
Dithmarschen	1905	460	29	2394
Fehmarn	201	21	6	228
Glückstadt	86	32	16	134
Übriges Schleswig-Holstein	135	59	8	202
Schleswig-Holstein insges.	2327	572	59	2958

Quelle: Gemüseanbauverband Dithmarschen

5 km Marschland trennen die Geesthöhen zwischen Meldorf und Hemmingstedt. Am 17. Februar 1500 schlugen hier die Bauern der reichen Republik Dithmarschen an der **Schanze Dusenddüwelswarf** (nördlich von Epenwöhrden) ein dänisch-schleswig-holsteinisches Ritterheer, an deren Spitze die berüchtigten Landsknechttruppen der „Schwarzen Garde" marschierten. Schwerer Marschlehm aus den Gräben, den die Bauern im Herbst zur Erhöhung auf die einzige Verbindungsstraße geworfen hatten, erschwerte das Vorankommen. Zusätzlich öffneten die Verteidiger die Siele bei Ketelsbüttel und überfluteten das Land. Jeder dritte aus dem Ritterheer kam um.

Auf der B 5 fährt man durch Hemmingstedt und erreicht am Ortsende das Gelände der Erdölraffinerie. Parkplatz rechts der B 5, Voranmeldung zur Betriebsbesichtigung Tel. 0481/693-2313.

12.3.5 Erdölraffinerie von Hemmingstedt

Schon beim Haltepunkt Lägerdorf wurde die besondere Rolle des geologischen Untergrundes für die Industriestruktur der Unterelberegion herausgestellt. Die Kreideschichten unter der Oberfläche sind im gesamten Raum durch Salztektonik zu nordsüdlich streichenden Synklinalstrukturen emporgehoben. An ihren Flanken finden sich Erdöllagerstätten von einiger Bedeutung. Die erste im Lande bekannt gewordene und ausgebeutete lag in der sog. Hölle bei Hemmingstedt in der Nähe der heutigen Raffinerie.

Das Raffineriegelände mit Tanklagern, Pipelines, Destilliertürmen, Ölerhitzern, Verarbeitungs- und Abfüllanlagen nimmt eine Fläche von 110 ha ein. Die Erdölwerke Holstein der Deutschen Texaco AG, vormals Deutsche Erdöl-Aktiengesellschaft (DEA), produzieren hier Mineralölerzeugnisse und Produkte der Petrochemie. Ihre Jahreskapazität liegt bei 5,6 Mio. t. Da die Förderung im Raum Heide wegen Erschöpfung der Lagerstätten fast zum Erliegen gekommen ist (1940: 231 347 t, 1983: 8442 t), versorgt eine 32 km lange Pipeline von Brunsbüttel das Werk mit Rohöl vorwiegend aus dem Nahen Osten. Zwei weitere Pipelines, eine aus dem Ölfeld Ostholstein (90 km), die andere aus Schwedeneck-See in der Ostsee (87 km), liefern zusätzlich einheimisches Erdöl. Von der Mittelplate im Wattenmeer erfolgt der Öltransport per Schiff nach Brunsbüttel.

1856 hatte der Geologe Ludwig Meyn aus Uetersen eine Bohrung bis auf 12 m niedergebracht, ohne auf flüssiges Erdöl zu stoßen. Die aus dem teerhaltigen Sand durch Destillieren gewonnen Produkte Asphalt, Schmier- und Leuchtöl gelangten bald in den Handel. Insbesondere das Leuchtöl, das die mit Rüben- oder Walfischöl betriebenen Tranfunzeln ablöste, sollte die „faulen Dunkelstunden" überflüssig machen. Die DEA teufte die anstehende Ölkreide nach dem 1. Weltkrieg bis in 100 m Tiefe ab, legte das Bergwerk aber 1926 aus Kostengründen still. Fündig wurde eine Bohrung 1935 bei 400 m in Kalksteinen der Kreideformation. Vier Jahre später waren 3817 m Teufe erreicht. Nach den Kriegszerstörungen durch Bomben und der Sprengung der Ölleitung, die Schiffe im Nord-Ostsee-Kanal versorgte, lief 1950 die Produktion mit einer Destillieranlage (Top-Vakuum-Anlage) wieder an.

Die weitere Route verläuft nach W bis Ketelsbüttel, dort biegt man nach S zum alten Meldorfer Hafen ab, passiert die Papierfabrik und die alte Südschleuse der Miele, durchfährt die Stöpe der zweiten Deichlinie und anschließend den Speicherkoog Dithmarschen.

12.3.6 Meldorfer Hafen/Speicherkoog

Standort: Leitstand der Schleuse auf dem Seedeich

Durch größere wasserwirtschaftliche Baumaßnahmen hat sich die schleswig-holsteinische Westküste in den letzten 20 Jahren nicht unerheblich verändert. Dies gilt im Zuge des Generalplans zur Küstensicherung besonders für das neue Eidersperrwerk im N Dithmarschens als auch für den Bereich der Meldorfer Bucht. Die Schleuse hat eine Schiffahrtsöffnung von 9,50 m. Man überblickt die 48 km² große Fläche des neuen Meldorfer Speicherkooges (Abb. 1), den ein 14,9 km langer Seedeich mit einer Kronenhöhe von NN + 8,80 m (= 7,20 m über MThw) seit 1978 zur Nordsee abgrenzt. Die alte, 7 km weiter landeinwärts verlaufende, stark gewundene und noch mit steiler Böschung versehene Deichlinie betrug 30,6 km. Ca. 25 000 Menschen waren durch Sturmfluten gefährdet, weil keine zweite Deichlinie bestand. Die Entwässerung des 25 000 ha umfassenden Einzugsgebietes der Miele war wegen des geringen Gefälles außerordentlich schwierig und führte zu Überschwemmungen, wenn bei Hochwasser der Nordsee die Siele in den Seedeichen geschlossen blieben. Entlang der jetzigen zweiten Deichlinie werden die bisherigen Sommerköge intensiv landwirtschaftlich genutzt. Die Flächen dienten zur Aufstockung zu kleiner Betriebe im Raum Meldorf. Aussiedlerhöfe im Speicherkoog gibt es nicht. Eine extensive Nutzung der eingedeichten und mit salzverträglichen Gräsern angesäten Sandwattgebiete (1500 ha) erfolgt durch Schafhaltung. Während das nördliche Drittel als Naturschutzgebiet für Seevögel reserviert ist, besteht nördlich des Bootshafens eine Zone für Freizeit und Erholung. Der südliche Teil des Speicherkooges (1600 ha) bleibt militärischen Übungen vorbehalten. Drei große Wasserspeicher können bei hohen Wasserständen der Nordsee das Regenwasser des Hinterlandes aufnehmen. Die Entwässerungsschwierigkeiten der Einzugsgebiete Miele, Wöhrden, Warwerort, Barlt, Kronprinzenkoog und Auguste-Viktoria-Koog sind damit beseitigt.

Die Rückfahrt erfolgt über Meldorf nach St. Michaelisdonn entlang des Geestrandes, den auch die Eisenbahntrasse benutzt, in Richtung Brunsbüttel. Nach Überqueren der Bahnlinie passiert man die 1880 erbaute Zuckerfabrik St. Michaelisdonn.

12.3.7 St. Michaelisdonn

Standort: Zuckerfabrik

Die Zuckerrübe wurde in Schleswig-Holstein erst nach dem 2. Weltkrieg verstärkt angebaut. Voraussetzung hierfür war u. a. die Errichtung der zwei modernen Verarbeitungsanlagen in Schleswig an der Schlei sowie im Dithmarscher Raum.

Die **Zuckerfabrik St. Michaelisdonn** besitzt eine Verarbeitungskapazität von 35 000 dt Rüben/Tag. Das entspricht einer Zuckerproduktion von 5000 dt/Tag. Während der Kampagne, die 75—85 Tage dauert, sind 170 Mitarbeiter beschäftigt, in der übrigen Zeit 120. Ca. 1200 Rübenanbauer, mit denen jährlich ein Zuckerrüben-Lieferungsvertrag geschlossen wird, bestellen westlich der Linie Husum — Rendsburg — Neumünster — Geesthacht eine Anbaufläche von 6000 ha, davon 45 % in der Marsch und 55 % auf der Geest. Den Transport der Zuckerrüben

(2,6 Mio. t) übernehmen zu zwei Dritteln landwirtschaftliche Fahrzeuge, zu einem Drittel Fuhrunternehmen mit LKW. Die Bahn, bei der Fabrikgründung noch ein wichtiger Standortfaktor, spielt mit 0,5 % der angelieferten Rüben keine Rolle mehr.

12.3.8 Dingerdonn

Standort: Flugplatz Hopen/Heisterberg mit kurzem Fußweg zur Kliffkante

Vom 42 m hohen **Heisterberg,** einem Teil der rißeiszeitlichen Endmoräne, läßt sich bei guter Fernsicht in 15 km Entfernung im W die Nordsee und im S die Elbemündung erkennen. Am Fuß der Steilküste verläuft die vermoorte Niederung der Friedrichsdorfer Au. Nach W schließen sich auf ehemaligen Nehrungshaken, auf denen bis zu 5 m hohe Dünen aufgeweht wurden, die Orte St. Michaelisdonn, Dingerdonn und Warferdonn an (Abb. 1). Während der Flandrischen Transgression (ca. 6000—2500 v. Chr.) stieg die Nordsee um 23 m, griff die Steilküste bei Heide, Meldorf und St. Michaelisdonn an und lagerte bis zu 30 m mächtige Sand- und Kleischichten ab. Das Material der fächerförmig nach SSO verlaufenden, heute unter der Marschoberfläche liegenden Nehrungen wurde durch die küstenparallele Strömung von Heide/Meldorf nach S verfrachtet. Die Strandwälle schnitten die landeinwärts liegenden Strandseen von der weiteren Aufschlickung ab, die dadurch allmählich vermoorten.

Vor der Fähre Ostermoor biegt man nach rechts ab, fährt am Ölhafen und an Verarbeitungsanlagen der Petrochemie vorbei in Richtung Schleusen (Informationspavillon zur Geschichte des Nord-Ostsee-Kanals) und setzt mit der Fähre auf die Südseite über.

12.3.9 Brunsbüttel/Elbehafen

Standort: Kaimauer des Elbehafens

Die 950 m lange Kaianlage des **Hafens von Brunsbüttel** (Abb. 3), davon 550 m für den Trockengutsektor, bietet Trockengutfrachtern mit 11,3 m Tiefgang und teilgeleichterten Tankern bis zu 26 000 tdw mit 13,6 m maxi-

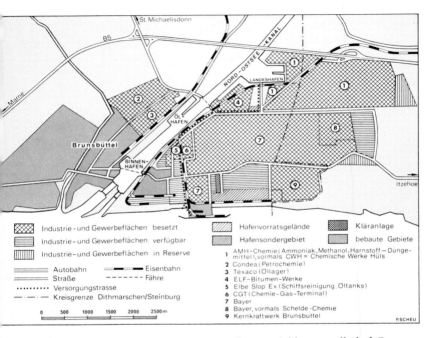

Abb. 3. Der Wirtschaftsraum Brunsbüttel. Quelle: Entwicklungsgesellschaft Brunsbüttel und Topographischer Atlas Schleswig-Holstein

maler Wassertiefe geeignete Löschmöglichkeiten. Die Lagerhallen nehmen 8000 m² Fläche ein, zusätzlich stehen 40 000 m² Lagerfläche im Freien zur Verfügung. Der Umschlag betrug 1984 5 Mio. t (Hamburg 51,4 Mio. t). Der 1967 in Betrieb genommene Elbehafen war eine der von der Landesregierung geleisteten infrastrukturellen Maßnahmen, um die Strukturschwäche des Raumes abzubauen. Noch 1970 gab es im Raum Brunsbüttel 3500 Auspendler, die im 90 km entfernten Hamburg Arbeit fanden. Allein von 1972—77 wanderten aus der Stadt 4000 Personen ab, und das Wanderungssaldo lag trotz der Zuzüge bei —650.

Tabelle 4: Großprojekte und öffentliche Vorleistungen in Brunsbüttel

Entwicklungsphasen	Jahr der Fertigstellung
Ölhafen am Nord-Ostsee-Kanal	1959
Elbehafen (Tiefseehafen)	1967
Bayer AG (Erwerb von 375 ha Fläche)	1970
— Produktion Desmodur T 80 (Polyurethan)	1975
— Synthetische organische Farbstoffe	1977
Kernkraftwerk Brunsbüttel	1976
Chemische Werke Hüls (Dünger); heute AMH-Chemie	1978
Landeshafen Ostermoor am Kanal	1979
Schelde-Chemie (Farbenvorprodukte); heute Bayer	1980/82
Hochbrücke über den Nord-Ostsee-Kanal	1983
Eröffnung der neuen B 5 nach Wilster	1985

Quelle: Krebs 1980; ergänzt

Östlich des Elbehafens befindet sich in 1 1/2 km Entfernung das Kernkraftwerk Brunsbüttel. Der Siedewasserreaktor, ursprünglich für die Stromversorgung der anzusiedelnden Industriebetriebe geplant, hat eine Bruttoleistung von 806 MW (Informationszentrum Tel. 04852/87334). Nördlich des Hafens, jenseits der alten B 5, stehen auf **aufgespülten Industrieflächen** die Betriebe der Grundstoffchemie (Voranmeldung zur Betriebsbesichtigung im Bayer-Werk Tel. 04852/8101, bei der AMH-Chemie [Ammoniak, Methanol, Harnstoff] Tel. 04852/821).

Die 2 m hohe Aufspülung mit Elbesedimenten und die Erschließung eines 828 ha großen Industriegeländes südlich des Nord-Ostsee-Kanals (Abb. 3) gehören zu den aus Landes- und Bundesmitteln erbrachten Vorleistungen. Insgesamt sind 2000 ha als Industriefläche ausgewiesen. Der Versuch der Landesregierung, Betriebe der elektronischen Industrie oder Maschinenbaufertigung für den neuen Standort zu interessieren, schlug fehl. Zu den bereits ansässigen Werken der Kali-Chemie (1981 stillgelegt), der Elf (Mineralölverarbeitung) und Condea/Texaco (Petrochemie) siedelten sich die Chemie-Großunternehmen Bayer, Schelde-Chemie (1984 von Bayer übernommen) und die Chemischen Werke Hüls (CWH, heute AMH-Chemie) an (Tab. 4). Das Bayer-Werk produziert Vorprodukte für

Farben und Kunststoffe, die AMH-Chemie Kunstdünger. Optimistische Prognosen rechneten bis 1985 mit 5000 zusätzlichen Industriearbeitsplätzen und einem Wanderungsgewinn für Brunsbüttel von 12300 Personen. Die tatsächliche Einwohnerzahl von Brunsbüttel (12 696 E.) hat sich jedoch gegenüber 1970 kaum verändert, die Zahl der Industriearbeitsplätze schwankt um 2000.

Nach der Weiterfahrt auf der alten B 5 zweigt man in St. Margarethen in Richtung Elmshorn ab. Auf der Fahrt nach Glückstadt passiert man das Kernkraftwerk Brokdorf (Druckwasserreaktor mit 1360 MW Bruttoleistung; Informationszentrum Tel. 04829/655).

Gegen den Bau des 1976 begonnenen Kernkraftwerkes, das seit 1987 für die Stromproduktion zur Verfügung steht, gab es erhebliche Vorbehalte von Anliegern, Umweltschützern und Wissenschaftlern, die zu Demonstrationen auf dem Gelände und zu einem Baustopp bis 1981 führten. Zum einen ist die Frage der Endlagerung radioaktiver Abfälle nicht gelöst, zum anderen entspricht der Strombedarf nicht den Prognosen. Die Hamburgische Electricitäts-Werke AG (HEW) reduzierte als Betreiber ihren Anteil von 50% auf 20%; 80% entfallen damit auf die Preußen Elektra. Nach dem Reaktorunfall in Tschernobyl (UdSSR) Mitte 1986 wurde das umstrittene Kraftwerk zunächst nicht in Betrieb genommen.

Nach der Überquerung des Störsperrwerkes durchfährt man das landwirtschaftlich intensiv genutzte Gebiet der „Blomeschen Wildnis" mit Feldgemüseanbau und Unterglaskulturen und passiert den Anleger der Elbefähre Glückstadt-Wischhafen.

12.3.10 Glückstadt

Standort: Marktplatz

Das im niederländischen Renaissance-Stil 1642 erbaute Rathaus von Glückstadt, die Stadtkirche — die erste Kirche, die nach der Reformation in Schleswig-Holstein errichtet wurde — und die zwölf Radialstraßen, die zu den ehemaligen Wällen und dem Hafen führen, weisen darauf hin, daß es sich um eine geplante Fürstenstadt handelt. Christian IV. (1588—1648), König von Dänemark und Norwegen sowie Herzog von Schleswig und Holstein, ließ 1615 in der unwegsamen „Engelbrechtschen Wildnis" an der Mündung des Rhin in die Elbe eine Festungsstadt anlegen, die Hamburg Konkurrenz machen sollte. Die gewährten Handelsprivilegien sowie die Glaubensfreiheit trugen wesentlich zur Blüte bei, die mit den Grönlandfahrern (Wale und Robben) ihren Höhepunkt erlebte. 1815 wurden die Festungsanlagen geschleift. Die dem Hafen vorgelagerte Rhinplate verhinderte einen weiteren Ausbau. Von der Strukturkrise der Werftindustrie blieb auch Glückstadt (11 852 E.) nicht verschont, im Gegensatz zu der an der Stör gelegenen Peters-Werft in Wewelsfleth. Die noch 1979 im Raumordnungskonzept für den Unterelberaum ausgewiesenen Industrieflächen südlich der Stadt sind bislang nicht besetzt.

Von Glückstadt erreicht man über Krempe und Steinburg wieder die A 23.

12.4   Zusammenfassung

Die beiden Kreise an der Westküste Schleswig-Holsteins bilden in naturräumlicher und wirtschaftlicher Hinsicht eine Einheit. Aus der naturräumlichen Zweiteilung in Marsch und Geest ergaben sich für die Elbmarschen wie auch für die junge und alte Marsch in Dithmarschen bereits in historischer Zeit erhebliche Entwässerungsprobleme. Dem Küsten- und Hochwasserschutz kommt weiterhin besondere Bedeutung zu. Die Lage an Nordsee und Elbe, ohne festen Übergang nach Niedersachsen, der trotz Brücken und Fähren trennende Nord-Ostsee-Kanal und gering vorhandene Bodenschätze ließen insgesamt nur eine schwache Entwicklung des landwirtschaftlich geprägten Raumes zu. Der Industrieschwerpunkt Brunsbüttel sowie eine auf Kernkraft basierende Energieversorgung sollte der Strukturschwäche dieses Gebietes und dem Sog Hamburgs entgegenwirken, konnte aber Bevölkerungsabwanderungen aus dem peripheren Raum nicht verhindern. Die zentralen Orte Itzehoe, Glückstadt und Meldorf mit ihren historischen Stadtkernen entwickeln verstärkt den Dienstleistungsbereich. Für die Zukunft ist davon auszugehen, daß die bestehende Grundstruktur mit einer leistungsfähigen Landwirtschaft, naturnahen Räumen und industriellen Schwerpunkträumen erhalten bleibt.

12.5 Literaturauswahl

Borchert, G. (1969): L 2122. Ausschnitt aus den Flußmarschen der Elbe, der Rand-moorzone und der Schleswig-Holsteinischen Geest. — Dt. Landschaften. Geogr.-landeskdl. Erläuterungen zur Topogr. Karte 1 : 50 000, Auswahl A: 7—17, Trier.

Buchhofer, E. (1971): Industriegeographische Aspekte der Breitenburger Portland-Cement-Fabrik in Lägerdorf (Kreis Steinburg). — Schr. Geogr. Inst. Univ. Kiel, **37**: 65—92, Kiel.

— (1976): Brunsbüttel/Unterelbe als Entwicklungsschwerpunkt der Landespla-nung. — Die Heimat, **83**: 313—323, Neumünster.

Freie Hansestadt Bremen et al. (Hg.) (1979): Differenziertes Raumordnungskonzept für den Unterelberaum. Bremen etc.

Minister für Wirtschaft und Verkehr d. Landes Schleswig-Holstein (Hg.) (1983): Erdöl in Schleswig-Holstein. — Schriftenreihe d. Landesregierung Schleswig-Holstein, **16**, Kiel.

Ministerpräsident d. Landes Schleswig-Holstein (Hg.) (1984): Regionalplan für den Planungsraum IV — Kreise Dithmarschen und Steinburg. Kiel.

Jenssen, C. et al. (1984): Dithmarschen. Heide.

Krebs, J. (1980): Neuere Industrieansiedlungen im Unterelberaum — die Beispiele Hamburger Hafenerweiterungsgebiet und Stade-Bützfleth. — In: Taubmann, W. (Hg.): Exkursionen in Nordwestdeutschland und angrenzenden Gebieten: 169—178, Kiel.

Naudiet, R. (1978): Speicherkoog Dithmarschen. Münsterdorf.

Schnoor, P. (1957): Die heimische Zementindustrie, ihre Rohstoffe und deren Ent-stehung. — Steinburger Jb., **1**: 27—41, Itzehoe.

Seebach, C.-H. (1981): Schlösser und Herrenhäuser im nördlichen und westlichen Schleswig-Holstein. Frankfurt.

13. Das Hamburger Umland —
Siedlungsentwicklung und Raumordnungsfragen

von PAUL GANS und AXEL PRIEBS, Kiel

Karten: Topographische Übersichtskarte 1 : 200 000, CC 2318 Neumünster, CC 2326 Lübeck, CC 3118 Hamburg-West, CC 3126 Hamburg-Ost; Amtliche Sonderkarte 1 : 100 000 Umgebung Hamburg; Kreiskarten 1 : 75 000 Pinneberg, Segeberg, Stormarn.

13.1 Einführung

Das Hamburger Umland umfaßt in Schleswig-Holstein die Kreise Herzogtum Lauenburg, Stormarn, Segeberg sowie Pinneberg und ist in der Landesplanung des nördlichsten Bundeslandes mit dem regionalen Planungsraum I identisch. Die Siedlungs- und Wirtschaftsentwicklung des Planungsraumes I wird durch die Nachbarschaft zur Hansestadt, der größten

Tabelle 1: Bevölkerungsentwicklung in Schleswig-Holstein 1970—1984 (in 1000)

	Bestand 31.12.1970	natürliche Entwicklung	Wanderungs-saldo	Bestand 31.12.1984
		Schätzung des Stat. Landesamtes		
Planungsraum I	701,0	—11,0	+ 106,0	796,0
Planungsräume II—V	1793,0	—71,0	— 5,5	1717,0
Schleswig-Holstein	2494,0	—82,0	+ 100,5	2513,0

Quelle: Raumordnungsbericht 1985. Landesplanung in Schleswig-Holstein, **20**, Kiel 1985

Metropole des norddeutschen Tieflandes, nachhaltig beeinflußt. So verzeichneten die Randkreise zu Hamburg als einziges Teilgebiet in Schleswig-Holstein nach 1970 eine Zunahme ihrer Einwohnerzahlen (Tab. 1). Der Anteil der hier lebenden Bevölkerung erhöhte sich wegen hoher Wanderungsüberschüsse von 28,1 % auf 31,7 %. Auch hinsichtlich wirtschaftlicher Veränderungen nimmt der Planungsraum I eine gewisse Sonderstellung innerhalb des Landes ein. Während sich zwischen 1979 und 1983 die Zahl der sozialversicherungspflichtig Beschäftigten in Schleswig-Holstein um 1,6 % verringerte, verlief die Arbeitsplatzentwicklung in den vier Hamburger Randkreisen mit + 1,2 % positiv. Dieser Zunahme im Umland stand — ähnlich wie bei den Einwohnerzahlen — in der Hansestadt ein Rückgang der Beschäftigten gegenüber.

13.1.1 Die Siedlungsentwicklung im Hamburger Umland

Die Großstädte der Bundesrepublik verzeichneten nach 1970 eine erhebliche Abwanderung vor allem einkommensstärkerer Bevölkerungsgruppen in die umliegenden Gemeinden. So verlor allein Hamburg zwischen 1970 und 1984 etwa 200 000 oder 11,2 % seiner Bürger (Abb. 1). Im gleichen Zeitraum erhöhte sich die Bevölkerungszahl im schleswig-holsteinischen Teil des Umlandes um 16,4 % oder 116 000 Einwohner. Die stabile Entwicklung in der Gesamtregion belegt, daß die Bevölkerungsverlagerungen auf intraregionale Wanderungen von der Kernstadt in das Umland zurückgehen (Piepenbrink & v. Rohr 1981). Die Umlandgemeinden verzeichnen aus Zu- und Fortzügen mit der Hansestadt seit 1970 durchweg positive Bilanzen. Die Bewohner Hamburgs, die ihre Wohnstandorte in das Umland verlegen und häufig ihren Arbeitsplatz in der Kernstadt beibehalten, bewerten vor allem die Wohnumfeldqualität in den Randkreisen positiv, gleichzeitig begünstigen ein angespannter Wohnungsmarkt in Hamburg sowie niedrigere Boden- und Mietpreise im Umland den Wegzug vieler Familien.

Parallel zur Bevölkerungs-Suburbanisierung wandern zahlreiche Handwerks- und Industriebetriebe ab (v. Rohr 1975, Piepenbrink & v. Rohr 1981, Nuhn 1985). Bei fehlenden Erweiterungsmöglichkeiten in Hamburg nutzen auch sie die Kostenvorteile im Umland aus, deren Wirksamkeit sich auf-

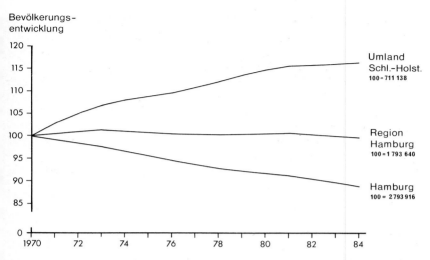

Abb. 1. Bevölkerungsentwicklung in der Region Hamburg (1970—1985). Quelle: Regionalstatistik: Bevölkerungsstand und -entwicklung. Statistische Berichte 1970 ff. Hamburg

grund von Investitionshilfen in den Randgemeinden aus verschiedenen Förderprogrammen sowie höherer Steuern und strengerer Auflagen in der Hansestadt noch erhöht. Die Betriebe verlegen ihre Standorte in der Regel nur über eine kurze Distanz. Sie bleiben meistens im gleichen Sektor Hamburgs und lassen sich in 66 % aller Fälle direkt hinter der Stadtgrenze nieder, denn sie wollen nicht nur den bereits vor der Verlagerung bestehenden Arbeitskräfteeinzugsbereich sowie die Liefer- und Absatzbeziehungen beibehalten, sondern auch die günstigere Verkehrsanbindung der Kernstadt weiterhin ausnutzen.

Die **Suburbanisierung von Bevölkerung und Gewerbe** birgt die Gefahr einer Ausuferung der Städte bzw. einer flächenhaften Zersiedlung des Umlandes in sich, so daß dort im Laufe der Zeit die negativen Folgen einer zunehmenden Verdichtung zu einer erneuten Verlagerung der Wohn- und Betriebsstandorte führen können. Diese Entwicklung zeichnet sich in den

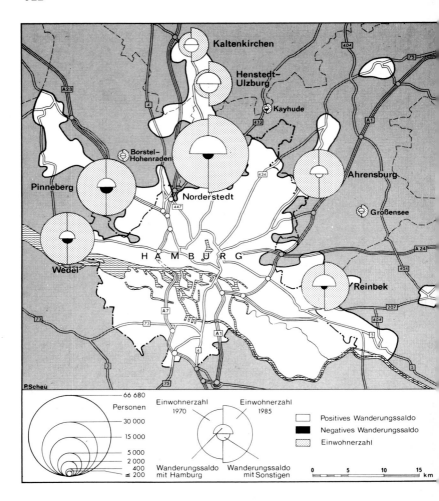

Abb. 2. Bevölkerungsentwicklung in ausgewählten Gemeinden des Hamburger Umlandes (1970—1985). Quelle: Regionalstatistik: Bevölkerungsstand und -entwicklung. Statistische Berichte 1970 ff. Hamburg

Hamburg benachbarten Orten Wedel, Pinneberg, Norderstedt oder Rein-bek bereits ab (Abb. 2). Zwar weisen die Gemeinden mit der Hansestadt hohe Wanderungsüberschüsse während des gesamten Zeitraumes auf, jedoch sind die Bilanzen mit den anderen Gebieten in der Region Hamburg nach positiven Werten zu Beginn der 70er Jahre heute durchweg negativ.

Schwerwiegende Probleme der Suburbanisierung werden vor allem durch das ansteigende Verkehrsaufkommen hervorgerufen. Es beeinträchtigt die Wohnqualität in der zentral gelegenen Zone der Region und belastet die Finanzhaushalte der Gemeinden. Außerdem steht einer Unterauslastung von Infrastruktureinrichtungen in den Kernstädten ein Defizit im Umland gegenüber.

Um diese negativen Erscheinungen, die bei einer ringförmigen Expansion der Städte noch gravierender wären, zu verhindern, wurden durch die zuständigen Stellen der Hansestadt und des außerhamburgischen Umlandes schon recht früh Überlegungen entwickelt, solchen Tendenzen durch wirksame Raumordnungskonzepte entgegenzuwirken.

3.1.2 Die gemeinsame Landesplanung für die nördliche Region Hamburgs

Nachdem die Bevölkerung Hamburgs seit Mitte des 19. Jh. sprunghaft angestiegen war und schon vor dem 1. Weltkrieg die Millionengrenze überschritten hatte, war der Siedlungsdruck in den 20er Jahren zu einem bedeutenden planerischen und politischen Problem geworden. Die Aufnahmefähigkeit des hamburgischen Staatsgebietes war damals bereits erreicht, wobei berücksichtigt werden muß, daß dieses lediglich 415 km^2 umfaßte (heute: 755 km^2). Außerhalb der Grenzen Hamburgs waren preußische Vorortgemeinden zu eigenständigen Großstädten herangewachsen, die aufgrund der Attraktivität des Hamburger Wirtschaftsraumes gewaltige Zuwachsraten verzeichneten — so vor allem die Städte Altona und Harburg.

Die gemeinsame Erkenntnis der Stadtplaner in Hamburg und in den preußischen Umlandgemeinden, daß die Probleme nur durch eine gemeinsame und koordinierte Planung zu bewältigen wären, führte im Jahr 1928 zur Bildung des „Hamburgisch-preußischen Landesplanungsausschusses".

Diese Institution kam vor allem durch das Engagement und die Integrationskraft des damaligen Hamburger Oberbaudirektors Schumacher zustande — auf staatspolitischer Ebene war das Verhältnis zwischen Hamburg und Preußen zu jener Zeit nämlich keineswegs spannungsfrei. Seine volle Wirksamkeit konnte der Hamburgisch-preußische Landesplanungsausschuß jedoch nicht entfalten, da er bereits 1937 durch die Eingemeindung großer Teile des preußischen Umlandes nach Hamburg („Groß-Hamburg-Gesetz") seinen Wirkungsbereich verlor.

Nach dem 2. Weltkrieg traten die **Stadt-Umland-Probleme** an der Peripherie Hamburgs erneut und in besonders dringlicher Form hervor — nicht zuletzt durch den Strom von Flüchtlingen und ausgebombten Hamburgern in das Hamburger Umland. Die im Jahr 1946 ins Leben gerufene „Technische Arbeitsgemeinschaft für Landesplanungsfragen im Unterelberaum", die einen mehr pragmatischen Charakter besaß, wurde im Anschluß an die erste Wiederaufbauphase durch jeweils bilaterale Institutionen der landesplanerischen Zusammenarbeit Hamburgs mit seinen Nachbarländern Schleswig-Holstein und Niedersachsen abgelöst. Für den nördlichen Teil der Region Hamburg konstituierte sich im Jahr 1955 der „Gemeinsame Landesplanungsrat Hamburg/Schleswig-Holstein", der auch heute noch in verschiedenen Gremien eine gemeinsame Planung betreiben und Fragen von länderübergreifender Bedeutung klären soll.

Der Gemeinsame Landesplanungsrat Hamburg/Schleswig-Holstein griff in seinem Bemühen, die Voraussetzungen für eine geordnete Siedlungsentwicklung im nördlichen Teil der Region Hamburg zu schaffen, auf das in den 20er Jahren durch Schumacher eingeführte „Achsenkonzept" zurück. Dieses **Achsenkonzept** stellt in weiterentwickelter Form bis in die Gegenwart das siedlungsstrukturelle Leitbild für die Region dar. Bereits 1956 legte der Gemeinsame Landesplanungsrat die Aufbauachsen fest, auf denen sich — entlang vorhandener oder geplanter Straßen- und Schnellbahntrassen — die Siedlungsexpansion konzentrieren sollte. Auf den Achsen vollzieht sich die wesentliche Siedlungsentwicklung in den als Schwerpunkte ausgewiesenen Gemeinden. Aus planerischer Sicht wird der Förderung der äußeren Schwerpunkte (**Achsenendpunkte**) besondere Bedeutung beigemessen, da diese aufgrund ihrer Randlage im Ordnungsraum um Hamburg ohne ver-

stärkte finanzielle Unterstützung in ihrer Entwicklung erheblich hinter der
der inneren Schwerpunkte zurückbleiben würden.

Die **Achsenzwischenräume,** die vergleichsweise gering durch Siedlungs-
tätigkeit überformt sind, sollen nach der Achsenkonzeption grundsätzlich
in ihrer landwirtschaftlich und landschaftlich betonten Struktur erhalten
werden, um auch zukünftig ihrer für die gesamte Region wichtigen Funktion als ökologische Ausgleichsräume und als Erholungsgebiete gerecht zu
werden.

Das Achsenkonzept ist sowohl in den Planungsdokumenten des Landes
Schleswig-Holstein (Regionalplan für den Planungsraum I) als auch der
Freien und Hansestadt Hamburg (1969 im Entwicklungsmodell für Hamburg und sein Umland sowie zuletzt im Stadtentwicklungskonzept vom
30.9.1980) bestätigt worden. Der Regionalplan für den Planungsraum I, der
im Jahr 1973 festgestellt wurde, wird derzeit fortgeschrieben; die landesplanerischen Begriffe der nachfolgenden Ausführungen sind bereits auf den
Entwurf dieser Fortschreibung ausgerichtet. Für das Verständnis der landesplanerischen Terminologie ist im übrigen auf die Begriffserklärung im An-
hang zum Landesraumordnungsplan Schleswig-Holstein (Landesplanung in
Schleswig-Holstein, 17, Kiel 1979) hinzuweisen.

Die Exkursion hat zum Ziel, die Suburbanisierungsprozesse im nördlichen Hamburger Umland aufzuzeigen und durch den Wechsel von „Achsen" und „Achsenzwischenräumen" auch den Erfolg landesplanerischer Bemühungen um eine geordnete Siedlungsentwicklung zu verdeutlichen. Thematische Schwerpunkte bilden die
Bereiche „Wohnen", „Gewerbe", „Versorgung", „Öffentlicher Personenverkehr" und
„Naherholung". Zum Erreichen des Zieles ist es notwendig, während der Fahrt ergänzende Beobachtungen vorzunehmen. Die Wegebeschreibung ist daher ausführ-
lich gestaltet, um der ausgewählten Exkursionsroute problemlos folgen zu können.

13.2   **Exkursionsroute** (Dauer ca. 10 Std., ca. 250 km)

Wedel (Holstein) — Pinneberg — Kaltenkirchen — Norderstedt — Bargteheide — Ahrensburg — Stormarner Schweiz (Großensee) — Oststeinbek —
Glinde — Reinbek.

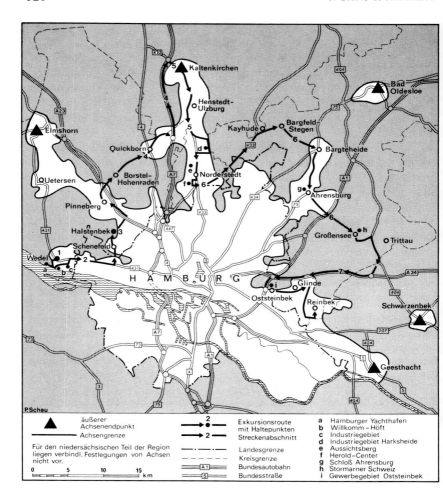

Abb. 3. Achsen- und Achsenzwischenräume im Hamburger Umland (mit Exkursionsroute). Quelle: Stadtentwicklungskonzept. Hamburg 1980 und Regionalplan für den Planungsraum I des Landes Schleswig-Holstein. Kiel 1975 und 1984.

Die Exkursionsroute beginnt in Wedel (Holstein) und kann innerhalb eines Tages absolviert werden. Für den Fall jedoch, daß man einzelne Haltepunkte oder Themenbereiche vertieft erkunden möchte, ist es günstiger, für die Route zwei Tage einzuplanen. Dann empfiehlt sich der Abschnitt von Wedel bis Norderstedt als erste Teilstrecke. Bei Zeitmangel kann man die wesentlichen Lernziele der Exkursion auch durch Befahren der Route Kaltenkirchen — Reinbek erreichen. Der Haltepunkt Reinbek ist ausführlicher dargestellt, da hier der Suburbanisierungsprozeß seit seinem Beginn im 19. Jh. exemplarisch nachvollziehbar ist.

13.3   Erläuterungen

13.3.1 Wedel (Holstein)

Standort: S-Bahnof Wedel mit kurzem Gang durch die Bahnhofsstraße (günstige Parkmöglichkeiten auf der Nordseite des Bahnhofs)

Die Stadt **Wedel** (30 166 E.) grenzt unmittelbar westlich an das Hamburger Stadtgebiet. Ihr alter Ortskern mit dem Marktplatz liegt nördlich der Wedeler Au am Übergang vom hohen Geestufer der Elbe zur Haseldorfer Marsch. Die Stadt, deren Name auf eine Furt hinweist, erlangte als Endpunkt der beiden jütischen Ochsenwege (vgl. Exkursion 4) seit dem 15. Jh. Bedeutung durch den Ochsenhandel über die Elbe. Wedel war außerdem Markt und Brückenort auf dem Wege nach Hamburg.

Die Stadt wurde im Jahre 1883 durch Inbetriebnahme der Bahnlinie Blankenese — Wedel an das Netz der Hamburger Vorortbahnen angeschlossen und entwickelte sich im 20. Jh. zu einem bedeutenden Wohnvorort Hamburgs, der aber durchaus über eine sehr beachtliche Zahl von Arbeitsplätzen in eigenen Industrie- und Gewerbegebieten verfügt. Planerisch bildet die Stadt Wedel den Endpunkt der im Jahre 1969 durch das Entwicklungsmodell für Hamburg und Umland festgelegten städtischen Hauptachse Altona — Elbvororte — Rissen/Wedel (Abb. 3). Im zenralörtlichen System Schleswig-Holsteins ist Wedel wegen seiner Nähe zum Oberzentrum Hamburg als Mittelzentrum eingestuft. Mit der in jüngster Zeit erfolgten Überbauung des S-Bahnhofs Wedel sowie der Verdichtung von Handel, Dienstleistungen und Wohnfunktion im Bereich der Endstation der Schnellbahn

wird deutlich, daß Wedel nicht nur zum Oberzentrum ergänzende Versor-
gungsaufgaben wahrnimmt, sondern auch die eines in weiten Bereichen eigenständigen Mittelzentrums. Gegenüber dem Bahnhof befindet sich mit
dem Rathaus der Verwaltungsmittelpunkt der Stadt. Das Gelände um die
S-Bahnstation und der Rathausplatz bilden den Ausgangspunkt der Bahnhofstraße, der Hauptgeschäftsstraße Wedels. Nach einem kurzen Fußweg
durch die Bahnhofstraße bis zum Platz „Bei der Doppeleiche" läßt sich ein
Überblick über das differenzierte Handels- und Dienstleistungsangebot der
Stadt Wedel gewinnen.

13.3.2 Wedel-Halstenbek

*Vom Bahnhof Wedel gelangen wir über die Mühlenstraße zum Marktplatz. Hier
biegen wir links in die Oderstraße ein und fahren hinunter in die Haseldorfer
Marsch. Vor dem Elbdeich folgen wir nach rechts dem Hinweisschild „Hamburger Yachthafen" vorbei am Bauhof des Wasser- und Schiffahrtsamtes bis zum
Wendeplatz am Ende der Deichstraße, wo sich der Hamburger Yachthafen befindet. Wir fahren auf der Deichstraße zurück und biegen an deren Ende rechts
in die Schulauer Straße ein. Wir passieren den Schulauer Hafen und erreichen
die Schiffsbegrüßungsanlage „Willkomm-Höft".*

Auf der rechten Seite des Marktplatzes Wedel steht gut sichtbar der Roland, eine
derbe sandsteinerne Figur aus dem Jahre 1558, die das Stadtwappen ziert und früher
den Marktfrieden symbolisierte. Der Hamburger Yachthafen bildet ein Zentrum des
Wassersports im Unterelberaum mit besonders guter Erreichbarkeit von Hamburg
aus. Der Yachthafen wurde zuletzt im Jahre 1980 auf seine heutige Größe erweitert
und umfaßt derzeit ca. 1800 Liegeplätze. Bei der Schiffsbegrüßungsanlage „Willkomm-Höft" bietet sich eine gute Aussicht auf den Schiffsverkehr zum und vom
Hamburger Hafen. Ein- und auslaufende Seeschiffe werden in mehreren Sprachen
begrüßt bzw. verabschiedet und den Zuschauern Informationen über die Schiffe
(Kurs, Ladung, technische Daten) geboten.

*Die Fortsetzung der Exkursion erfolgt entlang den Hinweisschildern nach
Hamburg über die Parnaßstraße, die Elbestraße, den Galgenberg und den Tinsdaler Weg.*

Der Tinsdaler Weg führt uns in ein großes Industriegebiet, das sich in N—S-Richtung zwischen der B 431 und der Elbe an der Landesgrenze nach Hamburg entlangzieht. Hier befinden sich das Großkraftwerk Wedel der Hamburger Elektrizitätswerke sowie die Mobiloil AG. Wir biegen vom Tinsdaler Weg links in die Industriestraße ein und durchfahren ein ausgedehntes Industrie- und Gewerbegebiet, das mit optischen Werken, mit Niederlassungen aus der Metallverarbeitung, mit elektronischer, chemischer, pharmazeutischer und Baustoff-Industrie eine vielseitige Betriebsstruktur aufweist.

Am Ende der Industriestraße folgen wir dem Hinweisschild „Centrum/ Altona" und kommen zur B 431. Auf der B 431, die das Rückgrat der städtischen Hauptachse Hamburger City — Wedel bildet (Abb. 3), passieren wir die Hamburger Landesgrenze in Richtung Hamburger Innenstadt. Wir folgen dieser Straße jedoch nur bis in den Stadtteil Iserbrook und biegen ca. 700 m nach Unterfahren der S-Bahn-Linie links nach Pinneberg/Schenefeld ab.

Knapp 1 km später erreichen wir wieder den schleswig-holsteinischen Kreis Pinneberg, der die höchste Bevölkerungsdichte (1646,2 E./km^2) aller schleswig-holsteinischen Landkreise aufweist. Auf der Fahrt in Richtung Schenefeld erkennen wir entlang der Landstraße mehrere kleine Baumschulen. Wir erreichen die Ortsmitte von **Schenefeld** (15 969 E., Stadtrandkern II. Ordnung) und biegen am Ende der Landstraße nach links in Richtung Halstenbek ab. Nach ca. 1 km überqueren wir eine von Hamburg-Lurup kommende Schnellstraße, die derzeit südlich von Pinneberg endet und deren Verlängerung bis nach Elmshorn von der Regionalplanung vorgesehen ist. Diese Schnellstraße besitzt besondere Bedeutung für den Pendlerverkehr und entlastet die traditionelle Hauptausfallstraße von Hamburg in Richtung Pinneberg (B 5 bzw. A 23).

13.3.3 Achsenzwischenraum bei Halstenbek

Standort: Reithof „Brander Hof"

In den Achsenzwischenräumen stehen Freiflächen zur Verfügung, die man aufgrund der expansiven Siedlungsentwicklung in den Achsen dort auf Dauer nicht in ausreichendem Umfange anbieten kann. In diesen Räumen bemüht man sich außerdem, den landschaftlichen und landwirtschaftlichen Charakter zu bewahren sowie der Bevölkerung des Verdichtungsraumes

Naherholungsmöglichkeiten zu erhalten und auszubauen. Ein wichtiges regionales Element sind die bereits häufiger am Straßenrand beobachteten Baumschulen (Topographischer Atlas 1979, Nr. 53). Sie gehen im Raum um Halstenbek auf eine Innovation im 18. Jh. zurück. Damals legten entlang der Elbchaussee reiche Hamburger Kaufleute Sommersitze in Gärten und Parks an. Der große Pflanzenbedarf veranlaßte Baron Caspar v. Voght, auf seinem Gut eine Baumschule zu gründen. Sie entwickelte sich zu einem eigenen Betrieb, und da die Nachfrage nicht gedeckt werden konnte, begannen seit 1820 mehrere Höfe in der näheren Umgebung mit der Anzucht von Wald- und Heckenpflanzen. Diese Entwicklung mündete wegen mehrerer günstiger Standortfaktoren (leicht zu bearbeitende Sandböden, mildes Seeklima, günstige Verkehrslage, Arbeitskräfte mit guten Fachkenntnissen) im heute größten Baumschulzentrum Deutschlands.

13.3.4 Halstenbek — Pinneberg — Kaltenkirchen

Bei der Einfahrt nach Halstenbek queren wir die S-Bahn-Linie nach Pinneberg. Wir durchfahren die Stadt Halstenbek und benutzen am Ortsende die A 23 in Richtung Husum bis zur Anschlußstelle Pinneberg-Mitte. Dort verlassen wir die Autobahn, um nach Pinneberg zu fahren.

Die Stadt **Halstenbek** (15 191 E.) ist wie Schenefeld als Stadtrandkern II. Ordnung eingestuft. Am Bahnhof von Halstenbek erkennen wir Park-and-Ride-Anlagen. Während der Fahrt auf der Autobahn wird neben der baulichen Verdichtung auf der Achse auch deutlich, daß sie nicht ein durchgehendes Siedlungsband darstellt, sondern zwischen den einzelnen Ortschaften landwirtschaftlich genutzte Flächen oder Naherholungsgebiete eingestreut sind (Abb. 3).

Die Kreisstadt **Pinneberg** (35 459 E.) ist landesplanerisch als Mittelzentrum im Verdichtungsraum eingestuft. Bereits bei der Einfahrt nach Pinneberg wird die starke bauliche Erweiterung der Stadt in den letzten Jahrzehnten sichtbar, unter anderem durch die verdichtete Hochhausbebauung auf der rechten Straßenseite. Links der Hauptstraße erkennen wir kurz darauf den Eingang zur Fußgängerzone mit dem zentralen Einkaufsbereich. In den letzten Jahren wurden erhebliche Anstrengungen unternommen, den Abfluß von Kaufkraft nach Hamburg durch eine erhöhte Attraktivität der Pinneberger Innenstadt zu bremsen.

Wir passieren das links der Straße gelegene moderne Rathaus, überqueren die Pinau, fahren kurz danach rechts in Richtung Elmshorn/Quickborn (Elmshorner Straße) und biegen vor dem Ortseingang rechts nach Quickborn ab.

Nach Überquerung der Autobahn erkennen wir auf der rechten Seite eines der neuen Pinneberger Industriegebiete. Anschließend verlassen wir das Pinneberger Stadtgebiet und erreichen erneut einen Achsenzwischenraum. Wir durchfahren die Ortschaften Borstel, Hohenraden und Renzel, deren Charakter eindeutig ländlich geprägt ist und die, entsprechend dem Achsenkonzept, keine nennenswerten Neubebauungen aufweisen. Entlang der Strecke befinden sich wiederum Hinweise auf die Nutzung des Achsenzwischenraumes als Naherholungsgebiet (Reitmöglichkeiten, Golfplatz, angelegte Rad- und Wanderwege). Schließlich erreichen wir die Stadt **Quickborn** (18 216 E.), planerisch als Stadtrandkern II. Ordnung mit Teilfunktionen eines Unterzentrums eingestuft und als „Exklave" zur Achse Hamburg — Norderstedt — Kaltenkirchen gehörig.

Wir überqueren die B 4, die alte Fernverkehrsstraße von Hamburg nach Kiel, um zur Autobahnanschlußstelle Quickborn zu gelangen. Wir fahren auf die A 7 in Richtung Flensburg/Kiel auf.

Diese Autobahn wurde, im Süden Hamburgs beginnend, seit den 60er Jahren in verschiedenen Etappen eröffnet (Kortum 1979). Rechtzeitig zur Olympiade 1972 war die Strecke durchgehend bis Kiel befahrbar. Sie verläuft fast ausschließlich im Achsenzwischenraum und wurde zur Entlastung der B 4 gebaut. In ihrem südlichen Teil dient sie vor allem dem Hamburger Berufs-, im übrigen Bereich dem Reiseverkehr zur Nord- und Ostsee sowie nach Dänemark. Auch für die Verbindung der dänischen Industriestädte in Jütland mit den EG-Märkten besitzt sie eine hohe Bedeutung.

Wir verlassen die A 7 an der Anschlußstelle Kaltenkirchen, um auf der B 433 in Richtung Hamburg zu fahren. An der ersten größeren Kreuzung biegen wir nach links Richtung Hasenmoor ab (Friedenstraße). Dieser Straße folgen wir bis zum alten Ortskern von Kaltenkirchen.

13.3.5 Die Achse Norderstedt — Kaltenkirchen

Auf dem nachfolgenden Exkursionsabschnitt soll beispielhaft eine Achse von ihrem Endpunkt bis zur „Achsenwurzel" befahren werden.

Standorte: Einrichtungshaus IKEA bei Kaltenkirchen, Norderstedt-Mitte, Norderstedt-Garstedt

Die Stadt **Kaltenkirchen** (11 888 E.) ist landesplanerisch als Unterzentrum mit Teilfunktionen eines Mittelzentrums eingestuft und bildet den äußeren Schwerpunkt der von Hamburg nach Norderstedt und Henstedt-Ulzburg verlaufenden Achse. Rechts an der Straße liegt der Bahnhof von Kaltenkirchen, der nördlicher Endpunkt des zum Hamburger Verkehrsverbund gehörenden Schnellbahnnetzes ist. Die Eisenbahngesellschaft Altona-Kaltenkirchen-Neumünster (AKN) bedient die Strecken nach Hamburg-Eidelstedt und Norderstedt-Garstedt im Taktfahrplan. Letztere bildet das Rückgrat der genannten landesplanerischen Achse. Bis vor wenigen Jahren war beabsichtigt, nordwestlich Kaltenkirchens einen neuen Großflughafen zu errichten. Diesen sollte die AKN mit der Hamburger Innenstadt verbinden. Inzwischen werden die Planungen für das Flughafenprojekt jedoch nicht mehr weiter verfolgt, da nicht zu erwarten ist, daß die zukünftige Nachfrageentwicklung einen Neubau erfordert.

Am Ortseingang beginnt das Gewerbegebiet „Kaltenkirchen-Süd". Einschließlich der vorgesehenen Erweiterungsbereiche hat dieses eine Größe von 470 000 m². Links der Straße befindet sich ein großes Einrichtungshaus der Firma IKEA, dessen Ansiedlung in Kaltenkirchen einen gewaltigen Impuls für die Entwicklung des Gewerbegebietes bedeutete. Der Regionalplan sieht für Kaltenkirchen als äußeren Schwerpunkt der Achse und als zentralen Ort eine verstärkte Förderung zur Verwirklichung des planerischen Konzeptes vor. Ohne diese finanzielle Unterstützung bliebe der Achsenendpunkt erheblich hinter der Entwicklung der inneren Schwerpunkte zurück und könnte keinen Gegenpol zur Sogwirkung Hamburgs bilden, die die Gefahr einer ungeordneten flächenhaften Verdichtung in sich birgt. Aus diesen Gründen ist im Regionalplan vorgesehen, Kaltenkirchen zu einem leistungsfähigen Mittelzentrum auszubauen. Um dieses Ziel zu erreichen, verbesserte man die Infrastruktur des Ortes hinsichtlich einer Erhöhung der Wohnattraktivität sowie einer Förderung ansiedlungswilliger industrieller Betriebe. Der bisherige Erfolg zeigt sich zum einen im beträchtlichen Bevölkerungsanstieg von 66,8 % seit 1970 (Abb. 2), zum anderen sowohl in den Verbrauchermärkten, die als Nachfolgeansiedler des IKEA-Einrichtungshauses zu bezeichnen sind, als auch in den zahlreichen Betrieben des

Gewerbegebietes „Süd". Die gezielte Förderung drückt sich auch darin aus, daß Kaltenkirchen mit + 10,1 % (1979—1983) eine der höchsten Zunahmen der sozialversicherungspflichtig Beschäftigten in Schleswig-Holstein aufweist. Inzwischen trägt sich die Firma IKEA mit Umsiedlungsplänen nach Hamburg. Ob diese Abwanderung durch Ansiedlung anderer Firmen ausgeglichen werden kann, ist derzeit noch nicht zu übersehen.

Wir biegen rechts in die Werner-von-Siemens-Straße ein (Hinweisschild A 7) und durchfahren das Gewerbegebiet „Süd" bis zur B 433, auf der wir nach links in Richtung Hamburg/Norderstedt fahren.

Auf dem Streckenabschnitt zwischen Kaltenkirchen und Henstedt-Ulzburg ist die planerisch erwünschte Bündelung von Verkehrslinien entlang der Achsengrundrichtung besonders gut zu beobachten (Bundesstraße/Schnellbahn). Bereits nach kurzer Fahrt fallen die zur Gemeinde **Henstedt/Ulzburg** gehörenden gewerblichen Bauflächen sowie die relativ neue Wohnbebauung ins Auge. Aufgrund der günstigen Lage auf der Achse Hamburg — Kaltenkirchen hat sich in Henstedt-Ulzburg eine extrem starke Siedlungsentwicklung vollzogen, die in den Jahren 1970 bis 1985 zu einer Verdoppelung der Einwohnerzahl von 10 201 auf 20 388 E. geführt hat (Abb. 2). Eine starke Verdichtung der Wohnfunktion läßt sich besonders gut im Bereich des Bahnhofes Ulzburg demonstrieren.

Im Anschluß an die Siedlung Henstedt-Ulzburg-Rhen beginnt das Gebiet der Stadt Norderstedt. Wir biegen von der B 433 nach links in die Schleswig-Holstein-Straße ein (Hinweisschild Hamburg/Gewerbegebiet Harksheide/Flughafen Fuhlsbüttel). Sie erfüllt eine wichtige Funktion als östliche Umgehung von Norderstedt und entlastet die stark befahrene B 433. Außerdem erschließt sie das im O der Stadt gelegene Gewerbegebiet „Harksheide", das wir, nachdem wir nach rechts eingebogen sind, auf der Oststraße durchfahren. Hier finden sich besonders flächenintensive Betriebe, wie z. B. Auslieferungslager und Warenverteilzentren.

Vor dem Kaufhof-Lager biegen wir rechts in die Harckesheyde ein. Sie führt uns zur B 433 (Ulzburger Straße), der wir links in Richtung Hamburg folgen. Nach ungefähr 1 km biegen wir nach rechts in die Rathausallee ein.

Die zahlreichen Verwaltungsneubauten weisen auf die Verwirklichung des planerischen Zieles hin, ein administratives Zentrum zu schaffen. So befindet sich z. B. auf der rechten Seite das neue Rathaus. Wir überqueren die AKN-Bahnlinie an der Stelle, an der einmal der Bahnhof Norderstedt-Mitte als Endstation der U-Bahn von Hamburg entstehen soll. Bei der Betrachtung der neuen Wohnanlagen wird deutlich, daß

man sich bei deren Gestaltung mit Erfolg um architektonische Vielfalt bemüht hat.
Am Ende der Rathaushalle sollte man am Straßenrand halten, um die Gelegenheit
zu nutzen, einen kleinen Aussichtsberg zu besteigen. Von hier aus bietet sich ein guter Überblick über den neuen Stadtteil Norderstedt-Mitte.

   Norderstedt ist mit 66 680 E. die fünftgrößte Stadt Schleswig-Holsteins
und wurde zum 1.1.1970 durch ein Landesgesetz gebildet (Topographischer
Atlas 1979, Nr. 63). Dieses Gesetz beendet eine jahrelang andauernde politische Diskussion um eine grundlegende administrative Neuordnung des
Siedlungsgebietes an der „Achsenwurzel" der Achse Hamburg — Ochsenzoll — Kaltenkirchen. Die vier vormals selbständigen Gemeinden Fried-
richsgabe und Garstedt aus dem Kreis Pinneberg sowie Glashütte und
Harksheide aus dem Kreis Stormarn wurden zur Stadt Norderstedt verei-
nigt, die ihrerseits dem Kreis Segeberg eingegliedert wurde (Sachse 1981).

   Große Schwierigkeiten bereitete es, einen Flächennutzungsplan aufzu-
stellen. Nicht unumstritten waren dabei die Vorgaben eines Gutachtens, das
die Landesplanungsbehörde Anfang 1970 erstellt hatte. Dieses sah unter anderem vor, daß Norderstedt als zweipolige Stadt zu entwickeln sei. Zusätzlich zu dem bereits vorhandenen Zentrum Norderstedt-Garstedt sollte —
gewissermaßen auf der „Grünen Wiese" — ein neues Zentrum „Norderstedt-
Mitte" mit wesentlichen Einrichtungen von Handel, Verwaltung und sonstigen Dienstleistungen entstehen. Weiterhin war beabsichtigt, dieses neue
Zentrum durch eine Verlängerung der in Norderstedt-Garstedt endenden
U-Bahn-Linie mit dem Hamburger Schnellbahnnetz zu verbinden. Zur
Erschließung des Zentrums Norderstedt-Mitte sowie zur Entlastung des ört-
lichen Straßennetzes plante man eine O-W-Verbindungsstraße. Da diese
Teilstück eines regionalplanerisch konzipierten „Tangentenringes um Hamburg" sein sollte, stieß sie in Norderstedt über lange Jahre auf geschlossene
Ablehnung. Nachdem das Tangentenring-Projekt auch seitens der Landesplanungsbehörde nicht mehr verfolgt wird, erscheint der Bau der Querver-
bindung, die südlich der Autobahnraststätte Holmmoor einen Anschluß an
die A 7 erhält, nicht mehr fraglich. Das neue Zentrum „Norderstedt-Mitte"
ist heute soweit fertiggestellt, daß ein Vergleich mit dem älteren Zentrum in
Norderstedt-Garstedt („Herold-Center") möglich ist.

   In der Nähe des Aussichtsberges besteht eine Wendemöglichkeit, so daß wir
auf der Rathausallee (moderne Einkaufspassage auf der rechten Seite) zurück-

fahren können. An ihrem Ende folgen wir der B 433 in Richtung Hamburg. Nach knapp 2 km verlassen wir die B 433 nach rechts in die Maronner Straße (Hinweisschild „U-Bahnhof Garstedt"). Wir überqueren die AKN, biegen nach links ab und erreichen das „Herold-Center" (Parkplatz am Busbahnhof).

Das „Herold-Center" bietet ein außerordentlich differenziertes Angebot in Kaufhäusern, Fachgeschäften sowie Dienstleistungen, u. a. Praxen für alle Facharztsparten. Deutlich sichtbar ist auch die hohe Verdichtung der Wohnfunktion im unmittelbaren Bereich des „Herold-Center". Hier in Garstedt war bereits Anfang der 70er Jahre eine Entwicklung abgeschlossen, die in Wedel erst in jüngster Zeit (vgl. Kap. 13.3.1) verwirklicht wurde. Besonders bemerkenswert ist die oberirdische Endhaltestelle der AKN sowie die unterirdische der U-Bahn.

Interessant ist ein Vergleich der Architektur in Norderstedt-Mitte mit derjenigen des „Herold-Center" in Norderstedt-Garstedt. Dabei wird sichtbar, daß z. Z. der Planung des „Herold-Center" in den 60er Jahren (Einweihung 1970) deutlich andere Vorstellungen über die Anlage verdichteter Wohnbereiche vorherrschten.

13.3.6 Norderstedt — Ahrensburg — Großensee (Stormarner Schweiz)

Nach der Besichtigung des „Herold-Center" setzen wir unsere Fahrt bis zum Ende der Berliner Allee fort, biegen nach links in die Ochsenzoller Straße und an deren Ende wiederum nach links in die Ohechaussee ein. Sie geht in die Segeberger Chaussee über und führt uns über den Verkehrsknotenpunkt Ochsenzoll direkt an der Hamburger Stadtgrenze entlang. Wir durchfahren den Norderstedter Stadtteil Glashütte und verlassen die Stadt in nordöstlicher Richtung. In der Ortschaft Kayhude biegen wir nach rechts in Richtung Bad Oldesloe ab. In der Ortschaft Bargfeld-Stegen fahren wir nach rechts in Richtung Bargteheide (Jersbeker Straße).

Auf der Fahrt zwischen Norderstedt-Glashütte und Bargteheide lernen wir erneut einen Achsenzwischenraum kennen. Die zahlreichen ausgeschilderten Wanderwege weisen auf das beliebte Naherholungsgebiet im Tal der Oberalster hin. Wir passieren das Gut Jersbek (Jersbek: 1526 E.), ein sehenswertes Baudenkmal mit Resten eines Barockparks, und erreichen mit dem Ortseingang von Bargteheide die Achse Hamburg — Ahrensburg — Bad Oldesloe. Die Stadt **Bargteheide** (10 219 E.) ist landesplanerisch als Unterzentrum eingestuft.

In der Stadtmitte fahren wir geradeaus über die Kreuzung mit der B 434 hinweg und biegen dann rechts in die B 75 nach Ahrensburg ein. Wir fahren nun entlang der Achsengrundrichtung nach Ahrensburg. Gleich hinter dem Schloß biegen wir nach rechts in die Lübecker Straße in Richtung Stadtzentrum ein, wo wir einen Parkplatz suchen (Rundgang: Große Straße bis Rathausstraße/Lohl, Rondell, zurück durch die Große Straße bis zur Marktstraße).

Die Stadt **Ahrensburg** (26 908 E.) ist landesplanerisch als Mittelzentrum eingestuft und hat aufgrund der günstigen Lage zu Hamburg in der Zeit nach dem 2. Weltkrieg einen raschen Aufschwung genommen (Abb. 2). Gleich am Ortseingang von Ahrensburg liegt auf der rechten Seite das bekannte Renaissance-Schloß, das auch ein Museum der Wohnkultur des schleswig-holsteinischen Adels beherbergt. Das Schloß bzw. Herrenhaus wurde um das Jahr 1595 als Mittelpunkt einer Gutsherrschaft errichtet. Linker Hand erkennen wir die Renaissance-Kirche, die gleichzeitig mit dem Schloß erbaut wurde. Ahrensburg ist insbesondere wegen der Stadtanlage sehenswert, die als eine der schönsten des Barockes in Schleswig-Holstein gilt. Die Stadt wurde nach dem Konzept der axialsymmetrischen Perspektive im 18. Jh. angelegt, wobei als Ziele dieser Perspektive Schloß und Kirche bereits vorher erbaut waren.

Auf der Weiterfahrt in südlicher Richtung (am Rondell nach links in die Manhagener Allee) fallen zahlreiche sehenswerte großbürgerliche Villen auf. Sie weisen darauf hin, daß sich Ahrensburg um die Jahrhundertwende, insbesondere nach Fertigstellung der elektrischen Schnellbahn in den Jahren 1913—16, zum Villenvorort für die Stadt Hamburg entwickelte (vgl. Kap. 13.3.7). Beim Übergang der Manhagener Allee in die Sieker Landstraße verlassen wir das Stadtgebiet von Ahrensburg und befinden uns jetzt in der Gemeinde **Großhansdorf** (8658 E.), die bis zum Inkrafttreten des Groß-Hamburg-Gesetzes im Jahr 1937 als Exklave zur Hansestadt gehörte. Dies erklärt auch, warum der Ort an das Netz der Hamburger Hoch- bzw. U-Bahn angeschlossen ist. Wir sehen auf der rechten Straßenseite den U-Bahnhof Schmalenbek und fahren kurz darauf über die U-Bahnlinie, die zum Zentrum von Großhansdorf führt.

Am Ausgang des Ortsteils Schmalenbek überqueren wir die Autobahn Hamburg—Lübeck und biegen nach links in Richtung Trittau/Siek ab. Wir durchfahren Siek, dessen Gebäude auf noch intakte bäuerliche Funktion hinweisen, und folgen der Vorfahrtsstraße in Richtung Trittau/Großensee. Hinter dem Ortsausgang verlassen wir die Vorfahrtsstraße und biegen nach rechts in Richtung Trittau/Großensee ab. Wir folgen der Straße in Richtung Trittau, bis an der Südseite des Sees nach links ein Weg in Richtung Strandhalle/Freibad abzweigt (großer Parkplatz). Von dort führt ein kurzer Fußweg hinunter an den See.

Gegenüber dem Eingang des erst in den letzten Jahren ausgebauten Strandbades befindet sich eine Übersichtskarte, mit deren Hilfe man nochmals auf die Funktion der Achsenzwischenräume als Naherholungsgebiet der Bevölkerung verweisen kann. Das Naherholungsgebiet „**Stormarner Schweiz**" ist in eine Endmoränenkette eingebettet und bietet eine abwechslungsreiche Landschaft mit Hügeln, Bach- und Flußtälern. Die aus Toteismulden entstandenen größeren und kleineren Seen machen den besonderen Reiz der Stormarner Schweiz aus. Zu ihr gehört auch das Naturschutzgebiet Hahnheide (östlich von Trittau), eines der größten zusammenhängenden Waldgebiete in Schleswig-Holstein (lohnende Wanderung zum dortigen Aussichtsturm).

13.3.7 Oststeinbek — Glinde — Reinbek

Wir setzen unsere Fahrt in Richtung Trittau fort und erreichen nach kurzer Zeit die Kreuzung mit der als Schnellstraße ausgebauten B 404. Auf dieser Straße fahren wir in Richtung Schwarzenbek/A 24 Hamburg—Berlin. In der Ortschaft Grande verlassen wir die B 404 in Richtung Hamburg/Reinbek bzw. A 24. Nach Witzhave benutzen wir die A 24 in Richtung Hamburg, später folgen wir dem Hinweisschild „Hannover/Bremen", bis wir an der Anschlußstelle Hamburg-Öjendorf von der Autobahn in Richtung Trittau/Glinde/Oststeinbek abfahren. Kurz darauf biegen wir nach links ein.

Bedeutendster Anlieger des Gewerbegebietes „Oststeinbek" ist das Wertkauf-Centrum mit zugehörigem Möbel-Markt. Das Einkaufszentrum der Wertkauf-Kette

hat sich, wie in anderen Ballungsräumen auch, in verkehrsgünstiger Lage am Groß-
stadtrand in der Nähe eines Autobahnkreuzes und einer Autobahnanschlußstelle angesiedelt. Diese vorteilhaften Lagekriterien treffen auch auf eine Reihe mittelständi-
scher Betriebe zu, die die Wirtschafts- und Aufbaugesellschaft Stormarn in der Nähe
angesiedelt hat.

*Nach einer Fahrt durch den Gewerbering fahren wir auf dem gleichen Weg
(Willinghusener Straße) wieder zurück auf die Hauptstraße. Auf ihr erreichen
wir über Oststeinbek (7980 E.) nach kurzer Weiterfahrt die Stadt Glinde
(14 430 E.).*

Bei der Fahrt durch **Oststeinbek** und bei der Einfahrt nach **Glinde** fällt die starke
bauliche Verdichtung unmittelbar ins Auge und veranschaulicht, daß diese Gemeinden in der Vergangenheit von einer gewaltigen siedlungsmäßigen und wirtschaftlichen Dynamik geprägt wurden; zwischen 1970 und 1985 hat die Bevölkerung in Oststeinbek um 97,5 % zugenommen, in Glinde immerhin um 57,8 %. Glinde ist
landesplanerisch als Stadtkern II. Ordnung ausgewiesen und gleichzeitig Endpunkt
der städtischen Nebenachse, die vom Hamburger Zentrum ausgeht. Trotz der hohen
Bevölkerungskonzentration ist Glinde nicht an das Hamburger Schnellbahnnetz angeschlossen; derartige Planungen bestehen jedoch seit Jahren.

An Glinde vorbei führt das einzige bislang gebaute Teilstück des Tangentenringes
um Hamburg (vgl. Kap. 13.3.5). Im Regionalplan für den Planungsraum I aus dem
Jahre 1973 war diese Straße mit autobahnähnlichem Ausbau von Wedel über Norderstedt und Ahrensburg bis in den Raum Glinde/Reinbek vorgesehen (Priebs 1984).

*In Glinde biegen wir nach links in Richtung Trittau ab, fahren an der ehe-
maligen Gutssiedlung sowie am Zentrum für Handel und Dienstleistungen
vorbei. Kurz nach Verlassen der Stadt erreichen wir den ausgebauten Teil des
Tangentenringes, dem wir in Richtung Reinbek folgen (Parkmöglichkeiten am
S-Bahnhof), von dort Rundgang durch die Wald- und Bismarckstraße, Kück-
allee, Linden- und Schöningstedter Straße, Auf dem großen Ruhm, Rade,
Janckeweg, Schul-, Berg- und Bahnhofsstraße zurück zum Bahnhof.*

Reinbek liegt 20 km östlich der Hamburger City. Anfang 1985 zählte
der Stadtrandkern I. Ordnung 25 196 E. Er besitzt eine hohe Auspendler-
quote mit Hamburg (1970: 53,8 % der Erwerbspersonen). Dieses enge Ab-
hängigkeitsverhältnis entstand mit dem Jahr 1846, als die Eisenbahnlinie
Berlin — Hamburg eröffnet wurde, an der Reinbek als vorletzter Halte-

punkt lag. Der Ort hatte damals 446 E., das agrarsoziale Gefüge war auf die Belange des Gutes Gottorf zugeschnitten. Mit dem Eisenbahnanschluß begann — begleitet von tiefgreifenden sozialen Strukturveränderungen — die Expansion des Ortes. Während des Rundganges werden verschiedene Phasen der Suburbanisierung sowie die gesellschaftlichen Bedingungen und die beteiligten sozialen Gruppen in den einzelnen Zeitabschnitten deutlich (Jaschke 1973).

Während der ersten Umstrukturierungsphase zwischen 1846 und 1914 kamen Reinbek und das Billetal wegen ihrer günstigen Verkehrsverbindung mit Hamburg als Ausflugsziel in die Reichweite großbürgerlicher Kreise der Hansestadt. Mit der Öffnung des Raumes als Naherholungsgebiet wurde es potentieller Wohnstandort städtischer Bewohner. Das gehobene Bürgertum sah sich außerhalb Hamburgs aufgrund der Ausuferung der Mietskasernen mit ihren mangelhaften hygienischen Verhältnissen (Cholera-Epidemie im Jahr 1891) nach neuen Wohnstandorten um. Für Reinbek sprachen die guten Erholungsmöglichkeiten sowie die billigen Grundstücke, die für die Villen ziemlich groß sein mußten (Beispiel: Waldstraße/Kückallee). Die Zuwanderung beschränkte sich auf Personen aus den gehobenen Sozialgruppen, da den Arbeitnehmern die finanzielle Basis zum Erwerb der Immobilien fehlte, das tägliche Pendeln eine zu große Zeitbelastung ergab und der Zugfahrplan nicht mit den Arbeitszeiten koordiniert war. Diese Einengung des Personenkreises hatte eine zunächst nur langsame Bevölkerungszunahme zur Folge. Die Veränderungen vor 1914 waren mehr additiver Natur, da z. B. die Aktionsräume der Einwohner von Reinbek weiterhin auf den Ort beschränkt blieben.

In der zweiten Umstrukturierungsphase (1918—1940) verdoppelte sich der Wanderungsüberschuß. Die wichtigste Ursache der verstärkten Bevölkerungsbewegung aus der Kernstadt in das Umland ist einerseits in mangelhaften Wohnverhältnissen der Großstädte zu suchen, andererseits in der geänderten politischen Situation. Staatliche Finanzierungshilfen beim Eigenheimbau, verkürzte Arbeitszeit, späterer Arbeitsbeginn und ein leistungsfähiger Verkehrsanschluß berücksichtigten die Bedürfnisse der Arbeitnehmer stärker als vor 1918. Den geistigen Hintergrund bildete die Wohnvorstellung der Gartenstadtidee (Beispiel: Jahnckeweg). Reinbek behielt auch weiterhin seine Attraktivität als Erholungsgebiet bei. Vor allem die Mittelschicht nutzte die Zugverbindung. Mit der Zuwanderung vieler Hamburger nach Reinbek drangen seit 1918 städtische Verhaltensformen in den bis dahin ländlich geprägten Raum ein. Immer weniger Erwerbspersonen verdienten ihren Lebensunterhalt in der Land- und Forstwirtschaft. Die meisten Arbeitskräfte pendelten täglich zur Arbeit in die Kernstadt. Somit hatte sich im Vergleich zur ersten Phase ein grundlegender Strukturwandel vollzogen.

Die dritte Umstrukturierungsphase nach 1940 ist zunächst von den Evakuierungen während des Krieges und dann vom Flüchtlingsstrom bestimmt. Mit dem anschließenden Wiederaufbau verlangsamte sich der Bevölkerungsanstieg wegen des größer werdenden Wohnungsangebots in der Kernstadt. Erst nach 1960 begann mit einer enormen Zunahme der Einwohnerzahlen erneut eine Expansionsphase, die mit abnehmender Tendenz in den 80er Jahren bis heute anhält. Mehrere Faktoren spielen für die Abwanderung der Bevölkerung aus Hamburg eine Rolle: steigender Lebensstandard, „Wohnen im Grünen" als Leitvorstellung der Haushalte, Streben nach Eigentum und die Zunahme des Individualverkehrs, der es erlaubt, die täglichen Fahrten zum Arbeitsplatz in der Kernstadt ohne größeren Zeitaufwand zurückzulegen. Der Bevölkerungszustrom trieb auch in Reinbek die Bodenpreise in die Höhe, so daß neben den Einfamilienhäusern heute Reihenhäuser, Wohnblocks und auch Hochhausbauten zu beobachten sind (Beispiel: Auf dem großen Ruhm).

Die zentralörtlichen Funktionen Reinbeks sind im wesentlichen auf die Bedarfsdeckung der eigenen Bevölkerung ausgerichtet. Nur im Gesundheitswesen hat es eine überregionale Bedeutung (Sophienbad und St. Adolf-Stift). In jüngster Zeit versucht man, den Stadtkern I. Ordnung durch den Bau eines Einkaufszentrums (City-Center am Klostermarkt in der Bergstraße) aufzuwerten. Seine moderne architektonische Gestaltung mit überdachten Fußgängerpassagen zu allen Kaufhäusern, Fachgeschäften und Dienstleistungen bietet nochmals einen Vergleich mit dem „Herold-Center" an.

Am S-Bahnhof, dem Endpunkt des Rundganges, kann man abschließend die Verkehrsbelastung des Raumes infolge der Suburbanisierung sowie die Planungen zu ihrer Verringerung diskutieren. Als die erfolgreichsten Maßnahmen sind zu nennen: der Zusammenschluß des regionalen Nahverkehrs zum Hamburger Verkehrsbund (HVV) im Jahre 1967, das vergrößerte Einzugsgebiet der Bahn durch die Erschließung bahnhofferner Wohngebiete mit Buslinien und der Ausbau von Park-and-Ride-Parkplätzen in Bahnhofsnähe.

13.4 Literaturauswahl

Bahr, G. (1976): Die Achsenkonzeption als Leitvorstellung für die städtebauliche Ordnung in Hamburg. — Veröffentl. d. Akad. f. Raumforsch. u. Landesplanung, Forsch.- u. Sitzungsber., 113: 201—239, Hannover.

Heuer, H. & Knopf, C. (1976): Regionalplanung im Hamburger Umland. Versuch einer Bilanz. — Archiv f. Kommunalwissenschaften, 15: 224—248, Stuttgart.

Jaschke, D. (1973): Reinbek — Untersuchungen zum Strukturwandel im Hamburger Umland. — Hamburger Geogr. Stud., 29, Hamburg.

Koch, T. P. (1976): Grundsätze für die Verwendung von Achsen in der Landesplanung auf Grund von Erfahrungen in Schleswig-Holstein. — Veröffentl. d. Akad. f. Raumforsch. u. Landesplanung, Forsch.- u. Sitzungsber., 113: 181—194, Hannover.

Kortum, G. (1979): Die cimbrische Achse — Strategien und Auswirkungen des Autobahnbaus in der schleswig-holsteinisch-jütischen Planungsregion. — Kieler Geogr. Schr., 50: 357—374, Kiel.

Nuhn, H. (1985): Industriestruktureller Wandel und Regionalpolitik. Dargestellt am Beispiel der Hansestadt Hamburg. — Geogr. Rundschau, 37: 592—600, Braunschweig.

Piepenbrink, K.-H. & Rohr, H.-G. v. (1981): Hamburg und seine Region. Einige ausgewählte Entwicklungstrends. — Geogr. Rundschau, 33: 414—420, Braunschweig.

Priebs, A. (1984): Der Tangentenring um Hamburg — stiller Tod nach 20 Jahren Planung? — Die Heimat, 91: 217—225, Neumünster.

Rohr, H.-G. v. (1975): Der Prozeß der Industrieurbanisierung — Ausprägung, Ursachen und Wirkung auf die Entwicklung des suburbanen Raumes. — Veröffentl. d. Akad. f. Raumforsch. u. Landesplanung, Forsch.- u. Sitzungsber., 102: 95—121, Hannover.

Sachse, U. (1981): Die Gründung der Stadt Norderstedt. — Jb. f. d. Kreis Pinneberg: 69—94, Pinneberg.

Sachregister

Register Geographischer Namen